ストーカーの心理

治療と問題の解決に向けて

P.E.ミューレン／M.パテ／R.パーセル共著
詫摩武俊監訳／安岡　真訳

サイエンス社

Paul E. Mullen, Michele Pathé, and Rosemary Purcell

Stalkers and their victims

Original English language edition published by
The Press Syndicate of the University of Cambridge

監訳者まえがき

本書はMullen, P. E., Pathé, M., & Purcell, R. の *"Stalkers and their victims."* (2000) Cambridge University Press. の全訳である。

ストーカーという言葉はストーカー規制法と一般にいわれている法律が施行され、若い人々の間ではほとんど全員が知るようになった。

しかし中高年の人の中にはスニーカーからの連想で靴の一種かと思っていたり、英語の**stork**（こうのとり、赤ちゃんを運んでくるという言い伝えがある）と発音が似ているところから**stalker**を何か幸福を持ってくる人と思っている人もいる。

ストーカーは『臨床心理学辞典』（八千代出版、一九九九）に次のように定義されている。「忍び寄る者、転じて執拗に嫌がらせをする人を指す。特定の人に対し、たとえば後を追い続けて行動を探る、匿名で無意味な手紙、ＦＡＸ、電子メールを送り続ける。無言電話をかけ続けるなど、その方法は多様であるが、被害者は不快感を通り越して恐怖感に陥ったり、ときはうつ状態にもなることがある。」

地方から東京の郊外のアパートに部屋を借りて通学している女子学生がいた。数年前のことである。時々アルバイトなどのために遅く帰ることもある。彼女が自室に帰って電気をつけるとその後三十秒後に電話がかかる。受話器を取ると無言、電話からかすかに音楽が聞こえることはあるが電話をかけた人は何も言わない。部屋のカーテンを厚めにしても内に電気がついているかどうかはわかるものである。帰宅後三十秒後に鳴る電話に脅えて彼女は転居してしまった。

われわれは毎日の生活の中でいろいろな被害を受ける。盗まれる、すられる、だまされる、傷害や暴行を受ける、などから殺されるまで多様である。

その中でストークされるということと一般の恋愛との間には区別しにくい点がある。駅の改札口で恋人が自分を待っていてくれれば嬉しいと思うであろうし、肩を手で抱いてくれれば快い感触が全身をつつむ。これとおなじことを自分が避けたいと思っている人にされたらどうだろうか。考えただけでぞっとするような嫌悪感を覚えるであろう。嫌悪感の有無がストーキングを特色づける大切な点である。

恋愛にはさまざまな経過があり結末がある。自分は相手を愛し、相手も自分を愛しているという安定した幸福な状態はむしろ少なく、いろいろな挫折や感情の変化があろう。自分だけが一方的に相手を思いつめている片思いもある。恋が順調に進行しなかったとき、人は思い悩み、自問自答して悲しむことがしばしばある。そして自分の置かれた状況を受け入れ、その恋を断念するものもある。それと反対に相手に拒否されても諦めないで粘り強く、別の言葉でいえば性懲りもなく自分の恋の発展を望むものもいる。ストーカーはこのような人たちである。相手に対してふつふつとたぎるような情熱を持つ人である。目標に対する思い入れの度が著しく強い人である。

ストーカーの約九割近くは男性であるから男性を中心に述べると、好きな女性を見たとき、紹介してくれる人も機会もないと、その女性のことが気になって仕方がない。相手が学生やOLであると彼女の利用する交通機関の駅に待っている。忍耐強く待っている。ほかのことをしないで、いつ現れるか分からない人を待つためには、どうしても会いたいという強い情念と時間のゆとりが必要である。

ストーカーはこのような思い込みの強さが特徴で、自分が相手にどう思われているか、相手に迷惑をかけていないかなどと考えるゆとりがない。自分のやっていることが第三者からどう思われているかを顧みることもない。

ストーキングは怒りのあまり、相手を殺したり傷つけたりということにも発展するが、大部分は気が弱い、社会的に未熟な人物である。信頼できる同性の友人がなく、明るい人間関係をつくることが不得意である。人柄の魅力というものが欠けている。

ストーキングの加害者との関係は現在または元の交際相手がもっとも多く、ついで内縁関係も含めて現在または過去の配偶者がある。職場を通して知り合ったものもいれば面識のない間柄の場合もある。患者と医者、学生と教授ということもある。同性相互間の場合もないわけではないが男性と女性の間が多い。男性がストーカーで女性が被害者である場合がイメージされやすいがその逆の場合もある。男性の精神科医が女性患者に執拗に追い回された例もあれば、有名な男性タレントが一度も顔を見たこともなければ話したこともない中年の女性からチョコレート、花束、彼女の愛読書などをデパートから配送されることもある。長い手紙がしばしば添えられている。配送依頼者の住所にもうこれ以上送らないで欲しいと述べてもその手紙は受取人がその住所にいないということで返送される。電話も同様で記載されている番号にかけても現在使われておりませんと回答されるか、違ったところにかかってしまう。要するに送り手は匿名なのである。

では被害者はストーカーからどんな被害を受けているのか。麦島文夫の調査報告（「社会安全」四十二号、二〇〇一年）によると、大学生女子の場合

「学校の行き帰りにつきまとう」　四十五・八％
「家や学校を出るのを待ち伏せる」　四十五・三％
「電話をかけてくる」　五十九・五％

「いやがらせをする」　十三・九％
「不快なことばで話しかける」　五・一％

この調査は複数回答が可能なので、二つ以上の行為をされているものがいることが読み取れる。

ストーカーは相手に大きな被害を与える。男女関係のもつれというような表題で新聞の社会面によく報じられているが、その中にはストーキングされた結果であることも多い。ある人物が自分の身辺をうかがい、路上や車内で近づいてきたり、無言の電話があったりあるいはしつこく相手の自分勝手なことを反覆して述べたりもする。電話というのはいつでもこちらを呼び出すことができるので、中には一年に二万五千回も電話をするというものもいたそうである。友人と街を歩いていても突然彼が現れるのではないか、自分の車に何かいたずらをされたり、影に隠れているのではないか、とどこからか自分を監視しているストーカーの存在に脅えるのである。

これは職場が同じ男女の例であるが、会社の近くの喫茶店に打ち合わせをかねて出かけ、コーヒーなどを飲んでしばらく時間を過ごすことがある。彼と彼女は課が違うので同じ席に並ぶことがない。ところが彼女がトイレに行くと、その直後に彼も必ず立ち少し時間が過ぎてから席に帰りチラリと彼女のほうを見る。その喫茶店は小さいのでトイレは男女兼用である。どうもその男性は彼女の使用した直後の雰囲気や便座の感触を楽しんでいるのではないかと彼女は思っている。これがストーカーといえるかどうかは問題であるが、彼女に不快感を与えていることは確かである。不安感、恐れ、怯え、自分を過剰なまでに防衛しようとする気持ち、これらがストーカーの被害者にほぼ共通に認められる。

外国の例では被害者の飼っているペットの四肢を切断し、その死体を庭に放り込んだり、丁寧に包装した小包が届けられ、何だろうと思って開けるとビニールの袋に密閉された動物の死体であったという。これらの場合，その女性は恐怖のあまり気を失ってしまうであろう。このような激しい攻撃的な行動を相手に向けることは外国でもそれほど多いわけではなく，日本ではさらに少ないのではないかと私は思っている。

井上　靖（一九〇七～九一）に「不在」と題する詩がある。東京創元社刊の井上　靖詩集『北国』より全文を引用する。

不在

音信不通になってから七年になるが，実はその間に一度，私は汽車にゆられ，船にのり，その人を訪ねて行った。が，その人は学校の父兄会に出掛けて不在だった。私は黙って気付かれぬようにしてまた帰ってきた。

神の打った終止符を，私はいつも，悲しみというよりむしろ讃歎の念をもって思い出す。不在というそのささやかな運命の断層に，近代的神話の香気を放ったのは誰の仕業であろうか。実際，私の不逞貪婪な視線を受ける代りに，その人は，窓越しに青葉の茂りの見える放課後の静かな教室で，躾けと教育についてこの世で女の持つ最も清純な会話を持っていたのだ。　（井上　靖　『北国』東京創元社より）

かつて親しくしていた女性を追って遠くまで行ったときの思い出である。日本の中年以上の男性の中にはこのような心の動きに共感を覚える人もいるのではないだろうか。恋が実らなかった後の心の変化には個人差が著しいのである。

ストーカーの行動として実際に数が多いのは、待ち伏せる、どこからか監視する、家のまわりを徘徊する、電話をする、プレゼントをする、などである。

こんな場合にどうしたらいいか。相手が元の配偶者であったり、交際相手であったりすると、ほかの人には相談しないで自分一人で解決しようとする。どこかで会って話し合う機会をつくろうとする。しかしこれは事態の解決にはならない。自己中心的で相手の立場など考えようとしないストーカーは、会って話したことは自分を好きだと思っているからだと考えてストーキング行為を助長することになる。それよりもむしろ警察などの公的機関に申し出て相談するほうがいい。最近では都道府県ごとに犯罪被害者救済保護センター（名称は都道府県によって若干相違するが）ができていて臨床心理士の資格を持つ人が対応し、場合によっては警察に連絡してくれる。警察官からストーカー規制法にもとづいて警告されるとそれだけで終熄する事例が多いのである。

最後に一つ付け加えておきたいのはストーカーによる被害者の中には被害妄想によるものがある。例えば自分の乗り降りする駅で、たまたま二、三回知らない人と視線が合ったとか、自分の家の前を歩きながらのぞき込むような姿勢をした人がいるというような場合である。被害妄想というと大げさであるが、何でもないことを考え過ぎたり無理にこじつけてしまったりする。線の細い、傷つきやすい人や以前に実際にストーカーによる嫌な思い出を持っている人にみられる。

今後ストーカーは多くなっていくだろうと予想される。それは仕事を持ち、行動範囲も広く、しかも一人で生活している女性が多くなっていることが大きな要因である。また男性も女性も他人の立場を考えるという基本的生活習慣が形成されていないということがある。自己中心的なのである。これは幼いときの家庭教育が十分でないことに加えて、現在の若い人たちが同性で同年齢の仲間と一緒に暮らした経験がないことにもよる。大学生の学生寮は個室でないと入居を希望しない。二人の若者がアパートの一室でも寮の一室ででもおなじ部屋で一緒に暮らしていると、相手の立場を考えるという社会生活の基本的感覚が身についてくる。これが欠け、自分の欲求の実現を自制することなく行動することになる。

このような傾向をもった人が減少するだろうとは予想しがたい。ストーカー規制法が施行されてからまだ日が浅くストーカーそのものについての認識がまだ不十分である。ストーキングは個人と個人の間のトラブル、嫌がらせが大部分であるが、時にはこれが大きな犯罪に発展することもあることを知っておく必要があるし、嫌がらせなどの不快な行為を受けてもそれを救済する公的機関が整備されつつあることも広く知って欲しいことである。

本書は翻訳に豊富な体験を持つ安岡　真がまず全文を邦訳し、その後詫摩武俊が全編を通読して心理学用語などについて意見を述べ、最後に安岡が調整を加えた。これらの経過をサイエンス社の清水匡太・田中未音両氏はいつも支えてくれた。出版にあたりお二人に心からお礼を申し上げたい。

二〇〇三年三月

詫摩武俊

謝辞

本書を執筆するにあたり賜ったたくさんの助言とユーモアにあふれた寛容さに対して、ジュリー・キングに、お礼を申しあげる。友人や同僚たちからもアドバイスや意見を頂戴した。中でもジョン・ハミル博士、ローラ・クローニン、ルイス・ウォーラー教授、ティム・リンゼイ博士、およびジョン・カルザースに感謝したい。リチャード・バーリングにも、その励ましと忍耐に、ありがとうと言いたい。最後になったが、ストーキングの被害者たち、ならびに、たまさかストーカー行為におよんだ当人に対しても謝意を申しあげる次第である。貴重な時間を割き、精神的な負担にも耐えつつインタビューに応じ、アンケートに答え、真摯に情報を寄せてくれたことに対し、また、本書の執筆があくまで科学的な探求のためであり、みずからの手に余る事案をほじくり返すためではないことに理解を示してくれたことに対して感謝したい。

はじめに

　ほんの十年前まで「ストーキング」という言葉は、ほぼ一〇〇％、鹿狩りをするハンターを指す言葉だった。ところが今日では、ストークをする、されるというと、まったく異なった意味を帯びるばかりか、むしろ悪意のある響きを伴うことさえある。今や著名人ばかりかわたしたちの誰にでもつきまとう恐れのある恐るべき追跡者、それがストーカーなのである。これは犯罪といってよい。ストーカーとはかけがえのない境界を踏み越える人のことであり、わたしたちを侵入者から守ってくれるなわばりを土足で踏みにじる人のことなのだ。その餌食になるというのは、犯罪の被害者になるのとおなじである。

　ストーキングという新語が生まれたのはメディアによるセンセーショナルな報道がきっかけだった。メディアは有名人をつけ回す連中にストーカーという言葉を進呈したのである。この言葉は瞬く間に広まり、どのようなものであれ、望まれざる追跡、接近、嫌がらせを意味する言葉として定着していった。今ではストーキングとは法律用語かつ科学用語であり、同時に、現代社会における恐怖を指すキーワードとなるにいたったのである。

　ストーキングはそのあり方、原因、予想される影響、その経緯がはっきり定義づけられるより先に、社会問題化し、新種の刑事事件と見なされるようになった。簡単に言えば、ストーキングは異常者による有名人狙いを示すことから、無神経な元恋人によるセクシュアル・ハラスメント、その対象を不安におとしいれる広い意味での不法侵入へと意味を変えていったのである。ストーキングのあり方、その広がり、被害者への影響、そしてとりわけその原因と解決策についてゆっくりとではあるが、体系的な研究がなされるようになってきた。本書は、ストーカーとその被害者にまつわる現時点での知見を盛り込んだものである。扱う資料も一般的なものから、法律的、社会的、また心理学的なものまでを対象とした。そう言いつつも、学問研究としてストーキングはなお入り口にたどり着いたにすぎない。ストーカーという言葉を一つ取ってみても、扇情的な言葉を好ましく思わない研究者からは非難の矢を浴びているのである。例えば妄想性信奉者などである。この妄想性信奉者という言葉をストーカーの代わりに用いるのは、専門的かつ正確には見えるものの少々問題であろう。というのはストーカーが妄想性であるケースは稀であり、まして信奉者ではあり得ないからだ。犯罪としてのストーキング、研究領域としてのストーキングはスキャンダル好きなメディアがもたらしたものである。これらの用語を使わせてもらうことでメディアには謝意を表したい。と同時にこれらの用語がふさわしいのは、結局は、大衆の関心を呼び覚まし、この望まれざる行為がもたらす嫌悪や恐怖に対してしかるべき処置をうながすためには、それなりに激しい言葉が必要であるからだ。ここに本書の存在理由がある。

本書でとられたアプローチの特長は、一にも二にも詳しい事例報告とその分析である。ストーカー行為のあり方とその定義を明らかにし、これが望ましくはなくとも許容される行為とどう違うかを明確にすることから語り始めている。ストーカーの定義には文化的かつ歴史的な絵解きが求められる。少なくともストーカーとは、ある意味で、人と人とのありようの変化、世の中に受け入れられる振舞いの変化の産物といえる。ストーカーを理解するために必要なこと、それはストーカーの心理を掘り下げることである。本書は他人をつけ回す人の欲望、願い、本音をつぶさに書き記すことから始めている。また、ストーカーがその被害者におよぼす影響を研究するにあたっては、被害者が感じる独特なストレスを明確かつ詳細に分析することがなければならない。

本書において見られる数々の事例は、事例報告とその分析こそが重要であるという考えにもとづくものだ。その中には刊行済みの論文や一般書からのものもあるが、それと同時に、われわれ執筆者の臨床経験からのものもある。臨床家であり研究者であるわれわれが職業的に得た事例については、当事者の身元が分からないよう十分の注意を払った。どんな場合でも、当事者の身元につながったり本質とは無縁の事柄などは、しかるべく書き換えてある。また、稀にではあるが、加害者と被害者の関係に変更を加えず守秘を確実にするために、二つの事例を一つにつなげたケースもある。ストーカーの内面はおおむね社会から孤立したものの隠れた世界のそれである。ストーカーに遭うという経験もまたおなじく孤立した、わが身の地獄にほかならない。端から見て明らかなのはストーカーとその被害者がそれぞれの役割を演じた行動そのものの、言ってみればドラマである。本書でわれわれが扱えたのは、こうしたストーキング経験の中でも観察可能な、公になった部分のみである。本書は執筆の過程で出会ったストーカーとその被害者たち二〇〇人強にも読まれるだろう。願わくは本書で扱われた物語のどの登場人物も、これは自分だと確認することのないように、また他者にこれだと特定されることのないようにと思う。われわれと関わったストーカーの被害者や当人たちがここまで自発的に語ってくれたのは誰かの役に立ちたいと願ってのことであるからだ。それでも、ひょんなことで当事者の身元を明かしてしまうことのないよう対策は講じてある。注意が必要なのは、メディアで大々的に取り上げられたストーキングの事例と、ストーカーの被害者なり当人が人目に触れてしまっている事例である。守秘義務を果たすべくわれわれは公開された情報と臨床現場での情報とを混用しないようにした。また、メディアによる報道とわれわれの臨床例が重複する事例はとらないことにした。ほかに情報源がある場合でも報道に言及した例はあるが、その際も、非公開の情報を採用したケースはいっさいない。

過去、われわれが発表した論文のせいで身元が明かされたとする被験者に会ったこともある。とられた事例が個別具体的な状況にうり二つであるなら、これはもっともな非難である。幸い、その論文は患者がクリニックに来院しストーキングの経緯がわれわれに知られる以前に書かれたものであるため、的はずれの非難であった。ストーカーの本質からして、また被害状況を例証する際ありがちなこととしても、ストーカー行為や被害経験との間には共通項が少なからずある。本書を読まれるストーカー被害者や実行者たちがみずからの経験を十分認識されることを願っている。また、われわれの被験者となった方々がその信頼を裏切られ、利用されたと感じたりすることのないようにと願いたい。

ストーカー行為とは特定の誰かに望ましからぬ言葉や行動でおぞましい不法行為を行うことである。その際望まれることとして、何よりもストーカー被害者に寄り添い、いかに重荷から解放してあげるかを考えることであると思う。あえて「被害者」という言葉を使いたい。または「ターゲット」という言葉を。そのほうがより情緒的な「生還者」やまったく見当違いの「対象」という言葉よりふさわしいと思うのだ。

われわれは被害者ばかりではなくストーカー自身からも聞き取りを行った。その結果ストーカーも多くの場合、被害者を追いつめる過程でかなりの痛みやダメージを負っている、ということが分かった。時間、精神的な痛み、金銭、自尊心など、ストーカー行為の代償は小さくはないといえる。加害者と被害者が覚える痛みが等しいといっているわけではない。そうではなく、大方のストーカーにとってはストーカー行為から足を洗うことでむしろ多くを得るといっているのだ。稀とはいえストーカーにシンパシーを示した箇所もある。またストーカーに寄り添い、彼らのため、被害者のためにストーカー行為を止めさせた例もある。

本書の目的はあくまでも読者の関心を深め、情報を提供することにある。それなくしては、情報の提供もあり得ないと思うのだ。提供された情報が、ストーカー行為にいかに対処するかを理解してもらう手助けになることを願いたい。一刻も早く被害者を救い出すため、ストーカー行為に待ったをかけるために。

われわれの住むこの社会がストーカーを問題視する場合は、まず司法制度を通してである。本書にはストーカー防止法や、裁判所などの法執行機関によるさまざまな対処例が盛り込まれている。ストーカーに待ったをかけるには、法的制裁が何よりであるからだ。けれどそうした制裁がまったく用をなさない例もある。われわれの足場は、被害による苦痛をやわらげることに職業的関心を覚える臨床家のものであり、法律家でもなければ、仕返しや復讐を企む誰かに沿ったものでも、もちろんない。そうした考えにもとづいてストーカーに対する法的規制を論じてきた。

本書は三人による共著である。とはいえ三人がそれぞれ異なる部分を分担したわけではない。第一稿を書き上げたのは一人であったが最終稿は全員で仕上げていった。文体を始め、事例へのアプローチやいっそう大切である不要な繰返しの回避など文章の整合性が保たれていることを願っている。

目次

目　次

目　次

目　次

14章　ストーキング犯罪を定義し、告発する……292

15章　ストーカーの評価と管理……325

1

ストーキング
——人間行為の新しいカテゴリー

ただ一人あることに堪えないという、この大いなる不幸。

ラ・ブリュイエール※
（一六四五〜九六／仏のモラリスト）

はじめに

ストーカーという言葉は他者をつけ回しそれに危害を加える人間が増えるにつれて新しい意味を帯びることになった。それは大方の関心を集めると同時に、司法の場では刑事犯の一つとして取り扱われる社会問題となった。行動科学や精神衛生学の専門家にとって、ストーキングは臨床的にみていよいよ興味深い研究対象となってきた。

「ストーク」という動詞には獲物を追うという意味と、音を立てずに歩くという意味がある。誰かにストーカーというレッテルを貼ることは、少なくとも十六世紀以降は、こそ泥、密猟者呼ばわりすることを意味した（オックスフォード英語辞典、一九七一）。この言葉がメディアによって他者に嫌がらせをする表現として用いられたことで、本来の用法に新たな関心が集まることになった。

今や「ストーキング」は現代の文化を表現する言葉の一つとなった。よくある経験を述べそれを理由づけするカテゴリーの地位を得た。もし見知らぬ誰かに後をつけられたり、別れた恋人から欲しくもない手紙を次々と送られたら、

※「群衆の人」（中野好夫訳）『ポオ全集1』（エドガー・アラン・ポオ著　東京創元新社）の冒頭より引用。

今日ではそれは「ストーキングされる」という。振り返って、そういえば「ストークされた」ことがあると思いあたる人もあるだろう。これまでなら「ひどい嫌がらせに遭った」と、表現するような場合でも、今振り返ってみると「ストークされた」と見なされる。

言葉が入れ替わったわけではない。「ストーキング」とか「ストークされる」とは独特の意味と響きを持つ複合概念なのだ。将来の暴力への警告。精神的なダメージの大もと。何らかの犯罪被害。それがストーキングであり、ストーカーとは危険な犯罪者、精神異常者、予測不能の行動に走る人のことである。苦痛とダメージとがあわさったものがストーキングなのである（実行者がそれをはっきり意図しているかは別にして）。ストークされると、暴行され傷を負ったとおなじ自己認識を得ることになる。ストークされた（また、現在ストーカーである、また過去ストーカーであった）経験のせいで、自身の内的自己評価が変わることもある。今起きていることの道徳的な判断がゆがんでしまうことも。これからわが身に起こること、社会に何を期待できるかといったことについても、内心で望んでいることに変更を余儀なくされることもある。こうした見直し作業が「いいこと」かどうかはここでは問わない。問われるべきなのは、社会的なカテゴリーとしてストーキングが注目をあびるようになったことの裏にある、目に見えない変化を認識することなのだ。人間同士の交流、関わりといったものが、すっかり形を変えてしまったということを。

ストーキングという新種の社会的な概念が過去を再構成し、そこに、新しい意味、新しい共鳴を与えるその能力は、個人の体験にとどまらない。それについて面白い例を提供しているのが、このほど再発見され公刊されたルイーザ・メイ・オールコット（一八三二〜一八八八）の忘れられた処女作である。その作品、『命がけの恋愛遊戯』は一八六六年、『若草物語』刊行の二年前に執筆された。ヒロインのローザモンドを別れた夫がえんえんと追い回すという筋である。ローザモンドは夫の重婚と凶悪犯だった過去を知ってしまい結婚を解消しようとするが、夫はあくまでも離婚を承知しない。夫の行動は一から十までよりを戻したい、相手をつなぎ止めたいという希望として描かれる。妻が逃げようとすればするほど、夫は腹を立て、怒り狂う。「衰えを知らないその情熱は今や彼女を辱め、困らせることでその仕打ちに報いてやろうという、隠微な欲望と交ざりあっていた」（前掲書、三二九頁）。小説のクライマックスで、ローザモンドは殺害され、犯人である夫は自殺する。彼はこうつぶやきながら死んでいく、「俺のものだ、最初から……最後まで……いや、墓場の中までな！」（前掲書、三四六頁)。

編者によると、ゴシック風のこの小説は一九九三年に復刻されるまである大学図書館に眠っていたのだという。今ストーカー小説として、日の目を見たのだ。ペーパーバック版の表紙にはこんなふうに書かれている。「妻の一挙一動をストークする夫……夫は今や妻の強迫観念になった」。この作品は裏書きと例証の宝庫である。例えば「USAトゥディ」の書評には、「強迫的な愛とストーキングと殺人の物語、まるで今日のタブロイド紙から切り取ってきたもののよう」とある。むしろこういうべきかもしれない。今日のタブロイド紙がこの十九世紀の小説に、新たな妥当性と意味、そして現代文化に特有の観念との新たな関係をもたらしたのだ、と。

ストーキングとは何か

メロイとゴタール(一九九五、二五九頁)はストーキング、もしくは彼らのいう強迫観念による追跡の定義として、「特定の個人に対する、アブノーマルかつ、長期間にわたる嫌がらせ」とした。それは「被害者の嫌がる望ましくない追跡を、一回以上なす」ことだが、ここでいう一回以上とは長期にわたる一連の行動と見なしてよいだろう。メロイ(一九九八b)はまたこうも述べている。右の定義は犯人を法廷に連れ出すためになされた法律上の定義とは異なり、科学的な研究と臨床例にもとづく理解を深めるためになされたものである、と。その利点は、望まない行為対象とされたものがその行為に直接、言及する点にある。またもう一つ、否認しようがどうしようが、ストーカー行為の法的定義と多くの場合一致しているという点も。

一方「一連の行動によって個人が他人に望まない介入・交流を強いること」と定義づけたのがパテとミューレン(一九九七、一二頁)である。介入とは「追跡、つきまとい、継続的な監視、しつこいアプローチ」また「手紙、電話、電子メール、落書き、被害者の車にメモを貼るなど」して何とか関係を保とうとすること。さらに、一般的ではないものの、被害者の名をかたって商品を注文する、無断で私物に触る、根拠のない罪をなすりつける、脅迫状を送る、暴行を加えるなども、ストーキングの一種としている。パテとミューレンの定義(一九九七)は一連の行為が被害者に望まれておらず、かつ観察可能という点に着目しており、なるほどと思わせる。一連の行為としつつも、それがどのくらいの期間、回数にわたって継続したかは問わない。次いで発表した論文の中で、著者はストーキングを位置づけるにあたり、少なくとも十回の介入・交流を最低四週間にわたりなした場合とした(一九九九、ミューレンほか)。これは研究対象がはっきりストーカーである場合には、かなり控えめな定義である。

ストーキングの定義が文献によってまちまちであると指摘するのはウェストラップとフレモウ（一九九八）である。つまりストーキングという言葉は、なんでもない行為と他者をつけ回す特異な行動とを区別することなく使われている。ウェストラップ（一九九八）は、ストーキングという言葉をはっきり定義づけるべきだと主張して、その際の基準にアメリカ精神医学会編（一九九四）「精神疾患の診断・統計マニュアル（DSM）第四版」をあげている。ウェストラップ（一九九八、二七六頁）の主張によると、「ストーキング行為とは（a）特定の個人《ターゲット》に対して直接的、継続的になされ、（b）ターゲットに望ましくない介入と見なされ、（c）恐怖や心配を与える一連の行動パターン」のこと。ウェストラップとフレモウはその論文の中で先行文献をことごとく批判し、こう述べる。「ストーキング行為に対するわれわれの理解がこれら先行論文によって深まったことはない」（前掲書、二六九頁）。二人は解決策として目的を分析する式のアプローチを提唱しているが、それがゆくゆくはストーキングの前提条件、公然とエスカレートしていくストーカーの行動、その行為の結果をはっきりさせることになるだろうと主張する。このアプローチを個々の事例にあてはめれば、ストーカー行為を長びかせる決定的な変数を見直す可能性が見えてくるだろう。

ほとんどの定義がストーキングを一連の行為の繰返しであり、それが一回以上にわたるとするなら、その一回以上とは果たして何回を指すのか？　メロイとゴタール（一九九五）は二回以上と述べ、その意味でストーカー行為を法定犯罪とした大多数の定義に沿っている（ストーキングの法律論については十四章を参照のこと）。となると、性懲りもなく望まれざる電話をかけてくる元恋人も、ストーカーの範疇に入る。下心たっぷりに女性の帰り道に待ち伏せる、淡い望みでいっぱいの追跡者も、女性が嫌がっているなら同様だ。こうした境界線上の行為が問題なのは、好ましくはなくともよくある行為とストーキングとのギャップを曖昧にしてしまう点にある。ストーキングの範囲を日常のありふれた行動にまで広げると、常識で割りきれる行為までその対象としてしまう。他方、二夜連続で見ず知らずの男性につけられた女性はストーキング被害者と呼ぶにふさわしくないだろうか？

ストーキングをできるだけ大きな網で定義づけることには少なくとも三つの利点がある。一つは、ストーキングを秘密裏の追跡であるとしたウェストラップ（一九九八）の考えだが、それによってストーキングは関係を保ちたい一心からの、望ましくない行為の総称にできるという点。後をつけられる経験は、大方の人には不安なことであり、それが重なれば普通は身の安全を心配するだろう。追跡者が見知らぬ男性で、悪意を抱いているとなるとなおさらである。二つ目は、それによってストーキングがなにより法執行機関によって暴力犯罪の前兆と見なされる点。もしストーキングが暴行の前ぶれなら、対応は早いほどよい。三つ目は行為が一回以上となると五回以上、十回以上、あるいは十七回以上よりは恣意的でない。誰も恐怖に怯える被害者に、家の外にもう九日も続けて男が立っていますよ、などとは告げられない。ミューレンらの言うとおり（一九九九）、あと一晩続けばストーキングの被害届を出せますよ、などとは言えないのだ。ストーキングを認識しその対応策を練るため、妙な壁を設けないことは、被害者の恐怖や不安に適切に対応することにもつながる。

何回行為におよべばストーキングと見なされるかというジレンマの解決策としては、それにストーキングというレッテルを貼る目的そのものにあると、われわれは思う。法律は、公共の安全を追求するためには危険の前ぶれに素早く対応する必要があるなどと、もっともらしく言うかもしれない。猥褻かつ執拗なストーカー行為に対する警察や裁判所の対応が後手後手なら、過剰反応への心配も生じてくるだろう。重要なのは、ストーキングに最低の許容閾を設ければ警察がさらなる犯罪にいわゆる「総攻撃」をしかける口実になるということだ。われわれも診療所で小児猥褻絡みのストーキングで告発された男性に多く出会う。ここではストーキングは性犯罪そのものだ。遊び場で子どもをつけ回して公道でその子に接近したかどで告発された男性。男は公道で性器を露出した。目の前での性器露出となると、それだけでストーキング犯罪と見なし得る。筆者らの住む地域（オーストラリアのヴィクトリア州）で公然猥褻としてどの事例より多く見られるのがこれである。小児猥褻となるとまったく同情の余地はないが、これに反ストーキング法（オーストラリア。日本ではストーカー規制法）を適用すると、ほかに被害者を保護する法律がないため、かえって犯罪抑止効果を弱める恐れがある。もし小児への公然猥褻に対するペナルティが十分でないなら、量刑を変えるほかない。今反ストーキング法をめぐってはその役割と範囲を司法の側が論じている最中である。それを誤って適用すれば、これまで見過ごされてきた被害者の救済をめざす動きに水を差すことになるだろう。

もしストーキングに回数的制約を課すならば、例えばスーパーマーケットなどで後をつけ一時間に三回も四回も目を合わすというのはストーキングと見なされて当然であろう。なら、夜更けて門の外で中をうかがっている見知らぬ人物がいた場合、四週間経たなければ法的保護を求めてはいけないのだろうか。

人を不安がらせても世間的には許容される行為と、ストーキングと見なされ告発までされかねない嫌がらせ、恐怖をあおる行為とを分かつのは常識にほかならないと思うと、なぜかほっとする。けれどそうした常識は価値を共有すればこそなのだ。ストーキングを問題視する考えは、かつてわれわれの文化にあったプライバシーや個人の安全という観念、口説き求婚しという当たり前のアプローチにも自ずと限度はあるとする通念が一変したことの反映であると言えば、多分異論もあろう。ストーキングという考えの中心にあるのは、望まれざる関心を持たれた誰か、そのため不快感をおぼえ恐怖するその当人の受け止め方なのだ。現実に被害に遭っている最中、被害者意識を形づくるのは、ストーカーその人の意図ではなく、望まれざる関心を持たれた当人の反応なのである。

最後になったが、ストーキングとは被害に遭ったものの目に映る光景である。ストーキングとはしつこく、不愉快で、人を不安にさせ、心ある市民を恐怖させる行為である。次はストーカーとその被害者がそれを互いにどう受け止めているかを知る事例である。

事例

初めて面談したとき、C氏は別れた妻にストーカー行為をはたらいたとして留置所の中にいた。元妻に繰返し電話をかけ接触をはかったことで収監されたのだ。保釈条件でも裁判所命令でも、禁止されていた行為であった。彼は熱心なカトリック教徒で、結婚して五年、子どもは一人。結婚は永遠の契りであると思っていた。自分では妻と子どもに果たすべき義務は果たしたと思っていた。それなりの収入を稼ぐために長時間にわたって働いた。家族と一つ屋根の下で暮らしている間は、暴力はおろか威嚇さえしたことはなかった。常に愛情と思いやりをそそいでいたつもりだった。女もいなかった。渋々だったとはいえ、妻が家を出て欲しいと頼んできたときも、受け入れた。「スペースが欲しい」「個人的な問題がたまっている」と妻が言うので、ほんのいっときのつもりだった、と彼は主張した。ところが数週間後、このまま永久に別居したいと妻が言い出した。うちひしがれた、と彼はそう形容した。続く一年にわたって自分がやった行為は、妻と和解するための当然かつ法的にも許される試みなのだと彼は思っていた。

何度も電話をかけ、妻に繰返し接近をはかったのは単に彼女がいかにかけがえのない存在か、どれほどよりを戻したいと思っているかを示すためであるにすぎない、と彼は主張した。後をつけ、夜中に家を見張っていたのは彼女が浮気を疑わせるほどしょっちゅう別の男と出歩いていた当然の結果だ、と彼は考えた。妻が彼の接近をことごとく拒否したことで激怒し、何度か汚い言葉を使い、家に入らないで欲しいと言われたときは庭のフェンスをめちゃめちゃにしてしまったと彼も認めている。われを忘れたのは悪かったと思うが、どんな男でも自分とおなじ状況に置かれればきっと同様に振舞うだろうと彼は確信している。C氏は身長二メートル、体重一二〇キロを超える巨漢。けれど、図体が大きいのは自分のせいではないし、人に威圧感を与えるかどうかはこの際関係ないと思う。C氏は知的な男性であり、図体の大きい自分の利点を完璧にわきまえている。にもかかわらず彼は、奥さんにコンタクトしないよう求めた治安判事に、神の思し召しでつながった夫婦を引き裂くのはどういうことかと長々と熱弁をふるったのである。C氏は仮釈放委員会でも同様の意見を述べた。感情を破裂させたことが拘留につながったとは認識していたが、お行儀良く座っているわけにはいかないと感じていたのだ。

C氏の元妻がどういうふうに考えていたかは、彼女が警察へ提出した意見書と、量刑判断の資料として裁判所用に準備された被害報告書二通から明らかである。そもそも彼女がC氏に惹かれたのは強く頼りがいがありそうだったからであり、関係が壊れるまで、これは重要な要素であった。元妻は夫婦の共生を望んでいたが、実際は彼の結婚観にあわせていたという。彼女によると、夫婦関係はC氏の過度の甘えのおかげでほどなく破綻した。小さな子どもが二人いるようなものでした、と彼女は述べた。別居についても何度か話し合ったがC氏はこれを無視、別れるなら自殺すると開き直った。別居を持ちかける前、すでにかつてのボーイフレンドとよりを戻していたことも打ち明けた。またC氏に対し、別居はあくまで一時的なものであると嘘をついて彼を立ち退かせたことも認めた。同様にはっきり認めたのは、C氏が元妻のもとを再三訪れたことによる恐怖心である。彼女は恐怖した。家の中にバリケードを築き、外出のときは誰かと一緒、怖いので電話にも出ず、警戒を怠らなかった。いつまたちょっかいを出されても大丈夫なようにと。自分ばかりか子どもの生命まで危険にさらされていると訴えた。C氏を挑発することになるのではないかと思い、ボーイフレンドとの交際も終わりにした。今では世捨て人のような生活を送っている。生まれて初めて睡眠薬のお世話になり、抗鬱剤を処方されている。

二年以上にわたりC氏はたびたび刑務所に入り、二度自殺未遂を繰り返した。元妻はとうとう他州へと転居し、変名を使い、友人や家族ともいっさい連絡を絶ち、文字通り「消えてなくなろうと」している。二人の生活は根底から崩れ去ったが、これが子どもにどんな影響をおよぼすかはまだ不明だ。妻と子どもに対するC氏の法的資格はもとのままである。自分にできることをやむなくやっただけ、C氏は今なおそう信じている。

以上は夫婦関係の破綻をきっかけに起こった典型的なストーカー例である。C氏の行動は違法であるし、普通の市民感覚からしても常軌を逸したと見なされるだろう。けれど、ごく最近まで、たいていの西側諸国にあっては、怒りの対象ではなくとも批判されるべきはむしろ元妻のほうであったといってよい。自らの行為を正当化するにあたりC氏の根拠が、慣習的にも法的にも、それなりに共感される社会もあるのである。ストーキングが新しい概念というのは、一つには、人と人との関係が変化したことをわれわれの社会が認識するようになったことによるのだ。

大衆文化の、法律の、科学の側から見たストーキング

そもそもストーキングとは有名人の追っかけを表す言葉としてメディアが使用したのが最初である。それが時を経て元恋人、同僚、顔見知り、さらには世間一般の人まで対象とする言葉になったのだ。ここ十年ほどストーカーがメディアによって大きく取り上げられ、一般の関心を引くようになったおかげで、反ストーキング法など政治的な意味まで持つようになった。反ストーキング法を初めて制定したのはカリフォルニア州で、メイン州を除くほかの州がこれに続き、訴訟に参加せよと大合唱している。今では西側諸国のほとんどが反ストーキング法を施行し、また制定へ向けた取組みを進めている。ストーキングを法的にどう定義するかについては、特定の誰かへの偏愛から発した行動とされ、有名人を保護し、元配偶者への嫌がらせを防ぎ、しつこい迷惑行為に対する法律的保護を強化するものと位置づけられている。犯罪行為に新たな類型が登場したという点については、医療関係者や行動科学の専門家、中でも司法および法精神医学の関係者の間の関心は高い。

ここ十年ほど、ストーキングをめぐって三種類ほどの議

論が起こっている。それも、ほぼ同時にである。まずストーキング犯罪をどう定義づけるかという法律の側からの議論。次にメディアのみならず小説、映画、テレビドラマなど、旗振り役がないままに蔓延していく大衆文化的なディスコース。そして、科学の側からの議論。科学の側からの議論は第一にストーカーのありようと動機に着目し、次いで被害者の反応、ストークされたことによる健康面・安全面への影響を研究の対象とするものである。新種の行動パターンを記述する方法が見出されたことで、この大衆文化的、法的、科学的なディスコースがどう影響し合っているか、これが新たな恐怖、犯罪、研究対象をいかに生み出すにいたったかを探求する機会がもたらされた。ストーカーという言葉に新しい意味と目的が与えられたのは、言ってみれば、ストーキングやストーカーという類型が、それまでは意識されなかったものの、いったん受け入れられればその必要性が明らかであることが分かったからなのだ。この言葉は他者に苦痛を与える人間行動の一分野を定義づけた。かつては目新しくなかった行為が、レッテルを貼られるや否や、あっという間に議論の対象となり、定義され禁止され研究される。早い話、「ストーキング」という言葉を造語し、それに社会の懸案という位置づけを与えたとたん、人はかつて見向きもしなかった人間行動を認識し、対応するようになったのだ。

どの複雑な人間行動ともおなじくストーキングとはさまざまな意図とその作用の行きつく先である。またストーキングは、他者に苦痛を与える行為のどれもがそうであるように、望ましくはないが日常よく見られる行為から、幸い稀ながら人を恐怖させるものまで、さまざまな人間行動の究極の形でもある。ストーキングを逸脱行為としたことで、現代社会にあってはどの行為が、容認され、疑問視され、また違法とされるのかについて世間の関心を集めることができた。容認されざる犯罪的な逸脱行為によって他者と関わろうとする人の行動を分類しようというのは、法律ではなく、境界線上の問題を扱う狭い範囲の議論から生み出されたものだ。新たに生じたストーキングとは何かという問題意識と、境界線上にある行為において、関わりを持ちたい誰かと、関わりを終わらせたい誰かとの間の齟齬を生むのは何かという課題とを調停する試みは、ほとんどなされてはこなかった。法律はもっぱら、主観的な違法行為と客観的な違法行為、合法的な追跡・介入と犯罪的な追跡・介入ばかりに目をそそいできた。けれどそれは、訴訟は可能か、法制度は有効かという枠組みでの議論にすぎない。ストーキングが何よりもまず社会悪なのは、一つには、それがまず被害者にとって明らかに危険な行為であるからだ。

初期のストーキングとしてよく知られたケースを見ると、被害者が結局ストーカーに殺されている事例が顕著である。大方のストーカーがせいぜい常習的な嫌がらせ屋、悪くすると危険人物であることは論を待たない。が、これは今なお境界線上の問題として手つかずのままなのだ。例えば元恋人の場合を見てみよう。よりを戻したい一心から発した、首肯し得る追っかけと、元恋人へのストーカー行為とを分かつラインはどこにあるのか？　あるいはクビになった労働者の場合。いったい何通までが説明を求め権利を主張する合法的な怒りの手紙で、何通目からがストーカー行為なのか？　本書はストーカー行為とは何かの見取図を描くだけでなく、ストーキングとは似て非なる人間行動との境界線、連続線を指し示そうとするものだ。

ストーキングが問題視されるのは、望ましくない関心を持たれた対象に、苦痛と恐怖をもたらすからだ。時には被害者に生命の危険すら感じさせるケースもある。同様に、しつこいストーカー行為によって生じた苦痛のせいで被害者の精神状態までが悪い影響をこうむる場合も。忘れてはならないのは、ストーカー自身の人生もそのせいで大きな痛手を受けていることだ。大方のストーキング行為の裏には、孤独や喪失感、対象への懐かしさ、親密になりたいという思いが流れている。だから許されるというわけではないし、それが被害者の苦しみを補って余りあると論ずることもできない。当たり前のことだが、ほとんどの場合、行為を止めさせることによって、被害者ばかりかストーカー自身も得るものがあるということだ。ストーキングを首尾よく止めさせるには、本書にもあるとおり、ストーカー自身が自らを医療の場、法律による制裁の場にさらすことが必要である。行為者が色情狂の場合など、治療効果は絶大である。また元恋人が打算的で、意趣返しに懸命の場合には、ストーカー行為に伴う私的なコスト、例えば法的な制裁に目を向けさせるだけで、望ましい結果が得られることがある。治療と外からの規制を合わせたやり方がストーカーに望ましい結果を生むのだ。一方の被害者は、たとえストーカーから解放されても、精神的に大きなショックを受け、周囲の支えを必要とするものだ。今まさに被害に遭っている場合など、実際的な手助けと支援が重荷をはらい回復を早める上で有効である。

ではどんな行為がストーキングと見なされるのか。それについては、ほとんど検討されてこなかった。先に強調したとおり、これはやはりストーキングだと判断するのは被害者自身だが、では何を手がかりにしてその被害を認識すればよいのか？

この疑問に答えるにあたって、ストーキングを一つの社会過程ととらえたのがエマーソンら（一九九八）である。後をつけられ嫌がらせを受けている個人が寄せるさまざまな説明にもとづいて自らの分析を行っている。「ストーキングとは、出会い、別れたことに伴い結んでは消えていった諸々のことと関わっている」（前掲書、一九五頁）。親しい関係をつくり保とうとする一方通行の努力を彼らは「中心的動機」と呼んだ。大切なのは、よりを戻すことに熱心な誰かとの関係を築くことに否定的な側の本音である。

親しい間柄も始まりは見知らぬ人との出会いである。未知の人、予想もしなかった人との出会いはありふれてはいても緊張する経験である。中でも、これは大切な相手になるかもしれないと思わせるような状況ではなおさらだ。出会いから交際へと関係が進むにつれ、われわれは複雑な現代社会の、人間関係の地雷原をとびはねているのだ。出会いと交際との間にある落とし穴を縫って歩くのは容易ではない。痛い目に遭ったり、予想外の結果に終わることも少なくない。他者をお節介な嫌なやつと見なし、自分はストークされていると思うのは、主導的な誰かと、その努力の対象になってしまった誰かとの間に、大きな分裂があるからにほかならない。親密な関係を築くのに失敗したら、たいていの人は、相手の前で終わりを認める（あるいは、それにしたがおうとする）。それだからみずからをストーキング被害者と見なす分裂状態に正しい根拠もあるわけだ。人は親しくなりたいと願ってストーカーと呼ばれる危険に身をさらす。関係を解消する際に、ストーカー被害者となる危険をあえて犯すのは、関係を解消した当の本人なのだ。

加害者の親密になりたい努力、あるいは被害者の関係を絶ちたいという状況が、必ずしも「ストーキング」呼ばわりされることにつながるわけではない。相手がたまたま神経質で心配性で身勝手なせいで、ストーカー扱いされる不運な人もいる。実際のところ、たとえアプローチが拒絶されても、まともな人はそれを受け入れるゆとりを持っている。そのゆとりが罪悪感からくる場合もあれば、同情や、まったくの礼儀正しさからくる場合もある。が、その程度のゆとりはあって当たり前である。人の後をつけようという人はそれ相応に無神経であり、その行為がストーキングであると見なされる危険を持っていると自覚する必要がある。

ストーキングの考古学

ストーキングなる行為が究極の嫌がらせとして現れたおかげで、事態を把握し特定した上で、望ましからざる介入を的確に観察することが可能になった。と同時に、境界線上の行為を白日の下にさらすかどうかのハードルも低くなった。宮廷ロマンスの儀礼とは、完璧な愛人を遠くから飽くことなく賛美する求愛者の、報われることのない愛だったのだ（シンガーを参照のこと、一九八四）。

イタリアの大詩人、ペトラルカ（一三〇四〜一三七四）とダンテ・アリギエーリ（一二六五〜一三二一）は作中で触れもしなかった婦人に対する生涯にわたる献身を歌いあげている。ダンテは『新生』（一二九二年頃）においてベアトリーチェへの愛をしたためた。中にはベアトリーチェ・ポルティナーリその人を指している。ダンテにとってベアトリーチェは「美と善良さという無謬性の一つの抽象、その寓話的な現れ」であった（シンガー、一九八四、一五六頁）。T・S・エリオット（一九三〇）はダンテを、ベアトリーチェに病的な妄想を抱いていたとし、詩人が彼女と交際した事実はなく、彼女をみずからの理想の愛の対象と見ていた、と論じている。ペトラルカがラウラ（ラウラ・デ・ノヴェス、一三二五年結婚、一三四八年死去、十一人の子どもをなす）へ捧げた一途な愛も同様である。詩人たちを動かしたもの、それは生身のベアトリーチェやラウラではなく、頭の中で思い描いた彼女たちだったのだ。デ・ルージュモン（一九五〇、一七八頁）は書いている。「とはいえここでも女性は、あろうがあるまいが、男が愛してやまない苦悩の種にほかならない」。ペトラルカはラウラについてこう書いた。「私は知っている、私が炎を解き放ちながら追いすがり、そばにいるときは愕然とし、いなくなると私の欲望が燃えさかることを」（引用はデ・ルージュモン、一九五〇）。今となってダンテがベアトリーチェを追い求めた熱情の程は知るよしもない（ラファエル前派の画家たちは人目を避けるスパイさながらに彼の姿を描いたが）。ペトラルカが三六五日送りつける詩にラウラがうんざりし、それも二人に霊的刺激を与えるためと思っていたかどうか、はっきりしない（ちなみに三六六通目は聖母マリアに捧げられた）。はっきりしているのは、詩人たちの同時代人にとって、またその後の世代にとっても、対象の現実も気持ちも無視して求愛するダンテやペトラルカは、スキャンダルどころか賞賛の的であったということだ。当時のヨーロッパ社会は、女性の現実に目をつぶった手前勝手なファンタジー、男による自足的な愛を、ある理想と受け止めていた。

デンマークの哲学者で神学者、実存主義の創始者、セーレン・キルケゴール（一八一三〜一八五五）は奇妙きてれつな美的生活者の手記『あれか、これか』（一八四三、英語版テキストは一九八七年）を著して世に出た。第一部『あれか』は表向きAなる自称若き耽美主義者によって著され

「誘惑者の日記」という物語をおさめたものだ。レギーネ・オールセン、本の中ではコーデリア・ワールという若い女性を追いかけるキルケゴールの小説風告白と見なされている。ここには、人知れぬ追跡、スパイ行為、彼女についての情報収集、偶然めかして公の場で彼女と出会うシーンなどがあふれかえっている。この小説風の告白の中でキルケゴールはAと心の恋人との邂逅についてこう表している。

人影が現れる。ケープで目もとまで隠して。どこから人影が現れたのかはさだかではない……影はあなたのそばを、あなたが正門を入ってくるその瞬間に、通りすぎる。息詰まる一瞬、流し目がその対象にそそがれる。あなたはパッと赤らむ。その胸は一息で楽にはなれないほどいっぱいになる。あなたのまなざしには憤りの影が見える。高慢ちきな軽蔑が。嘆願が、一粒の涙が目にたまる。どちらもおなじくらい美しい。わたしはその両方をふさわしい権利をもって受け入れる……わたしはきっと彼女と再会するだろう。きっと彼女を認め、彼女もまたわたしを認めるだろう――わたしの流し目はそうたやすく忘れられるものではない……約束しよう、彼女はこの日のことを思い起こすであろうと。焦燥はない、貪婪もない――すべてがゆっくりとした隙間風のなかで味わわれるであろう。彼女は選ばれ、そして奪われるであろう、と。

（キルケゴール、前掲書、三一四～三一五頁）

作者の心の中では、目と目が合った一瞬、関係が結ばれる。作者にとってそれは交流なのだ。誓い、認め合い、支え合う瞬間。ほどなく「彼女もわたしを認めるだろう」という文は直ちに「彼女はこの日のことを思い起こすであろう」という文に取って代わられる。関係は結ばれる。たとえ自閉的な関係であれ。「彼女は選ばれ、そして奪われるであろう」という主張は彼女という存在をまったく無視している。これではまるで権利の主張ではないか。

Aにとっては崇拝と献身の関係が結ばれる。「わたしの美しい客人よ……わたしはあなたにこの身を捧げよう、何があっても」（キルケゴール、前掲書、三二〇頁）。少なくとも初めの数週間、彼のいう支え合う瞬間などはなく、ただきっとうまくいくという希望、期待があるばかり。「ある意味でわたしの取り分はないに等しい。が、恋人を手に入れたいという見込みは、はっきりとある」（前掲書、三二六頁）。物語では、それから始まった奸計と情報集めが日記として記録される。Aは恋人をつけ回す、「飽きもせず近くを通りかかり、その後をつけて、ようやく住み処を探し当てた」（前掲書、三三三頁）。その姿はまるでスパイだ。「わたしはいずれ、あなたが誰かを知る——いったい何のために警察が市勢調査記録を保管しているとあなたはお考えか？」（前掲書、三三七頁）。彼女の家を見張ったりもする。「彼女が中へと消えた家について今日わたしは知った」（前掲書、三三七頁）。そしてこう目論む、「もし家へ入るのに許可が必要なら……準備はいいぞ」（前掲書、三三八頁）。

われわれの目から見ればストーキングとしかいいようのないこうした行為も、キルケゴールの同時代人からすると、たとえそんな言葉があったとしても、そうと見なされることはないだろう。面白いのは、Aが彼女と親密になろうとするとき示される彼の内的世界の描写である。愛する人がいずれは降伏するというファンタジーがまずある。次に彼女の気だてや願い、意志力について疎外感とともに描かれる。なぜなら、この時点では彼女と彼女の家の外観しか知らないから。ラウラは「ファンタジーの世界の住人である」（前掲書、三三九頁）。「彼女は孤独で」（前掲書、三四一頁）、「誇り高く」（前掲書、三四二頁）、「想像力と生命力と情熱に満ちあふれており」、「時と場合によっては、少女ではなく男の役割を果たしたいと望む女であろう」（前掲書、三四三頁）などと確信する。愛する人が理想の恋人の姿で構築され、再構築されているのは考えるまでもない。その姿を目に留め、盗み見ただけで、イメージは広がる一方である。『誘惑者の日記』は、今ならストーカーと呼びたくなるような人間の類型を観察する窓のようだ。

しかし、キルケゴールの日記は本当にストーカーの日記なのか。よく言われるように、どの程度まで、レギーネ・オールセンを追い求めた真実の手記であるのか？　レギーネ・オールセンがキルケゴールと親しく交わったことに間違いはない。長続きはしなかったが。彼女は彼の手からまんまと逃げおおせ、『誘惑者の日記』に出てくる女性として一九〇四年に亡くなるまで知る人ぞ知る存在となったのだ。彼女のキルケゴールへの思い出といえば、ストーカーというよりむしろ、たまたま知り合って一時期とはいえ婚約していた男性に対する思い出である。キルケゴールはといえば、生涯レギーネにぞっこんで（取り憑かれていたといってよい）、「わたしの遺産は彼女『レギーネ』のものである。二人が結婚していたとおなじように」（キルケゴール、一九九六、六五七頁）と遺言書に書いたほどだ。『誘惑者の日記』がキルケゴールのレギーネ・オールセンを求める行動と心理をどこまで正確に描いているかは、分からない。むしろフィクションの可能性もないではないし、ストーキング的なエピソードを一緒くたに（いや、翻案さえ）した可能性もある。キルケゴールによると（一九九六、四一七頁）。「『誘惑者の日記』は彼女のために、彼女を不快にさせることを目的に、書かれたものである」。ここからして、今ならストーカーとレッテルを貼られかねない人間の心理、行動に対する洞察をこれが示しているのは明らかだ。もっともAは、彼の属する文化からも同時代人の目からも、当然のようにみずからを愛人と見なしていたのだが。

　これが姿の見えない観察者に気付いていたであろう被害者にどんな影響を与えたかは分からない。もしこれをミズ・オールセンを標的にしたストーキングと見なすなら、つまるところ彼女はトラウマにさいなまれた、いやひどく傷ついたとさえ見なすことは難しい。彼女はほどなくその求愛を受け入れ、この偉大な哲学者の偉大な愛を受け入れたのだから。推し量って言えば、十九世紀半ばのコペンハーゲンを生きたレギーネ・オールセンと、二十一世紀のロンドンやニューヨークで生活するティーンエイジャー（彼女は当時十六歳か十七歳だった）とでは、おなじ後をつけられスパイされるような経験でも、その受け止め方に違いがあったということだ。男性の場合、余所者でしかも名無しの権兵衛というわけにはいかない。怪しまれていようがいまいが、その身元はこぢんまりとした地域社会の中ですぐそれと知れわたるだろうから。それらしい社会階級や役割によって区分けされてしまうだろう。それも、今日よりはるかに徹底的に。男性の行動は、はにかみ屋の求愛者、不器用な崇拝者、ロマンティックな訪問者と解釈されてしまっただろう。相手を脅したり害をなしたりといったことは、見知らぬ誰かに注目が集まったにせよ、差し迫ったものでは当時はなかった。

　ジョン・アップダイク（一九九七）は『誘惑者の日記』に見られるキルケゴールの行動を入り組んだ勇気という言葉で説明している。もっとも、彼もキルケゴールの行動はストーキングであるとしているが。アップダイクはストーキングに奇妙なひびきをあたえている。彼はこう書いている。「若さゆえにアプローチできない男の、女への長く愛情に満ちたストーキングは、虚構であれ現実であれ、性的興奮の絶頂にほかならない」（前掲書、xiii頁）。キルケゴールの分身《オルターエゴ》であるAは『誘惑者の日記』の中で直接的な接触から一切引き下がろうとしない。コーデリアはまだほんの女学生なのだ。それだけに読者は若い女性をストーキングすることが性的興奮の絶頂にほかならないというのが誰の現実なのか、謎のまま取り残される。こういった人間が存在することは本書の中でいずれ明らかにするつもりである。例としてキルケゴールをあげたわけではもちろんない。

ストーキングの社会的仕組み

社会問題としてのストーキングの仕組み、それをすぐれた論文の中で検証したのが、ロウニーとベスト（一九九五）である。対象とされたのは一九八〇年から一九九四年までに発表された新聞、テレビ、ラジオ、雑誌記事、また学術誌、裁判および議会記録など。特に注目したのはストーキングをめぐる苦情がいかにして大衆の関心を呼びさまし、いかにして新たな犯罪に結びつくのかということ。二人は三つの段階に着目してストーキングを社会問題として描き出している。

それによると、第一段階は一九八〇年から一九八八年にかけて、ストーキングが雑誌などで「心理的レイプ」「度を超えたつきまとい」などと扱われた時期だった。「ストーキング」という言葉はまだ一般的ではなかった。心理的レイプ、度を超えたつきまといはある種のセクシュアル・ハラスメントと見なされ、被害者（たいてい女性。一〇〇％ではないが）への非暴力的かつしつこい追っかけを特徴としていた。司法制度が整わない中被害者は苦悩していたが、身から出たさびと突き放されることもしばしばだった。たしかに問題行動ではあったが、「大きく取り上げられて大衆の関心を集める」ようなことはなかった（ロウニーとベスト、一九九五、三十九頁）。

第二段階は一九八九年から一九九一年にかけて、ストーカーという言葉が耳目をにぎわすようになった時期である。その多くが「スター・ストーカー」であった。有名人たちがしつこくつけまわされ嫌がらせを受けた。ホームドラマ女優レベッカ・シェーファーがロバート・バルドなる精神異常のファンによって殺された事件のせいで、この新たな犯罪に注目が集まるようになった。被害者の多くは有名人で、加害者は多く心の病を持つもの、または被害者に強迫観念を持つものとされた。ストーキングは被害者が防ごうにも防げない行き当たりばったりの暴力行為であった。それは暴力への一里塚、心の病のなせるわざと考えられた。それはまず大衆の、次いでメディアと娯楽産業の関心を引きつけ、その餌食となり、立法者もようやく重い腰を上げることとなった。

第三段階はその再定義が行われた一九九二年から一九九四年にかけてで、ストーキングは別れた元恋人の男性による暴力行為とされた。「被害者は女性であり、たいていは深刻な暴力の前ぶれ……誰の身にもふりかかる問題で……女性への家庭内暴力の一種……」（前掲書、四十二〜四十三頁）ストーキングはそう再定義された。ロウニーとベストは同時に発生した家庭内暴力とストーキングがいかに新たな暴力につながるかを論証する。こうして、元パートナーに殺された女性の九十％がすでに警察に通報済だったという事実は、九十％がストーキング被害者であったという事実と等しいとされた。ここから（アメリカでは）一日に九人の女性がストーカーに殺されているというとんでもない主張が生まれることになった。ストーキングは暴力犯罪の一種、夫ないし恋人から受ける犯罪であり、「流行病」（例えばギリガン、一九九二）と見なされることになった。これは、実行者の動機面の精神分析的な解明も、心理学的な説明も度外視したものだった。典型的なストーキングにあっては、虐待の対象が女性でない場合、子どもか青年が被害に遭うことが多い。ストーキングには小児性愛的な側面があること、ストーカー自身の意図と行動に本質的に邪悪な部分があることを以上の例は証明している。

社会問題として、また新種の犯罪として発現したストーキングは、別種の犯罪とその特徴をおなじくしていた。小児虐待、路上強盗、暴行などである（スコット、一九九五。ファーガソンとミューレン、一九九九）。それが存在しているという事実を疑うべくもない社会的現実の地位をストーキングも獲得するにいたったのである。何かが社会問題化するプロセスは、例えば小児虐待の場合、たがいに絡み合いながら、次の四つの段階を経るとされた。すなわち、発見、拡散、統合、具体化である（パートン、一九七九。スコット、一九九五）。

ストーキングを「発見する」上で重要な疑問、それは、こうした嫌がらせが今この時代に特殊な問題として現れたのはなぜなのか、また、ストーキングだけが俄《にわか》にこれほどの大問題となったのはどうしてか、ということだ。すでに論じてきたように、ストーキングと見なされる行為そのものに新しいものはなく、それを問題視する考えもつい最近のものではない。目新しいとしたら、そうした行為を、従来の不当な介入とは違う意味で、悪意に満ちた行為と見ることがますます多くなってきている点だ。ストーキングを発見するとは単一の閉じられた輪ではなく、さまざまな流行や利害関係の連鎖を見出すことなのだ。そうした流行や利害関係は、ストーキングという概念ができる前は未分化なものだった。まさに「ストーキング」という言葉が表現を解き放ったのだ。

初期ストーキングともいえる有名人へのしつこい追っかけや介入（スター・ストーキング）には、以下に見られる要素がある。

1　一九七〇年代から八〇年代にかけてプライバシーへの関心が高まり、隣人の生活を詮索することの是非が問われた。そうした傾向は世間の注目を浴びる人々に対して特に強く、有名人たちはゴシップ・コラムニストや写真家《パパラッチ》、報道関係者、テレビやラジオの格好の餌食となった。有名人の動向を明るみに出すことを使命と心得た連中である。芸能人であれ政治家であれスポーツ選手であれ王室であれ、有名人にとって今や聖域はなくなった。その一挙一動が、取るに足らぬ噂さえ、暴き屋たちの飯の種にされた。こうしたことから、プライバシーは大きな価値を持つようになった。プライバシーの擁護は社会正義に格上げされた。

2

過去一世紀ほどの間に、隣人といかに関わるかについて、ゆっくりした地殻変動が起こってきた。巨大な都市空間が出現したおかげで人々はその人となりも知らない他人の中で暮らすのが当たり前になった。一七九八年にパリの警察官はこうぼやいている。「人がうじゃうじゃいる中で礼儀正しく振舞えったってどだい無理です。みんながみんないわば他人で、人前で恥ずかしい思いをする心配もないんだから」（ベンヤミンによる引用、一九六八、四十頁）。他人は、外国人とは別の意味で、社会の成員でありながら、コミュニティの中の見知らぬ誰かにすぎなくなった。文学では隠れた脅威として、また悪をもたらすものとして見知らぬ誰かを描くことはありふれたテーマとなった。エドガー・アラン・ポオ「群衆の人」もその一つ。その一節を、この章の冒頭に引用してある。

一九八〇年代に入って、「コミュニティ」という言葉がイデオロギー的な重要性を増すにつれ、西側社会の人々にとっての現実はコミュニティの解体、消滅と同義となった。地域を共有する人々を結びつける利害の絆は姿を消していった。隣人は都市生活の中でますます他人と化していった。ある人にとっての関心が別の人にとっての関心と受け止められることは稀になった。ともに生活する人々は相互支援の主体ではなく、苛立ちと介入、場合によっては危険の象徴となった。人と人とをつなぐ媒介の役割を恐怖が演じているかに見えた。こうした雰囲気の中見知らぬ他人を略奪者と見なす空気があっという間に醸成された。有名人はふたたび隣人へのつのる恐怖を共有することになった。自分は丸裸にされたという、公人なら誰もが経験する感覚は、たとえばジョン・F・ケネディ大統領やジョン・レノンの暗殺でいっそう強まった。有名人宛に脅迫状が届き、嫌がらせの電話がかかってくる頻度ははっきりと増えた。人目に触れる代償として護衛を雇うことが常識となった。現実に脅威にさらされているかどうかは別にして、危険な目に遭うかもしれないと脅えるせいで、危機を察知しそれを回避する技術と知識を備えた安全保障産業が花ざかりとなった。普段から警備の専門家に囲まれていれば、脅威には敏感にならざるを得ない。特に大金をかけてでも目に見えない危険から身を守れと説得されているような場合には。

3

一九八〇年代に入っての特徴は、他人に介入し脅かす人間が社会にあふれているとの認識が広がった点にある。精神病質者、薬物中毒者、知的障害者らを恐れる気分は、コミュニティにそうした人たちが増えつつある事実によって、またそうした障害は衝動的かつ攻撃的な行動を引き起こすとの懸念から、つくり出されてきた。合衆国のシークレット・サービスなど大統領や要人に危害を加えかねない精神病質者の詳細な身上調査書を、たとえ彼が近くにいない場合でも、保有している。有名人への脅威は病的混乱に陥ったものによる脅威と受け止められた。つまるところ、芸能人は言うにおよばず、政治家へそんな敵意をしめす理由は、狂気以外の何だというのか？

そんな偏見がストーキングという観念を表舞台に登場させた。レベッカ・シェーファー殺人事件はプライバシー、安全、病質者による脅威への懸念が、新しい、ストーキングという社会問題によって結晶化する格好のケースとなった。ストーキングを重大視する人々は、この劇的事件を奇貨として、支援者を組織化することができた。

ストーキングが世の中で認知されるスピードはびっくりするほど速かった。そもそもそれが脅しに脆弱なメディアの住人への脅威と見なされる以上、報道が苛烈をきわめ、徹底的だったのはうなずける。また、有名人とその追っかけ、暴力といきすぎた愛というワンセットは視聴者、大衆には逆らいがたいものだった。加えて、色情狂や異常な追っかけといった物珍しく下心をそそるトピックを得々と語る専門家の存在がそれに拍車をかけた。

それと同時にストーキングを社会問題とする見方が急激に広がっていった。有名人を標的とした行動が普通の人たちへ向けられた同様の行為を指すものとして、瞬く間に広がった。被害者がスターだったために珍しがられていた社会問題が、ありふれた経験へと形を変えた。安全な人などどこにもいない、少なくともストーキングが社会問題化した時期にあっては、女であれ子どもであれ安全ではあり得ない。

このように議論が展開していき、小児虐待は重大な社会問題であるとする見方を裏づけた。小児虐待が目立ち始めたのは一九七〇年代、子どものころ近親相姦の被害に遭っていたという女性たちの告発が相次ぎ、注目を集めたのがきっかけだった。小児への性的いたずらが世の中で蔓延しているという声があちこちから上がるようになった。

ストーキングがまず最初に広がりを見せたのは、夫や恋人からの嫌がらせを心配する女性たちの声が大きくなり、これがストーキングという新現象を連想させたことによる。ストーキングを家庭内暴力の一種と見なしたのをきっかけに、被害女性により確実な保護をとの訴えが劇的に浸透することになったのだ。メディアがストーキングに注目し、これは犯罪にほかならないと訴えたことが、ストーキングを家庭内暴力と見る見方を呼んだ。さしあたりストーキングはみずからのパートナーから嫌がらせを受けている女性を法的に保護するための合法的な試み――かつてからすると信じられないが――によって規制されることになった。反ストーキング法第一号を制定したのはカリフォルニア州で、有名人相手のストーカーを対象にしていた。とは言えそれ以降に成立した法律は女性の保護をまず真っ先に考慮するものとなったのだが。中にはストーキングを、かつてそのストーカーと同居なり親密な関係にあったものへの嫌がらせに限定した反ストーキング法もあった（アメリカ合衆国バージニア州、オーストラリアのニューサウスウェールズ州の法律がその例）。ストーキングは家庭内暴力とあいまって行動科学の教科書に早くから登場した（カート、一九九五）。蔓延するストーキングについてなされた地域研究で、初めて刊行されたものは、女性のみを調査対象としたものだった（オーストラリア統計局、一九九六）。米司法省はアメリカにおけるストーキングの資料収集と法案作成で中心的な役割を果たしてきたが、「家庭内暴力とストーキング」という報告書を作成、議会に対して対女性暴力法にもとづいた意見陳述をした。もっとも、これは賢明だったと言えるが、米司法省が委嘱した研究は、女性だけではなく男性をも対象としたものだった。この報告書がストーカーとその被害者についての理解を広げるにあたり果たした役割は重要である（全米司法協会、一九九七。ジャーデンとトーネス）。

ストーキングを家庭内暴力の一つと見る見方がどうして可能だったかを理解するには、それに先立つ十年ほどに発生した一連の事件を検証する必要がある。元夫・恋人による女性虐待が社会問題化したのは一九七〇年代から八〇年代にかけて。しかし、社会的、法的保護を求める被害女性らの戦いは、身体への直接的な暴力とは関わりのない嫌がらせについてはほとんど成果を上げられなかった（フォーリンスタット、一九九〇。ウォーカー、一九八九）。それなりにメディアが関心を払うようになったのは、一九八〇年代初め、女優のジョディ・フォスターがジョン・ヒンクリー・ジュニアという人物につきまとわれる事件が起きたことがきっかけだった。後年、ロナルド・レーガン大統領の暗殺を試みた人物である。当時のメディアの関心は有名人狙いにあったが、それでも男性から女性への嫌がらせと図式化するのが常だった（ウィルコックス、一九八二）。セクシュアル・ハラスメント、「心理的レイプ」、一時期メディアで流行語だったこれらの言葉が右の現象に与えられた用語だった（ジェイソンほか、一九八四。ロウニーとベスト、一九九五）。一九八四年、ジェイソンらは、女性へのハラスメントを対象にした興味深い研究成果を発表した。それによると女性へのハラスメントとは「関係を終わらせたいと決意した女性に対し、関係を続けたいと願う男性が継続して行う、心理的また身体的な虐待」とされた（ジェイソンほか、一九八四、二六一頁）。この研究がストーキングを対象とした地域研究の第一号であるのは間違いない。これ以降、女性へのハラスメントについて大衆的かつ政治的関心を深めようとする試みをメディアがすることは、あまりなかった。系統だった研究となると、一九八九年から九〇年にかけて相次いで起きた一連のストーキング事件を待たねばならなかった。こうして女性へのハラスメントは大衆の幅広い関心を引きつけることはなかったが、活動家や改革派はこの問題に関心を持ち続けていた。女性運動はこれが頻繁に起こり、しかもひどい傷害の原因となることを熟知していた。メディアの中でストーキングがホットな話題として爆発したとき、女性へのハラスメントはなじみの原告席から再度大衆の関心を呼びさました。これは、家庭内暴力の解決を求めるロビィストによって明るみに出され、大きなスポットライトを浴びることになった。

ストーキングという問題が拡散していくこの段階にあって、ストーカーとは精神病質者ないし偏執的な追っかけで、パートナーの女性に暴力をふるい虐待する男性という性格づけをされることになった。ストーカーとは残虐かつ犯罪的な精神病質者で、よりはっきりと性《ジェンダー》によって区分けされたのである。

ストーキング、イコール家庭内暴力という見方は概念的にも、法的にも、取られなくなった。どのような経緯からストーキングがこうして一般化され、病的崇拝者による追っかけを意味するようになったのかは、はっきりしない。分かっているのは、ストーカー研究の当初にあっても、家庭内暴力の枠組みやスター・ストーカーという発想でとらえきれないほどの被害者や実行者が存在したということだ。初期の被害者研究は、ストーカーと被害者との間に密接な関係があることを示唆していた（三章を参照のこと）。メディアの関心は相変わらず女性や男性に対するストーキングを取り上げることにあった。この時期メディアによって大きく取り上げられた事件の一つが、男性外科医へストーキング行為を繰り広げていた女性ジャーナリストの一件だった（ブレナー、一九九一）。裁判所と研究者の双方が実際に体験したことはおそらくストーカーと被害者の関係を広く概念化する上で何より重要だった。あやふやな理論化（例えば家庭内暴力や偏執的な追っかけ）に先がけてしつこい介入と望まれざる交流とを、研究したおかげで、ストーキング現象の裏にひそむ諸々の現実が暴き出されることとなった。裁判所は必然的に因果関係ではなく何よりもまず行為そのものを考慮しなければならなくなった。行動科学の専門家たちはそうした行動にまつわるお気に入りの理論ではなく行動主義的現象からスタートすることとなった。本書もそうだが、もしストーキングと見なされる人間行動から研究をスタートすればその裏にある意図、動機、表れの豊かな種々相がはっきりするだろう。この試みはストーキング、またストーカー本人を特定の状況またはすべてに先んじる因果関係におしこめようとの試みの裏をかくものだ。

新種の社会問題は、その社会的政治的案件によって明らかになったニーズに公的機関が責任を負わされるとき、それを一つに統合しようという段階に立ちいたる。メディアによって注目を集めたストーキングはあっという間に新種の犯罪と見なされるまでになった。警察と裁判所にストーカーを取り締まる責任が負わされた。ストーカーは当初コミュニティ内部の異常者、精神病質者のもう一つの顔と見られていた。ストーキングを家庭内暴力の変種ととらえたことによる影響のなごりはあったものの、ストーカーは要するに心の病にまつわる問題という認識はしぶとく残った。この問題を取り扱うことになった最初の公的機関はロサンジェルス市警の「威力取り締まり課」であった（ゾーナほか、一九九三、一九九八）。これによって警察、法律、精神衛生の専門家たちが一つの制度の下、問題解決のために集められることになった。まず実行に移されたのは精神衛生の専門家らによる社会的支援である。メルボルンにある筆者らの精神衛生クリニックでもまず最初に実行に移したのはストーキング被害者への支援であったが、ストーキング実行者の評価および管理にもすぐ並行して関心を払うようになった。本書が書かれるにいたった前提は、精神衛生および行動科学の専門家による技法がストーキング理解と管理に欠かせないという考え方である。

社会問題は、どんなコミュニティにも起こり得るものとして、その問題の一般化をはかることでその具体化の最終段階にいたる（スコット、一九九五）。問題は、「ストーキングとは何か?」や「何が原因か?」ではなく、「どのくらい蔓延しているのか?」ですらない。むしろ「誰がその問題を扱うのか?」また「なぜその問題を扱わなかったのか?」が問題なのだ。鍵は専門的な能力、組織的な取り組みにある。ストーキングという問題そのものは好奇心ではなく社会的見地からそれなりの理解を得られ、関心を呼ぶだろう。もし本書が出版された時点でストーキングが右の段階に達していたら、本書の読者は限られた専門家だけということになるだろう。

社会構造の理論を援用するにあたってはいくつか問題がある。ある現象がある文化の中で関心を持たれ、知の対象となる仕組みを描くに際して、首をかしげ嘲笑するというのはできるものではない。他人に望まれない介入を繰り返し交流を迫るというのは受け入れられざる行為であり、西側の裁判制度の下でそれはまさに犯罪と見なされてきた。こうした行為は人を恐怖させ、被害者に心理的ダメージを与え、その機能をとことん破壊する。真の社会悪なのだ。ストーキングという言葉、概念が知られるようになった一九八九年、一九九〇年の以前から、それは社会悪だった。それにもかかわらず、ストーキングは、一つの構造である。ストーカーの被害者になること、またストーカーの実行者であることに伴う痛みや苦悩、またストーキングが構造であるという事実は、今さら問うまでもない（多重人格障害という側面からこの問題を論じた典型例として、ハッキング、一九九五を参照のこと）。

おわりに

ストーキングの社会構造とはまず初めに包括的かつ長期にわたる介入から始まり、究極的には命に関わりかねない攻撃でピークを迎える——ような事例であった。女性へのハラスメントとストーキングを一連の行為ととらえた結果、網が広がり、逆に暴行や殺人との関わりがよりはっきり見えてきた。今やストーキングは、典型的な事例がそうだったように、苦痛かつ包括的な介入から、攻撃にはいたりそうもない行為にまで、その対象を広げている。今のところストークされることの意味、されるかもしれない恐怖がそのせいで緩和されたことはない。結果としては、この社会に対するわれわれの理解に、根底からの見つめ直しが今後起こることになろう。

似たような位相が、小児虐待をめぐっても起こっている。小児虐待とはそもそも身体への暴力を長期間続けることで、暴力には性的いたずらも含まれるととらえられている。その利点として、小児への性的暴力の実態が明かされ、そうした行為に歯止めをかけ、被害者を適切に保護（国によっては治療および金銭補償）するのが急務であると広く認識されたことがある。その底流にあるのはさまざまな種類の小児虐待のあり方、範囲、因果関係についての混乱であり、有効な対策をはばむ原因になっている（ファーガソンとミューレン、一九九九）。と同時に、被害者が自分と自分の過去とを理解するその仕方には変化が見られる。右の問題なくしてこれは起こり得なかったことであろう。ストーカーとストーキングの実態を専門家、一般市民により正確に知らせること、これが本書の主題である。われわれは今、ストーキングの広がりを社会問題と見なし科学的な探求の対象とする、とば口に立っている。しかし、ストーカーとストーキングについての俗見、というか検証されざる仮説に立ち向かうことの大切さは、自明なのだ。

2 ストーキングの疫学

はじめに

ストーキングに伴う意味がさまざまに変容したことが一章では論じられた。当然ながら、ストーキングの広がりとありようも定義が揺らぐにつれて劇的に変化している。ストーキングの蔓延は、有名人の追っかけとするのか、女性へのハラスメントなのか、他人を偏執的につけ狙う行為か、あるいは人を恐怖させるしつこい介入行為なのかによって変化する。こうしたありようの変化は、ストーキングとは何か、ストーキング行為の裏にはどんな真意が含まれているのかについて、それぞれ前提は別ながら種々雑多な事例を生み出している。「スター・ストーキング」の典型例だったレベッカ・シェーファー事件。元ボーイフレンドによるアメリカ女性クリスティン・ラードナー殺人事件（ラードナー、一九九五）のような、家庭内暴力に絡むストーキング。元恋人で首席裁判官ソル・ウォッチラーによるジョイ・シルヴァーマンの度はずれな追っかけ事件（グロス、一九九四、カート、一九九五を参照のこと）。この事件は大きく報道された。

ストーキング実行者を捕えるべく張りめぐらされた網が両手を広げているにもかかわらず、ストーキングにまつわるイメージは、大きな変化を見せていない。アメリカでは女性が生涯を通じてストーキングに出会う確率は八％ないし十二％（ジャーデンとトーネス、一九九八）だが、これに対し、大方の人々は大多数の女性が毎日毎日、見えざるストーカーに怯えて暮らしていると思っている。ジャーデンらはみずから収集したデータの定義と公開には慎重を期している。その数字が一般にどう利用されるかについては責任の負いようがない。問題は、ある特定の行為について、一度ドラマティックで印象的なイメージが大衆の心に植えつけられれば、それが決定的な事実となるということだ。ストーカーなり小児性愛者なりについては、常にその行為のうちもっとも極端かつ衝撃度の大きいイメージが広まっていく。ストーキングの疫学研究の現状では、ストーキングの定義が曖昧であるがゆえにさまざまの疑問が浮かび上がるのだ。実にいろいろな行為がたった一つの範疇によってグループ化されている。これまでになされた地域研究はごく限られたもので、クリニックや裁判所の経験から得られた、はるかに多い事例報告の中にやむなく埋没してしまっている。したがって、ストーキングの中でもより極端な断面を表すデータばかりが注目される。事例研究と臨床経験は、普通、ストーカー行為があまりにもひどく、逮捕されたり入院させられたり、精神衛生クリニックへ送られた人々のサンプルから得られるものだ。例えば「あなたはこれまで後をつけられたり、スパイ行為を受けたことがありますか?」とか「これまでに欲しくもない手紙を送られたことがありますか?」といった質問に答えてくれた無作為抽出の回答者に嫌がらせをした連中と、これは別人である可能性が高い。右の質問はジャーデンとトーネスの研究（一九九八）でなされた、きわめて妥当なスクリーニング質問によるもので、嫌がらせを受けた人の幅広いサンプルを集めるよう意図されたものだ。ストーク被害に遭ったと見られる回答者と、クリニックが把握している被害者とはおなじであると、機械的に見るべきではない（パテとミューレン、一九九七を参照のこと）。

研究が進むにつれて、当然のようにストーカー行為とはどの程度かをより厳密に示す数字が注目を集めるようになってきた。ジャーデンとトーネス（一九九八）は、ストーカー行為がもたらした恐怖によって被害者をいっそう厳密に定義し、それを数値化するという重要な試みをしている（ある意味、小児性的虐待は暴力による、またよらない虐待とは異なるとする見方とおなじである）。これによりストーカー行為の要件、頻度、影響と関連性、とりわけほかの暴力行為との関連性にもとづいて分析するという、より洗練された手法が可能となった。

ストーキングの疫学は実際上、ストーキング被害者の疫学でもある。その現象が蔓延していると確証するのが疫学であり、その発生、結果と相関関係にある。蔓延とは一定の期間にその状態に陥った（つまりそれを経験した）人の割合のこと。ストーキングの場合、報告された事例は蔓延というより累積された事例と言うべきであろう。なぜならストークされたと報告した人の割合は一年以上前に先立って、または被害者の生涯にわたり、決定されるものであるから。ここでは、一定期間における蔓延を累積された事例と見る慣例にしたがうことにする。

ストーキングの評価はストーキングがどう定義されるかと同時に、どんな質問によって被害情報を引き出すかにもよる。調査されるサンプル選びもそれなりの影響を持ち得るだろう。またそのサンプルの中にある変異性によっても。仮にストーキングを嫌がらせ行為が二つ三つ重なった状態ととらえるなら、十回繰り返された状態ととらえるより蔓延の頻度は上がる。もし実際に相手を怖がらせることまで含めるなら、被害報告を数えて得た件数ではなく、その衝撃度がどうあれ行為そのものへと、蔓延の評価は変化することになる。同様に以下に見るように、ストーキングが蔓延しているかどうかはどの程度被害者が怖がっているかと関わりがある。ジャーデンとトーネス（一九九八）の研究では「ひどく恐れている」と「やや恐れている」はストーキングとされる。さしあたりストーキングの疫学調査をするに際しては、定義する際の変数をデータ化するような方法をとることが望ましい。何回目からストーキングになるかという件について、さまざまな頻度で嫌がらせを受けている被害者のためにデータを提供するためにも。同様に、ストーキングされている期間を分析した上で結果が示されるなら、被害者が強いられている制約を一時的に解いてもよい。

質問のつくり方も発生率に関わってくるだろう（小児性的虐待についての議論は、ピーターズほか一九八六と、ディルほか一九九一、マーティンほか一九九三およびファーガソンとミューレン一九九九を参照のこと）。「あなたはこれまでにストーキングに遭ったことがありますか？」というような質問は、たとえストーキングとは何かが定義されていても、特定の経験をはっきり訊くよりは発生率を低くおさえがちである。例えば、「あなたはこれまでに望ましくない電話を受けたことがありますか？」「そうした電話がかかる頻度はどのくらいですか？」（一回、二回、三回、五回などはっきりした数字を示す）「その電話は何分くらい続きますか？」、最後に「それはどのくらい怖い体験ですか？」。みずからの身に、どれくらいの頻度で、どれくらいの期間、どれくらいの苦痛を生じさせる経験がふりかかったかを回答者が詰められるよう、質問項目を練ること。そうすればずっと有用かつ柔軟なデータベースがつくれるだろう。

サンプルの選択もストーキングの蔓延を測る上でかなりの影響を持つだろう。例えば学生や特定の職業についている人など集めやすいサンプルを使うと、そのサンプルがとられたグループ以外では一般化しがたい数値しか得られないのは当然である。また、一般化という観点からはるかに制約の多いのがクリニックや医療従事者からよせられるサンプルである。ストーキングにまつわる変数、またストーキングされたという結果は、こうした機関を訪れるか否かで増えもすれば減りもするからだ。女性、若者、特定の階級に属する人といった限られたサンプリングでは、出てくる数値は大きく異なる。そんな中、もっとも信頼度の高い数値を得ると期待できるのが、代表地域無作為抽出法である。ただしこの方法にしても問題がないわけではない。ストーカー行為の広がりや、そういう行為が被害者によっていかに恐ろしい体験と見なされるかは、文化や地域、またおなじ地域内でもかなり異なる場合があるからだ。ストーキング調査に進んで協力するかどうかもまちまちで、これもまた回答率を左右する。ストーキング調査に進んで協力するかは、その被験者がストークされた経験があるかどうかに大きく左右され、それが系統誤差を生む。ストーキングに遭ったことがある人はきわめて協力的な反面、逆に、書面による被害調査を勘弁してもらいたい二次被害ととらえる例もある。いずれにせよ、回答率はストーキング体験を直接反映したものであり、結果として出てくる数値をゆがめることもあるだろう。

ストーキングのあり方やストーカーと被害者の特徴について得られる情報は、概ね裁判精神医学の専門機関から入手する臨床例によるものだった。ストーキングの疫学研究といわれるものはこれまでほとんど行われてはこなかった。この章では、ストーキングをめぐる数少ない地域研究からの成果を分析し、地域におけるストーキング発生率、その行為の様態、また被害者とストーカー本人の特徴について、深く掘り下げていく。

ストーキングの蔓延

ストーキングの蔓延についての初期の予測では、アメリカで出没するストーカーの数は毎年二十万人。また生涯に一度はストーカーに関心を持たれたり介入を受ける女性は二十人に一人との推測もあった。ここには男性被害者についての数字は含まれてはいない。こうした数値を試験的に発表したのは著名なアメリカの裁判精神医学者であるパーク・ディーツ博士。博士はそうした数字を、十分に意味ある推測として認知したのである。結果、これらの数字は一人歩きを始め、一般誌や学術誌でたびたび引用され、アメリカ政府からも承認された（上院司法委員会、一九九二）。ディーツ博士はまずハリウッド・スターや議員たちのもとに届けられた脅迫状の類を調査した（ディーツほか、一九九一a、b）。脅迫状の送り手たちは例外なくスターたちにあふれんばかりの「親書」をよこした。少ないときで十通、場合によっては数百通もの手紙を平均して十二カ月以上にわたり送りつけたのだ。ディーツらによると、そうした手紙に写真や新聞記事などを同封するのは珍しいことではなく、中には、汚物（血液や精液入りの器）、奇抜な品（あるハリウッド・スターはおまるを受け取った）、グロテスクな品（コヨーテの頭部が送られてきた議員もいる）が同梱された例もある。こうなると、こうした手紙の書き手はストーカー特有の動機（偏愛、敵意）や疾患（色情狂、偏執症）の持ち主と見て間違いあるまい。が、気を付けねばならないのは、厳密な診断とは必ずしも被験者を問診した結果にもとづくものではない、ということだ。この人々を代表的なストーカーであると見なすことはできない。ストーカーみずからが交流したいと望み、懸命に追っかけたその相手が、きわめて選ばれた人たちである場合は。ストーキングの蔓延を特定個人への偏愛のみに帰してしまうと、コミュニティ内部での広がりを過小に評価してしまうことになる。

オーストラリア

マスコミは大々的に取り上げてはいても、ストーキングの蔓延についての地域研究は、ほとんどまったくなされてこなかった。オーストラリアでストーキングの疫学研究が初めて行われたのは一九九六年のこと。オーストラリア統計局（ＡＢＳ）が女性への身体的、性的暴力をめぐる全国調査を実施したのである。調査の中にはストーキングやハラスメントについての質問が含まれていた。六三〇〇人の成人女性を対象とした代表地域無作為抽出法によって、秘密厳守の上で、これまでに男性に「ストーク」されたことがありますか、という質問がされた。その際のストーキングの定義としては後をつけられる、監視される、家や職場またレジャー先をうろつかれる、電話や手紙（ｅメールも）をよこされる、脅迫される、私物を傷つけられる、など。この定義はオーストラリア各州で施行されている反ストーキング法（十四章を参照のこと）にもとづくもので、大ざっぱに言えば、ストーキングを、被害者を恐怖させ危害を加えることを目論んだ二つ以上の行為を指す刑事犯罪と見なしている。ストーキング行為に二回以上遭ったと自覚している回答者、また同様の行為を一回以上受けたとする回答者は、研究の主旨からストーキング被害者と認められた。

調査結果から、ＡＢＳは十五％の女性が生涯に一度はストーキング被害を受けていると明らかにした。これは百万人のオーストラリア女性がストーキング経験者であるということを意味している。さらに二・四％が調査に先立つ十二カ月の間にストーキング被害に遭っていると報告された。過去十二カ月にストーキングに遭ったと回答した四人に一人が継続的な被害を受けていた。被害に遭ったと答えた回答者はすべての年齢層に見られたが、過去十二カ月のうちにもっとも追っかけの被害に遭いやすいのは十八歳から二十四歳の若い女性たちだった。事例報告や無作為抽出法による調査結果とは裏腹に、ほとんどの女性が元夫、恋人、知人ではなく、見ず知らずの人からつけ狙われていると回答していた。

ストーキングを受ける期間としては、三十％以上の回答者が、一月未満と答えた。が、半年から一年にわたりつけ狙われたと答えた女性も四人に一人いた。およそ十五％が二年以上にわたり被害に遭ったと回答。ストーキングに遭う期間が一番短かったのは見知らぬ人からつけられた経験のある人のケース（おおむね一カ月未満）。これは、元恋人や夫から受けるストーキング被害とは対照的で、こうした場合、被害者は半年ないし二年以上も被害に悩まされる例も珍しくはない。ここから、女性がこうむるストーキングは知り合いよりは見知らぬ他人からのケースが多い反面、その期間は実行者とかつて関係があったケースでもっとも長くなることが分かる。

被害者になされる追っかけやハラスメントの方法に大きな違いはなかった。よくあるのが望まない電話や手紙やカード、また私物にメモを貼られるといった経験。何日かにわたり家のまわりをうろつかれたり、つけられたりもよくあった。それとは逆に、私物を壊される、脅迫的行動をとられる、職場やレジャー先をうろつかれるといった事例は、報告された限り、多くはなかった。惜しいことに、被害者や第三者に直接の被害がおよぶ頻度、またストーキングにからむ身体的、性的な暴力沙汰についての調査はなされてはいなかった。

調査に先立つ十二カ月の間に被害に遭った女性の多くが、ストーキングが止む止まないにかかわらず、不安のうちに生活していたと回答した。ストーキングに遭ったことで三人に一人強が行動パターンなり買い物のルートを変え（十六％）、別の託児所を探すなり勤務時間を弾力的にしてもらう（十％）といった手だてを講じていた。会社勤めの被害者のうち十人に一人は、ストーキングに遭ったおかげで仕事を休まなければならなかったと答えた。もっとも、ストークされた女性の過半数（六十％）が、それによって安全が脅かされたと自覚していなかったのは意外だった。また、望まない接触や通信のことで警察に相談した被害者は三十八％。さらに惜しいのは、つきまとわれた期間、ストーキングの手法、ストーカーとのこれまでの関係がどの程度被害者に影響を与えたかについて、調査では、不問に付していることである。同様に、警察に相談することをためらった理由も質問していない。ストーカーを刺激するのを恐れたのか、どうせ信じてもらえないと思ったのか、そうした行為が犯罪であることを知らなかったのであろうか（調査時点で、オーストラリアのほとんどの州の反ストーキング法は、施行から一年未満であった）。当然ながら、ストーカーとかつて親密な関係にあった被害者ほどその行為によって身の安全が脅かされることを軽視しており、結果的に被害に遭うケースも少なかった。やはり当然ながら、被害者の多くは、みずからの経験を法的にはストーキングの基準を満たしてはいながら、警察の介入を仰ぐほど深刻な事態とは自覚していなかった。

ＡＢＳの調査でも分かるように、広い意味でのストーキングはもはやレアケースではなく、地域社会の日常茶飯事である。オーストラリア女性のほぼ十五％が生涯に一度はストーキングを経験しているのだ。そこに男性被害者や同性被害者を含んでいないことを思うと、十五％というのは、かなり控えめな数字である。とはいえ、注意すべきは、ＡＢＳの調査では生涯のある時期に少なくとも二回、望まない接触がない限り被害者とは見なされない点。重要なのは、この調査ではストークされた、イコール怖い目に遭ったというわけではない点である。当然ながら、この基準では、故意でない行為（往来で誰かの後を歩く、家の外に立つ）でも疑わしいが他意のない行為と見られるのではなく、むしろストーキングと解釈されてしまうのである。これは、被害者の多くが一カ月未満にわたり（一日だけという場合もあるが、これはデータには含まれない）見知らぬ誰かにストークされているという観察と軌を一にする。このように、十五％の女性が望まない接触や通信を経験し、それがいわゆるストーキングの定義に一致する一方、深刻な不安や苦痛の伴うストーキング被害を受けている女性がどの程度いるかについては、なお不明なのだ。もっとも多くの女性にとっては、数カ月、数年にわたり望まない接触が続けば、深刻な恐怖や不安を生じ、みずからのライフスタイルを一変させることを余儀なくされてしまうのだ（詳しい議論は、三章を参照のこと）。

アメリカ

ストーキングが地域にどう蔓延しているかを初めて調べた疫学報告としてＡＢＳの調査は重要なのだが、いくつかの限界もある。先に指摘したように、男性が被害者で女性がストーカーというケースを想定していない。ストーキングの定義が大まかで、被害者に恐怖なり苦痛をおよぼすという要件が考慮されていない。さらにストーキングと、そこからエスカレートしていく暴力との関係についての分析が十分でない。このためアメリカ法学会はアメリカ国内におけるストーキングの広がりについての研究を行うよう決定した（アメリカ法学会、一九九七。ジャーデンとトーネス）。本書執筆時点においてこの研究は、比較的大きい地域社会におけるストーキングの事例を扱った専門書としては、もっとも情報量が豊富で影響力ある一冊である。オーストラリアでの調査とおなじく、この研究の一番の目的は、主に家庭内における対女性暴力事件を掘り下げることであった。加えてストーキングについての情報、発生の頻度、ストーカーと被害者との関係、被害者への影響についての情報も収集した。重要なのは、女性のみならず男性も回答者に加えていたことである。女性八千名、男性八千名の回答者がアメリカ中から無作為に抽出され、電話によるインタビューを受けた。オーストラリアの調査と異なる点は、回答者に対し、「あなたはこれまでに『ストーク』されたことがありますか」、と訊かなかったこと。というのは、右の質問はあらかじめ回答者が「ストーキング」を知っていることを――誤った形で――想定しているからだ。この質問はまた、回答者がみずからを被害者と認識する恐れを生む。そうではなくアメリカの研究は、「ストーキング」という言葉をわざと使用せず、（アメリカ各州の反ストーキング法にもとづく）行動主義的定義を採用している。回答者は、女性であれ男性であれ、次のような質問をされた。後をつけられたりスパイされたことはあるか。望まない電話を受けたことはあるか。自宅や学校や職場のそばで待ち伏せされたことはあるか。用もないのにおなじ出先でばったり顔を合わせたことはあるか。望まない品物をもらったことはあるか。意志に反して交際を求められたことはあるか。私物を壊されたことはあるか。愛着のあるものを邪険にされたことはあるか。オーストラリアの調査と同様、この研究でもストーキングの法的定義が厳密に適用され、こうした経験を二回以上した回答者を、被害者と認定している。もっとも、加害者の行動に「深刻な恐怖をおぼえた」「身体が傷つけられる恐れがあった」と答えた回答者の場合、アメリカの調査でもストーキング被害者と認定された。

調査によると、女性の八％、男性の二％が生涯に一度はストーキングを経験していた。ストーキングが十二カ月続いたケースは女性の一％、男性では〇・四％、これはオーストラリアの数字の半分であった。同様にストーキングの基準をやや緩めてそれがどの程度蔓延しているかを掘り下げてみた。「ごくわずか」また「多少の恐怖を感じる」と答えた回答者を加算してみたのである。その結果、ストーキングの蔓延率は、女性で八%から十二%へ、男性では二%から四%へと激増した。十二カ月続いたケースは女性の一%が六%へ、男性の〇・四%が一・五%へピンとはね上がった。この数字は先のオーストラリアの調査結果とほぼ一致するものであり、基準をやや緩めるだけでストーキングの発生率が目に見えてはね上がることを示している。

アメリカの調査結果からも明らかなように、ストーキング被害者になりやすいのは女性であるが、男性もまったく安全というわけではない。全体の二十二%が生涯に一度はストーキング被害に遭っているのである。男性女性とも白人とマイノリティ（アフリカ系アメリカ人、ヒスパニック、アジア系／太平洋諸島人、アメリカン・インディアン／ネイティヴ・アメリカン）とでストーキングの発生率に差はなかったものの、ネイティヴ・アメリカン・インディアンとアラスカ系の女性の場合、それ以外の民族集団の女性たちに比べて、ストーキングに遭う危険性が大きかった（このグループの女性たちは致死的また非致死的な暴力に遭う率も大きかったが、これは土着的コミュニティにおける暴力行為の一パターンといえるかもしれない。ジャーデンとトーネス、一九九八）。

アメリカで初めてストーキングに遭う年齢層は十八歳から二十九歳でもっとも多い。実際アメリカのストーカーには若者好きの傾向があり、四十歳以上を標的にする例はほとんどない。女性が被害者の場合、ストーカーはほとんどが男性（九十四%）。それとは裏腹に、男性は、女性ばかりか男性からもハラスメントを受ける可能性がある。男性の場合、三分の一は現在の、またはかつて親しかったパートナーからのストーキングで（たいていが異性関係）、三十四%が知人から、三十六%が見知らぬ他人からのものである。面白いことに、親密ではない人からストークされたと答えた男性の大半が、ストーカーはほとんど例外なく男性であった。研究者らは同性によるストーキングが予想外に多かった事実に首をかしげつつも、次のように推測している。ホモセクシュアルによるものか、同性愛嫌いによるものか、あるいはギャングによるものであろう、と（より詳しい議論は、九章を参照のこと）。

対する女性の場合、ストークする相手としては、主に今または過去親しくしていた誰かであるとされる。配偶者、同棲相手、気軽なデートの相手。調査では、今のパートナーと元のパートナーとを区別していない。また、配偶者とそれ以外の愛人の場合も。今と元のパートナーを区別しないこのやり方は、残念なことに、さまざまなパートナーによるストーキング被害の蔓延、そのありよう、影響とリスク、そこにどのような違いがあるかを理解することを妨げている。さらにいえば、今のパートナーとかつてのパートナーとを区別しなかったことで、ストーキングというべき現象と、家庭内暴力の文脈で起こる配偶者支配、配偶者操作とを混同してしまっている。調査は、確かに、家庭内暴力とストーキングの間に強いつながりがあることを証明している。今のあるいは元のパートナーにストークされた女性の八十％がその行為者にかつて暴力をふるわれた経験をもっているのだ。と同様に、親しいパートナーにストーキングされたケースの六十％で、行為は関係が終わる前に始まっている。にもかかわらず、調査結果が明らかにしているとおり、ストーキング被害はあらゆる状況、あらゆる意図で発生している。したがってこれは家庭内暴力ではなく、それとは別の現象としてとらえることが求められるのだ。

アメリカの調査では、ストーキングの期間を、より明瞭な月ごとの指標ではなく年ごとでとらえていた。被害者の二人に一人がストーキング期間を一年未満とする一方、二年から五年にわたって嫌がらせを受けた被害者も四人に一人いた。五年以上にわたりストークされたと答えたものは、ほぼ十％。オーストラリアの調査結果と呼応するかのように、ストーキングの平均期間は、実行者が親しいパートナーであった場合（二・二年）のほうが、そうでない場合（一・一年）より長かった。ストーカーによって用いられる手口は大方の西側諸国で差はなく、アメリカでも、被害者の多くは後をつけられる、望まない電話や手紙をもらう、さまざまな形で監視される、などであった。被害者のほぼ五十％がストーカーからあからさまに脅迫されたと答え、三人に一人が私物を壊されたとした。スパイに遭う率が圧倒的に高いのはやはり女性で、後をつけられたり、望まない電話や手紙をもらうケースも、男性に比べて多かった。一方脅迫、私物破損、望ましくないプレゼントや手紙の類は男性女性で差はなかった。ストーカーの十人に一人は被害者のペットを殺すか殺すと脅していたが、興味深いことにそれが被害者自身や第三者への身体的暴力につながった例はなかった。

アメリカの調査では被害者の半数が警察に届け出たという。被害を届けなかった人たちがしばしばその理由とするのは「これは警察に届ける事柄ではない」「警察は何もしてくれない」またストーカーからの報復が怖いというものだった。警察へ届ける比率は男女ともおなじだが、警察が介入するかどうかは被害者の性別によるところが大であった。驚くことではないが、警察が逮捕なり留置なりの手段をとるのは容疑者が女性をストーキングした男性というケースが圧倒的であった。また、しかるべき被害者保護機関を紹介するケースも、男性より女性の場合で目についた。ストーキングを警察に届け出た被害者のうち、事件が起訴にいたった例は五人に一人以下、有罪判決につながったのはそのうちのわずかに五十％だった。調査によると、ストーカーに禁止命令なり保護命令が出される率は、やはり女性のほうが多く（二十八％対十％）、これは女性の場合ある程度まで親しいパートナーにストーキングされる例が多いためだろう。そうした女性のかなりがストーカーに暴力をふるわれた過去を持っている。もっとも、せっかく禁止命令が出されても役に立たないケースは少なくなく、女性の七十％、男性の八十％は命令違反があったと答えている。警察にハラスメントを届け出た被害者のうち、警察の対応、介入に合格点を与えているのは半数のみで、残りは警察がストーカーを抑止し逮捕しなかったとして不満の意をあらわにした。また、苦情をまともに取り上げなかった、十分の保護措置を取らなかったという不満の声もあった。

アメリカの調査では、なぜストーカーにつけ狙われたと思うかをストーキング被害者に、問う質問もあった。一番目についた回答が、ストーカーは被害者である自分を意のままにしようとしている、というもの。次に多かったのが、力づくで関係を維持しようとしている、また怖がらせようとしている、というもの。ストーキングは心の病であると認識していた回答者はほとんど皆無であった。なぜストーカーは行為を止めたのかと問われて（行為が止んだケースの九十二％）、大半の被害者は、ストーカーが転居したか新たな恋愛対象ができてそちらに関心が移ったのが主な原因と考えていた。ストーキングが止んだのは警察や司法当局の介入があったから、とした回答者はむしろ少なかった。

オーストラリアの調査結果とおなじく、アメリカの調査でもストーキングが被害者にさまざまな影響を与えていた。被害者の三人に一人が、また別の誰かにストーキングされるかもしれないと思うと怖いとし、二十％がストーキングを体験した結果「前にも増して警戒」するようになったと答えた。家族や友人の援助を取り付けた（十八％）、引っ越した（十一％）、また防御手段として拳銃を手に入れるなど極端な行動に走った（十七％）。女性の三人に一人、男性の二十％が心的外傷に苦しんで心理カウンセリングを受け、被害者の二十五％が仕事を休んだと回答した。おおむね最大十日くらいだが（裁判所へ出廷したりカウンセリングを受けたり、警察や弁護士に相談したり）、およそ七％が仕事へ復帰することができなかったと答えている。多くの被害者にとって、ストークされるという経験はさまざまに有害な影響をもたらすものである。オーストラリアの調査結果と同様に、かなりの回答者（五十％）が自分の身の安全については心配していないと答え、被害者の大半（八十％）がストーキングを受けたことで特別の予防措置を施したことはないと答えた。とはいうものの、被害者の感情、取った行動を調べてみると、ストーキングの手口や期間、また行為者との関係のありようが和解にどんな影響をおよぼすかについては、アメリカの調査でも考慮されてはいなかった。

まとめ

以上二つの地域研究が示すとおり、少なくとも西側工業諸国におけるストーキング体験は、追っかけのパターンや手口という点でおどろくほど酷似しており、行為者とかつてどんな関係にあったかに左右されるとはいえ、行為の続く期間もやはり似通っている。ストーキング被害者の大半が後をつけられたり監視されたと答えており、電話や手紙によるアプローチも頻繁に経験された。それほど多くはないものの、はるかに身の毛もよだつ体験として、私物破損、ペット殺害、明らかな脅迫、異物送りつけなどがあげられた。オーストラリア、アメリカの調査とも、十代から年配者までありとあらゆる年齢層がストーカーの餌食となった。ストーキング行為の実行者はおおむね男性で、アメリカの調査では被害者の五人に一人が男性だった。ストーキング期間は、数カ月にもおよぶケースが大半だったが、不幸なケースではハラスメントが数年におよぶ例も何件かは認められた。二つの調査で性格を異にしたのはストーカーと被害者との以前の関係のありようである。オーストラリアでは、知人ではなく見知らぬ他人にストークされたという回答が多く見られたが、その一方アメリカでは親しいパートナーからのストーキングが多数を占めた。アメリカで親しくしていたパートナーからのストーキングが多数を占めたのは、ある程度まで、現パートナーと元パートナーとが一緒くたにされたこととの結果である。どの程度親しかったかによって二人の関係は大きく異なってしまうのだ。アメリカにおいてストーキングが政治概念化したこと、ストーキングの発生するさまざまな文脈（社会、雇用あるいは職業の場）で認識されるのではなく、むしろ女性への家庭内暴力ととらえられたことは、オーストラリア（マクマホンとディヴィッズ、一九九三）でもカナダ（ウェイ、一九九四）でもその後の研究の弾みになった。ストーキングの概念化を無条件で受け入れたのは、臨床的かつ疫学的な証拠によるものではなく、特殊政治的かつ財政的動機によるものだが、これはストーキング研究、理解を阻害する危険を増大させるばかりか、市民的関心をも削ぎ、ただでさえ不足気味の支援体制をストーキングの被害者（ほんの一例をあげれば、男性被害者、職場でのストーキング被害者、見知らぬ人や同性ストーカーの被害者）から奪い取ってしまう恐れをも大きくする。

地域社会の中にあっては、ストーキングは決して珍しい体験ではない。女性の八％、男性の二％が生涯に一度は望まない接触や介入を経験し強い恐怖や不安にさいなまれているのだ。近年なされた地域研究は実に多様なストーキングの実態を明らかにしている。犯罪に近いストーキングに法的規制をもたらす、抑制的だが不安をかりたてる行為から、数カ月ないし数年にわたり被害者や周囲の人たちに苦痛を与え、そのライフスタイルを一変させるしつこく破滅的な行為までである。先に見た調査は、また、地域社会の中でストーキングが被害者に与える影響について、その理解を一歩でも進める役も果たしている。そうはいっても、ストーカー行為が被害者の社会的、心理的、かつ職業的役割におよぼす影響を調べる、より大きい母集団を基にした研究が待たれている。これを実行することは確かに困難であろう。だが、われわれがストーカーと呼ばれる人々を理解する上で価値のある地域研究となることもまた、確かなことである。

3 ストーカーの被害者たち

長期にわたって繰返し行われ被害者や家族の精神的安寧と生活そのものをだいなしにしてしまうという意味で、ストーキングはどの暴力犯罪より暴力的である。

リナイ・ゴダール
（サバイバーズ・オブ・ストーキング（SOS）の設立者、みずからもストーキング被害者）

はじめに

これまでの十年を振り返ってみると、ストーカー行為に対する関心、懸念は高まったものの、ストーキング被害者への関心となると、ごく最近まで盛り上がることはなかった。被害者への認識が深まったのは、一部熱烈なファンや敵対者たちの餌食となった有名人、公人たちの一件がメディアによって大きく取り上げられたことによる（ディーツほか、一九九一ａ、ｂ、デベッカー、一九九七を参照のこと）。そうした行為に普通の市民が巻き込まれることはないというのが一般の考えであった。最近になって、ストーキング行為やそのマネジメントをめぐって、こちら側の理解が不足しているとの認識が研究者や立法者を中心に広がり、データ元であるストーキング被害者に関心を払おうとの動きが活発になってきた。とはいえ公的機関による記録や加害者研究を反映したものでは必ずしもないのだが（ホール、一九九八）。

被害者による体験を包括的に追いかけた結果、ストーカーとその標的とされてしまった人々についての先入観念が修整されつつある。ストーキング被害者は間違いなく大規模な地域社会の中に存在しており、被害そのものも珍しいことではない（ストーキングは疫学的なレベルに達してしまったと見る専門機関もある）。どんな市民も、性別、年齢、社会的経済的な地位、職業的文化的バックグラウンドゆえにストーカーによる望まない関心からまぬかれているということはない。もっとも、例えば有名人などはほかの人より高いリスクにさらされているのは間違いのないところだが。

こうした社会的脅威の広がりにわれわれが目をつぶっていたからか、少なくとも反ストーキング法の制定によって一般に関心が浸透するまで、ストーキング被害者の窮状については無関心が横たわっていた。不幸にしてストーカーの病的執着の標的となった人にこれがどんなトラウマを与えるか、理解するむきは少なかった。一般の関心も、治療の試みも、身体を傷つけられたような、目に見える部分にしか向かわなかった。傷害以上に深刻な精神的ダメージはないと見なされたのだ。ストーキングそのものへの理解が不十分だったことから、医療関係者も被害者に建設的な介入をすることができなかった。患者や愛する人や、もちろん自分自身が被害者にならないように手を打つことも。

この章の主題はストーカーと被害者とをつなぐ、いわば接点の部分である。ストーカーがどんな状況で被害者に目を付けるかをさまざまに論じ、被害者とストーカーの関係性から被害者の類型学にあたる考えを提示し、ストーキングが発生する状況を明らかにする。最後に、ストーキングが被害者に与える影響についても調べることにする。

被害者の研究

ストーキングの被害者を対象にした、ごく初期の実証的研究の中で、ジェイソンほか（一九八四）は、関係が終わった後あるいは関係を拒絶した後に男性によって嫌がらせを受けるようになった一群の女性たちを調査した。彼らはシカゴ在住の女性たち五十人をインタビューしたが、その全員が少なくとも一月にわたりハラスメントを受けていた。しつこい電話（九十二％）、職場や自宅への望まない訪問（四十八％）、追跡や監視（二十六％）、望まない手紙や品物（二十四％）、脅迫や身体への攻撃（三十％）などである。被験者の六十九％がハラスメントに遭った回数を十回未満としており、十四％が回数について言及しなかった。ストーキングに遭っている期間とりたてて変わったことは起きなかったとした女性は四十二％であったが、ボーイフレンドが事を深刻にとらえて結婚について話し合ったという答えも二十四％あった。被験者の二十％がいつもは遭わないような目に遭ったと答え、十四％が身体への、また言葉による虐待を受けたと回答した。関係を終わらせたり、恋人気取りの誰かとのデートを断ったとたん、ハラスメントが始まったという例では、そうした虐待が平均十三カ月続き（一月から、最長で十年）、被験者の二十六％ではいまだにハラスメントが進行中という。

トロント大学（ジョーンズ、一九九六）では、一九九四年から九五年にかけて「犯罪的ハラスメント」（カナダでストーキングを訴追するとき用いられる罪名）で警察へ通報された事例をもとに、ストーキングの実態を調査している。研究が下敷きとしたのは「同一犯罪統計」と呼ばれる調査書で、これはカナダ全土の一三〇の警察署を網羅し、犯罪総数の四十三％を扱う年次報告書である。

調査対象期間中にストーキングなりハラスメントで警察へ通報した被害者は七四七二人。その大半（八十％）が女性だった。被害者の人口統計については調査されていないが、一方でストーカーとの関係性、ストーキングを警察に通報した結果に焦点を当てた。被害者の多くは元配偶者によって（三十三％）、またはかつて親しい関係にあった誰か（十四％）によって嫌がらせに遭っていた。顔見知り程度の知人がストーカーに走っていたケースが二十八％。家族の誰か（配偶者にあらず）によってストークされたと答えたケースが五％。職場の同僚かビジネス上の知人と答えたケースが五％、見知らぬ他人という答えが八％。現在の配偶者がストーカーだったケースも全体の二％あった。一方誰が嫌がらせをしているのかはっきり特定できなかったケースは四％。かつて親しかったパートナーにストークされやすいのは女性のほう（五十六％）で、対する男性は顔見知り程度の知人（四十六％）か、仕事を通じて知り合った誰か（十一％）にストークされるケースが多く見られた。見知らぬ他人また家族にストークされる率は、男性女性とも変わらなかった。

カナダの調査では警察の捜査対象となったストーキングの四件に一件は「犯罪的ハラスメント規約」には含まれない行為によるものだった。脅迫、暴行の予告、保護観察また保釈違反、器物破損、侵入などである。ストーカーに身体を傷つけられたと報告した被害者はほとんどいなかったが、後をつけられたりハラスメントを受けたおかげで情緒的に不安的になったという回答が多数あった。とりわけストーキングが被害者の自宅（実際、ストーキングの大半はここで起こる）で発生したような場合。身体への暴力が一見少ないように見えるが、これを解釈するにあたっては注意を要する。というのは、当時、暴行はかなり厳しい刑罰が科せられる犯罪であり、ハラスメントというより軽微な犯罪ではなくより重い暴行罪として告発されたケースがかなりあっただろうから。警察に通報されたケースの二十%は、被害者がこうした手順を嫌ったせいで起訴できなかった例という。行為者の告発をためらうのは、被害者がビジネスを通して相手と面識があるケースではごく一般的。まった男性が元妻に狙われているケースでもこうしたことがよくあった。対照的に女性の場合は、かつて親しくしていた誰かにストークされたときでもむしろはっきりと司法の介入を求めるケースが目についた。

調査結果からも明らかなように、ストーキングが法執行官の注目を引きつけるのは珍しいことではない。ここ二年間に七〇〇〇人を越える人々がこの種の犯罪被害に遭ったと報告しているのだ。ストーキング行為におよぶのはやはり男性のほうだが、みずから被害者になる恐れもある。被害者と名乗り出たうちの二十%が男性なのだ。被害に遭った人の大半はかつて親しくしていたパートナーか顔見知り程度の知人からストークされていたが、ストーカーとその標的との間にもさまざまなバリエーションがあることがこの調査でも分かる。たいていのケースで行為者は起訴されることになる（被害者が事を荒立てることを好まない場合は別）が、せいぜい保護観察処分どまりで、投獄まで行く例はめったにない。

フレモウら（一九九七）は法律に無縁の大学生六〇〇人あまりを対象に初の疫学研究を行った。ストーカーとその被害者の蔓延、ストーカーと被害者の関係、また被害者がどんな対処戦略を取るかについて調べるため、心理学専攻の学生たちに無記名で質問に答えてもらった。それによると、一度はストーキングの被害者になったことのある女子学生は三十%、男子学生は十七%。逆に、ストーカー行為をみずからしたと認めたものは、わずかに一%（三人全員が男子学生）。ストーキング被害に遭ったと答えた学生のうち、ストーカーと面識があったのは八十%、女子学生の四十三%、男子学生の二十四%が以前そのストーカーとロマンティックなつきあいがあったと答えた。ストーカーと面識がないと答えたのは全体の二十%弱。それと同時に、調査では女子と男子とで対処の仕方に差があることが浮き彫りになった。ストーカーと対決するもの、ストーカーを避けるものもいたが、女子はスプレー式の武器などを携行していた。メースなどの非致死性散布剤である。男子学生によって取られる対処法としては、女子には見られないやり方であるが、ストーカーをなだめるというものがあった。特に過去にストーカーと親しい関係にあったような場合には。警察に駆けこんだり、保護的禁止命令などの法的救済措置を求めるといった手は、大学生の場合には、あまり一般的ではなかった。

二章でも詳述したジャーデンとテーネスの研究（一九九八）によると、生涯にストーキング被害に遭う率は女性八％、男性二％であった。被害者の七十八％が女性である反面、ストーカーの八十七％が男性、被害者の大半が十八歳から二十九歳であった。被害者がストーカーと面識があったケースがほとんどであり、一方見知らぬ他人にストークされたと回答したのは女性被害者の二十三％、男性被害者の三十六％であった。ストーカーが親しいパートナーだったケースは女性五十九％、男性三十％。被害者の半数がこの件を警察に届け出た。裁判所による禁止命令を取りつけた被害者のうち、男性の八十一％、女性の六十九％が、ストーカーは命令にしたがわなかったと答えた。

ホール（一九九八）は、新聞発表やマスコミのインタビューを通してストーキング被害者一四五人を募集した。アメリカの六つの大都市で行われた調査で対象となった被害者たちである。その上で、対象地域にある家庭内暴力や性的虐待センターなど、主要な被害者救済センターにチラシをまいた。このように被験者を選び出したことによって、研究者らも認識しているように、ストーカー被害者を自称する人たちの、恣意的かつバラバラのサンプルが集まる結果となった。その全員が進んで研究者とコンタクトをとり、ストーキングの実際について情報を提供した。個人情報を他人に明かすことを（当然ながら）警戒するストーキング被害者が当たり前の中、ずいぶんと思い切った被験者たちである。家庭内暴力センターや性的虐待センターから抽出された被害者が群を抜いて多かったせいで、研究が妥当かどうか疑問が生じることになった。というのも、こうした救済センターは、これまでの例からして、男性被害者を保護することがないからだ。この研究はストーキングの規定要因《パラメータ》を定義するための客観的な基準を提供しておらず、たまたま望まない接触を経験した程度の被害者までサンプルに含み込むことになった。これは、より厳密な臨床目的、研究目的からはストーキングとは認められないようなケースである。

人口統計的見地から、被験者は、雑多なグループに分かれ、警察や被害者救援組織との接点がある人から、被害に遭ったことを誰にも打ち明けたことのない人まで、さまざまな人たちを包んでいた。被験者の八十三％を女性が占め、これは同種の臨床研究、疫学研究の調査結果と軌を一にした。被害者の大半が独身または行為者と親しい関係にあったケースで、多くは三十代の半ばであった。被害者の三人に一人は専門職についており、二十％は役職者、十六％が事務職だった。多くの場合（五十七％）被害者とストーカーはかつて親しい間柄にあった（その場合ストーカーの八十九％が男性）ものの、顔見知り程度の人にストークされたと回答したものが三十五％、見知らぬ他人と答えたものも六％いた。ストーキングを受けた期間は一月未満から三十一年以上とかなりの幅があるが、おおむね一年から三年といったところ（気を付けたいのは、多くの場合、ストーキング期間が過小に見られがちという点。というのも見知らぬ他人や顔見知りからストークされた場合、自信を持っていつストーキングに気付いたか答えられる被害者はいないから）。被害者の半数でストーキングは終息したものの、四人に一人が今なお嫌がらせに遭っており、それが進行中かどうか分からないケースも二十一％あった。すなわち、ストーカーのほとんどが次のように信じている。回答者のほとんどが次のように信じている。動機としては、行為者が二人の関係の終わりを認められないケース、被害者に「妄想」を有しているケース（行為者に心の病が疑われる場合もよくある）、現実世界、空想世界でなされた侮辱への報復、嫉妬、あるいは関係を始めたいという願い、等があるという。

そうした被害者の大半がさまざまなハラスメントに遭っている。中でも多いのが電話（八十七％）、監視（八十四％）、後をつけられる（八十％）であり、望まないアプローチ、悪意のある噂話、望まない贈り物なども被害者のほぼ半数が経験していた。脅迫や支配目的で常識はずれの嫌がらせに遭ったと述べた被害者も多い。例えば自宅へ侵入される、家族の持ち物を破損される、である。警察の支援を取りつけるのは被害者にとってしばしば困難である。特にそれと分からない程度の介入を発見したような場合には。例えば私物破損、侵入、窃盗などそれ以上の犯罪行為がないまま行為者を訴追することは実際には不可能である。調査を見ると、ストーカーに私物を壊されたと答えた被害者は六十三人、暴力をふるわれた被害者は五十五人、性的な虐待を受けた被害者は三十二人。果たしてどのような虐待だったかについては、詳しい説明はなかった。ストーカーの四十％強が本人ではない第三者を傷つけると脅していたが、一次被害者にあからさまな脅迫をなしたという報告はなかった。これは脅迫と、結果として起こる暴力との相関関係を評価することが禁止されていたことによる。

パテとミューレン（一九九七）はストーキング被害者一〇〇人を調査している。特に注目したのは被害者の心理面および社会的、職業的な役割にどのような影響をおよぼすかだった。調査に協力してくれた被害者たちは、二人が運営する法精神衛生クリニックに紹介されてきた人たちと、雑誌に掲載されたストーキング記事を読んで直接二人にコンタクトを取ってきた人たち。協力者たちはそれぞれの地域社会を横断的に代表する人たちだが、サンプルとしては恣意的であり、ストーキング被害者全体を代表すると見なすことはできなかった。本研究の目的からして、少なくとも過去四週間にわたり介入を繰り返されているか、しつこい接触を受けていると答えた人だけをストーキング被害者と認定した。ただ単に後をつけられた、望まない交際を求められている、あるいは望まない接触や介入を数年にわたり断続的に経験している、特に行為者の素性が知れないケース、また各々の機会で行為者が別々であると推測されるケースは、この研究には含めなかった。もちろんそうした体験が苦痛であることに違いはないのだが。

ストーキング被害者と認定された一〇〇人の人たちには、それぞれの人口統計的な特徴（と、行為者と見なされる人物のもあわせて）を調べるため、五十の詳細な質問に答えてもらった。ハラスメントのありようと期間、ストーカーと被害者との関係、被害者の精神的、身体的な健康および社会的、職業的な役割にストーキングがどんな影響を与えたか、専門家らによる支援態勢の有用性・妥当性、などである。被害者の多くが追加のコメントを提供してくれ、クリニックを訪れてくれた人たちはみずからの体験を微に入り細にわたって話してくれた。時においてて、共感的な雰囲気の中つらい体験を打ち明ける機会を得ることは、それ自体治療効果がある。

調査対象となった被害者の八十三％が女性、年齢は九歳から六十六歳までであったが、多くは三十代半ばから後半で、たいていの被害者は過去にストーカーとの接点があったと答えた。一番多かった答えはかつて交際していた（二十九％）というものだが、行為者と仕事上の面識があったと答えた例も二十五％あった（典型的なケースとして、医者と患者）。それ以外の仕事の場（九％）、また被害者の二十一％はストーカーとは旧知の関係にあり、地域社会や家族を通して面識があったと回答した。被害者とストーカーが赤の他人だったケースは全体の十六％。調査によると相当数の被害者（三十六％）が、ストーキング発生時点で、医師、教師、法律関係者など専門職に就いていた。ストーキング期間の中央値は二十四カ月（短いもので一月、長いもので二十年）におよび、五十二％の被害者が今なおつけ狙われていると答えた。

被害者は一人残らず複合的なハラスメントに遭っていた。七十八％の被害者が、たいていはありがたくない状況で、しかも早朝などもっとも被害に遭いやすいタイミングで、望まない電話を受けていた。専門職についている被害者の場合、ほかの職業グループの人たちに比べ、おおむね職場に嫌がらせの電話をかけてこられる確率が高かった。ストーカーから欲しくもない手紙を送りつけられた被害者は六十二％、その中には一日に何通もの手紙が送られてきたケースもあった。専門職の被害者中に二人、電子メールで嫌がらせに遭ったという回答があった。ほぼ八十％が、自宅や職場や学校へ、ストーカーから望まないアプローチを受けたと回答した。ストーカーに共通する傾向としては、相手の目の前で愛情表現したいというもの、どうにかして赦《ゆる》しを得たいというもの、言葉で威嚇してやりたいというものがあった。監視を受けていると答えた被害者は七十一％、自宅や被害者がよく出入りする場所など、ほとんどがストーカーの所在を正確に把握していた。監視をあからさまにして相手を怯えさせようとしたり、昼夜かまわず方々から電話をよこしたり（友人の家でストーカーから電話をもらった被害者が複数いた）、家に帰るなり電話をかけてきたりという具合に、被害者を恐怖させたケースもいくつかあった。今まさに被害者が何を身につけているか、誰と一緒にいるかまで言い当てた例も複数あった。

被害者の半数が「贈り物」と称する望まない品物（花、香水、チョコレート）を受けとっており、中にはとんでもない贈り物を送りつけられた被害者もいた。録音テープ、ビニール本、雑誌（たいていはポルノ雑誌）、ポルノ写真（ほとんどストーカー自身のもの）などである。また被害者に動物の遺体が送りつけられたこともある。正面玄関に豚の頭部を置かれたケース、家出した猫のバラバラ死体が箱詰めにされて送りつけられたケース。私物を壊されたという回答は被害者の三十六％からあり、車体に落書きをされた、塗装に傷をつけられた、タイヤをナイフで切られ空気を抜かれたといったように、車が被害に遭うケースが多かった。また、家が狙われるケースも頻繁にあり、窓を割られたり、フェンスを壊されたり、郵便受けを逆さまにされたり、庭をめちゃめちゃにされるといったケースが目についた。

被害者の半数以上（五十八％）はストーカーから直に脅迫されたと述べた。脅迫の相手はたいていは被害者自身だが、血縁者、今のパートナー、友人、職場の同僚など第三者が標的となるケースもあった。もし要求にしたがわなければ被害者をひどい目に遭わせるという脅迫が多かった。命に関わる脅迫を受けた被害者も少なからずおり、あからさまな脅しから墓石を描いたカードを送られるという陰湿なもの、新聞の「死亡記事」に似せた文書を送られたケースも一件あった。レイプをにおわせて脅された被害者、子どもを傷つけると脅された被害者もいた。ストーカーによる暴力行為は三十四人が報告しており、身体への暴行が三十一件、性的暴行も七件あった。暴力が向かう先はおおむね第三者ではなく被害者本人だが、脅迫こそ頻繁にあれ、暴力が第三者へエスカレートする危険はさほど多くはないようであった。身体的な暴力を受けたと答えた被害者の大半は、殴る、蹴る、ひっぱたく、突き倒すなどの被害に遭っており、あざ、擦り傷、裂傷が絶えなかった。とはいえ、不幸中の幸いと言うべきか、猛毒のストリキニーネを盛られて生還した被害者が一人、ストーカーに文字通り両手でのどを絞められながら生き延びた被害者も二人いた。ある婦人はかつて配偶者だったストーカーに略取されたおぞましい経験をこう語った。あの男は、来る日も来る日も、大酒を浴びるように飲んではポルノ・ビデオを見ながら私をレイプしたのです。ストーカーに暴行された被害者の七十六％がストーカーにつけ狙われる以前にも暴力を受けていた。調査では、被害者とストーカーとの間にかつて親密な関係があった場合ほど、暴力沙汰に発展する確率が高いという結果だった。

被害者の誰もが、何とかしてストーキングから逃れようと、援助を求めていた。その際もっとも頼みとしたのは家族および友人（七十八％）と警察（六十九％）だったが、開業医（四十四％）や弁護士（三十八％）のもとへ駆け込んだケースも多かった。私物を壊されたようなとき、またはストーカーとかつて親しい関係にありしかも事が暴力沙汰に発展しそうな場合、被害者がまず相談に訪れる先は警察と弁護士であった。ただしほとんどの被害者が指摘したように、しかるべき団体や個人の援助をあおぎたいとはっきり口に出しても、その支援体制が有益だった例は多くはないという。典型的なのが警察で、ここは身体に直接の危害が加えられるか私物を破損されない限り、ストーカーを逮捕し留置することができないのだ（オーストラリアではこうした事件のほとんどが反ストーキング法施行前に起きている）。次に、ストーキングが被害者の生活に目を覆いたくなるような影響をおよぼした事例について、詳しく見ていくことにしよう。

どのようなタイプがストーキング被害に遭うか

これまでストーキングの被害者について何種類かの分類がなされてきたが、そのすべてが被害者とストーカーとが発症以前どんな関係にあったかに焦点をあてていた。ゾナほか（一九九三）は被害者を単純に二つのカテゴリーに分類した。「かつて関係があった」と「かつて関係がなかった」というもので、前者は下位区分として「知人」「顧客」「隣人」「職場でのつきあい」「デート相手」「セックスの相手」に分かれている。メロイとゴタール（一九九五）は、被害者を「見知らぬ他人」と「かつての（セックス）パートナー」とに分類することを提唱した。一方ハーモンほか（一九九五）は被害者との以前の関係を「個人的」「職業的」「雇用」「媒介的」「知人」「なし」「不明」とに分類するという、より包括的な手法をとっている。その後メロイはこの分類法を簡略化することを提唱した。より幅の広い、相互にオーバーラップすることのない三つのグループ、すなわち、「かつてのセックス・パートナー」「かつての知人」「見知らぬ他人」である。フレモウほか（一九九七）は被害者とストーカーとの以前の関係を「友人」「軽いデート相手」「真剣なデート相手」「見知らぬ他人」とに分類したが、一方エマーソンほか（一九九八）は「見知らぬ相手によるストーキング」「知人を装ったストーキング」（特に被害者が公的な人物である場合）また「面識のある相手によるストーキング」という用語を提唱した。最後のものは、被害者とストーカーとの間に、例えば会社の同僚など一定のつきあいがあった場合の用語である。

われわれは、ストーカーとのそれまでの人間関係、標的にされたときの状況にもとづいて、次のようにストーカー被害者を分類しようと思う。これは相互にオーバーラップすることのないグループ分けではなく、被害者の類型化も考え方次第ということになろう。それはこんなグループである。かつて親しかったパートナー、軽いつきあいの友人・知人、職業的な知り合い、職場での知り合い、見知らぬ他人、そして有名人である。

かつて親しかったパートナー

このカテゴリーに分類されるストーカーがもっとも多い。中でも一般的な被害者のプロファイルとしては、ストーカーである誰か（たいてい男性）とかつて親しい関係にあった女性、ということになる。「かつて親しかったパートナー」の定義としては「現在または以前の配偶者、現在または以前の同棲相手（同性、異性とも）、現在または以前のボーイフレンドまたガールフレンド」（ジャーデンとテーネス、一九九八）とされたが、われわれとしては、二人の関係が終わっていること、被害者が被害から逃れたいという意志を第三者に明確に知らせたケースのみをストーキングと見なすことにする。注目すべきは、こうしたケースの約半数でパートナーがストーキングにおよんでいた反面、まだこの時期にいたっても、後をつけたり監視したり私物を壊したりといった行為に被害者が服従していた点である。こうした関係は加害者の被害者に対する感情的虐待、支配、暴力行為と考えられる。実際、われわれの調査結果は、現在またはかつてのパートナーにストークされている女性の八十％強が、その関係のいかんによらず、身体への暴行を受けており、三十％の女性が別れる以前に性的暴行を受けたという（ジャーデンとテーネス、一九九八）事実を明らかにしている。関係が続いているのにストーキングに走るのは被害者を怯えさせ、コントロールしやすくするため、パートナーをストーキングするのは、外部による支援の邪魔をして、被害者が自分のもとを容易に去っていけないようにするためだ。

かつてのパートナーがストーカーと化したケースほどありとあらゆるハラスメントに走りやすい。しつこい電話や尾行、脅しや暴力は頻発し、特に暴力はストーカーに刑事犯罪の前科がある場合に顕著となる（ミューレンほか、一九九九）。家庭内暴力にかぎっての話だが、ウォーカーとメロイ（一九九八、一四二頁）は、「被害者をしつこく追い回すストーキングは、それ以上の身体的虐待または致死的な事件へ発展しかねない危険因子なのだ。特に複雑なハイリスク要因が絡み合っている場合には」と主張した。

かつて親しかったパートナーが加害者になったような場合、法的制裁措置をたてに元パートナーにハラスメントを止めるよう説得しても、その行為はいっそうしつこくなるばかりである、と予想される。問題は被害者とストーカーとの間に子どもがいるとき、さらに入り組んだものになる。ストーカー側に面会権がある（度を超える場合もしばしばあるが）か、拒絶する元パートナーと接触する資格なり、復讐心なり、決意なりがある場合には、養育権をめぐる争いに発展することがあるからだ。次はそんな一例である。このストーカーは子どもたち二人が元妻によって虐待されていると虚偽の主張をした。悪意に満ちたこの駆け引きのせいで被害者はあやうく子どもたちを失うばかりかみずから犯罪に問われる寸前までいったのだ。元パートナーが病的なまでに嫉妬心が強い場合もまた、司法の介入が逆効果となるケースが多い。こうした事件の被害者たちは、関係がまだ正常なうちから、監視などのストーキング行為を受けていたと回答するのが通例である。ある女性など、同僚の男性たちとの罪のない交際にまでパートナーに疑いの目を向けられ、ついにはそのもとを去った。彼女の元パートナーはその日々の行動を監視し職場やカフェやお店などの立ち寄り先を不意に訪れたり、自宅の電話を盗聴したり、携帯電話の通話先をこと細かに調べたり、彼女へ来た手紙を盗み読みしたりという行為におよんでいたのである。関係が終わると、そういった行為は激しさを増した。女性は絶えず監視され、繰返し脅迫されたのだ。

被害者がほんの一時ロマンティックな関係を結んだいわゆる「デート」ストーカーの場合、暴力に走る例はむしろ多くはない。ことに被害者への思い入れがそれなりに深い元パートナーと比べると。デート・ストーカーの被害者は二人の関係が始まった当初から、どこか居心地の悪さを覚えるものだ。けれど、(大方は)ボーイフレンドの気分を損ねたくないあまり、今後どんな交際を築きたいかとは無関係にデートを受け入れてしまうことがある。このようなケースになると、「諦めの悪い男ほどノーと言えない女を選ぶ」という格言そのままである(デベッカーほか、一九九七、二〇三頁)。被害者が、もう別れたいと強い態度で告げると、この手のパートナーはたいてい好ましからざる振舞いにでる。子どもじみた、哀れっぽい態度で被害者の同情心を引き出そうとするのだ。

こういったタイプの被害者が覚える罪悪感は他人によってみずからの苦境を判断されてしまう傾向のため、より強まることがある。家族や友人たちは、被害者のパートナー選びにケチをつける。援助団体は被害者の中にストーキングを刺激する何かがあったのではないかと疑ってみせる。元パートナーにストークされている被害者ほど警察の助けを求めたり弁護士の助言にすがったりしがちだが、ここでも彼らは同様の目に遭う。司法機関の対応も被害者の期待に添うものばかりではない。司法機関で働く人々に包括的な研修を受けさせ、元パートナーによるストーキングに悩む被害者の要請に応えて欲しいとの声は高まるばかりだ(ジャーデンとテーネス、一九九八)。

軽いつきあいの知人、友人

要するに隣人ないし友人たちである。これはストーキング被害者が男性の場合、もっともよく見られるパターンだろう。もっと親しくなりたいという思いでストーカーまがいの行動に出る人の場合、きっかけは軽い出会いの直後が一般的だが、それとは逆に相手にノーといわれたストーカーの場合は、友情が壊れるか家族から引き離されるといったことがきっかけとなるケースが多い(義妹を追いかけて世界の反対側まで行った男がいたが、それは留学するために自分を捨てた彼女への怒り、嫉妬が原因だった)。

隣人に対するストーキングは、おおむね怒りに駆られたストーカーによるものだ。被害者は、柵や庭や騒音をめぐって隣人とのトラブルに巻き込まれる。加害者は被害者に対する悪意をつのらせ、復讐の念に燃えるようになる。だんだんと行為はエスカレートする。被害者を面と向かって脅す。警察や行政機関に悪意に満ちた不平不満を持ちこむようになる。私物をめちゃめちゃにする。ペットを連れ去る、殺す。被害者の車や持ち物に手紙を残す、メモを貼る。住居に侵入する。被害者宅の玄関先に望ましくない物、例えばネズミの死骸などを置く。ストーカーの自宅の窓など見晴らしのよい場所から被害者の一挙一動を監視する（双眼鏡やカメラを使う場合もある）。被害者が勇気を持って反撃に出るとそれ以上の逆襲にうって出る。ここまでくると被害者の家族や同居人までトラブルに巻き込まれてしまいかねない。特に子どもの場合、争いごとの人質にされてしまうこともある。こうした状況に立ちいたってから保護的禁止命令を取るのはさらに問題をこじれさせかねず、実施も難しい。いきおい被害者は転居するなどしてこのひどいストレスから逃れようとする。被害者の家族の立場からすると納得はいかないが、このおかげで状況が好転することも、しばしばである。

職業上の接触

医療従事者、弁護士、教師、といった人々はとりわけストーキングに遭いやすい。こうした職業の人たちはありとあらゆる動機の面から、ストーカーに標的とされる危険性がきわめて高い。もっとも、親しくなりたいと願うタイプ、相手にされなかったタイプ、怒りに駆られたタイプのほうが数の上では多いのだが。医師と患者の関係が終わりを告げたとたん「拒絶された」ストーキング・パターンが顔を覗かせることがままあるが、ここにカテゴライズされる被害者は、患者や顧客や学生による強引な性的誘いに遭う率もまた高い。

精神科医やプライマリ・ケアの専門医もまた親しくなりたいタイプ、相手にされなかったタイプにストークされるリスクが高い。孤独で精神的に不安定な患者との接触機会が非常に多いというのがその理由である。「孤独に悩まされ、心身症の気味があり、同情や配慮がロマンティックな関心を呼びやすいクライアントとつきあう」専門職ほどストーキングに遭いやすいのだ（ミューレンほか、一九九九）。心理療法士も性的な執着の対象になりやすい。感情移入しがちな状況にあるため、標的にされる恐れがある（レオン、一九九四）のだ。形成外科医や整形外科医も弁護士などと同様、怒りに満ちたクライアントの標的にされやすい。手術が失敗した、出来映えが気に入らない、うんぬんといった不満を持たれるのだ。

ライオンとハーシュラー（一九九八）は患者によるストーキング被害に遭った臨床家のケースを九件あげている。そのうち五件は男性の精神科医（一人は研修中のレジデント）、二件は女性の精神科医、一件は女性の心理学者、もう一件は形成外科医だった。ある男性の精神科医は追いつめられたあげくストーカーを絞殺するところまでいった。ローマンズほか（一九九六）が行った調査によると、一七八人の大学のカウンセラー中十人が現在のまたかつてのクライアントにストークされたことがあると答えている。うち六十三％は「ストーキングをきっかけとした事件」に巻き込まれたと回答した。これはおそらく調査の基準からストーキングと認定されなかった事例であろう。回答者のほぼ六十％が、専門家は問題と対処するための訓練が往々にして十分でない、と回答した。

医療従事者による患者へのセクシュアル・ハラスメントも急激に増えるきざしを見せている（フィリップスとシュナイダー、一九九三）。特に被害に遭いやすいのは女性の開業医で、生殖器の湿疹で繰返し通院してきた男性患者の場合など、検診を受けるやあっという間に症状が消えたケースが複数あった（クエール、一九九四）。医師たちは、このように不適切な性的干渉にあった場合、説明し、説得し、別の医師に紹介し、法的手段に訴えると注意するのだが、それでも被害が続く場合もあった。

これは専門家にとって鬱陶しく、頭を悩ませる問題である。それが身に覚えのないハラスメントであるからだ（「わたしはよい医者、教師、ソーシャル・ワーカーであろうと努めてきた、そのお返しがこれだ」）。必ずしも同僚の支援を受けられるわけではないため（疑いの目で見られることさえある）、被害者たちは、こうした状況を前に途方に暮れている。一般的には嫌がらせの電話、贈り物、手紙といったほうが、後をつけられ、監視され、暴力に遭ったりするケースよりは多いが、資料そのものが不足しているため、実態を正確に反映していないとも推測される。医学教育の専門家は、ほかの「ハイリスク」専門家の教育者と同様、履修課程の中で適切なトレーニングを課すことで、被害者の無防備さを補うようになってきている。

職場での接触

被害者の中には、職場という状況でストーキングに見舞われるケースも多い。その場合、被害者とストーカーとの関係は、当然といえばそうなのだが、雇用者・管理者と被雇用者、ないし同僚また出入り業者と顧客などとなる。職場を舞台にしたストーキングは恨みによるものが数多く見られ、被害者が個人のときもあれば、被害者が組織全体のときもある。被害者は、気が付くと組織改編や懲戒処分に伴う怨恨や復讐心の標的にされている。それがストーカーの自意識や職業的安定を傷つけたととらえられたわけだ。ストーカーはおおむね被害者のおかげで自分は不当な扱いを受けたと信じており、しかるべき機関なり裁定委員会でこの差別的扱いに闘いを挑むものもある。不平が退けられたことをきっかけにして、ハラスメントがエスカレートすることもある。

この数年間で職場におけるストーカー被害への関心と懸念は高まりを見せている。ストーキングに加えて、セクシュアル・ハラスメント、強盗、殺人。アメリカ司法省が作成した職場暴力に関する特別報告書（ウォーコール、一九九八）は、一九九二年から九六年までの間に毎年二〇〇万人のアメリカ市民が仕事中の暴力犯罪の犠牲者になっている、と報じている。ここに含まれるのは単純な暴力行為一五〇万、レイプ等の暴行五万一〇〇〇、強盗八万四〇〇〇、職場での殺人事件一〇〇〇強などである。死亡事件にまでいたらなかった職場暴力の被害者のうち、行為者と面識があるのは四十%、特に被害者が女性の場合、これは顕著であった。デベッカー（一九九七、一四三頁）は以下のように観察している。「たいていの人々にとって、職場とは、みずから選んだわけではない他人と強制的に交流させられる場所という意味で、ここでの暴力行為は恐れて当然である」

職場での暴力行為はかつて親しかったパートナーによるストーキングと結びつきやすい。（たいていは夫による）仕事中の妻への嫌がらせ行為、ノーと言われたあげく女性の職場まで押しかけてくる「デート」ストーカー（ともに、先述「かつて親しかったパートナー」の項で論じておいた）。同様に、同僚に関心をよせた親しくなりたいタイプ、相手にされなかったタイプは、繰返し拒絶されると、その屈辱に対し暴力でお返しをする。実際のところ、サイモン（一九九六）が指摘したように、職場での暴力行為やストーキングの行為者は精神病の罹患者であるケースがままある。カリフォルニアのソフトウェア・エンジニア、ロバート・ファーレイの事件は中でもよく知られている。同僚のローラ・ブラックに夢中になった彼は、彼女の再三の拒絶に遭い、ストーキングという手段でお返しをした。それから四年後、会社をクビになった彼は、まだローラが勤めていた職場に乱入し、何の落ち度もない同僚七人を射殺したのである。ローラ・ブラックも重傷を負ったが、最悪の結果だけはまぬかれた。

職場での殺人事件ともなると、職場暴力のなれの果てとしても、そうめったにあるものではない。だが、センセーション好きのマスコミが事を大げさに報じてしまうことはある。サイモン（一九九六）によると、職場で人を殺した犯人にしばしば見られる特徴は、不平不満であるという。これは、われわれのいう「恨みを抱いた」グループと同類で、雇い主や同僚に対して大きな不満を鬱屈させている。このグループは職務命令にさからったり、懲戒処分を受けたり、頻繁に欠勤したり、恨みを抱く相手と口論したり、脅したりといった経歴を持っている。恨みを抱かれた側は、ふと気付くと不平不満に凝り固まった同僚にみずからの一挙手一投足を監視されていたりする。こうした人々は相手の身上書を有していることさえある（デベッカー、一九九七）。これらは暴力につながりかねず、特に解雇によって問題が一気に噴き出るような危険を内攻させている。こうした人々にとって、失職することは失恋すること、妻に去られたり、隣人とのケンカに負けたりするのとおなじことである。それは自分が拒絶されたことのシグナルであり、大事なものを一瞬にして失うに等しいことである。

ストーカーのほぼ半数が被害者の職場に押しかける。職場でストーキングが発生するとなると、きっかけがどうあれ、同僚の身の安全までが危険にさらされることになりかねない。ローラ・ブラック事件はそのことを悲劇的に証明している。被害者が雇い主や同僚にみずからの置かれている状況をなかなか知らせようとしないのは、ばつの悪い思いをしたり、仕返しを受けたりすることを恐れるあまりである。機会を逃せば逃すほど、行為者が手口をエスカレートしてくるため、被害者が適切な自己防衛をはかり同僚の身を守るためにも、周囲に知らせることが必要となってくる。事実、ローラ・ブラックの同僚の場合、彼女がストーキングに遭っている事実を知らされなかったばかりにブラックの情報が人事を通してファーレイに筒抜けになってしまった（ストーカーはローラをびっくりさせようとして人事部の友人から彼女の誕生日を聞き出した。同僚が彼女のコンピュータ・ファイルにアクセスしている横で、ファーレイは彼女の自宅住所を覗き込んで頭の中にメモしたのである。エマーソンほか、一九九八）。被害者の中には、上司に助けを求めたのに無視されたと批判するものもいる。次に、その事例について見ることにしよう。もっとも最近は大企業の経営者や管理者もストーキングの実態や従業員の安全に取り組むようになってきた。かつてはきわめて金のかかる仕事であったのだが。

事例

二十七歳になる既婚のジャーナリストW氏がわれわれのクリニックを訪れたのはストーキングに遭って半年あまり経ったころだった。相手は事務職をしている三十九歳の未婚女性ミズZで、二人はオフィスの同僚同士だった。八カ月前、地方の支局から転勤してくるなりミズZがアプローチしてきたことをW氏はまざまざと思い出す。ご贔屓《ひいき》にしているテレビスターにそっくり、と彼女は言った（W氏のどこをどうを見ても、どこがそっくりなのか分からなかった）。一週間後、職場の壁にこのテレビスターのコピーがべたべたと貼られた。最初は子どもじみたジョークだろうと無視を決め込んでいたW氏だったが、数週間が経ち、数カ月が過ぎると、しつこい電話に責め立てられるようになった。職場、自宅、携帯電話、さらには奥さんの職場にまで順繰りに、かかってくるようになったのだ。その数は四十五分の間に四〇〇回というものである。

ほどなくW氏は匿名のファクスを受け取るようになった。映画評とか書評がほとんどで、一度など映画のチケット何枚かが会社の封筒に入れられて送られてきたこともあった。そこには紛れもない自筆のメッセージが添えられてあった。「映画スターそっくりのあなたへ――今度一緒に映画に行きましょうね」そして、「あなたの最大のファンより」のサイン。

ミズZの仕業に違いない、そう確信したW氏は直接彼女に問いただしてみたが、彼女はせせら笑って、自分じゃないと言い張った。にもかかわらず彼のフロアを訪れて、同僚に仕事の書類を届けにきたと言っては、彼の仕事場のあたりをうろつくのである。上司に言いつけるぞと脅かしてもカエルの面に水だった。そんなハラスメントが何カ月も続いたあげく、ついに上司に打ち明けたものの、「一種のジョークと受け止められただけでした」。ついには被害者の耳にこんな噂が入ってきた。「Wのやつはミズ Zと浮気をしているぞ！」二人が浮気をするなどありそうもない話だったが、同僚たちはこの噂を真に受けたようだった。そのおなじ日、奥さんの名前で依頼があったといって一台のタクシーが彼の自宅へよこされた。事ここにいたると、さすがのW氏の妻もW氏を問い詰め、「あの女との関係はどうなっているのかはっきり教えてほしい」と要求したのだ。W氏が説明しても疑いの目が返ってくるだけ。自分の評判や結婚についての根も葉もない噂がこんな結果を生むとは、とW氏は愕然とし、ミズZが彼の自宅の住所などの個人情報にアクセスしたことに恐怖を感じて再度会社側にかけ合うことにした。ミズZに対しもし適切な懲戒処分を取らないなら裁判に訴える、と。

会社側の対応は早かった。調査の結果、ミズZが会社の内線からW氏や彼の妻のもとへ大量に電話をかけたことが明らかになった。問いつめられて、みずからなしたことを認めた彼女は、渋々ながら浮気などいっさいなかったと肯いた。浮気の一つくらいしたかったのは山々だけど、彼女はそう言って後悔した。それからW氏が知り得たところによると、ミズZがそこに勤めていた十八年の間に、少なくとも四人の同僚男性が同様のハラスメントを受けていたという。今回は、W氏の主張もあって、目に見える手段がとられた（ミズZはストーキングのかどで訴追され、判決が出るまでの間停職処分になった）。しかし、事件に後ろ向きだった会社の姿勢への幻滅と不安が重なって、W氏はせっかく就いた職場を去るはめになったのである。

見知らぬ他人

このカテゴリーに属する被害者はストーカーとかつて接触したことに気付いていない。ストーカーにまったく心当たりがないゆえに、かえって混乱と不安をよぶのである。この手の被害者はたいてい親しくなりたいタイプか相手にされないであろうタイプにつけ狙われるのだが、いずれのケースも、愛着が高じてあからさまなハラスメントを始める前に、被害者を遠巻きにあがめている時期がある。当初ストーカーの身元は闇の中で、見知らぬ他人と見なされるが、やがて正体を明かす（愛着の対象にそれ以上近づくためには、これ以外の選択はない）と、実は被害者と面識があることが分かる。

親しくなりたいタイプのストーカーは、みずからの社会的地位や行動半径の中で目につくかどうかを拠り所に標的を選ぶことが多い（七章を参照のこと）。ある知名人の場合、二年以上にわたり三十歳の男性につけ狙われていた。目下治療中の統合失調症（精神分裂病）と第二期の色情狂妄想のある人物である。男は、この魅力ある若い女性と自分は人知れず婚約中でその写真が地元新聞の社交ページにしょっちゅう掲載されている、と信じていた。彼は空想の恋人に手紙を絶やさず、公の席で彼女を目に留めることもあったが、ある慈善の夕べ、ついに彼女にアプローチしたところ、お祝いの席だというのに追い払われてしまった。彼女は取巻きから自由を奪われており忠実なる求愛者が近づけないようにされている、そう恐怖した彼は数本のナイフを手に慈善の夕べの席に戻るや、「いざ戦闘態勢に入った」。あっという間に取り押さえられ、精神病院送りとなった彼の被害者はこう述べている。「あの人からは二、三通手紙をもらいました。けれど、わたしはまったく無害だと思っていたのです、かわいそうな人だと……わたしの身に何が起きたのか分かりません――誓って、彼とは初対面だったのですもの……」

精神病とはいえ、人格障害とは異なり、この手の親しくなりたがり屋が暴力沙汰におよぶことはむしろ少ない。とはいえ、ほかのストーカーと同様、脅しをかけたり、しぶとい求愛者になる確率はきわめて高い（ミューレンほか、一九九九）。時には、被害者から拒絶を繰り返されて極端な暴力に走るケースもあるだろう（ミューレンとパテ、一九九四ａ）。

　見ず知らずの親しくなりたがり屋に目を付けられる人は、たいていセックスアピールがあり、しかも悪いときに悪い場所に居合わせてしまったせいで、とうていつり合いそうもない相手からしつこく迫られ、望まない介入を受けたりする。しかも、この手のタイプは断っても断っても一向に傷つかないものなのだ。誕生日やバレンタイン・デーに、花束や小物類など、被害者はろくでもない口説きの攻勢にさらされる。被害者は、初めて言いよられた際にはびっくりし、おべっかにあったような気分に陥る。たいていは慇《いん》懃《ぎん》な生返事でお茶をにごすが、これがストーカーを元気づける。時にはストーカーのしつこさにほだされて、一、二回のデートに応じることもある。ちょっと興味を持たれただけだろう、一回応じれば諦めて引き下がってくれるだろうと、誤った判断にうながされてのことだ。こうなるとストーカーの思う壺である——きっかけがつかめた、長続きさせるぞ——そしていっそうしつこい追いすがりが始まる。

　セックス目当てのストーカーであるほど見知らぬ他人を標的にする。被害者はたいてい大人の女性だが、子どもや男性であっても逃れるすべはない。通常、ほかのカテゴリーの被害者と比べてストーキングに遭う期間は、短い傾向にあるが、その行為自体、被害者が気付くよりずっと前に始まっていることがしばしばなのだ。この手の被害者は、猥褻な電話やレイプ、セックス絡みの殺人事件など、さまざまな性的虐待に苦しめられる。その詳細は六章に示しておいた。次の事例はストーキングの分類に重複があることを例証するものだ。見知らぬ他人または職場の同僚によるストーキングの実例で、セックス目当ての相手にされないタイプが起こした事件である。

事例

　Ｆ君は二十二歳、ギリシャから移民した両親の息子で、裁判所の紹介でわれわれのクリニックに送られてきた。判決に先立って精神分析を受けるためである。彼は十九歳の女店員になしたストーキングおよび遠距離通信機材の乱用で有罪を宣告されていた。診察してみると、どこか未熟でシャイな青年であり、言語能力にも限りがあったが、問診には協力的で、なした行為を後悔していると述べていた。「馬鹿な……本当にろくでもないことでした」と、彼は要約していった。

　事件が起きたのは、一年ほど前のある日、Ｆ君が両親と住んでいた家のそばの洋服屋でジーンズをためつすがめつしていたときだった。魅力的な女性販売員が彼の方へ近づいてくると、フレンドリーな笑顔で挨拶し、「サイズをお探ししましょうか」と言う。ジーンズを試している間、その女性がガールフレンドだったらと空想した彼は、ふいに猛烈な性的高ぶりをおぼえた。彼は女店員を誘い出したいと思ったが、勇気が出なかった。その代わりにジーンズを脇におくと、表向きは購入を検討しているふうを装いつつ、内心また店を訪れて夢の女と言葉を交わしたいという気持ちでいっぱいだった。

彼女の歓心を買うためにさらにアプローチしたと主張するF君であったが、実際は不器用なせいで彼女をデートに誘うこともかなうまいと感じていた。代わりに彼は店の外をうろつくようになった。たいていは陰に隠れて、彼女の仕事姿を一目見ようと骨を折りながら。勤務を終えて駐車場さして歩く彼女の後をつけたり、仲間の女の子たちと近くの店へお昼を食べに行く姿を盗み見たりしましたと、彼は認めた。彼は娘にぞっこんになった。彼女は彼の性的ファンタジーの対象となった。そんなある日、F君はとうとう店の向かいにある公衆電話から娘に名前などはいっさい告げずに電話をかけた。だが、不安におそわれて金縛りに遭い、一言も話すことができなかった。けれど翌日、二度目の電話をかけたときは、彼女にどんな下着を着けているのかと尋ね、ついに電話を切られるまで、淫らな文句を並び立てた。わいせつ電話を八回にわたってかけたあげく、彼は警察に逮捕された。

F君は三人兄弟の末っ子である。二人の兄はかなり年齢が離れており、もうだいぶ前に結婚して家を出ていた。自分は独りぼっち、とF君は、感じていた。学校では悪戦苦闘したあげく、十年生の途中（十五歳から十六歳）に退学した。印刷工見習いの修行をするというのがその理由である。性的には異性愛と自覚してはいたが、これまでガールフレンドがいたためしはなく内気で出会いが少ないのでいまだに童貞なのだと思っていた。F君の両親は息子が引きこもりがちなのを気に病み、友人の娘との出会いのチャンスも何度かつくってきた。けれどF君は、そんな手に乗るのが決まり悪かった。F君の話によると、彼の両親は面倒見のいい人たちであり、病気がちであることから、もしものときのためにもF君に家庭を構え落ち着いて欲しいと思っている、ということであった。F君に前科はなかった。しかし、魅力的な女性の後をつけたり、監視したことは以前にもあったと認めている。気付かれたことは一度もないと彼は信じていた。猥褻な電話をかけたのは今度が初めてで、性的倒錯や性犯罪者のような振舞いに出たことはないと否定した。クスリを乱用したことはないが、たまに社交の場に出るときなど、飲みすぎる傾向はあった。酒が入ると人前でいくぶんか自信を持てた、と彼は言った。

精神鑑定の結果、情緒障害や精神病の兆しは見られなかった。知能テストによるとIQはやや低めであった。逮捕されてからは例の洋服屋には行っていないし、被害者と接触したこともない、とF君は言った。みずからの行為が彼女を脅えさせたことは認識している。もっとも、彼女がストーキング行為のすみずみまで気付いていたことはなかっただろうが。彼は、もう金輪際あの娘を性的ファンタジーの対象にはしないと約束した。逮捕され裁判にかけられたおかげで彼女への気持ちは冷めた、と。彼は、社交性や人と関わる能力を高め、性教育を受けるためのグループ・セラピーに参加することに同意している。

訳なくストーカーの恨みを買う被害者もいる。ハラスメントに遭うような何かをした覚えはまったくないのに、ストーカーの怒りを買う個人や組織の代表者に選ばれてしまうのだ。この手の被害者にとって、ストーカーの標的に選ばれることは成功した人生の縮図にすぎないのかもしれない。ある女性重役の場合、脅迫電話や手紙を受けとったばかりか新品のスポーツカーを傷つけられ下品な落書きまでされた。やがて自宅の車庫に見たこともない人物がうろつくようになった。ストーカーである失業中の若者は、女性重役が虐げられたものの苦難に無知でそれに乗じていると、口汚く非難した。この男は、二年前リストラされた際も、億万長者のビジネスマンに対する脅迫事件を起こしていたのである。この件で彼は告発されていた。

恨みに凝り固まったストーカーのターゲットにされてしまった理由など思い当たらないのがしばしばだが、ストーカーが標的に抱く感情はむしろ明白である。呼び名からも明らかなように、この手のストーカーは怒りを内攻させており、望まれざる介入の対象に恐怖と苦痛を与える、そのことが目的なのだ。以前親しくしていたパートナーに標的にされる被害者と同様、このタイプの被害者も、脅迫、暴行など、さまざまな行為にさいなまれる。被害者からすると、致命傷に発展しかねない事件が続けざまに起こるのは心穏やかではないため、ストーカーはわざと恐怖心をあおるやり口を好むようになる（五章を参照のこと）。遺憾ながら、被害者の中には、法的手段に出たおかげでさらにしつこいハラスメントにさいなまれる場合がある。ある女性など拘置所にいるストーカーから殺してやるという脅迫電話をかけてよこされたことがある。それも違法に手に入れた携帯電話で！　この女性はかつて私設の馬券売場に勤めていたのだが、ストーカーは元のその勤め先と長年にわたりいがみ合っていたのだ。ある日、酒に酔って馬券売場に顔を出した彼は、汚い言葉でののしり始めた。彼女は警察に通報し、警察が彼を追い出した。すると面目をつぶされて激怒した彼は、それ以降、彼女に憎悪を振り向けたのである。彼がストーキングおよび脅迫で禁固刑に処せられ、彼女に二カ月の一時的救済がついたあたりがピークだった、と彼女は考えている。刑務所職員たちが呆れ顔で携帯電話を取り上げても、この囚人は逆に食ってかかったという。この一件は被害者の身の安全に少なからぬ影響をおよぼした。司法制度と、被害者が安心できる環境の双方に対する信頼が揺らいだのだから。

有名人

ラジオ、テレビ、映画界で活躍する人々だが、それ以外にも政治家や王族、スポーツのチャンピオン等、さまざまな分野の著名人たちが含まれる。一方のストーカーは世の中で相手にされていないもの、病的な判断喪失者、色情狂、また憤慨家など。有名人狙いのストーカーは、さまざまな有名人を断続的に、また連続して、ターゲットにするため、公人の立場にある被害者たちは、複数のストーカーと対峙しているケースが多い。

そんな事例は無数にある。ほかの章でも触れるが、事実、有名人狙いのストーカーを扱った興味深い論文の中で、ロサンジェルスの治安問題専門家、ガヴィン・デベッカー（一九九七）は次のように述べている。こうした現象は有名人にあっては日常茶飯事だが、メディアが事件を取り上げることはほとんどない、と。有名人同士の間ではむしろブラック・ユーモアに類するが、ストーカーに追っかけられるくらいじゃないと有名人とはいえない、とか！　彼らによるとこうした誹謗中傷はメディア同士の競争が激しくなったせいという。

俳優、政治家、スポーツ選手はこれまでは仰ぎ見るべき存在だった。愛されるものもいた。控えめで、遠くからの愛だったとはいえ……それは、感情的な意味合いでは、一方通行の思いだったのだ。なぜならそうした公人にとってファンの気持ちは、投票やファンレターや観劇と同様、ともすれば歓迎されるべき機能として見なされたから……個人的にスターと知り合いになることなど「ファン」は求めてはいなかった……マスメディアの到来以前は、遠くからスターをながめるだけで若い娘は十分満足した。スターの自宅まで押しかけたり、警察に捕まるようなまねをすることは、かつてなら許された。許されなかったのは、学校を休んでホテルの外で何時間も粘ったり、立ち去ろうとするスターの洋服を引きちぎろうとしたり、といった程度のことだった（デベッカー、一九九七、二三一〜二三頁）。

有名人の追っかけとなる人たちには一つの共通点がある。それは細やかな情愛をはなはだしく欠いているという点である。人によっては被害者ともう親しい関係にあるという妄想を抱くものもいる（例えば複数のストーカーにつけ狙われたアメリカ人の司会者、デイヴィッド・レターマンは十年にわたり彼の妻をかたる女に嫌がらせをされてきた）。また、被害者へ捧げた愛が（まだ）報われていないと受け止めるものもいる。そうした事件が、暴力へと発展する例は稀だが、先に書いたように、マスメディアによって正確に伝えられてはいない。被害者に暴力をふるうのはむしろ繰返し拒絶されたり、軽率な行為に走ったあげくのことであり、ここにおよぶとさすがのストーカーも、ついには望みなしと気付く。こうなると有名人は愛情どころか敵意の対象となる。たとえば女優で歌手のオリヴィア・ニュートン＝ジョンの場合。彼女はかつて自分を殺すと断言していた精神異常者につけ狙われたことがある。理由は彼女が詐欺師であるからという。また、一九九三年に背中をナイフで刺されたテニス選手のモニカ・セレスの場合。襲撃犯のギュンター・パルケは女子テニスツアーから彼女を排除するために犯行に出たという。彼はセレスのライバルだったシュテフィ・グラフに成功してもらいたかったという。グラフは彼の長年のアイドルだった。報道によると、逮捕された後パルケはこう語っている。「セレスには世界一のプレイヤーになる権利はない。それはシュテフィのものだ。なぜなら俺が彼女を愛しているからだ」（ライターとブラックマン、一九九三）。トップに立つものや人目に付くものは不満や怨恨をためこんだ人間につけ狙われる確率がきわめて高いのだ。

メディアが有名人へのストーキングを助長する場合もある。事件を大げさに報じることで、被害者とつながりを持ちたいというストーカーの夢が実現されたような錯覚を与えるのだ。とどのつまり、暴行に出るような連中の関心事は、そうした目的を達成させることにある。おなじく有名になる、あるいは少なくとも悪名をはせる。そうした行動は人生最大の、何よりもかけがえのない一日にクライマックスを迎える。法精神医学者のパーク・ディーツによると、

「注目を浴び、自己証明を得たいと願う人たちは『もっとも自己を投影しやすいアイデンティティの持ち主のもとへ』むかうのだ。すなわち有名人へ」（デベッカーの引用による、一九九七、二五九～六十頁）。

被害に遭いそうな有名人を保護するというのはそれ自体一つの産業になっている。とりわけ有名人たちが軒を連ねているロサンジェルスのような都会では。有名人たちはいかがわしい手紙類を専門家の手にゆだね、ハラスメントを未然に妨ぐことができるようになってきた。被害者へのアプローチがかなわなければ諦める、という実例もある。レベッカ・シェーファー殺しの犯人、ロバート・バルドは知られているかぎり何人もの有名人をストークしたが、結局は引き下がった。それらの有名人は無名女優だったシェーファーほどすきだらけではなかったからだ。バルドは次のように述べている。もし「スターが護衛とかボディガードを雇っていれば、誰でもその有名人に一目置くし、俺みたいな人間が手を引くきっかけにはなる。ロマンティックな関係を持ちたいという希望を、そいつがある種うち砕くから」（デベッカー、一九九七、一四二頁）。

珍しい被害者

被害者選びの状況がきわめて珍しい場合がある。われわれの援助を求めてきたある女性のケース、短期間ながらしぶといハラスメントに悩まされたときのことを話してくれた。しつこい嫌がらせの電話、人前でのいじめ、持ち物に火をつけられるということまであった。ストーカーは長期にわたり病的に公人をつけ狙った経歴の持ち主だった。だが、後に知れたところによると、被害者である彼女自身が地元のマスコミ関係者をストークし、裁判所による禁止命令を受けていたのである。彼女のストーキング行為と彼のストーキング行為とが重なったとき、彼女は自分が残忍なハラスメントの当事者であることに気付いたという。彼女はほどなく禁止命令にしたがってこのマスコミ人をつけ狙うことを止めた。面白いことに、この決断は彼女の有名人への強迫観念を振り払い、望まない接触や通信がおよぼす影響をみずから自覚したと同時に、もし彼女がふたたびこの男のテリトリーに入り込んでしまったらこちらの身の安全までが脅かされることを知って怖じ気付いたのだという。こうして、被害者の立場でストーキングを体験したのが特効薬となったのだ。もっともこれはきわめて珍しいケースである（彼女のストーカー行為は裁判所による禁止命令という、よりありふれた手段をきっかけに手を引いた）。レベッカ・シェーファー殺しで投獄されたロバート・バルドも同様の因果に悩むことになった。「この件（有名人殺し）

で名前が知られたおかげで、こっちがひどい脅迫やハラスメントに身をさらすことになった。メディアは俺についてあることないこと触れ回る。でもこっちにはなすすべがない。プライバシーは侵害されるし、事件は何度も何度もテレビで取り上げられるし。連中は俺をだしにして大儲けしたってワケさ……」（デベッカー、一九九七、一四一頁）。こうして有名人であることのつらさを知った彼は、今では「反ストーキング」派と見られたいと思っている。ハラスメントや傷害事件をいかに避けるか、スターにアドバイスしようというのだ（デベッカー、一九九七）。

悪名をはせた囚人がかえってヒーロー扱いされる場合もある。こうした倒錯した身贔屓もまたストーキング行為と見なされるのだ。武装強盗で警戒厳重の刑務所に収監された囚人のケースだが、何度か脱獄を繰り返してメディアに露出した後、ファンレターが洪水のように押しよせたものである——何通かはヌード写真入りだった——ファンを自称する若い男と、勘違いした若い女からのものだった。ある若い女性は面会の際自分の女性器をちらりと露出させた。以降の面会はいっさい禁止と相なったが、性懲りもなく手紙を送り続け、自分は彼の愛人と公言している。恥じ入った被害者は弁護士を通して自分を「ヒーロー扱い」するのを止めるようにアピールを出した（サンデー・メイル、一九九九年三月十四日、六頁）。

稀なケースとはいえ、有名人でもないのに複数のストーカーに狙われてしまう人たちがいる。同時のときもあれば、（こちらのほうが一般的だが）継続的な場合もある。複数のストーカーに狙われていると嘘をつく人もいる傍ら（十一章を参照のこと）、正真正銘、複数のストーカーに狙われているケースも確かにある。リスクの高い職業に就いていたり、身体的な特質のためか単なるめぐり合わせか、ハイリスクのパートナーを選択しがちだったりで、繰返し被害に遭ってしまうのだ。ジャーデンとテーネス（一九九八）によると、女性被害者の九％、男性被害者の八％は二人のストーカーにつけ狙われたことがあると主張し、三人のストーカーにつけ狙われたことがあるとするものも女性被害者の一％、男性被害者の二％いる。

ストーキングが被害者におよぼす影響

オーストラリアのラジオに出演している女性コメディアンのヘレン・レザーはある男にストークされたことがある。男は彼女が自分の妻であるという妄想を抱いていたのだ。数カ月にわたり嫌がらせの手紙や脅迫電話を受けとり、街中をつけ回され、ラジオの生番組中に放送局に押しかけられたことも一度や二度ではない。そのたびに共演者がストーカーを追い払ってくれた。ミズ・レザーはこれ以上男にまといつかれないよう二年間の禁止命令をとったが、恐怖心と同僚からの支援を受けられなかったことで、ついにはラジオの仕事を棒に振ってしまった。ストーキングのせいでひどいパニック発作におそわれるようになった、とヘレン・レザーは主張した。ひどいときは外出したり人と話すことさえできなかった、と。彼女は次のように述べている。

あの偏執狂、人の家に土足で入り込んでくる……あの手の人間と知り合うというのは、ぞっとする経験です。でも、知り合ってしまった。偏執的というのも困ったものです。ストークされるというのは身を揺さぶられるようなものです。感じ方は人それぞれでしょう。でも私の場合、わが身を守るすべを奪われた気がしたのです。何でこんな目に遭うのか、途方に暮れました（クーパー、一九九八）。

すでに論じてきたように、ストーキングにまつわる臨床文献や学術論文はストーカー本人の特徴や動機に重きを置いていた。被害者を類型化し、それを特徴づけようとしたのは、それに続く疫学研究のほうであった。しかし、ストーキングが標的にされた側にどんな影響をおよぼすかについての研究は、まだ糸口についたばかりだ。

ストーキングがほかの刑事犯罪と異なる点は、それが継続し、しかも容易に終わってはくれない点にある。ストーキング被害者はたいてい複数のハラスメントにさらされ、脅迫や精神的痛手にさいなまれる。結果として、慢性的な恐怖や不安に苦しむこともあり得るのだ。ストーキングは被害者の中に強度の警戒心、人間不信の根をおろす。時にはこうした懐疑心や警戒心がまったく当を得ていながら、それゆえに被害者をしかるべき支援機関から疎外し、社会的に孤立させることもある。とてつもなく固く見えた絆や友情でさえ、ストーカーの頻々たる介入や被害者側の対応によって、厳しく試されることもある。ストーカーが職場にまで介入してきたことでいっそう孤立し、悪くすればキャリアが終わってしまうこともないではない。

ストーキング被害者の心理学的な反応は人間的で、かつ理にかなっているという点で、ほかのトラウマの被害者と共通するところが多い。一回限りの暴力犯罪の場合、被害者はふつう急性のストレス障害にかかる。これが時間の経過とともにストレス関連症候群を発症させるのだが、これが最近にわかに脚光をあびている外傷性ストレス障害（ＰＴＳＤ）である。こういったストレス関連症候群はまた、鬱病、不安神経症、精神活性剤の乱用や依存につながるケースも少なくない（バイソンとシェパード、一九九五）。暴力犯罪の心理学的影響についてはこれまでは女性に対する性的暴力のもたらす結果に重点がおかれてきた。ＰＴＳＤはレイプ被害者の実に八十％に見られるのだ（ブレスロウほか、一九九一）。ロペスほか（一九九二）の報告によると、レイプ被害者四三六人のうち三十七・五％は慢性的ＰＴＳＤの診断基準を満たしており、七十一％は鬱状態にあるという。

一九七九年、アメリカ合衆国スリー・マイル島（ＴＭＩ）で原発事故が発生し先の見えない不安がわき起こり、そのせいで災害の終息した時点のみならず、ストレスが長期間継続した場合、人の心理にどのような影響を与えるかを評価しようとする機運が生まれた（バウムほか、一九八三）。スリー・マイル事故を調べた結果、次のような事実が明らかになった。すなわち「ストレスが継続的に機能障害をもたらすことを説明するに際して、ストレス要因の強度や持続性は必要条件だが十分条件ではない」ということである（バウムほか、一九九三、二七八頁）。ディヴィッドソンとバウム（一九八六）が指摘したように、そもそもＴＭＩにおける環境破壊は「自然災害や戦争ほど強烈ではなく圧倒的でもなかったが、事故原因が長期化しただけに、当地への影響という意味で、それを補ってあまりあるものだったのだ」（前掲書、三〇六頁、傍点引用者）。この研究の結果、長期にわたり脅威にさらされた人の機能には何らかの副作用が生じ得るという事実が証明された（バウムほか、一九八三）。これを受けてバウムら（一九九三、二七九頁）は次のような問題提起を行った。「制御不能なできごと、また制御可能との期待をうち砕くようなできごとは、本質的に制御不能の物理的な出来事――例えば地震等の自然災害――とはまた異なる影響をおよぼすものである」と。制御不能により生ずるトラウマはそれ以外のストレス要因以上に、じわじわした不安感を生み出すことが明らかになった。社会的支援や効果的な対処戦略、ストレス抵抗にポジティブな人格づくり、精神的健康の維持が重要な役割を果たすこともまた、ストレス抵抗の研究は明らかにした。「高いストレス要因にさらされているときは、適応性のある人格づくりと家族の支援こそ対処法として有望なのである」（ホラハンとムース、一九九一、三十六頁）。

ストーキングには慢性的ストレス反応やそれに伴う心理的結果をさまざまにもたらす特質がある。ストーキングの被害者は、ほかの犯罪被害者や心的外傷を負った被害者とは異なり、しつこく繰り返されるトラウマに悩まされる。ストーカーによる絶え間ない介入が被害者を制御不能状態におとしいれるばかりか、腰の重い司法制度や支援態勢の怠慢のおかげで、公正かつ安全な社会に生きているという当たり前の前提がくずれ、自分の人生を自分で制御したいという希望がついえてしまうのだ。被害者はしつこい脅迫とそれに伴う疾患を抱えて生きるものだが、そちらのほうがひょっとしたら嫌がらせそのものより長期にわたるかもしれない。さらに言えば、先にも指摘したように、通常の犯罪被害者なら期待できる社会的支援も、ストーキング被害に特有の性質と、結果として生じる誤解、恐怖のせいで、それがままならないこともある。

これまで全住民を無作為で対象としたストーカー影響調査が公にされたことはないが、みずから名乗りでたストーキング被害者一〇〇人を対象にパテとミューレン（一九九七）が行った調査の結果、いくつか面白い事実が明らかにされた。以下その詳細を簡単にご紹介しよう。なお被験者が無作為でない点、被験者によるストーキングの影響評価が主観的である点、さらには被害者の発病原因についての情報が欠けている点など、制約は多い。はっきり分かったのは、ストレス要因のありようとその強度以外の変数がトラウマ被害者の心理に影響を与え得るということだ。当人また家族の精神病歴、社会的支援の不備、高い「神経症的傾向」、こういった要素がPTSDの発症につながっている（バイソンとミューレン、一九九五）。

ほぼ一〇〇人すべての被害者が、ストーキングはみずからの心理、社会、職業生活によからぬ影響を与えたと答えている。ストークされたことでライフスタイルを変えたり日々の生活を見直したものは九十四％。そのほとんどがストーカーの行きそうな場所を避ける、特別な（かつ高価な）安全措置をとるとした。例としては動作感知式の照明装置、家庭用警報機の設置、電話番号の秘匿、私書箱による郵便物受け取りなど。車を買い換えたり改造した被害者も複数おり、ウインドウに着色したケースも一例あった。被害者の男性を車上からつけ狙っていたストーカーによるアイコンタクトを少なくとも避けるようにするためだ。運転に伴う慣習は大方の被害者が変更し、あたりをぐるぐる回って自宅までつけられるのを避けたり、追っ手がいないかバックミラーを絶えず確認したりした。七十％の被害者が社交生活を控えめにしたと答えたが、多くはストーカーとの接触をいっさい避けるための試みである。ストーカーの仲間が顔を出すかもしれない場所へ出向くのを控えて、友情にひびが入ったと答えた被害者もいた。先に指摘したように、ストーカーに介入されることによって親しい関係が損なわれるケースもしばしばだが、すべてが悪く転がるばかりでもない。ある被害者など、急拠結婚を決めてほどなく妊娠したが、当人はあけすけにこう話した。赤ん坊ができれば家にいる口実にもなるし、仲間もできるでしょう、と！

半数以上の被害者が出勤や通学を控えたり中断していた。中にはストーカーからひっきりなしに電話がかかり、職場のまわりをうろつかれて、失職に追い込まれたケースもあった。同僚や仲間まで脅しに遭ったケースも少なくなく、出廷や医者通いのために欠勤し、やむなく会社を去ることになったケースもあった。被害者の三人に一人強はストーキングが直接の原因で転職や転校を余儀なくされたと感じていた。住まいを変えた被害者は四十％、中には二回三回と引っ越しを繰り返した例もあった。一握りのケースだが、当事者のみが提出できる捺印証書を作成して名前を変えた被害者もいる。ストーカーに居場所を探り出されないようにというわけだ。それほどの恐怖にさいなまれたか、または司法制度ではわが身を守れないと見切りをつけたかだが、経済的な犠牲を払ってまでも、他州に移ったり、外国へ移民した被害者もいた。

どの被害者も、ほとんど例外なく、精神的また身体的に変調を来したと回答している。ストーカーを返り討ちにしたいと夢想したものも多く（六十五％がそう認めた）、自身をつけ狙う相手への報復を考えないケースはまずなかった。七十五％以上が何度もつけ狙われたおかげで無力感にさいなまれ、四人に一人は、ストーキングに悩まされている最中に本気で自殺を考えたり、実際試みた。自分を責めたものも多い。その大きな理由としては、パートナー選びを間違えてしまったというもの（これについては、先に指摘したように、家族や法執行機関がその証拠を示してくれたと思われる）。八十％強がストーキングのせいで不安やイライラが増したと答え、そのほとんどが「神経過敏」、パニック発作、過剰防衛、「震え」の症状を訴えた。四人中三人が慢性的な睡眠障害を訴えた。主に悪夢や強度のイライラのせいだが、ストーカーの電話のせいで起こされた、誰かにつけ狙われていないか耳をそばだてていて眠れなかったという被害者も多い。摂食障害に悩まされたと答えたものも半数に上り、その多くが体重を減らしたが、一方わざと体重を増やして、自分の魅力を無益にもそごうとしたケースもあった。かつてはジム好きだったある被害者は、病的なまでに肥満してしまったのだが、これは怖くて家に閉じこもっていたせいである。原因を一くくりにするのが難しい嘔吐感におそわれた被害者は三人に一人（ストーキングされるかもしれない職場へ無理矢理行こうとしたのをきっかけに発症する例が多い）。五十％は強度の倦怠感、無力感、頭痛に悩まされた。被害者の約二十五％は嫌がらせを受けた結果、酒とタバコの量が増えたが、こうした有害物質に頼らざるを得なかったのも耐え難いストレスや不安感を「自己治療」しようとしたためである。ただでさえ健康と言えない体調がさらに悪化したと答えたものも多く、疥癬、消化性潰瘍、潰瘍性大腸炎、喘息発作などの症状が亢進した。ストークされているストレスで流産してしまった被害者も一人。別の被害者は、当人の信じるところによると、ストレスと（ストーキングをきっかけとした）アルコール依存によって、未熟児を出産したという。

この調査では、被害者の大半が一つ以上ＰＴＳＤの症状を経験している。ＤＳＭ-Ⅳ（アメリカ精神医学会、一九九四）によると、この疾患の最大の特徴は、トラウマ要因にさらされた結果発現する不安感と回避性症候群にある。トラウマ要因とは死や大けがにつながりかねない事件や身体的なバランスを損ねてしまいかねない脅威を直に体験すること、また目撃すること。こうしたストレス要因にさらされた人は恐怖ないし無力感をつのらせる。さらに、ＰＴＳＤに特徴的な症状として、次の三つが考えられる。㈠トラウマのもととなった事件の追体験（強烈かつ抑えがたい思考、イメージ、観念、夢による再現）、㈡トラウマ発生のきっかけとなった刺激の、継続的かつ意図的な回避および一般的な反応麻痺（他者への無関心、他者からの疎外、将来への悲観がその特徴）、㈢強度のイライラ、睡眠障害、過剰防衛、集中力阻害、いきすぎた驚愕反応である。

被害者一〇〇人のうち五十五人はストーキング体験を頭の中で繰返し反芻していると答えたが、これは周期的で苦痛を伴い、電話の呼び出し音や不意にドアをノックする音、ストーカーが乗っていた車とおなじタイプ、おなじ色の車を見ただけで被害当時の状況が頭に浮かんでくるという。さらに三十八％の被害者が反応回避または麻痺、とりわけ他者からの疎外感を訴えている。もっとも、ＤＳＭ-Ⅳの定めたＰＴＳＤの診断基準を一〇〇％満たしている被害者は、今回の調査では、三人に一人、二十％は診断基準をおおむね満たしてはいるが、ストレス要因と定義される標準は十分に満たしていない。例えば身体を傷つけられるか、傷つけると脅される。また身体的なバランスを損ねかねない脅迫に遭う。ＰＴＳＤの基準を満たしている被害者の大半は女性で、これは、ＰＴＳＤを発現する確率は女性が男性の少なくとも二倍から四倍という疫学調査の結果と一致する（ケスラーほか、一九九五。ブレスロウほか、一九九八）。ＰＴＳＤの症状が目立って多く現れるのは、ほかのどのハラスメントよりも、後をつけられたと答えた被害者の場合で、また、暴力に遭った被害者でもこの発現は顕著だった。さらに、ストーカーとかつて親しい関係にあった被害者にＰＴＳＤと診断されるケースが目についた。これに加えて、身体への暴力に遭う恐れの高い被害者、女性の被害者の発症率も高かった。

ＰＴＳＤと診断されるさまざまな疾患——回避傾向、記憶の浸食、反応麻痺、強いイライラ感——はストーキングの心理学的な予後と同心円上にある。一例として、慢性的な精神障害や不安を強調しているのは正しい。これはトラウマ性のストレス要因にさらされることによってもたらされるものであるからだ。しかし、外傷性ストレス傷害（ＰＴＳＤ）を概念化しようとするアメリカ精神医学会の試みは、次の点においてやや物足りない。すなわち、身体的なバランスを損ねるような断続的かつ比較的に短期間のトラウマ要因に続く心理学的補償喪失を念頭に置いているという意味で。こうした概念化では、ストーキングに代表される長期間のトラウマ、被害の繰返しが生み出す精神的苦痛は考慮されない。これは、身体に目に見えて脅威をおよぼすものでは必ずしもないにせよ、被害者の精神衛生にとっては明らかに暴力的であるのだ。

この研究は、ストークされたことによって被害者が日々どれほどの苦痛、不安にさいなまれるか、その深刻な状況を伝えている。ストーキングがもたらす影響はそれこそ被害者によってまちまちで、ストーキング体験のありようや支援態勢、司法による介入の有効性、また（研究の素材となったことはないが）被害者本人の立ち直りの早さによるといえるのだが、少なくともストーキングに遭って平気でいられる被害者は一人もいない。すべての事例で著しい機能不全に陥りかねない苦痛を経験したと報告されているのだ。広く知られている説とは矛盾するようだが、ストーカーが暴力をふるったからといって、必ずしも被害者が機能不全を起こすわけではない。その大半は身体へ暴力をふるわれないがゆえに、逆に深刻な慢性的恐怖にさいなまれていると報告しているのだ。大方の人にとって恐怖とは身体に差し迫った暴力が加えられた際に、わき起こる反応なのだが。むしろ、被害者を日々支配する威嚇やしつこい介入、ストーカーの理解しがたい動機、行為そのものの陰湿さ、こちらのほうが被害者を著しく落ち込ませる要因なのだ。皮肉と言うべきであろう、複数の被害者が、慢性的かつ目に見えない心理的拷問よりは身体への暴力のほうがまだましと答えている。この回答はおそらく支援組織からのより積極的かつ同情的な対応を引き出したことと推察される。

ホール（一九九八）は、一四五人の被害者を対象に、ストーキングがライフスタイルおよび日々の機能におよぼす影響を調べている。彼女によると、複数の被害者が住居を移り、仕事を変え、苗字までも変更している。それもこれも追跡者をかわすためだ。中にはストーカーにそれと知られず、またその目に魅力的に映らないように、外見まで変えた被害者もいる。バストを小さくする外科手術を受けたという女性もいた。ホールの研究はストーキングの心理学的影響についてシステマティックに調べているわけではないものの、被害者の実に八十％が、ハラスメントのおかげで自分の性格まで変わったと答えた。被害者の大半は社交的でも外出の楽しみを捨て去った上、逆に用心深く、被害妄想的で、恐怖に脅え、攻撃的で、引っ込み思案になったという。女性被害者の多くは、男性への信頼が薄らいだ、他人が何を考えているかについて、いっそう懐疑的になったと答え、結果ノーマルな行動が取れなくなったという。また慢性的な不安や苦痛を訴える被害者も多く、ストーキングがいつ再発するかという恐怖に拭いがたくさいなまれていた。被害者の一人はこう訴える。「あいつが最後にコンタクトを取ってきたのはもう二年も前です。でも、わたしの中にはまだあいつを恐れる気持ちがあるのです。いつかひょっこり顔を見せるんじゃないかと。理屈では分かっています、そんなことはないと。でも、いまだにゾッとさせられることがあるのです」（ホール、一九九八、一三五頁）

ジェイソンほか（一九八四）の調査によると、被験者の大半が男性ストーカーの行動を、威嚇的で困惑させられるとした。三十二％が恐怖、不安、抑鬱を経験していた。腹痛、摂食障害、神経性のチックなど身体の不調を訴えたのは全体の十八％、十六％が他人を信じられなくなった、と回答した。友人や家族、セラピストに相談した例は半数以上。三十四％は司法による援助を求め、十％は住所を移ったり電話番号を変えるなど「環境を一新する」試みをした。被害者の八％が「利己的かつよそよそしく」なったと答えている。興味深い点としては、四十八％もの被害者がハラスメントに遭っても精神的、身体的な問題は生じなかったと答えたこと。ライフスタイルを変えなかった、また友人や専門家による助けを求めなかったという被害者は三人に一人。この研究は、「ストーキング」という言葉がまだ定着する前、現象がまだ一部にしか理解されていなかった時期になされたものである。女優ジョディ・フォスターがジョン・ヒンクリーに「ハラスメント」されたことで一般の関心が高まったことが、事実上、研究を誘発させる触媒となった。とは言いつつも、明らかになったハラスメントの手口、その影響は、それから十年を経てなされたストーキング研究で明かされたものと基本的にそっくりである。以後の研究と比較して、この手の被害者によく見られる不調、不定愁訴があまり見られなかったことは、おそらく、この現象の潜在的な怖さが「ストーキング」が認知される前の知識不足（「知らぬが仏」）、被害体験の受忍限度、被害の程度とそのあり方、またハラスメントのパタンが比較的深刻でないこと、などの反映であるだろう。

まとめ

たいていのストーキング被害者は侮辱されたと感じ、深刻な八方塞がり、抜きがたい人間不信に陥る。この苦しみを定義するにあたり、彼らは、「精神的レイプ」「心理的テロリズム」という言葉を用いることまである。ストーキングによって引き起こされた影響は、しばしばストーカーがようやく目の前から消え去った後も長く尾を引くことがある。恐怖の残り滓、ストーキング被害者の大半が経験するストレス耐性の弱さという形でだ。もし地域社会にストーキングが蔓延し、そのダメージが広範にまたがるとしたら、ストーキング被害者の苦しみは精神衛生の専門家なり、司法制度なりが扱ってしかるべき対象として認知されなければならない。一方、ストーキングは社会全体が考えるべき現象として認知されることも必要である。職場復帰のかなわない被害者、長期にわたる医療を必要とするにいたった被害者をサポートするには相当の費用がかかるという意味だけではない、実質的にわたしたちの誰もがストーキング被害者になり得るという意味で。男性と女性、大人と子どもも、有名人と一般市民、異性愛者と同性愛者、黒人と白人、宗教と異教、重役と平社員、模範的な市民と有罪判決を受けた罪人、どんな人であっても。すでに見てきたように、ストーカーがストーカー被害者になるケースもないではない。十三章ではストーカー被害者になる確率、運悪く被害者になってしまったときの個人的、社会的なコストを最小限にとどめるための方法、介入の方策を論じている。

4 ストーカーにはどのようなタイプがいるか

はじめに

何の変哲もない風景に名前を与えることで意味づけを容易にする、分類は単にそのことだけのためにあるわけではないが、概念的に似通ったグループ同士の関係を明瞭にし、それぞれの階層がどう見られているかについて、一定の意見を述べることはできる。分類は、ある意味で、便宜をむねに創造されたものである。それは特定の言説の内側に表れ、分類されるべき事物のありようばかりか、その中で作用する強制的言辞をも映し出す。例えば医学において、分類は純粋に診断のために求められるものであり、病因、経過、予後、またできれば、治療方針にもとづいてなされるものである。診断は予後と術後管理のためのガイドである。診断の手順は通常はそうした目的を助けるためになされるのであり、あるグループなり階層の成員がこの上なく厳密、かつ純然たる絶対的な枠組みをつくる、そのための純粋な理論目標に資するものではない。どんな実際上の要請があり、精神衛生の専門家が関わっていたところで、分類は専門家の臨床実践を助けるものであり、科学の単なる理論目標のためになされてはならない。ストーカーにはどのようなタイプがあるか、それはストーカーを明確に分類したいと望むグループの必要性によって変わり得る。例えば法執行官、精神衛生の専門家、家庭内暴力被害者の支援者、これらはすべてストーキングやストーカーへ当然のことながら関心を抱いている。こうした専門家たちはそれぞれみずからの目的にかない使い慣れた専門用語ともしっくりくる分類を採用してきた。精神衛生の専門家たちでさえ、ストーカーの分類は特定の専門家や個人の目的、理論的関与から生じたさまざまな優先項目によっている。

この章では、さまざまな分類法をまな板に乗せる。それはストーカーのうごめく世界をいくつかの類型に整理し、その下にある仮説や要請を分析するためである。最後、臨床評価およびストーカー管理上有効と見なされる複数の分類法について概略を述べる。この分類法は、まず類型学、次いで被害者の特徴、三つ目としてストーカーの精神状態を考慮したものだ。類型学は何よりもまずストーカーの動機とストーキングのありようにもとづいている。この分類はもっぱら予想されるハラスメントの経過と期間、暴力行為に発展する危険性、とりわけいかにストーキングを止めさせるかについての有益なガイドである。

ストーキングは、見てきたように、まず何よりも有名人へのしつこい追っかけを指す便利なメディア用語であった。ほどなくこれが、主に家庭内暴力被害者の支援者によって、元パートナー（元は女性のみ）をしつこく追い回す人物を指すものとして広まった。それはやがて刑事犯罪の一つへとその意味を変え、ついには精神衛生の専門家や行動科学者によって独特の逸脱行為を表す言葉として使われるようになったのである。

家庭内暴力としてのストーキング

ストーキングを対女性暴力の一つと見なす論者はこれを右の言葉（家庭内暴力）でとらえようとした（コールマン、一九九七、オーストラリア統計局、一九九六）。ウォーカーとメロイ（一九九八）によると、ストーキングはパートナーの女性との関係を力づくで継続させようとする暴力魔の行為を指す名称にすぎなかった。煎じ詰めればこれは、男性による家庭内暴力という分野で用いられる脅迫と支配の表れとして認識されたのだ。こうして、分類のポイントは脅迫のありようと範囲、それをどう未然に防ぐかにおかれ、望むらくは暴力がより深刻な殺人などへ発展することのないよう予防することへと移動した。ストーキングのありようと結果としての家庭内暴力によせられた注目は必然的に——全部が全部とは言えないが——被害女性と行為者の男性とに向かうことになった（バージスほか、一九九七）。ソンキン（一九九七、引用はウォーカーとメロイ、一九九八）は何としてでも関係を続けたい元パートナーと、頭に血を上らせて、悪意に凝り固まり、支配欲と暴力傾向を沈潜させたストーカーとを分けて考えている。家庭内暴力被害者と手を携えていく上で、優先されるべきは被害者救済にあるなら、ストーキングを現実かつ暗黙の脅威ととらえ直すことはまったく正しい（ソンキン、一九九七、引用はウォーカーとメロイ、一九九八）。このアプローチはあてはめる舞台によっては十分に望ましいといえようが、ストーキングの種々相に関心を持つ人々にとっては、制約があまりに多く、視点も狭い。

色情狂、恋愛強迫症、単純な強迫症状

ストーカーを最初に分類したのはゾーナほか（一九九三）である。その詳細を検討するのは、それが先行業績であること、さらにこの分野の研究者や実務家にとって彼らがなした概念化が今なお幅広い影響力を有していることがその理由である。ゾーナほかによるとその類型学はロサンジェルス市警・脅迫行為対策局（ＴＭＵ）が分析した七十四の事例研究にもとづいており、その後さらに一二六の事例が加えられた（ゾーナほか、一九九三、一九九八）。ＴＭＵはこの手の調査部門としては初めて、いわゆる「強迫的かつ逸脱型の長期におよぶ脅迫行為」に限って調査することを目的に設立されたものである。ＴＭＵの設立はロサンジェルス地区に住むかなりの芸能人がストーカーの邪心の対象となっていることがきっかけだった。ストーカーの動機、また被害者との関係にもとづいて、研究者たちはストーカーを三つのグループに分けている。色情狂、恋愛強迫症、単純な強迫症状である。

色情狂とされたグループは、もともとの発表論文では、被験者七名（うち女性六名）を対象としていた。いずれもＤＳＭ-Ⅲ-Ｒによって妄想障害、色情狂とカテゴライズされたものだ（アメリカ精神医学会、一九八七）。このグループはストーキング対象者に愛されていると思い込んでいる被験者のみを含んでいる。そのうちの誰一人かつて被害者と関係があったものはなく、自身の好色な関心を一方的に娯楽ビジネスの住人に向けていた。恋愛強迫症と名づけられたグループ（n＝32）も、色情狂のグループと同様、被害者に愛されているという妄想にとらわれた人たちを含んでいる。もっとも、色情狂タイプとは異なり、この人たちの妄想は二次的に重い精神病（中でもよく見られるのが統合失調症または双極性障害）の合併症として発現するもので、まったくの一次的な妄想症ではなかった。加えて、恋愛強迫症に分類されるケースとして、みずからの妄想の対象に強いこだわりを示しつつも愛情の見返りを期待しない人たちがいた。色情狂のグループとは異なり、恋愛強迫症の大半は男性であった。色情狂、恋愛強迫症ともに有名人への憧れが強く、若い「可愛い子ちゃん」をターゲットに選ぶ傾向がみられた。被害者と何の関係もなかった点は色情狂も恋愛強迫症もおなじ。その一点で、恋愛強迫症のグループは、最後の単純な強迫症のグループ（n＝35）から距離を置かれることになった。単純な強迫症とされたグループは、かつて何らかの接触のあった相手をつけ回すも

のと報告された。被害者はおおむね元パートナー、隣人、ちょっとした知り合い、職場の同僚、職業的なつきあいのあった相手など。このグループのストーカーの中には男性も女性もほぼおなじ割合でおり、相手へのつけ回しが始まったのは二人の仲が「上手くいかなくなって」からのことだった。とはいえ、一つ明らかなこととして、このグループにも正しく扱ってもらえなかったことの復讐としてストーキングするようになった人たちがいること。その動機は、まず第一に、不公平な仕打ちへの報復であった。正しく扱われなかったことを彼らは何らかの底意ととらえたのだ。

右の分類にもとづいて、ゾーナほか（一九九三、一九九八）は三つのグループを特徴づけようと試みている。各グループには人口統計的な差異はなく、ほとんどが独身、三十代半ばであった。社会性の欠如、親密な関係性の不在という点ではどちらも共通していた。結婚経験のある被験者はわずかに七例のみ。被害者と接触のあった期間およびありようは分類されたグループによってまちまちだった。色情狂グループが被害者と接触していた期間は、恋愛強迫症グループのそれの約二倍（平均十九カ月、後者は十カ月）、単純な強迫症グループ（五カ月）のほぼ四倍であった。だが、色情狂グループ、恋愛強迫症グループともに、みずからそれと認めている以上に長い期間、被害者をつけ回していた（平均十年ないし十二年）のは興味深い。論文執筆者らは、薬物療法によりつけ回しのファンタジーの進行を抑えられるか、否定的自己イメージや法的制裁を突きつけて、行為を断念させることはできるか、と自問している。色情狂グループ、恋愛強迫症グループはほぼ例外なく手紙やカードで被害者との接触を試みる、とされた。単純な強迫症は電話や面と向かっての接触など、直接的なコンタクトを好んだ。色情狂グループはほかのグループ以上に被害者の自宅へアプローチしたが、一見したところ、面と向かっての接触を求めることはほとんどなかった。こうした親密な接触は理想的な愛の神秘に水を差すばかりか、めくるめく特別な何かを「ありふれた陳腐な」ものへ貶めてしまうと論文執筆者らは述べている（ゾーナほか、一九九三、九〇一頁）。単純な強迫症と色情狂は頻繁に被害者に脅威を与える（それぞれ六十五％と五十七％）が、被害者の身体を傷つけたケースは一例も報告されなかった。単純な強迫症グループ三十五例のうち七例は暴力的で、被害者の私物を壊し（五例）たり、被害者に暴力をふるった（二例）という。このサンプルの場合、暴力沙汰が起こる率は低く、論文執筆者らもストーキングと暴力が結びつく恐れは低いと示唆している。

分類に際してゾーナほか（一九九三、一九九八）は医学的な手法を採用している。あるグループには「妄想障害、色情狂タイプ」という既存の定義をあてはめ、もう二つのグループには強迫ないし強制行動という既存の概念を援用しようと試みている。もっとも、グループ分けに際して根拠にした情報は、ほとんどの場合、何よりまず被害者によってもたらされたものであるという点は注意しておきたい。警察へ通報した側はおそらく、現在であれ過去であれ、ストーカーの精神状態については無知であろう。色情狂の加害者が一人残らず何らかの精神病にかかっているのは自明であるが、恋愛強迫症および単純な強迫症の場合、DSMの診断基準にあてはまるのは、四十%にすぎないのだ。診断としては前者の場合、おおむねアクシスⅠ障害（統合失調症、情動障害、薬物依存症）、後者の場合は人格障害である。これらの診断結果は一時的なものであり、被験者が発病している精神病、性格異常を間違いなく過小評価している。ストーカー本人ではなく被害者がこの研究の主な情報源である以上、行為者の動機の部分で、データには避けがたい不備が生じてしまったのだ。

ゾーナほか（一九九三、一九九八）は、ストーキングを分類する際に二つの視座からアプローチしている。精神分析学と司法制度である。研究の対象としたのは裕福な有名人狙いのストーカー。論文執筆者らは明確に認識しているが、ストーキングを有名人へのハラスメントに限定するつもりはなくとも、かなりの程度、ほとんど面識のない相手をストークする人、現実にあり得ない関係を切り結ぶことに執着している人々に焦点を当てるほかなかったという。その結果、家庭内暴力の文脈で相手をストークする人々、かつてのパートナーを支配し、しばりつけ、よりを戻し、対象を恐怖におとしいれることに血道を上げる、多くは男性を対象とした研究と、ゾーナらの研究は距離を置くことになった。研究者らの関与、分類の際用いた手法は、当然ながら、できあがった分類法のありようを方向づけることになる。

ゾーナらは、一九九八年発表の論文の中で、みずからが依拠した疾病分類法を明らかにしている。まずストーカーの行為を理解するためには、大本となる精神医学的、心理学的な見地に立たなくてはならないと彼らはいう。次に、DSM-Ⅳ（アメリカ精神医学会、一九九四）が標準とした症候・異常が仮に認められなくても、ストーキングはMによる診断の枠組みでとらえるべきである、と主張する。DSM-Ⅳ用語になじんでいない専門家の中には、なぜ臨床家が右のやり方をあえて踏襲しなければならないのか、首をかしげるむきもあろう。だが、その理由は何であれ、彼らはこの方法を採用している。一方司法制度の視座からもストーカーの類型学が方向づけられている。「ストーキング行為者の危険性」に関する手引き書に当然ながら高いプライオリティを与えているのだ。

色情狂のグループはゾーナらの分類の鍵概念である。このグループを定義する際の特徴はDSM（Ⅲ-RおよびⅣ）に照らし合わせて、現代精神医学の診断の枠組みに明確に準拠している。アメリカ精神医学会専門家委員会は色情狂の診断基準をド・クレランボールの仕事に依拠しているが、これは八章において詳細に検討されるだろう。この診断基準は愛の病理学の、狭量で何よりも貧弱なありようを提示するものだ。DSM-Ⅳの色情狂診断基準にある条件を満たすため、ゾーナほか（一九九三、一九九八）は、恋愛強迫症というカテゴリーを提起する。これは統合失調症などの精神病の有無とは何ら関係はない。恋愛強迫症患者は例外なくその恋愛エネルギーを赤の他人か、親密とはまず言えない、知人程度の相手に集中させる傾向がある。現行DSMの定義する色情狂概念の狭量さを解決しようとする試みは、ミューレンとパテ（一九九四a）の方法にも通じるものがある。ミューレンとパテは色情狂を病的傾倒に含むと見なすと主張したが、彼らはこの手のストーカーへの知識が増すにつれて、現行DSM-Ⅳの分類の首尾一貫性に異議を唱えるようになったのだ。

三タイプの最後の一つは単純な強迫症とされるグループである。ストーキング被害者とかつて交渉のあったすべての人がそこには含まれる。元パートナー、職場の同僚、職業上の交際、隣人、ちょっとした知り合いなど。ストーキングにいたる動機は、愛情、和解への期待、復讐、怖がらせてやりたいという欲動など。ゾーナほか（一九九三、一九九八）によって被害者へ暴力を加える危険性がもっとも高いとされたのは、このやや異質とも見えるグループである。

これら三つのうち二つで強迫症という言葉を使うことで生じた問題点については、リード・メロイのやはり影響力のある仕事を論じながらやがて触れることとする。

そのほかの分類

ハーモンほか（一九九五）は、まず行為者とその標的とされた相手とのつながり、次にかつての関係のありようで、ストーカーを区別する分類を提唱している。論文執筆者らはニューヨーク刑事・最高裁判所法精神医学クリニックに紹介されてきた被験者を対象に事例研究を行った。ストーキングによって誘発された介入および交渉が報告されたのは四十八例。ハーモンらの第一軸は被験者とその標的とのつながり方（「愛情／好色」または「加害／怒り」）、第二軸はかつての関係のありよう（個人的、職業上、雇用上、メディアによる、知人、どれでもない、また不明）を表している。

研究の対象とされたストーカーの大半は、論文執筆者らのいう、被害者（n＝30）への愛情／好色傾向をあらわにした。特徴的な所見としては、ストーカらが色情狂にありがちな症状を示していた一方、元パートナーをストークする被験者の中に、ナルシスト人格や偏執症人格の特徴を有するものもまた目についた点である。好色傾向を有する行為者は、ストーカーとその標的との間に生じた関係に水を差す第三者に危害を加えることがままある、とされた。その例をハーモンら（一九九五）があげている。色情傾向があり、かかりつけの獣医に好色な感情をもった三十九歳の女性の場合。彼女はなぜか自分は獣医とかつてセックスした経験がある、と信じ込んだ。女性はこの気のいい獣医に五〇〇を越える電話や脅迫状をよこし、やがてその同僚や家族にまで嫌がらせをするようになった。獣医と自分の愛の空想に彼らが水を差していると考えたのだ。女性がとくに憎悪したのが獣医の秘書だった。彼女の信ずるところによると、この秘書は自身が混乱した愛をそそぐ獣医と情事をしている、と言う。あるとき女性は外科手術の最中に姿を現し、獣医と秘書をナイフでブスリとやったのである。幸いにも致命傷を負わせるにはいたらなかったが。この一連のハラスメントで彼女は計五回逮捕された。ハラスメントは実に八年以上も続いたという。

愛情／好色傾向に分類された被験者のすべてが、必ずしもセックス目当てとは言えないが、ロマンティックな関心からストーキングを始め、いったん拒絶された後、怒り、加害といった傾向にその感情を一変させた。次の例からもそのことは明らかである。クリニックに十一回も回されてきた男性患者の場合。四十七歳になるこの男性は十年以上もの間某有名女性歌手にストーキングをしていた。彼女は昔自分が運転していたタクシーに乗客として乗り合わせた、と彼は言う。そこで二人はセックスし、女は彼に魔法をかけて自分をつけ回すよう一計を案じた、と（ハーモンほか、一九九五）。

加害／怒りに分類されるストーキング（n＝15）は現実また想像上の虐待なり障害をきっかけに現れ、それはしばしばビジネスないし職場において発生する、とされた。こうした被験者の関心の対象となるのは、必ずしも個人ばかりか、巨大組織の場合も往々にしてあるという。ハラスメントや暴力の危険のみならず大量の被害者を生み出すわけだ。一つ例をあげよう。五十九歳になる男性はある法律事務所の弁護士、事務員をみさかいなくストークしていた。

二十年ほど前、この事務所は男性の弁護にあたったものの成果を上げられなかったのである。加害／怒りグループに属するストーカーは、精神医学の診断基準によると、愛情／好色グループよりも複雑で広範なタイプに分かれることが多い。妄想症患者のみならず情緒障害、適応障害、人格障害まで。かつてプロバスケットボールの選手だったあるストーカーの場合、加害／怒りグループにありがちな特徴を有していたばかりか、ナルシスト傾向も見て取れた。報道によると、この元選手は、怒りにまかせてかつてのガールフレンドに電話を繰り返すなど、ハラスメントと脅迫行為に走っていた。裁判所内のクリニックに紹介されてきた元選手はこう主張した。自分は精神分析をされたり治療を受ける必要はない、なぜ電話をかけちゃいけないのかも理解できない、第一それがどうして犯罪になるのだ、と。

ハーモンら（一九九五）の分類法はストーカーの動機と被害者への関心のありようを知る上で有意義な枠組みを提供するものだ。残念なのは、行為者のつけ回しの特徴を分類する上でほとんど役には立たない点。愛情／好色カテゴリーの行為者の多くは独身だが、このグループは年齢、性別、人種、教育、犯罪歴、また精神病歴によって区分けされていない。また、両グループの行為者とも被害者への身体的接触を求め、暴力を伴った脅迫をなす傾向を有しているが、好色グループの場合、脅迫と実際の暴行との間には密接な関連が存在した。さらに、ストーカーは実行に移す際は必ずと言っていいほど、怒り、復讐心、慈悲心との間を揺れ動くものであるという事実からしても、この分類には限界がある。ハーモンら（一九九五）も、当初、好色から出た関心が裏切りや拒絶の結果、怒りへと転化するということは認識している。これはしかし、ストーカーの意図や感情をそもそも特徴づける根本的な両面感情をよく説明するものではない。拒絶されたパートナーはまず和解を求め、嫉妬やさらなる拒絶から復讐心へと転じ、やがてもう一度和解を求めようとする。それと同様に好色グループは繰返し拒絶されるや期待に満ちた愛情から憤激へと感情を激変させる。クビになった勤め人も自身の関心の対象にきわめて複雑な感情を有するものである。よく言われるように、ストーカーと被害者との関係のありようを見つめ直し、家族関係や有名人狙いではない、さまざまな社会的、職業的文脈においてストーキングが発生している、そのことを認識することこそ、ストーキング研究の前進に不可欠なのだ。最初の研究は被験者数が少なく、グループ相互のつけ回しのありようや経過について違いを分析することができなかった。ハーモンら（一九九八）は、おなじクリニックが扱った被験者一七五例を分析する中で、これらストーカーが今後暴力行為におよぶ可能性があるかどうかを分析している。その詳細については十二章で詳しく論じるつもりである。

キーンレンら（一九九七）はストーカーを単純に二つのグループに分けるという分類法をとっている。その際の基準は、精神病者であるか、ないか。研究対象としたのはストーキングの罪で公判に先立つ精神鑑定に回されてきた被験者二十五例。うち三分の一が精神病と分類された（統合失調症が二、色情傾向のある妄想障害が一、詳細は不明だが精神病者が四、双極性障害が一）。精神病のストーカーの大半が、色情狂というよりは、迫害妄想、誇大妄想の発症者であった。例えばある女性にストーカー行為を行った被験者の場合である（カプグラの誤認症候群）。彼はこの女性を、無理矢理引き離された元妻と思い込んでいた。男性は元妻に敵意を抱いていたのである。また別のストーカーの場合は、以前つきあっていたガールフレンドをしつこくつけ回したとされるが、ストーカーの男性はこの元ガールフレンドによって魔法をかけられたと信じていた。残りの十七例は、精神鑑定の時点では精神病の疑いなしと判断された。考えられる原因としては、反社会的傾向、依存傾向、またナルシスト傾向をあわせもつ情緒障害、アルコールまた薬物依存、人格障害、などである。

精神病、非精神病のグループによるつけ回しのパタンにはいくつかの差異が認められた。精神病のストーカーは比較的よく被害者の自宅に出没するが、反面、被害者に手紙を送ったり監視したりという傾向は少なかった。非精神病のストーカーは言葉で相手を威嚇した事例が多く、暴力に訴える危険も少々高めだった。ある非精神病のストーカーの場合、元パートナーに拳銃を突きつけて誘拐することまでした、と報告された。男は彼女に拳銃を突きつけている最中、涙ながらに、彼女なしでは生きられないと訴え、自分の心臓をナイフで突いてこの惨めな気持ちにピリオドを打ってくれと頼んだという。もとより彼女はそれを拒んだが。一方、被害者（親）に攻撃をしかけたのは、精神病のストーカーただ一人だった。非精神病のグループのほぼ半数がストーキングの際武器（火器が七、ナイフが一）を携行していたが、精神病のストーカーの場合、武器を持っていたのはわずかに一例。このストーカーは被害者の私物を壊すとき手に入れた金属製のパイプを振り回していた。論文執筆者らはこうした実例にもとづいて、次のように結論している。非精神病者は精神病者以上に暴力的な傾向があらわであるばかりか、それを使うにあたり、より計算づくかつ狡猾である、と。この分類は司法による精神鑑定を行う医療関係者のためにつくられたもので、彼らの要請を反映している。精神病、非精神病という単純な二分法を採用したことで、議論としては貧弱になったが、患者を緊急に管理する必要のある医療関係者と、犯罪への責任を負う法律家の双方に受け入れられることになった。問題点としては、この二分法がストーカーの動機と被害者選びの問題を度外視していることだ。この点はストーキングのありようと規模、暴力へ発展する恐れを見通す上で決定的に重要なのだが。逆に、精神病／非精神病という分類は、より複雑な分類法の中に一つの軸を設定するに際し、一つの可能性としては十分に有用であるといえる。

シュウォーツ=ワッツらはストーカーとそれ以外の粗暴犯とを比較する研究を行った（シュウォーツ=ワッツほか、一九九七）。彼らは暴力的なストーカーと非暴力的なストーカーとの違いも研究している（シュウォーツ=ワッツとモーガン、一九九八）。最初の研究（一九九七）では、サウスキャロライナ州においてストーキングのかどで告発され公判を待つ男性十八人と、年齢、性別、さらには暴力を伴う犯罪を犯したかどうかで一くくりにし得る粗暴犯のグループとを比較している。二度めの研究ではストーキングで告発された公判前の拘留者四十二人のカルテを比較した。四十二人は暴力的なストーキング（n＝20）か、そうでないストーキング（n＝22）かで二つに分けられた。年齢、性別、結婚歴、教育、薬物中毒歴、アクシスⅠ診断記録、また気質の点で大きな差異は認められなかった。報告によると、暴力的なストーカーは被害者とかつて親しい関係にあったケースが比較的多かった。将来暴力犯罪を犯すかどうかを基準にストーカーを分類する試みはきわめて重要だが、それは任意の分類が妥当かどうかという点から重要なのであり、分類そのものに資するものではない、ということであろう。

ライトら（一九九六）はアメリカ連邦捜査局（ＦＢＩ）とつながりのあった研究者である。ストーカーの予備的な分類を、主に被害者から提出された三十件の報告にもとづいて行っている。ストーキング被害者はそのさまざまな経験を四十八項目からなる標準ストーキング被害チェックリストにならって記述することを求められた。回答にもとづいて、ストーカーと被害者との関係（家庭内か家庭外か）、交流の内容（現実的か幻想か）、攻撃性から見た被害者への危険度（低い、ふつう、高い）、ストーカーの動機（心酔、所有、怒り／復讐、その他）、ストーカー事件のもたらした結果（裁判、自殺、精神病院、その他）によってストーカーを公式化している。その結果、家庭外ストーカー（きわめて現実的かつ計画的）とされたのは十四人、十六人が家庭内ストーカーとされた（うち十五人が現実的）。家庭内ストーカーとは、親しいパートナー、家族および同僚もそこに含まれる。怒りや復讐の念に突き動かされていたのは十二人、十人は所有欲、六人は心酔、二人についてはその動機がつかめなかった。七人が自殺を試み（致死率はきわめて高く、二十％強）、精神科医の支援を受けたものはわずかに四人（たいていが裁判所の命令によるもので、精神病を疑わせたケース）であった。これが突出したグループであるのは、自殺率がきわめて高いばかりか、ストーキング三十例中六件で殺人にまで発展したことからも明らかだ（以上のケースでは、いつ、誰が四十八項目のチェックリストを記入したかは、定かではない）。この分類法の細部は一見妥当性はあるが、サンプルが少数かつ特殊であり、ストーカー全般へ援用するには問題が多い。

デベッカーはストーキングを法執行機関の視点から研究し、その動機にもとづいて求愛型、アイデンティティ追求型、拒絶型、妄想型とに分けている（引用はオライオン、一九九七）。妄想型は、精神衛生の観点から見ると、動機よりもむしろその信念の中に精神病質があることを示唆するものだ。もっとも「妄想によって動機づけられた」という表現は普遍的で、おそらくデベッカーの念頭にもそのことはあっただろうが。求愛型のストーカーは被害者と接点を持ちたいと願いながらも、それがまったく存在していないことも認識している。例として上げられたのがジョン・ヒンクリーである。アイデンティティ追求型はみずから標的に選んだ対象を、ストーキング以外の何らかの目的を達成する手段としてつけ回す。例えば世間の注目を浴びることとか、有名になることなどである。その一つの例としてあげられたのがマーク・チャップマンである。歌手ジョン・レノンを射殺したことで有名になった男だ。拒絶型のストーカーは自分を振った相手をターゲットにする。拒絶を反故にさせるか、さもなければ復讐しようというわけだ。復讐目的のグループの標的は、必ずしも元親しかったパートナーである必要はない。職場の同僚、裏切った友人もその中に含まれる。妄想型のストーカーは深刻な精神病を抱え込んでおり、そこからくる妄想や誤解がそのつけ回しを駆り立てている。デベッカーの論じるところによると、暴力に訴える恐れがもっとも強いのが、拒絶型とアイデンティティ追求型である。以上の分類はそれなりに浸透したものの、現在までのところ、入手可能な文献という形で完成されたものはない。

本書ではストーカーはどのように分類されているか

ミューレンら（一九九九）は、少なくとも複数の軸を置くことを想定した分類を提唱している。第一の軸は主にストーカーを突き動かしている動機とストーキングが発生した状況についての類型。残り二つの軸は被害者との関係のありようと精神病歴（この類型についての詳細は、五、六、七章を参照のこと）。

右の分類は、個人的に診察したストーカーとの問診をとおして得たものである。ミューレンらのクリニックはストーカー治療では知られた施設である。ストーカー犯の大半を紹介してきたのは裁判所だが、別の医療関係者から回されてきたストーカーもかなりおり、みずから来院したものも三人いた。メディアでその存在を知って当クリニックにコンタクトを取ったそうである。ほとんどのケースでは判決および処分のため裁判所へ報告書を出すことを求められたが、医療関係者から紹介されたケースや裁判所へ提出する報告書作成のため紹介されてきたケースでは、クリニックが長期間事件の管理を任されることがあった。クリニックではストーキング被害者へのサービスも提供している。このことも長い目で見ると分類する際の方法論を左右したと考えられる。イギリス、北ヨーロッパ、カナダの裁判精神医学機関と同様、一方、アメリカ合衆国の大半のケースとは対照的に、当クリニックは精神鑑定と治療の両方に従事している。このため分類は裁判目的のみならず精神衛生目的にも資するものであることが求められ、裁判所の命じる精神鑑定を行うと同時に、治療にあたる臨床家としてストーカーとの問診体験にもとづき作成されることになった。

ここで提唱された第一軸は、拒絶型、求愛型、憎悪型、略奪型、無資格型である。これはストーカーの行動のありようを具体的に示そうとしたものといえる。なぜストーカーはこれこれこういう行動をとったのか、彼らが満たすことを望んでいる必要、欲望とはどういうものなのか？　ストーカーにとってストーキング行為は、それがどんなものであれ自身のゴールに直結する意味を有している。と同時に、見るからに破壊的な行為に走るストーカーにとっては、一つの例外もなくそうした行為に走った見返りとして、何らかの皺寄せがあるだろう。ストーキングが発生する状況は、ストーカーの目的、その目的を達成しようとする彼らの手口の多彩なこともあり、相対的なものである。そうした変数は、ゆがんだ、妄想的な判断の反映であるなしにかかわらず、相対的なのだ。求愛型のストーカーは親しい関係を築こうと試みることで孤独に対処しようとする。拒絶型のストーカーは和解を求め、また報復に駆り立てる行為に出ることによって、親しかった間柄に一方的にピリオドを打とうとする相手に返礼する。憎悪型のストーカーは復讐なり弁解なりをなすことによってそれと分かる侮辱や中傷に応酬する。略奪型のストーカーはストーキングによって性的満足や性的支配への欲望を追い求める。無資格型のストーカーは、せいぜい逆効果、悪くすると相手を恐怖させかねないやり方で求愛者たらんとする。

第二軸は被害者との関係にまつわるもので、元パートナー、職業上の接触、職場でのつきあい、ちょっとした知人、友人、有名人、ストーキング前には何のつきあいもなかった見知らぬ他人に分けられる。当クリニックの所在地はオーストラリアのメルボルンであり、カリフォルニアやニューヨークと異なり、舞台や映画やラジオに出演するスターは稀である。実際、三人ばかりいた有名人と称する被害者のうち二人までがラジオのおしゃべり番組の司会であった。ちなみに、ラジオのパーソナリティはストーキングによく遭う、ということは記憶しておくべきであろう。おそらく、聴取者と直接電話でつながる参加型番組の弊害ということなのだろう。見たところ多くが聴取者と直接的、個人的、またある意味で親密なコミュニケーションをとるスタイルを売り物にしている。魅力的なラジオのディスクジョッキーが性愛型ストーカーの標的に選ばれて苦闘する様を執拗に描いた映画として、『恐怖のメロディ』がある。クリント・イーストウッドの監督デビュー作で、主演もしている。

最後のタイプは精神医学と関係があり、統合失調症、妄想障害、情緒障害、器質障害などの精神病グループ、また多数派である人格障害や、少数ながらも抑鬱症や不安神経症といった非精神病者のグループとに分けられる。薬物中毒は普通診断の決め手となることも多いが、われわれの調査では一握りしか存在しなかった。人格障害や薬物中毒と診断されるケースは多々あるが、それは精神病と診断する上での敷居が低いためではなく、明らかな精神病者がこの群には高い割合で存在するためである。

この類型に加えて、かつての関係や精神病の診断とを重ね合わせれば、ストーキングの期間、行為のありよう、脅迫や暴力行為のリスク、またどのような管理戦略を取ったらよいかを予測することができる（ミューレンほか、一九九九）。表4・1は一六八名のストーカーを対象に、ストーキングの類型をいくつかの変数にまとめたものである。これはミューレンら（一九九九）がすでに公にしたデータにもとづいて作成されている。

中でも、ありとあらゆるストーキング行為に走りがちなのが拒絶型。尾行、しつこいアプローチ、電話、手紙、メモ等々。逆に、略奪型（ナンパ目的）のストーカーの場合、密かに後をつけたり監視したりがせいぜいで、手紙や電話、またあからさまに被害者にアプローチすることはめったにない。求愛型はもっとも活発なラブレターの書き手で、望

表4.1　類型から見たストーカーとストーキング行為の特徴

任意項目	ストーカーの類型 拒絶型 (n=58)	 親密追求型 (n=54)	 無資格型 (n=24)	 憎悪型 (n=24)	 略奪型 (n=8)	有意差
男性	82%	72%	81%	75%	100%	0.43
年齢 （平均／標準偏差）	38.1 (11.3)	38.2 (11.4)	34.8 (9.5)	39.1 (11.2)	29.7 (7.4)	0.21
パートナー保有率	14%	10%	24%	25%	14%	0.39
雇用率	75%	42%	59%	62%	62%	**0.01**
月毎ストーキング期間 （平均／標準偏差）	38.3 (47.7)	34.9 (41.7)	14.3 (12.9)	13.8 (11.2)	8.8 (11.5)	**0.01**
ハラスメント手段の数 （平均／標準偏差）	5.1 (1.5)	3.9 (1.6)	3.4 (1.2)	4.1 (1.5)	3.0 (0.9)	**0.000**
薬物中毒歴	29%	23%	16%	32%	14%	0.66
犯罪歴	51%	31%	26%	48%	86%	**0.02**

太字は統計的有意差（statistical significance）を示している。

まない贈り物などを送りつける点についても、ほかのグループをはるかに凌いでいる。ストーキングが続く期間は拒絶型と求愛型がほかを圧して長く、短いのは当然ながら、ナンパ目的のストーカーであった。

診断上の変数は精神病グループ（統合失調症、妄想障害、情動障害、器質障害）と非精神病グループ（中でも顕著なのが、人格障害）とに二分した。精神病群は望まない贈り物をよこす傾向が強く、一方の非精神病グループは尾行や監視に走る例が多かった。相手を脅すことにかけては、精神病、非精神病ともほぼ等しかったが、実際に暴力行為に走ったケースとなると非精神病者のほうが精神病者の倍を記録した。

ストーキングがどのくらい続くかを予測する最善の指針は、この類型それ自体である。その凶暴性も類型を知ることによって確実に予測し得る。例えば薬物中毒や犯罪歴（どんな犯罪かによらず）とあわせ考えてみると、それぞれの間にどんな不一致があろうと、類型によってストーキングのありようのほとんどを説明できた（十二章を参照のこと）。

類型は、管理戦略を立てるにあたり、精神病／非精神病の二分法とおなじくらい有用である。求愛型の場合、精神病者も多いが、これに法的制裁をちらつかせることに効果はなく、出廷を求められ拘禁されるといったことは、真実の愛を追い求めたあげくの代償くらいにしか考えない。一方、求愛型のストーカーは努力すれば治療可能な精神病に駆り立てられていることがしばしばある。ストーキング行為にピリオドを打つもっとも確実な方法は、適切な精神病治療を施すことである。それとは対照的に拒絶型はたいていのケースで脅しや法的制裁という現実に敏感であった。このグループに属する連中は、ハラスメントの代償が高くつくならすぐ止める、といった人々である。とはいえ、拒絶型のストーカーのほとんどに、性格的なものであれ精神異常が認められるなら、ストーキング行為のぶり返しを避けるためにも治療者の介入は重要だろう。無資格型（相手にされないタイプ）は、被害者へのつけ回しを止めるよう説得することが比較的簡単にできる。だが、新たに彼らのお眼鏡にかなった犠牲者に、次なる関心を向けるのを妨ぐとなると易しくはない。略奪型は偏執症者の群から出現する人々のことであり、彼らの性的逸脱を管理することは、ストーキング行為の反復を避ける上でも重要である（詳しい議論は、十五章を参照のこと）。

おわりに

ストーカーを手際よく分類する手法はいまだ成立していない。実にさまざまな類型、グループ分けが、それぞれの被害者の経験、理論家の仕事、現実課題として類型化が必要なことの結果として、生み出されてきた。今までのところもっとも影響力が強いのはゾーナほか（一九九三、一九九九）によって提唱された分類であるが、やはり万全ではない。制約が多すぎる点に加え、ＤＳＭの現行指標に固執しすぎるという問題をはらんでいる。ストーキングについての意識を高めていこうとする現段階にあっては、おそらくこう言うことができよう。最良の分類法とは個々の必要性にもっともよく応えてくれる分類法のことである、と。これまで述べてきたわれわれの分類法はわれわれの役には立ってくれるが、それはあくまで精神医療の専門家の立場からである。あらゆるストーカーを診察し治療する精神医療の専門家ではあっても、法執行の権限はいっさいない。法廷と関わるにしても治療方針にまつわるアドバイザーとしての関わりであり、法的権限が与えられることはない。

ストーカーとその行為、動機、悲劇因子についての知識と経験が増せば増すほど、それを分類する視点もストーキングという現象の実際により立脚したものになるだろう。それまでは、大まかな差異の分析、類型、分類に似た何かがさまざまに共存し、われこそは最善の分類法であるという主張を繰り返すことになるだろう。

5 拒絶型と憎悪型のストーカー

拒絶型ストーカー

臨床家から見た特徴

ストーキングはいつ、いかなるときに発生するのだろう。それは親しかった仲が壊れたときがもっとも多い。多くの場合、拒絶されたパートナーがストーカーに豹変するのは、一方が関係をストップさせた後か、もうこれまでという意志をはっきり告げた後である。ストーキングの目的は何よりも、よりを戻したい一心か、断られた腹いせなのである。実際、ストーカーは、まず例外なくこのいずれかの目的を達成しようとする。どちらを優先させるかは、状況や元パートナーの反応次第だ。最悪の場合、ストーキングに発展してしまう間柄というのは、普通、性的に親しい関係にあったもの同士である。ところが拒絶型パートナーの場合、

みずからの感情をつぎ込んできた関係が破綻したことをきっかけにストーキングに走る率も高い。筆者らの経験から言っても、親友、親子、長年にわたる同僚やビジネス・パートナー、はてはセラピストと患者《クライアント》の関係にすきま風が吹いたのをきっかけにストーキングが始まるケースが認められた。その際に鍵となるのは、一方的に関係を絶たれた結果、自分の権利なり特典が侵害されたとストーカー本人が感じたこと。それと同時に、程度の多少はあれ大切な関係が終わってしまったという喪失感、これらの要因が絡まり合ったことである。断られたことへの憤りは、往々にしてフェアではない、断り方が気にくわないといった相手への憤懣でさらに増幅される。去っていった相手は自分にとってかけがえのない存在だったとストーカーが思い込んだとき、喪失感は強烈なものになる。

拒絶型のストーカーはとりわけしつこく、度はずれた存在になりがちである。ひとたび緒につくと、そのハラスメントのパタンを変えることは実に困難である。しかも、この男たち女たちはなぜこうもしつこく元パートナーをつけ回すのか、必ずしも明らかではない。よりを戻したい、関係を修復したいと言い張ってみても、面と向かって指摘されれば、たいていは度はずれた追っかけをしても元パートナーが戻ってくるはずがないと認める。にもかかわらず引き下がることはしない。ある意味で仕返しを（彼らは正義と思っている）目論むものは、かつてのパートナーがどれほど怖がっているか、関係がいかなる地獄と化してしまったかという事実に夢中なのだ。パートナーとしての関係を清算することはしないくせに、本懐を遂げる機会を奪われた厄介者という自覚はある。実際問題として、ストーキングは、行為者と被害者の双方を断った関係の罠にとらえるものだ。よりを戻したい希望を捨てきれないストーカーにとって、ハラスメントは少なくとも失われたパートナーとつながっているという気分にしてくれる。憎悪と執念の虜となった拒絶型のストーカーにとってストーキングは、いかに憤懣の虜となっていても、みずからがなお絡め取られている関係を少しでもつなぎ止めておくための便法なのだ。ストーキングはある意味で関係の継続であり、それを失うことはあまりにも苦痛だからこそ未消化の感情や欲望によってそこにつなぎ止められてしまうのである。そうした感情や欲望はみずからの矛盾した気持ちによってなおのこと強まっている。

拒絶型はほとんどが男性である。われわれの研究でもこの型のストーカーのほぼ九十％が男性だった。疫学的に見ても元パートナーにつけ回される被害者のほとんどが男性ストーカーにつきまとわれる女性ということである（二章を参照のこと）。

それ以外の分類法との関連

メロイ（一九九九）はストーカーより年の若い女性こそ「典型的なストーカー被害者である」とした。とりわけストーカーとかつて性的な関係にあった女性だ。ゾーナら（一九九三、一九九八）による単純な妄想類型でも、かつて性関係にあった女性に拒絶された男性はある程度この拒絶型の類型にあてはまるという。それと同様に、被害者から元パートナーと認められているタイプも拒絶型と重複する部分は多い。唯一の例外は、性的なつながりのなかった相手や友人、家族をストーキングするケースである。ミューレンら（一九九九）は、この拒絶型の中、仲違いした実の母親をストーキングした二人、性関係はなかったものの親密だった相手をつけ回した六人、ストーカーとおなじ職場で働いていた同僚を被害者にした三人を含めている。

拒絶型には依存傾向、ナルシスト傾向の強い人格障害のケースも多数含まれる。また嫉妬深く懐疑的で偏執症と診断されたケースも、この拒絶型ストーカーに多く見ることができる。

拒絶型ストーカーの多くはメロイ（一九九二。メロイとゴタール、一九九五）のいう妄想にとらわれたつけ回しの変種《ヴァリアント》といえる。妄想にとらわれたつけ回しとはメロイ（一九九九、八十八頁）によると社会から疎外され性格学的にはナルシストと分類される個人のこと。こうした類型の場合「拒絶が恥ないし侮辱ととらえられ……それが一気に、コフートのいう自我対象またカーンバーグのいう役割対象への激怒——単なる怒りではなく——に駆られた防御へと一転する」。いったん拒絶されるとそうした個人は捨てられた感情を相手への激怒や低評価で補償しようとする、とメロイ（一九九九、八十九頁）は、主張する。これはひいては「対象をつけ回し、脅し、傷つけ、思いのままにし、ダメージを与え、破壊する動機ともなる」。メロイ（一九九八a、一九九九）によると、ストーキングのもっとも忌まわしい点は、攻撃的かつ破壊的なつけ回しが権利や正義という自己中心的なファンタジーによって正当化されるところにある。

性格的な特徴

拒絶型ストーカーの多くは確かにナルシスト的傾向を有しているが、メロイ（一九九八a）が妄想型つけ回し（メロイ、一九九八a）で述べたほど「はびこっている」わけではない。一つ、目を見張るような実例をご紹介しよう。

ある男性のケースで、この男性はかつてほんの数週間、性関係のあった若い女性に電話を繰り返し、つけ回しを行った。問診の席に姿を見せたこの男性は被害女性がいかに醜く、低能で、服のセンスも悪く、機知も魅力もないかについて執拗に説明し続けた。そうも魅力に欠けるご婦人をなぜわざわざつけ回すのかと訊かれて、彼は言った。女が自分をふったからだし二人はよりを戻すべきだとこっちで決めたからだ、と。インタビュアーが当惑したような表情を見せると、彼はなおも説明した。あいつみたいな女が自分みたいな男と出歩かないのは当然だ、俺はよりを戻して、今度はこっちからあいつをふるのだ、と。

相手から一方的にさよならを言われたときに生ずる侮辱感は、なにも正真正銘のナルシストの専売特許ではない。別れが忌々しいのは、拒絶された側の思惑がはずれたからばかりではなく、あからさまに侮辱されたと感じられるからだ。南ヨーロッパの昔ながらの家系出身の若い女性の場合。彼女は一時、文化的には正反対のバックグラウンドを有するやや年輩の男性と婚約していた。婚約を解消したのは彼のほうで、二人の価値観や夢があまりに離れすぎていて永遠の関係を結べそうにない、というのがその理由であった。彼にとってこの決断は、きちんとしたやりとりを通してできる限り紳士的に下した合理的なものであった。ところが彼女のほうからすると、家族や友人の前で公然と侮辱されたも同然だった。さらにまた、二人はすでに抜き差しならぬ関係にあったと彼女と彼女の家族が見ていたことも問題であった。今さらなかったことにして欲しいでは済まされない。彼女はこの元婚約者を数カ月にわたりつけ回した。初めは嘆願、哀願の態だったが、徐々に忌々しい気持ちが高ずるようになった。その気持ちを抑えられなくなった彼女はため込んだ憤怒を破裂させたのである。女は彼のアパートをめちゃめちゃにし、車をスクラップにし、仕事をできなくし、公然と彼を困らせる振舞いに出た。筆者らのクリニックに来院した際の彼女は見るからに決然とした様子で、自尊心にやや傷を負ってはいたが、社会との接触も保っており、自己の価値や能力を過大評価する傾きがあったわけでもない。ただこの男をつけ回すという目的のみが彼女を突き動かしていた。「絶対に彼を取り戻してみせる」と彼女は決意した。自分に与えた恥辱の代償を払ってもらうと彼女は決意した。最終的に、法的制裁がさしせまったことによる恐怖が彼女を引き留まらせた。加えて、元恋人が涙にくれる姿を見たことである。がらくたになってしまった宝物、MGのスポーツカーを彼はじっと見つめていた。

われわれの出会った拒絶型ストーカーの素顔はというとナルシストよりむしろ過剰依存タイプが多い。このタイプは大まかにいって世渡り下手で、結果として社会や周囲とのつながりを欠いている。こうした人々は通常、希望、期待といったものの一切合財を恋愛関係の中に求めようとする。ところがこうした人々は親密な関係はおろか、いかなる人間関係も容易に築けないのである。実際、彼らはこういった不安をしばしば口にする、これが親しくなるための最後で唯一のチャンスかもしれない、と。それだけに拒絶されたときの反応は、恥辱、怒りといったもの以上に、仰天、絶望といったものに近い。そんな彼らにとって面と向かって恥をかかされてもいい相手は、一人パートナーのみなのだ。ストーキングに手を染めたばかりの頃は、仲直りを求めてくどくど言いたてたり、鼾《ひび》など入ってもいないというふうによりを戻したい一心の行動に出たりの繰返しである。ある患者など、元パートナーの女性の職場まで押しかけては、彼女を家まで車で送り届けようとした。この男性は社交やスポーツの場にもしょっちゅう顔を出し彼女をエスコートしようとしたのである。ちょうど以前そうしていたように。彼は自分でも認めていたことだが、別れを言わなかったことにして欲しかったのだ。こういった振舞いは、哀れを誘うことはあっても、とどのつまり断固とした中止命令を元パートナーからもらうだけである。こうして繰返し拒絶されれば、いかに過剰依存気味の元パートナーといえども意気阻喪してしまう（その場合、ストーキングは終わりを告げる）か、怒りに油を注ぐか、いずれかである。次は、そのあたりの状況がよく分かる一例である。

事例

Ｐ夫人は治安判事からの紹介で当クリニックに来院した。裁判所の禁止命令にそむいて有罪判決を受けたのである。三十九歳で秘書をしていたＰ夫人は銀行家の夫から十二カ月前に持ち出された離婚話を承服することができなかった。夫の職場やアパートにまで押しかけては、考え直して欲しいと嘆願した。Ｐ氏は頑としてその申し出を受けなかった。夫の予想通り、夫人は、「ついに夫の決心を受け入れる」ことはなかった。実際のところ、もう自分たちは終わりだ、二人は結婚すべきではなかった、と告げても、夫人の怒りに油をそそいだだけだった。夫人はＰ氏の携帯電話や職場の内線に日に二十回以上も電話をかけてくるようになった。オフィスや自宅へ手紙をよこし、銀行の敷地に居座ることもしばしばだった。あるときは涙ながらに戻って欲しいと訴え、あるときは怒りにまかせて相手を非難し、またあるときは友人や同僚や顧客の目の前で夫をなじった。Ｐ夫人は夫を四六時中つけ回して仕事を失った。夫に金を無心しては、夫は妻をあくまでもサポートするべきだと主張した。サポートの中には、彼女の車の洗車代、請求書の全額支払いも含まれていた。

そんな状態が十カ月も続き、失職の危機に見舞われたＰ氏は救済を求めて裁判所による禁止命令を受け取ったのである。Ｐ夫人はカンカンになり、命令そのものの無効を訴えた。彼女は連絡一つ入れずに訪問し、手紙や電話をよこし、アパートの外に車を停めて車内から夫を監視し、顔を見せるや口汚くののしった。Ｐ氏は、なんとかして妻を説得しようと努め、先々反目が残らないようにと努力した。これまでの誠実さが通じなかったこともあった。一方では申し訳ないという気持ちもあり、妻をこれ以上傷つけることを望んでいなかった。

ある晩のこと。仕事から帰宅したP氏は前庭の窓からレンガが投げ込まれているのを発見した。彼は動転し警察に対して裁判所命令違反と私物破損の訴えをした。彼によるP夫人評は、自尊心に乏しく疑り深い、いまだ大人になりきっていない女、というものだった。

何度か裁判所に出頭し、職場の外でP氏に実力行使に出た後、P夫人は精神鑑定のためクリニックに送られてきた。それ以外の点では順法精神に問題のない被告を拘留するのを憚った治安判事は、精神鑑定と治療を受けるのと引き換えに、彼女を地域の自由裁量にゆだねることにしたのだ。患者としては実に強情な患者であった。精神科医が必要なのは自分より夫のほうと言い張り、あくまで自分のところに戻るよう夫を説得して欲しいと主張した。自分はカトリックの大家族のもと、三人の姉とともに育てられた、姉たちはみな幸せな結婚をしてそれぞれの家庭を築き上げている、と生育歴を披露した。自分のことは常々不細工な妹と考えてきた。友人の紹介で今の夫と知り合ったとき、彼が自分に興味を抱いたような気がした。そんなこともあって「彼がイエスと言うまで追っかけたのです。そのうち一緒に出歩くようになりました」。これを逃したら幸せな結婚生活も子どもも一生手に入れられない、そう思ったP夫人はP氏に結婚を決意させようと涙ぐましい努力をする。二年後、彼は降伏したのだった。

後日面談に応じたP夫人の両親は、娘が連れてきたパートナーに当初不安をおぼえたことをこう打ち明けてくれた。責任感が希薄で「ちょっと女たらし」のような感じがした、と。「あんなに不幸そうに見えた花婿は見たことがありません」と彼のことを表現した。結婚式の写真を見ればそれは確かなように見える。P夫人はというと、そんな親心にはお構いなしのようである。

P夫人には浮いた噂はなく、夫とつきあうまでは処女だった。みずから不細工というがその自己評価は主観的なもので、姉たちへの劣等感はむしろ太めの体重と、外見にかけるお金が足りないことがその原因だった。叔母として二人の姉たちの子どもを溺愛したが、「子どもを構い過ぎる」という理由で、一方の姉から子どもとの接触を制限されたことがある。P夫人には精神科への通院歴はない。母親は彼女のことを、粘り強く感受性のするどい子、家族にはやさしく、熱心なカトリック教徒だった、と述べた。夫との仲が壊れてからは家族の祝い事にも顔を出さないようになった。

夫がエスコートしてくれないから、というのがその理由である。友人や家族から夫の名字を省いた招待状やカードが送られてくると激怒した。

初めての問診のときから、P夫人はしばしば涙を流した。怒りにまかせて夫をなじったと思うと、彼こそ理想の夫と言ったりもした。「ゼロからスタートすることですな」などという意見にはいっさい耳を貸さず、自分と結婚してくれた彼とあくまで添い遂げたいと言い張った。ほかの男とつきあうことなど思いもおよばなかった。内心ほかの男を惹きつけるだけの魅力がないと不安がっていただけに（別の誰かと家庭を築くには）「時間が足りない」と思い込んでいた。それと同時に、カトリックでもある彼女は、離婚という事実を受け入れることを拒否し、夫婦の契りは永遠のものであると主張した。相手が心変わりをした場合、その相手にもプライバシーを守る権利、ハラスメントから自由である権利がある、と言われても聞き入れず、法律的に自分の夫である男を追い回すのを邪魔する法律など知ったことではない、と言った。宣誓を破り教会の教えにそむいたP氏のほうこそ罪を自覚すべきであると言った。夫と別れるくらいなら人生にピリオドを打つとまでほのめかしたが、その時点で抑鬱障害のきざしはなく、しかも本人も認めているように宗教上自殺を考えることは考えられなかった。夫に危害を加える恐れがあるのではと指摘されると色をなし、彼がどんなガールフレンドと将来つきあおうと暴力をふるう気などないと断言した（内心の不安を指摘しただけだったが）。もっとも、二人の乗る車のタイヤをずたずたにしても構わないと思っていた。

定期的な問診がP夫人のスケジュールにあわせてセットされた。P氏との結婚、彼女の自己イメージ、将来の希望について、その凝り固まった柔軟性のない信念を剝ぐ作業が始まった。加えて、裁判所の禁止命令を無視すれば法的制裁措置がとられることも繰返し強調された。残念ながら、ストーキング行為が少しおさまったと思った矢先、禁止命令にはもうしたがわないと言い出した。彼だけが法律の恩恵を受けている、自分のもとに戻るか、禁止命令を解くか、どちらも彼次第というのがその理由だった。さらにまた残念なことに、P氏のほうも一連の事件について若干の〝関わり〟があった。会って欲しいという要求に譲歩する意向があったこと、仕事場へかかってきた電話にしばしば応えてもいること。彼からすると、理由をはっきり告げてこれ以上アプローチさせないための当然の対応であった。一方、それがかえって接触のきっかけとなり、夫への依頼心に火をつけ、いずれ和解できるかもという希望を持たせることにもなった。さらに、禁止命令を行使するにあたってのP氏の態度も一定しなかった。あるときは彼を訪ねて抱擁されたと思うと、あるときは俺のものに勝手に触るなと怒鳴られ、逮捕される。彼女は当惑し、怒りに駆られた。一つ一つの局面において態度が一定しないことで事態は複雑になり、警察も彼女を検束することをためらった。警察に引っぱられたときも好みの銘柄のタバコを与え警官とのおしゃべりを許しと、ルールを曲げた。妻の立場に同情的で、夫の行状を非難する雰囲気もあったのだろう、警察は彼女の違法行為の結果は結果として彼女をかばい、あくまで彼を困らせようとする彼女をなだめようとした。

関係が壊れて十八カ月後、P氏は離婚を申し立てた。夫人はこれを断固としてはね除けたが、家裁へはしばしば出廷し、P氏と弁護団、裁判長を口汚くののしった。実際のところ、離婚の紙切れなんかに意味はない、そんなものは認めるものかと叫びながら、彼女は法廷から引きずり出されたのである。数週間後、治安判事法廷に今度はストーキング事件の申し立てをするために姿を現した際には、治安判事に猛然とかみついた。判事はP氏を「元夫」、P夫人を「ミズP」と呼んだのだ。立腹した判事は、彼女に禁固一カ月を言い渡した。

監獄での体験は警察の監房とはひどく違うものだった。彼女はほかの収監者にいじめられ、刑務官は警察官ほど同情的でないことを知った。タバコを求めても、もらえないことも多く、たとえもらえても、目こぼし料を要求されることがしばしばだった。自分をこんな目に遭わせたP氏を憎んだが、事ここにいたり、これ以上の懲罰を避けるもどうするも自分次第であることも分かるようになった。彼女は刑務所付の教誨師《かい》と定期的に話すようになった。教誨師は離婚が最終決定であることを言い含めた。釈放されるや、夫人は教会が運営する女性用の宿泊施設に移り、有給の慈善事業に携わることになった。

同時に自分から進んで専門家の治療も受けるようになった。いまだにくすぶっていた元夫に対する憎悪はやがて弱まり、破壊衝動が顔を覗かせることはなくなった。原判決が破棄されたことでメンツも立った彼女は「スパイみたいな真似はもうしない」と約束した。たとえ彼の側にも収監されトラウマに苦しむ彼女を救わなかったという過ちがあったにせよ。彼の住む通りをさして車を走らせ、その暮らしぶりをうかがうことがあるとは認めたものの、それ以外に裁判所による禁止命令を破ることはなかった。時が経ち、彼女の自信が目に見えて回復すると、それは仕事に打ち込んだことによるのだけれど、夫人はある男性とデートをするようになった。慈善事業の仕事を通じて知り合った男性である。彼女はみずからの依存傾向と正面から向き合い、過去の失敗を繰り返すまいと努力した。新しいボーイフレンドも、どちらかと言えば未成熟なタイプだったが、彼女のストーキング傾向を理解した上で、諍いが起こるや彼女を治療へ連れていった。最近夫人は、共通の友人を通して、元夫がある女性と暮らしていると聞かされた。どうやら夫人の知人らしい。「お似合いだわ」と彼女は思う。Ｐ氏（目下婚約中）は以前住んでいたアパートを引き払ったが、元妻は彼の引っ越し先にはなんの関心も示さなかった。

嫉妬

拒絶型ストーカーにとって、嫉妬と独占欲は、もっともよく見られる特徴である。当然のことながら、嫉妬と独占欲は関係が始まった当初から見え隠れし、深まってから先も中心課題であり続ける。拒絶型ストーカーの多くは、みずからが嫉妬深いこと、いざ別れが訪れるにいたって、その嫉妬深さが仲をこじれさせた原因であったことを認めている。元パートナーからストーキングされている被害者の多くは、仲が良かった頃から、厳しく問い詰められたり、非難されたり、疑いの目で見られたり、といった経験を有しているものだ。事実、被害者の中には関係が破綻する前から嫉妬深いパートナーのストーキングを受けていたものも少なくない。人が嫉妬するのは、関係にひびが入るかもしれないと恐怖する状況においてである（ホワイトとミューレン、一九八九）。しかし、相手を失うことの痛み、希望が挫かれるという恐怖ばかりではない。それは壊れかけた関係を何とかつなぎ止めようとする叫びでもある（ミューレン、一九九〇、一九九一）。嫉妬の唯一の利点とは、もっとも想像力の乏しい男にあってもそれが相手への関心を呼び覚ますことにある、と言ったのはプルースト（一九八〇／一九一三〜二二）だった。ふくらんだ関心、その突然の破裂、それがけれど疑惑を持たれた相手から理解の目で見られることはまずない。

別れた後も人を悩ませ続ける嫉妬はストーキングを生み出す格好の土壌である。二人の関係ばかりではない。嫉妬は自分への忠誠すら要求する権利があると絶え間なしに主張するのである。それが無害なのは、対象への強い詮索、押しつけがましい関心が欠けている場合のみである（ラガシェ、一九四七、タレンバック、一九七四）。嫉妬は、ストーキングそのものとおなじように、相手へ介入することによって何かを求め、ファンタジーの虜になることによって、相手と関わりその関係を維持しようとする試みである（ミューレン、一九九〇）。それはまた独善そのものでもある。忠誠に対する罪、他人のあり得べからざる性欲の犠牲になったと言い張ることでなされた独善そのもの。自分には相手を追いかける権利があると言い張る独りよがり、嫉妬が生み出すそうした独善は、ストーカーの内部にあってある種の確信に変わる。ハラスメントされて当たり前だ、と。

ストーキングのような人間行動の一断面は、すでに見てきたとおり、ありとあらゆる精神状態が状況の中でさまざまに絡み合ったことの行きつく先といえる。筆者らの経験でいうと、拒絶型ストーカーはメロイが提唱したように（一九九九）、妄想型ストーカーの心理学的プロファイルとは対照的に、ひ弱で依存心が強く、失われた関係に必死でしがみつこうとする人間のことである。それと同時に筆者らは所有欲と嫉妬心が強いタイプにもお目にかかったことがある。そういった人々は、ことが異性関係である限り、別れがいっさいの終わりであることを頑として認めようとしない。たいていの場合、彼らにとってストーキングとはあり得べからざる状況から発生した止むに止まれぬ逸脱行為のことであり、ストーカーにとって、そうした状況はストーキング行為を挑発するもの、それだけにみずからの行為は正当である、と映るものなのだ。恐らくそこには、所有欲や嫉妬や強い依存心を満足させてもらった歴史が、もしくはパートナーの要求や感情への鈍感さが、家庭内暴力そのものがあるのだろう。これまでの互いのつきあいの中から現在のストーキングをうなずかせるような話が聞けることは稀である。けれど、ストーキングは実らなかった関係をなんとか修復させようとする試みである、とはいえる。そうした「常習性のストーカー」には自己愛的な傾向がままあり、拒絶に遭うと激怒することもしばしばだ。以下は、そんな「常習性ストーカー」の事例である。

事例

T氏は判決に先立っての精神鑑定のため裁判所から紹介されてきた。かつて婚約していた相手をストーキングしたかどで有罪を宣告されたのである。T氏は四十二歳になるコンピュータ会社の営業マンで、彼にはストーキングによって関係が壊れた前例がいくつもあった。

高校生だった十七歳当時、T氏はクラス一の美少女とデートしたが、「彼女とは上手くいかなかった。なぜって、私にはそっちの経験があったのに、彼女はそうではなかったから」。彼女は、セックスしようというT氏の誘いをきっぱりと断った（本当のことを言うと、彼もそのときが初体験だったようだ）。彼女にノーと言われてカッときたT氏は、その仕返しとばかり学校中に噂をばらまいた。あの娘は尻軽だと。噂だけにとどまらず、ある日夜更けて、彼女の両親宅に五台のタクシーとピザの宅配便をさしむけたのである。

それから数年はT氏の女性関係は長続きしなかった。大学の秋学期になると、自分はクラスメートよりよほど知識がある、とうそぶいてコンピュータ・サイエンスのコースを退学した。父親の働く印刷会社でアルバイトをするようになったが、仕事が肌に合わずに父親と口論ばかりしていた。野心がないといって彼は長いこと父親を軽く扱っていたのだ。叔父に口をきいてもらい彼の経営する中古車会社の販売員になってほどなく、T氏は秘書とつきあい始めた。彼によると、この秘書はとても魅力的で、ほかの男たちが彼女を見る目つきがやたら嫉妬をかき立てたという。彼はますます長い時間を彼女と過ごすようになり、自分をさし置いて出歩くことを禁じ、そしてつきあい始めて三カ月ほど経ったある日、彼女にプロポーズした。彼の話によると、彼女は「良妻になるタイプで、かわいい子どもを産んでくれそう」と思った。その返事はノーだったが、二人はそれから何カ月かは会ったり会わなかったりを繰り返し、やがてあの忌しい対決の日がやってきた――またも自分になびいてきた彼女に、かつてのボーイフレンドが、もうTと会うのは止めるように迫ったのだ。いきり立ったT氏は彼女に匿名の脅迫電話をかけまくった。怒りは二人の職場にまでおよび、T氏は彼女を無理矢理退職させようとした。あるときなど、彼女を体ごとファイル・キャビネットに押しつけたが、社長――T氏の叔父――は彼女の言い分に耳を貸さなかった。それでも叔父は、オフィスの「和を乱した」として、ほどなくT氏をクビにしたのである。代わりに入ってきた秘書がT氏をセクシュアル・ハラスメントで告発したのが大きかった。

二十七歳のとき、T氏はまたも父親の会社で働くようになり、二十二歳になるお客の女性と親しくなった。彼女は最初のうちはデートの誘いを拒んでいたが、花束をよこし、特製のロマンティックなカードを送りつけてくる彼にほだされたのだ。アプローチは「完璧」

だったと彼はいう。もっとも、嫉妬と相手の女性を支配せずにはおれないT氏の行動が見え隠れしたのは、おなじだったが。一年後、カップルは結婚した。女性の両親の願いもむなしく。両親はT氏を「傲慢で薄っぺら」と見なしていた。二人の結婚はたちまちにして暗礁に乗り上げることになる。T氏は、家計が苦しいにもかかわらず、デパートの美容品売場で働きたいという妻の頼みを頑としてはねのけた。彼を苛々させたことに、妻は彼が男友達と外出したり、酒を飲んだり、「ヌードショー」やギャンブルに出かけたりすることに口を出すようになった。彼は外出の回数を増やして妻を怒らせた。ある日、彼は妻が経口避妊薬を服用していることに気がついた。一日も早く子どもが欲しいと、あれほど強く願っていたのに。口論また口論の日々となり、彼女を窒息させる寸前までいった。彼女は実家へと逃げ出し、彼女の両親が警察に通報した。T氏は暴力におよんだことを否定し、罰金もなく放免された。数年後、われわれのクリニックに送られてきたときも、自分の振舞いについてきわめてあけすけだった。ああいった状況なら夫側の行為は正当化されると考えていたのだ（「いいかい、あいつは嘘をついたんだ。それでは結婚も何も、あったもんじゃない……」）。

和解を求めて実家を何回訪れても、T氏の妻に戻る気はなかった。花束、カード、彼女への変わらぬ愛を訴える長い手紙を妻にあてて送ってみた。時には実家のそばに車を停めて中をうかがうこともあった。一度などカンカンに怒った義理の父に追いかけられたこともあった。T夫人は裁判所の禁止命令を取るように勧められた。独りよがりの憤慨に駆られた暴力夫につきまとわれている、と。彼は夜通し電話をかけてよこし、義父が出ると切り、いやいや妻が出ると罵詈雑言を浴びせかけた。行為は日に日に執念深いものになった。義父の家のフェンスにスプレーで悪意に満ちた文句を吹きつけた。心変わりした妻の性的嗜好をあばきたてるビラを印刷して近所中にばらまいた。義父の車の燃料系統をズタズタにし、妻の車のタイヤをスクリュー・ドライバーでパンクさせた。洗濯物を物干し綱からはぎ取って堆肥桶に投げ捨てることまでした。ついにT氏の嫌がらせは警戒をしていた隣人が写真に撮るところまでいき、彼は、不法侵入、器物破損、殺人の脅迫、遠距離通信手段の悪用、禁止命令違反、等々の罪名で告訴された（当時、ストーキングという罪名はなかった）。有罪判決を勝ち取ったことでT氏の行動は著しく制限されることになった。二人は離婚した。その結果さらに激しく接触しようと試みたが、治安判事の元に出頭してきた際、禁固刑をちらつかされ、ようやくストーキングは終息したのである。

それから一年、T氏はコンピュータのソフトウェア会社で働くようになった。その直後、会社側には知られなかったとはいえ、彼はナイトクラブのホステスに変態行為をしたかどで有罪となった。しつこくデートに誘ったあげくその胸をわしづかみにしたのだ。精神鑑定を受けるという条件と引き換えに、彼は「地域限定の」禁止命令を受けた。臨床心理学者の見立てによると、彼は「ナルシスト傾向があり、反社会的人格、強い女性不信と他人の権利への無理解」があるとされた。カウンセリングを受けるよう勧められたが応じず、勧告は実施されなかった。おそらく彼の禁止命令を監督した（女性）矯正官が、話し合っても無駄と判断したのだろう。

T氏は地域限定の禁止命令の期間中にも顧客の一人と親しくなった。衣料品のバイヤーである。やはり離婚経験者で、初めのころは、まだ新しい恋を始める気持ちになれないといって彼の誘いを避けていた。そういった言い訳には慣れっこだったT氏は、「とりあえずコーヒーでも」と彼女を誘い、彼女は、少し躊躇ったものの結局はこれを受け入れた。何度かコーヒー・デートを繰り返し、いろいろな場所に出歩くようになって、やがてごく親しい関係に落ちた。二人のつきあいのパタンはこれまでのものとそっくりおなじ経過をたどる。八カ月ほどつきあった後、彼女はプロポーズを受け入れたのである。けれど彼女は、婚約期間を少し長めに持ちたいと主張した。そうこうするうちT氏の支配欲、所有欲が日を追って見え隠れするようになってきた。フィアンセのほうから婚約を解消したいと持ちかけても、T氏は、お前の評判もキャリアもめちゃくちゃにしてやる、と首をたてに振らなかった。脅迫めいたメッセージを電子メールで送りつけ、彼女の性的なだらしなさ、不正直をでっち上げるファクスを彼女の職場にまで送信した。ファクスは、予想通り、かなりの数のスタッフの目に触れたのである。ある日のこと、T氏は彼女のアパートを訪ね、部屋の中で「話をしよう」じゃないかと要求した。嫌々ながらそれに応じたのも、彼が隣近所に聞こえんばかりの怒鳴り声や叫び声を上げていたからだ。入ると、彼は彼女をキッチンの流しに押しつけ、胸にしがみつき、無理矢理キスしようとした。大声を上げて男に警告を発し、アパートの住人に知らせようとすると、ドア越しに誰かがやってくる音がした。激怒して、T氏はすぐに立ち去った。また来ると言い残して。女性は鍵を変え、完全警護のドアに付け替え、警報機を取り付け、警察に連絡した。すでに地域限定の禁止命令が出され、それに応じたハラスメント事件の調書があるにもかかわらず、警察がしてくれたのは、裁判所に出向いて禁止命令を取るようにとアドバイスしてくれたことだけだった。

二週間にわたり、おびただしい数の無言電話がかかってきた。一時的保護命令が認められる直前に、T氏の弁護士から被害者のもとへ手紙が送られてきた。クライアントであるT氏に一万ドルを返却するように要求する手紙である。この明らかに不当な申し出に対して、女性は弁護士の法的助言を求めた。T氏側がもっともらしい理由をでっち上げて、さらなる行動を起こしはしまいかと気が気ではなかった。本当のことを言うと、被害者に金銭的な借りがあったのはT氏のほうであった（彼は今なお彼女のアンティーク家具を使っていた）。やがて訴えは取り下げられたが、それも、彼女が弁護士費用として数千ドルを徴収されたのを見届けた後のことだった。

裁判所が禁止命令を出してからこっち、T氏はファクスや電子メールを送りつけるのは止め、無言電話も盗聴されているのに気付いて影を潜めたものの、相も変わらず彼女の自宅付近をうろつき、車の後をつけるのを止めなかった。被害者はストーカーの写真を隣近所に配り、見かけたら警察に通報して欲しいと訴えた。事態がピークに達したのはT氏の逮捕劇の最中のことである。その晩、T氏は近くの公衆電話から女性の自宅へピザの宅配を頼んでいたのだ。この時点で彼はストーキングの罪に問われた。筆者らのクリニックで行った判決前の精神鑑定では、T氏は精神病の兆候は認められないものの顕著なナルシスト傾向のある人格障害である、という結論が裏づけられた。当然のことながら、T氏はなかなか扱いの難しい患者であった。治療にあたっている最中も怒りっぽく、権利意識が旺盛で、独りよがりな性質は変わらなかった。そうは言っても執念深くストーキングを続ければどんな結果が待っているかについては、認識することはできた。

元フィアンセはまた一つ妙な事件が起きている（彼女宛の手紙が郵便受けから盗まれ、前庭にばらまかれた件）と連絡してきたが、T氏は、それは自分の仕業ではないと否定し、ハラスメントは終息した。五カ月後、T氏は会社の命令で別の州にある支社に転勤した。

同様に精神科の治療を受けるようにと勧められたが、彼はこれを断った。

拒絶型ストーカーは、元パートナーをつけ回す際、脅迫や暴行にもっとも出やすいタイプである。一つには、そうしたストーカーは、苛立ちがつのり反撃に遭うと、脅迫や暴力にもっとも訴えやすいタイプの人々である点がある。元パートナーをつけ回す人の人間関係を見てみると、一般化はできないものの、家庭内暴力歴を有しているのも珍しいことではない。攻撃性はまた激しい嫉妬によって強まるものである。嫉妬こそ暴力と直に結びつくことで知られた悪感情だ（シェパード、一九六一。ミューレン、一九九七）。また、拒絶型のストーキングはストーカーと被害者とがコンタクトを持ち続けることで発生することがしばしばある。仲が破綻したときの力関係、別れるにいたった経緯、それが元パートナーを密なるコンタクトへと引きずり込むわけだ。罪悪感など複雑な感情ゆえに、被害者は、元パートナーと会って話すことがストーカーの慰めになるのではないかと思うようになる。生活スタイルのせいで、元パートナーとレジャーや仕事場がおなじだったり、友人、知人を共有している場合も多い。なじみの友人、知人、大切なつながりの一切合財を捨てる覚悟がなければ、被害者が拒絶されたパートナーと再会してしまう危険性は高いのだ。近い距離に住み、顔を合わせる機会が多ければ多いだけ、暴力へとエスカレートするリスクも大きくなる。最後に一つ。拒絶型のストーカーは独りよがりと度を超した権利意識にとらわれているものだ。この二つの傾向はともに脅迫や暴力へとつながる行動に転化しかねない心的傾向なのである。

拒絶型ストーカーの特徴とその対策

ミューレンほか（一九九九）によると、拒絶型ストーカーは他のどのタイプのストーカーよりも多彩なストーキング行為に走るという。電話、手紙、尾行、徘徊、手口の限りを尽くして、対象に嫌がらせをしようとする。脅迫は、一連のストーカー行為の中で、拒絶型の実に七十％によってなされているとの報告もある。脅迫はその半数以上で暴力行為へと発展している。

拒絶型ストーカーの特徴

1　元パートナーを尾行する。
2　和解か、拒絶されたことへの強い復讐心か、その両方がない交ぜになった目的を有す。
3　ストーキングによって対象との関係を維持する。相手の苦痛、被害に対しては無頓着。

診断を下してみると、拒絶型はさながら雑嚢《ざつのう》のようにあらゆるタイプがいるが、その多くは精神病者というよりは人格障害の範疇に属している。嫉妬傾向を有する偏執症も少数ながらいる。それ以上によく見られるのが性格学でいうところの特異人格で、依存心が強い自己愛型で偏執症タイプも割合よく見られる。社会で生きていく上でのスキル不足、人脈不足は例外ではなくむしろ通例といえる。薬物中毒者の割合はほぼ三十％。その中にはアルコール中毒、幻覚剤中毒、あるいはその両方が含まれる。

拒絶型ストーカーはこれ以上ないほど神経症的、人格障害的であり、自分にとって何が利益になるかを計算することができない。元パートナーをつけ回して逮捕され、さらにまたその行為にしがみついて刑事犯への制裁措置等の代償を払うはめになって、ようやく思いとどまるものが大半だ。ストーキング行為へと逆戻りしてしまう現象は、完璧に予防するのは無理にせよ、経験上適切なカウンセリングとサポートによって、ある程度までなら減らすことができる。拒絶型ストーカーは苦悩し怒りに駆られた人たちである。それなりの社会的支援、定期的な接触がないまま、対象喪失という経験によってさらなる漂流へと押し出されてしまったのだ。最早戻る気のないパートナーを自由にするためにも、彼らには援助が必要である。相手を自由にしてあげる代わりの喪失感と、しかるべく折り合っていくことが彼らにはまま必要なのだ。そうした上で、社会との新しい関わり、願わくは第二の円滑な人間関係を獲得することが望ましい。円滑な人間関係を獲得するというのはなかなか困難な作業ではある。社会で生きていく上でのスキルを欠き、親しい関係を築く上で必要な信頼感を上手に表現できないなら、なおのことである。薬物中毒もそれが顕在化すれば、ストーキングに直結するか、ストーキングの動因となることがしばしばある。顕在化した場合、薬物中毒を管理することがストーキングにピリオドを打つためにも絶対必要である。

拒絶型ストーカーの中には、心の病をきっかけとして行為に走る者が少数ながらいる。先にも指摘したことだが、その障害ゆえにパートナーの忠誠に対する思い込み、幻想を沈殿させている場合が多い。強い嫉妬、思い込みから来る嫉妬を抑えるのはたやすくもなければ、問題もある。というのは、嫉妬とは、パートナーと別離したあともくすぶるものだから（嫉妬の管理については、ホワイトとミューレン、一九八九を参照のこと）。抑鬱障害について述べると、筆者らの経験したところでは目立つと言うほどではない。この手の拒絶型ストーカーは、いったん人目に触れてしまうと、つけ回しを止めてしまうものなのだ。みずから身を引くことで、関係が終わった現実と向き合うようになるのである。

憎悪型ストーカー

臨床的な特徴

主な動機として、被害者を怖がらせたい、悩ませたいという欲望から発生するストーキングがある。この型のストーカーが目的とするのは、血の復讐と言うべきであろう。みずからの関心の対象に凝縮して鬱屈している不満の感覚がその理由だ。こういったストーカーを表す用語を報復型ならぬ憎悪型としたのは恣意的な理由によるものではない。ハラスメントそれ自体が、彼らを怒らせた相手に復讐してやろうというストーカーの企てそのものに映るのだ。とはいえ、この手のストーカーを問診してみると、ほとんど例外なく自分は復讐者ではない、被害者だと述べる。これは正当防衛の一種であって、自分がしているのは敵への仕返しに他ならない、と。さらに言えばこの手のストーカーのほぼ全員が、ハラスメントの標的を選ぶにあたり、生涯にわたり自分に嫌がらせをなし、侮辱してきた相手と思い描いている。具体的に誰を標的に選ぶかとなると往々にして行き当たりばったりだが、たいていは以前ストーカーその人を侮辱した誰かということになる。ちょっとしたきっかけでストーカーの憎悪をかきたてたであろう上司や同僚、それは彼らのターゲットにうってつけの存在なのである。

もう一つ、ストーカーが広い意味で嫌悪の対象とするのは、むしろ企業やお偉いさん、あるいは「システム」そのものである。憎悪型のストーカーが自身より弱い者をいじめるのではなく、自分を抑圧してきた強大な力に目を剝く加害者ではなく、被害者を装うのは、こうした理由による。

侮辱を受けたお返しに、その相手に対して猛烈なハラスメントをしてのける個人に出くわすことがある。それはたいてい、悪意の電話、誹謗中傷の匿名書簡、つけ回しなどだが、行為が三日と続くことはまずない。怒髪天を衝くような復讐への情熱はたいてい、典型的な憎悪型ストーカーによる、しつこく計算づくのハラスメントとは見るからに異なるものなのだ。憎悪型はまた特定個人を狙いうちにする。復讐型となると専門家からストーカーと名指しされるほど長期間の行為におよぶことはないが、ではストーカーのかどで告発される可能性は皆無かとなると、そうではない。地域で調査した結果、被害者が、ストークされたと認定される場合もある。復讐型と憎悪型とはそれぞれオーバーラップしている。この両者を区別するのは骨が折れるし、無駄と感じられる読者もおられるだろう。ここでのわれわれの定義は、臨床体験のみならず理論的な作業にももとづいたものだ。憎悪型とは何かについての見方を少し変えれば、この手のストーカーを定義づける仮説が見えてくる場合もあるだろう。

憎悪型とは何か

英語で憎悪と言うと単に無礼にあったり侮辱された結果わき起こる憤りや悪感情のことである。憎悪resentmentはフランス語のルサンチマンressentimentがその語源（『オックスフォード英語辞典』による）。これは、繰返しや復帰を意味するラテン語の接頭辞reと、感じる、経験するという意味のsentireが一つになったものである（ルイスとショート、一八七九）。かつて受けた無礼に伴う感情やそのときの記憶に繰返し立ち帰る、そのときの思いを保つ、これが憎悪という感情がかもし出すパワーを理解する鍵である。

このルサンチマンについてシェーラー（一九六一／一九一〇）は瞠目すべき現象学的解釈を施している（彼はオーストリア人であったが、フランス語のほうを好んだ）。彼は報復と復讐と憎悪ressentimentの三つをそれぞれ別々の感情と考えたのだ。報復とは無礼を受けるやそれに対して即座に仕返しをすること。復讐とは無礼を働いた相手に計算づくで返礼すること。目には目をが、その目的である。復讐はすなわち、将来意趣返しをすることについて、イメージを途方もなくふくらませ確たる計画に集中していく思いである。一方憎悪とは、復讐と同様、即座に仕返しすることを抑制し、代わりに受けた侮辱に対して後に返礼しようとするもの。復讐とは異なり、ルサンチマンは、今そこにある無礼に触発されて記憶された不面目、無力感に繰返し立ち返ることである。はっきりとした仕返しの計画、イメージは徐々に、不当に扱われたという半ば曖昧な感情へと紛れていく。ルサンチマンはひとたび根を下ろすと、復讐とは異なり、何か特別な興奮の原因、それに伴う感情から、延々と続く侮辱のバリエーションへと分化していくのだ。

憎悪は、もっとも強迫的で永続的な感情の一つである。それはしばしばまるで射程を延ばすようにある種の気分を広げていく（ソロモン、一九七六）。ひとたびこの感情にとらわれると人はみずからを他人の悪意によってさいなまれた無辜《こ》の民と見なすようになる。特定の誰か、または団体を、みずからになされたありとあらゆる迫害の代理として選び取り、返礼しようとする。そのとき彼らは一〇〇％正しい行いをしていると思い込むのだ。憎悪は際限のない仕返しを要求する。なぜならそれは何か特定の行為への報復ではなく、積もり積もった侮辱、繰り返される強迫観念を追体験したことにより手に余るほど肥大化してしまった侮辱に対する報復であるから。復讐は何より相手に損害を与え挫折させることを目的とする。まず第一に、憎悪にとらわれた自身の力と自分は正しいという感覚を膨張させることが目的なのだ。それは抑圧のメタファーに姿を変えてしまった標的と相対する過程で深化するにいたった目的である。諦めの悪い報復目当てのストーキングは、ついこの間経験した侮辱によって生じた怒りがハラスメントの形を借りてなした、一瞬の爆発である。憎悪型のストーキングは、それとは異なり、人間の姿をした誰かを恐怖のどん底にたたき込んでやろうと目論んだ一連のハラスメント行為のことなのだ。ストーカーはその当事者にこれでもかと苦痛を与える。憎悪型のストーカーは特定の侮辱に対して、受けるに値する返礼を与えることに関心があるのではなく、自己に対して申し開き、行いを正当化した上で、返礼することに関心があるのだ。憎悪型のストーカーとは、まず冷淡でつれない世界への憎悪があり、それがストーキングを引き起こす、というタイプの人たちのことである。その憎悪はハラスメントへと形を変え、標的へ向かう。報復型や復讐型とはこの点で異なっている。この両者にあって怒りは標的のなした行為そのものをきっかけとし、おおむねそこに限定されるものだから。

事例

A氏は三十代前半。見たところ安定した家庭の出身なのだが、両親にはあまり手をかけられずに育てられた。子どもは子ども、親は親といった両親だったのだ。友人らしい友人もなく、親しくなっても長続きすることはなかった。職業生活においては評価されていたが、正社員として腰を落ち着けることはなかった。大学卒業後、短い勤めを何回か変えた後、A氏は代理店勤務へと流れ着いた。能力的にははっきりと都落ちの感のする職場であった。社会に認められず、仕事にも恵まれないことをA氏は他人への悪意、羨望に塗りかえた。疑り深く、傷つきやすい人物であった。かつて勤めた職場、かつて暮らした部屋の大家に対してありとあらゆる不平不満を抱いていた。自身の悲惨な状況と、周囲の人たちが分不相応な成功に恵まれることとの落差に、絶えずイライラしていた。

その日、ストーキングの発生にとっては決定的な日、A氏は大いに期待をつないでいた転職話がパーになったことを知った。ほどなくビジネス街をとぼとぼ歩いていると、若い女性がいきなり目の前に現れたと思うや、よけ損ねたA氏を残してあたふたと立ち去っていった。立ち止まりもせず、だらしなく舗道にしゃがみ込む彼に一瞥もくれずに、新型のBMWに飛び乗るや、女は消えた。きれいに着飾った若い女が文字通り彼を踏みつけて彼女の力と威光のシンボルを思い知らせてくれたこの一件は、世の中の一切合財に対する彼の憎悪を一瞬にして凝り固めた。後日彼は、もうたくさんだと腹が固まったのはあの瞬間だったと述べている。仕返ししなければならない。

A氏は近くのカフェに入りさっきの若い女性が戻ってくるのを待った。日が暮れて、彼は彼女の自宅まで後をつけた。それから何週間もかけて彼は彼女についてのありとあらゆる情報を収集した（すべてコンピュータ上に綿密にファイル化した）。やがて彼女はBMWのオーナーでもなければ、成功した若いビジネスウーマンでもないことが分かった。彼女は秘書だった。車は雇い主のものだった（不法駐車したボスが彼女にガレージまで運ばせたのだ）。金持ちでもなければ、権力者でもない。だが、八方手詰まりの象徴としてこの女性を選んだ選択がそのせいで変わることはなかった。彼はみずからの選択を彼女がふんだんに備えている美点を数え上げることで合理化した。ルックス、友人関係、仕事、安定した立場、等々。

A氏はこの若い女性に対するテロ行動をスタートした。それは逮捕されるまで一年以上も続いたのである。もっぱら武器の役割を果たしたのは電話だった。無数の無言電話、ハアハアいうあえぎ声、遠回しの脅し文句、「イキそうだ」「次はおまえだ」。彼は彼女の自宅に、携帯に、職場に、ランチをとっているカフェに、彼女が訪れた友人宅にまで電話をかけまくった。通話制限のある電話番号に変えても一日二日おさまっただけだった。何とか手を尽くして新しい番号を調べ上げたのだ。手紙も送りつけた。たいていは白紙だったが、新聞の死亡欄を同封したことも一度あった。

被害者はほとほと困り果てた。ようやく警察が動いてくれたのは彼女の勤め先がさんざんプレッシャーをかけてくれたからだ（法律事務所だった）。彼はついに有罪となったが、それはストーキングのかどでではなく（法律がまだ制定されていなかった）、電話の不正使用を規制する条項に違反したからだった。刑務所にいる間も彼は不平不満の種をあたりにまき散らした。自分のしたことは正しいと言い張り、刑務所を出たらまたつけ回してやると宣言し、直接殺人をほのめかす脅迫状を被害者に送りつけた。この事例について幸運だったのは、釈放される際、彼は精神科にかかることに同意し、以後被害者への嫌がらせがピタリとおさまった点である。とはいえ最後まで彼は自分こそ真の被害者と言い張り、逮捕され監獄にぶち込まれたのも世の中が悪いせいだと言い張っていた。

この事例は、憎悪型ストーカーが被害者をまったく恣意的に選択し、いかに自己表現するかということをはっきりと示している。これほどはっきりした経過をたどらない事例も多い。通常ストーカーは、侮辱された直後にハラスメントを開始し、いかにもそれらしいターゲットに狙いを絞る。ストーカーの行動がいかにお門違いで得手勝手に映ろうと、ストーキングは間違いなく執念深いものになる。

次の事例はA氏の事例とは異なり、憎悪型ストーキングのもう一つの側面について考えさせられる。これはターゲットとされた人がストーカーに対し相当のダメージを与えたことが分かる。もとより行動パタンは受け入れられるものではないが、理解することは可能だろう。逮捕されたとき、G氏は世間へのおさだまりの憎悪と敵意をあらわにしてみせた。これまでも彼はさまざまな団体、個人に対して、実に精力的に不平不満を述べてきた。次に示す実例は、そんなおさだまりの不平不満がもっともドラマティックな表れを見せた一例である。

事例

G氏は地域の矯正官に紹介されて来院した。三十四歳ながら病弱のため年金生活をしているG氏は、主治医のN医師（女医）を二年にわたってストーキングしていた。きっかけは妻の死で、これはN医師の責任であるとG氏は考えている。

G氏夫妻は、N医師の診察を五年以上にわたって受けてきた。N医師がG夫人に施した子宮頸癌測定検査の結果、異常が発見された。だがN医師は患者にその結果を知らせることができなかった。G氏夫妻は結果が出る前に引っ越してしまい、移転先の住所を残しておかなかったからだ。夫人がようやく別の医師のもとを訪れたときには子宮頸癌はかなりの程度まで進行しており、やがて彼女は病に倒れた。

G氏は打ちのめされた。当初は法的救済を求めたが、裁判所はN医師の過失を認めなかった。彼女はありとあらゆる努力を払いG夫人の転居先を探そうとしたのに夫人は助言されたとおり結果を訊くことを怠った、というのがその理由だ。州の医事課も調査に乗り出したが、結論は裁判所とおなじだった。カンカンになったG氏は裁判所と州医事課に対し「口裏合わせをした」と非難。専門職で社会的地位の高いN医師はそうでない自分たちと違って優遇されている、と主張した。あの女に「代償を払わせてやる」と彼は決意した。

G氏はN医師が開業する町へ舞い戻った。彼女の診療所に電話をかけまくり、不運な医師の怠惰をなじっては、「医者の名にも値しない」、その評判をぶち壊してやると脅迫した。さらに、おれの女房にしてくれたみたいに「じわじわと」お前を苦しめてやる、とまで言った。G夫人の不本意な病死、結果としての裁判所での審理、G氏の怒気のこもった脅迫に困り果てたN医師は、いっさい電話を取ることを止めた。G氏はこれでたがはずれてしまった。今度はN医師の診療所に何度も押しかけ、患者のいる前で彼女をなじった。ありとあらゆる悪口雑言を浴びせかけ、この医者は安楽死や中絶など不法行為を行っているとわめき立てた。睡眠薬中毒で医師免許も取り上げられた、と。びっくりする患者に対し、N医師は自分の女房を殺したのだ、と待合室でぶちまけた。こんなことが何回か続いた後、怖くなって辞職寸前になったN医師の受付が警察に通報した。警察はG氏を診療所から連れ出し、N医師に対しては裁判所の禁止命令を取るように指導した

診療所へ押しかけるのは止めたものの、G氏は選挙人名簿を利用して医師の自宅住所を突き止めた（「簡単に見つかったよ」）。被害者宅に新聞の切り抜きのコピーが届いた。ドアの下からすべり込ませられたもので、医師免許を剝奪された「悪徳」医師の記事の一覧だった。殴り書きでN医師への誹謗が書かれていた。「裁判官や（医事課の）担当者と寝たおかげで」こうならずに済んだ、と。郵便受けにネズミの死骸を放り込み、メッセージを残した、「練習台にこいつをどうだ」。また、彼女の名前を墓標に刻んだ墓石の写真も送りつけた。診療所の前や、自宅のカーポートに停めてあった自家用車が一度ならずめちゃめちゃに壊された。

やがてG氏は地元の病院に姿を現すようになった。N医師の回診の日を狙い、彼女に威嚇的な視線を送っ

ては、保健委員会のものだがあの医者にクレームがついたので調査をしている、などと看護師や患者に言った。N医師はこうした行動について再度警察に通報し、G氏はストーキングのかどで逮捕されたのである。怒ったG氏は有罪の判決を受け、罰金を徴収された。彼は（裁判所でも自信たっぷりと自己正当化に努めていた）、ストーキングをエスカレートさせた。刑事裁判制度をこきおろし、人の女房を「殺した」高給取りの医者がまんまと逃げおおせて、夫である自分——失意の年金生活者——は償いをしろと迫られている。復讐の電話が再開され、G氏は医師と彼女の小さな子どもたちの命を奪ってやると脅迫した。彼は即座に裁判所に舞い戻ることになった。今度は法的制裁を受け入れ、精神鑑定と治療を受けるという条件で、地域の裁定に身を委ねた。

筆者らのクリニックに紹介されてきた時、G氏は憤懣やるかたないといった態であった。「権力機構」中でも医師には苦々しい思いを抱いていた。医者ばかりではなく役所のさまざまな部署に嫌な思いをさせられてきた歴史があったのだ。

三人きょうだいの長男であったG氏は、つらく恵まれない子ども時代について語った。八つのとき、父親が失踪。数年後にはその父親が宝くじにあたり、再婚したことを知ったが、いっさい連絡をとろうとはしなかった。母親は慢性的な鬱状態に陥り、G氏の肩に小さな弟たちの面倒をみる責任がかかってきた。G氏が十二歳のとき、一番下の弟が自転車に乗っていて自宅近くの路上で隣人の車にはねられてしまう。事故を目撃したG氏は救急病棟の医師たちが弟の命を救えなかったことに落胆した。弟の事故をきっかけとして母の鬱病がいっそうひどくなり、精神病院への入院が必要になる。G氏ともう一人の弟は叔父さんの家に同居し、時おり母を見舞った。十六歳の誕生日を迎える数週間前、G氏は、母親が死んだことを知らされる。「原因は不明」だと。

学校では可もなく不可もなかったが十五歳で（母の死をきっかけとして）退学し、ボイラー製造人の見習いとなる。懸命に働いた彼は生まれて初めて好きに使える金を手にして興奮した。やがて、ある晩遅くのこと、ダンスからの帰り、自転車に乗った人を避けようとして土手に乗り上げてしまう。脊椎を数カ所損傷したG氏は数週間入院。順調に快復したものの、慢性的な腰痛のため、普通に働くことはできなくなった。次から次へと医者を渡り歩き、もっとましな治療はないのかと怒り、結局は障害者年金のお世話になることになった。

G氏が地方議会の集まりで妻と出会ったのは二十六歳のときのことである。数年後に結婚。彼は二人の関係はとても幸福だった、と表現した。もっとも、金に困っていたのは事実だったが。友人はほとんどなく社交らしい社交もなかったが、夫婦で手を取り合って安らぎのある生活を送っていた。自動車事故に遭ってからはふさぎ込む日々が続いたがカウンセリングは拒否。母親の精神科での体験が影を落としていたのである。精神医療サービスとは頑として接触しようとしなかった。最初の診察の際には怒りっぽい憎悪型の人物と診断され、N医師への行動も、向こうが悪いの一点張りだった。彼は「制度」のおかげで酷い目に遭った、見捨てられた、と感じていた。みずからのことを、すべての被害者になりかわって特権階級と権力者に反旗を翻した正義の闘士と見なしていた。彼の考えによると、N医師のほうこそ代償を支払わねばならない（妻の死のみならず、あからさまな冷遇、拒絶、侮辱の結果、彼が人生で堪え忍んできたすべての損失の代償を）。彼は情緒的には鬱でも躁でもなく、精神病を疑わせる兆候もいっさいなかった。N医師を標的にしたスキャンダラスな攻撃についても後悔している風はなかった。ただ単に彼女を困らせてやろうと思ってしたことだ（「だって、自分以外の誰がやるんだ」）。

G氏は、これまでに失った多くのもの、健康や罪の意識、疎外感、自暴自棄といった感情と取り組むためにソーシャルワーカーのもとを訪れるようになった。「特権的な」N医師にいだく憤懣に変化が見られることはなかったが、ストーキング行為のほうは影をひそめた。地域の矯正命令が失効した後も、自発的にカウンセリングを受けたいという気持ちを表明した。

特徴と管理

筆者らがさまざまなストーカーを見てきたなかで憎悪型のカテゴリーに分類したものは十六名いた（ミューレンほか、一九九九）。自分たちを差別した団体なりグループなりの代表を無作為に標的に選んだものが八名。みずからを侮辱したと判断される相手に対して「血の復讐」に出たものが八名。もっともその場合でも、おおむね世間一般に対するひがみをあらわにするのが常だった。興味深いことが一つある。憎悪型のストーカーは他のどのタイプのストーカーより脅迫行為を犯しやすい反面、実際に暴力に訴える恐れとなると誰よりも小さいのだ。こうした矛盾は恐らく憎悪型ストーカーの計算高い本質から説明することができるだろう。憎悪型ストーカーの嫌がらせは、みずからのリスクは最小限のまま、最大限の苦痛をターゲットに与えることにあるのだから。

憎悪型ストーカーの特徴

1　ストーキング行為の目的はターゲットに恐怖と不安を与えることにある。

2　ストーキングは、個人的にまたグループや団体の一員としてストーカー当人を侮辱したと信じられる相手に対し、その仕返しをするためになされる。

3　憎悪型のストーカーはターゲットに嫌がらせをすることによって相手に力をふるい、支配したという満足感を得るのが常である。

4　憎悪型のストーカーはほとんど例外なくみずからの行為を正しいと感じており、みずからを度はずれた不平等にあらがう被害者と見なしている。

憎悪型のストーカーはいわゆる不平屋といろいろの点で共通している。病的で異常なまでにしつこい要求過剰タイプである。どちらも具体的な不平を言い訳に自己を正当化し、その報復を目論もうとする。われわれが関わった憎悪型ストーカーは、必ずしもストーキングの動機となった不満と関係のあるわけではない要求、訴訟を同時に求めようとするものが多かった。

憎悪型ストーカーを取り扱うというのはなかなか骨の折れる仕事である。野放図な自己正当化をはかり他人の言うことに耳を貸さないからだ。こちらの治療計画に彼らを合わせようとする試みが向こうの被害者意識に油をそそぐこともある。もっともこのグループは真性の被害妄想症にとらわれているわけでは必ずしもない。むしろ自分にとっての利点を計算できるのが常である。法的制裁に直面するとすぐさまストーキングから身を引く例も多い。こうなると治療はきわめて有効な選択肢となり得るだろう。法的制裁措置がどのくらい有効かは、ある程度まで、嫌がらせのパタンがどれほど確信的なものであるかにかかっている。比較的初期の頃には、裁判所による禁止命令や執行猶予、起訴をちらつかせるなどの手段がハラスメントの終息に有効であり得るだろう。しかし、確信が強ければ強いほど憎悪型ストーカーたちは自意識を高め、おのれの行いに間違いはないという正当化も抜きがたくなってくるため、その体面をすっかり保ったままで手を引かせることは、事実上不可能になる。こうした人たちには、被害妄想とまったくおなじでなくとも、それに近い症状が明らかに見て取れる。

憎悪型ストーカーの中には妄想障害か、真性の被害妄想症患者が確かに存在する。先にも述べたように、その中でも多数を占めるのは、不平屋タイプの妄想障害患者である。

6 略奪型のストーカー

はじめに

ノーマンはその映画監督の自宅住所を、旅行者用のスター自宅マップを購入して手に入れた。彼は一月かけてその邸宅をうかがった……少なくとも四回は正門まで行き、警備のすきを見て侵入しようとしてとうとう逮捕された……ノーマンは警察に対し、自分はやつの女房の……目の前でスピルバーグをレイプしようとしたんだ、と自慢げに話した……［彼は］スピルバーグの映画、家族、大人のおもちゃの山について日記を付け、映画監督があちらこちらに所有する不動産にも何度か侵入しようとした……［ノーマンは逮捕されたとき］ナイフ、レザー、テープ、手錠といった「レイプ・キット」を所持していた……警察は武器のショッピングリストを書き込んだ本を発見した。ノーマンがスピルバーグ監督に使用しようと思っていたもので、アイマスクが三点、手錠が三セット、乳首用のクリップが四ペア、犬の首輪が三点だった。

ジョナサン・ノーマン裁判を伝える一九九八年六月付のオーストラリアの新聞記事（ノーマンはアメリカの映画監督スティーブン・スピルバーグのストーカー。目下、二十五年の刑で服役中）。

略奪型ストーカーの行為は目的のための手段で、目的とはたいていは性的に、被害者をいたぶることである。略奪型ストーカーは被害者をつけ回し観察する過程で攻撃の準備をしている。とはいえ、その行為が完全に成功によって条件付けられているわけではない。このグループはまず第一にターゲットが攻撃されているのを見、攻撃している様を思い描くことで得られる支配欲、権力欲を目当てとするタイプから派生する。恐怖と苦痛を与えようとハラスメントに出た憎悪型ストーカーとは対照的に、略奪型は被害者の反応をこそこそとうかがって興奮を得ようとしているかのように見える。何らかの宣言を出して待ち受ける運命の悲惨さによって被害者を混乱させたり、警告したりという意図もない。この型の被害者はストーカーが彼らのために準備した運命にはまったく無知のまま日々を生きるのだ。

略奪型ストーカーは少数ながらひどく目立つタイプのストーカーたちだ。これ見よがしのドラマティックなやり方により数的には不釣合いなほどストーキングの虚構性を代表し続けてきた。ジョナサン・ノーマンのようなストーカーにとって、ストーキング行為は性的ないたぶりの前奏曲だが、それだけではない。被害者への優越意識、場合によっては望ましからざる方法で彼らを陵辱し恐怖させることからくるエロティックな喜びのゆえに、みずからを性的に高ぶらせる絶好の機会でもあるのだ。

臨床的に見た特徴

略奪型ストーカーは、性的満足を主動因としないストーカーともいくつかの共通点がある。例えば、性的逸脱行為を好むタイプは社会に相手にされない型のストーカーに特有の対人不全、性的劣等感、敗北感を抱え込んでいるのがしばしばだ。しかし略奪型は、ほかのストーカーと違って、性別に片寄りがある。ほとんど例外なく、性的倒錯者、性的略奪型の行為は男性によるのである。一方彼らの餌食となる対象としては、男性あり女性あり、大人あり子どもありだ。

性的偏向、自尊心欠如、人間関係における自己不全感とはこの型にありふれた現象で、性知識の乏しさ、アプローチや口説きのテクニックの拙さがその原因と見なされることが多い（フィンクルホア、一九八四。ホール、一九八九）。パントン（一九七八）の観察によると、「虐待を受けた小児は不安感、不全感を保持しがちで、他者との関係にも臆病、長じてからも異性愛の進展において拒絶なり失敗なりを連想しやすい」という。ウィルソンとコックス（一九八三）もこれを受けて次のように述べている、小児性愛症者は研究によると「内気、感じやすい、孤独、塞ぎがち、くそまじめな傾向を有している」。またホール（一九八九、一四一頁）は「しばしば、小児性愛者は、大人対大人の状況下では場違いな感情にとらわれているとの報告がある。大人から拒絶されるのを恐れるあまり、拒絶されそうな状況に身を置くことを避ける……そうした人は大人と対する状況を避けることで、対大人関係を築くために必要な非言語的、社会的な手がかりを体得する機会をみすみす失っている」と指摘した。なるほどマッコナギー（一九九三）が主張するように、性的逸脱者に相手として相応しくない、傷つけられる恐れのない性的対象を求める気にさせるのは、社会的スキルの欠如というよりむしろ、社会的な手がかりを解釈することの困難さなのである。マックロッチほか（一九八三）は性的サディストたちにも同様の欠点を見出している。性的サディストの全員が、ごく小さいときから、社会生活を送る際に居心地の悪さを感じている。「それは思春期に入ると好ましい異性と性的に関わりを持つことができないという形で表面化する。簡単に言うと、その場その場で相応しいアプローチを取ることができないのだ」。ストーカーの多くも似たような欠点を抱えている。彼らの場合、そうした欠点がストーキングを発現させる上で明らかに鍵となる役割を果たしている。このような事情から次のように想定することができるだろう。ストーキング行為は性的逸脱者が止むに止まれず取る手段であって、おそらくはストーキングが誰の目にもそれと分かる現象になるずっと以前から、存在していたのだ、と。

リンゼーほか（一九九八）はストーカーに変身した知的障害のある性的逸脱者のケースを二例報告している。一つは六カ月以上もの間被害女性を自宅までつけ回し、自分とセックスしろと要求し、性器を露出させた件。もう一つは自身の働く保護作業所の女性管理者に一目惚れし、後をつけるようになったが、つれない態度を取られて攻撃的になった件。こちらのケースでは、被害者の車を壊し、その長年のパートナーの車まで壊し、わざわざ被害者のバスケット・チームの試合を遠くから出向いて盗み見たり、口汚くののしったりといったストーキングを四年も続けたあげく、セクシュアル・ハラスメントおよび私物破損のかどで有罪とされた。加害者はともに二十代半ば、知能程度は少々遅れ気味といった程度だった。最初の例はリンゼーらのカテゴライズした「厄介者」の典型であり、治療を含む二年間の保護観察が命じられた。二つ目の例は「妄想障害」とされ、やはり治療を含む三年間の保護観察が言い渡された。知的障害によるストーキング事件というのは今のところほとんど関心を持たれていないが、知的障害を持つ犯罪者の最大五十％が性犯罪で有罪とされていること、また、この層に通有する安定的な人間関係の不備、社会的能力の不足もあり、性的な動因でストーキングに走るグループとの関連は小さくないものがあろう（コックラムほか、一九九二）。確かに、知能指数の低さは、無資格型（相手にされないタイプ）ストーカーの中では珍しい傾向ではない（七章を参照のこと）。

反ストーキング法の制定以来、これという罪名のあるなしにかかわらず、ストーキングのかどで告発される性犯罪者たちが、ますます多くなってきた。ストーキングという犯罪のおかげで、本来なら性的逸脱ととらえてしかるべきものが覆い隠されかねない状況なのだ。かねて認識されていたことだが、明らかに性的な意味合いのない犯罪のせいで性的不法行為が隠蔽されることがある。私物破損および侵入で有罪とされたレイプ志願者（狙いは家ではなく被害者だったのに）、不法侵入で罪に問われた盗品フェティッシュ（下着ドロ）や窃視症者。こうしたことから、見知らぬ女性をストーキングしたかどで罪に問われた男性の場合、その裏に性的精神異常が隠されていないか考慮しなければならない。マックロッチほか（一九八三）が性的サディスティックな妄想は「試験的行動」、すなわち妄想それ自体を実行に移す行動に発展しかねない。「このような試験的行動はさまざまな段階で刑事犯罪に発展する。この文脈では一見してサディスティックではない性犯罪も明らかにサディスティックな性犯罪とおなじくらいに重要である。なぜなら、それはいずれサディスティックな行為へエスカレートするだろうし、見過ごせば最終的に殺人にまで発展しかねないからだ」。マックロッチらは「初期の非サディスティックな犯罪、後期のサディスティックな犯罪と性的妄想との間に何らかの関連性が認められるのはきわめて稀」という。しかし、ストーキングと性犯罪との間にある関連性を見過ごすことは、大変な危険を伴う。

略奪型ストーカーの特徴

1　ストーカーの性別は男性である。
2　ストーキング行為は被害者に、通常は性的な攻撃を仕掛けるための準備と見なされる。
3　ストーキングは情報収集、リハーサル、内々の観察を経ての介入、そして力の行使の順をたどる。
4　ストーカーの目的は、多くの場合、妄想のもしくは現実の攻撃に先立って、被害者を困惑させ、かつ警告することにあるのではない。

関連した特徴として、さらに

1　ストーカーはしばしば自己有用性と対人関係において明らかな欠点を有している。
2　ストーキング行為は必ずしもその行為の性的原因を表出してはいない。

ミューレンほか（一九九九）は一四五人のストーカーを対象に臨床研究を行い、六例（四％）を略奪型にカテゴライズした。その結果、このグループは主に性的倒錯者からなっていることが分かった。全員が男性、平均年齢は三十二歳。半数が勤め人で成人のパートナーを有している者も二人いたが、パートナーとの人間関係について言うと疑問の余地が残った。略奪型ストーカーによるストーキング期間はほかのストーカーに比べて著しく短く、ハラスメントの手法もごく限られたものだった。とりわけ好まれるのは被害者のつけ回し、監視、電話による接触。相手としては、猥褻な匿名電話をかけることによって性的満足を得られるような対象に限定された。略奪型のグループは前科がある場合が多く、その大半が、おおむね性的暴行の前歴を持っていた。性的な動機を有するストーカーによる脅迫事件は比較的に少なく、被害者を脅迫したのは三件に一件。これは無資格型（相手にされないタイプ）と等しく、憎悪型の八十七％、拒絶型の七十四％と対照を見せた。もっとも、略奪型の半数は被害者に暴力を加えていた。事実、略奪型ストーカーは拒絶型を除くどのカテゴリーのストーカーと比べても、頻繁に被害者に暴力を加えていることをこの研究は示している。著者らは次のことを指摘している。ほかのグループと異なり、「危険を警告する機会がおぞましいほど少ない。恐らく、彼らの介入ぶりがほとんど目立たないため、つまり恐怖体験を報告すべき被害者の目にわずかしか触れないためだろう。つけられていることに気付かない被害者も多いのだ」

性的倒錯者におけるストーキング

「正常な刺激─行動というパタンにあてはまらない対象および状況にそそられる」というのが性的倒錯者の特徴である。DSM-Ⅳの規準によると、その要件には次のものがある。

A　（ある性対象／状況の下で）少なくとも六カ月以上、周期的に強い性的ファンタジー、性衝動、または性行動にとらわれる。

B　臨床的見地から見てそうした性的ファンタジー、性衝動、性行動が社会的、職業的、また同様の職能分野的に重大な懊悩、障害の原因となる。

性的倒錯者が興奮する刺激パタンが正常なパタンと重なる場合もあり得る。何らかの性的「逸脱」行動にとらわれているというファンタジーは正常な人もおなじく体験していると論じる識者もある。性的倒錯者が法的に一人残らず排斥されるということもない。倒錯者だから犯罪として逮捕できるというわけでもない。同様に、性犯罪は、ほかの性的暴行とおなじくDSM-Ⅳが定義する性的倒錯者以外にも発生すると考えることができる。

先に指摘されたように、性的倒錯者の犯罪も非倒錯者の犯罪もストーキング行為という衣をかぶって、潜在的に暗示されると思われるが、略奪型ストーカーの関心が、ほかのカテゴリーのストーカーと比べ、長期間、ある特定の被害者に集中する傾向は少ない。次に示す事件のいくつかは性的倒錯がストーキングに姿を変えた例である。多様な性的倒錯があらわになったケースもあり、うちの一つはこの分野の研究者、臨床家にはおなじみの話である（エイベルほか、一九九八）。いずれも筆者らの法医学精神衛生クリニックを訪れた患者たちの実例。当クリニックは外来の性犯罪者治療プログラムおよび、ストーカー治療センターの役目も最近は、果たしている。紹介されてきた患者の大半は裁判所、成人囚仮釈放委員会、および矯正施設からのもので、クリニックで治療を受けた患者たちは性犯罪のありようについて複雑かつ理解しがたい考えを述べる傾きがある。安定した雇用、満足のいく対人関係に恵まれたものはほとんどいなかった。

ワイセツ電話マニア

ワイセツ電話マニア、別名テレフォニコフィリアにとって、性欲を刺激するファンタジー、性衝動、性行動とワイセツ電話とは切っても切れない関係にある。フロインド（一九九〇）はワイセツ電話マニアを窃視症の聴覚版と見なした。次のケースは商業ベースのテレフォン・セックスが違法なワイセツ電話へ、さらには電話によるストーキング事件へと発展した例である。

事例

三十四歳の独身男性E氏はテレビ番組の女性ホストをストーキングしたかどで有罪とされた。三カ月以上にわたりワイセツ電話をかけ続けたのだ。その十二カ月前、テレビで初めて彼女を見かけ、一目惚れしたのが発端だった。電話だけでは我慢しきれず、E氏は女性が働くテレビ・スタジオに何回も匿名のカードを送りつけた。そのすべてに彼女についての性的ファンタジーをめぐる、あからさまな性的メッセージを書き添えて。彼女は警察に相談し、警察がこの人物の面を割ることができるように、とストーキングにまつわる社会通念は言うにおよばず、常識さえも無視して、ストーカーと公共の場所で会うように説得された。

被害者の申し出に仰天したE氏は、恐る恐る彼女との一対一の面会に同意した。ランデブーの場に現れた人物が自分のストーカーなのかどうか、このテレビのホストには一目瞭然だった。E氏は一人席に着き、汗をかき、あたりを気にしながら手をじっと見つめ、震えていた。彼女は男に近づいていった——不安でアップアップしながら——その様子に彼が気づくや否や、警察がどっとなだれ込んだ。

E氏はみずからの犯行を頑として認めなかった。最終的に同氏は強制的な精神病治療を含む地域社会での矯正命令を言い渡された。彼は協力的な態度を見せ、みずからの行いをひどく後悔し、自分が被害者におよぼしたトラウマに対して謝罪の意を表した。これ以上コンタクトを取るつもりはないと約束し、自分のなした行為を思うと体調まで悪くなる、と述べた。当初、戸惑いながらも行為について説明するとき、E氏は、長年彼を苦しめてきた対人不安がその原因と思う、という洞察を示した。常に自信なげで、内気だった彼は、友人もほとんどいなかった。べったりの関係を築いていた母親は、二年前、肺ガンで亡くなっていた。反対に、父親は偏屈な懲罰的タイプで、体と体がぶつかり合うスポーツをやれ、ガールフレンドを家に連れてこい、とE氏を責めていた。おれの息子は「女にもてないできそこない」じゃない証拠に、と。

学校でまずまずの成績をおさめたE氏は高校を終えると美術を勉強するため大学へ進んだ。最初の一学期通っただけでそこを辞めてしまったのは、大学での生活と勉強が性に合わなかったからという。彼は社会保障給付をあてにしつつ、それなりにがんばって仕事を探した。狭苦しい一部屋のアパートを借り、ありあまる時間を引きこもり気味に過ごした。小遣いが底を突き、自尊心がしおれるにつれて、外出の回数も減っていった。学校時分からの男の友人が二人いたが、彼らもやがて離れていった。家を出たことと、母親の病気が思わしくなったこととが相まって、両親と会う機会も少なくなった。ただ一人の妹——人づきあいがよく、もう一つ馴染めなかった妹——も結婚し、別の州へ引っ越していった。

E氏は常に女性との関係をこい願ってきた。父親にはああ言って非難されたが、彼自身はヘテロセクシュアルであると思っていた。ただシャイなので、女の前に出ると身がすくんでしまうのだ。大人の女と同意の上でセックスをする、そんなファンタジーを思い描きつつ定期的にマスターベーションに励んでいたことを彼は認めている。それと、理想的な、ロマンティックな恋愛のファンタジーもてあそんでいた。そんなある日のこと、彼はテレフォン・セックスの回線に偶然紛れ込んでしまい、そのざっくばらんな内容が猛烈に性欲を刺激することに気付いた。ほぼ三週間にわたり頻繁にそこにダイアルし、やがて三カ月ごとの通話料請求書を受け取った。そこに示された金額は法外なものだった。借金がかさんだ彼はこの気晴らしを少し控えようと誓いをたてたが、結果、「ソフトな」ポルノ雑誌を時おり購入するくらいでは埋めようのない穴がぽっかりと空いてしまったことを思い知った。E氏はそれ以外の視覚的な性的イメージ、ビデオやストリップ・ショーやインターネットのポルノ・サイトではもう満足できなくなっていた。

そうこうするうち、でたらめに電話をかけまくるようになり、女性の声がするや「淫らな話」を持ちかけるようになった、とE氏は認めている（男性が出たら電話は切った）。見つかるなどとは頭に浮ばず、時にはわずかでも相手をしてくれた家へ再度電話をかけることもあった。件のテレビ・ホストについては、番組で初めて彼女を見たときから、ごく普通のセックス、ごく普通のロマンスを夢見ていたが、電話番号も分からず、つけ回すなど思いも寄らなかった。しかし、ある日女性が新聞の「名士の自宅」欄に登場、通りの名、自宅付近の情景がはっきりと映されていたのだ。ワクワクしながらあたりを車で走った彼は、新聞の記事にあったとおり、まさに目指す家を探し当てたのである。次いで彼は（電話帳には不記載の）彼女の自宅番号を調べ上げた。郵便受けの中にあった請求書をくすねたのだ。

被害者に苦痛をもたらすにいたった如何ともしがたい知名度、それが男性によるワイセツ電話に決定的な引き金となった。とはいえ、E氏の個人的な苦悩を緩和し、将来またも逸脱行為に走ることのないよう、その社会的愚行を取り組むことは重要であった。自尊心回復訓練および自己主張トレーニングはきわめて効果的であった。また、とりわけ性犯罪者のための基礎的社交スキル向上グループに加入したこともE氏の回復に大きく貢献した。加えて母親の死去に伴う諸課題と取り組む同氏を支援すべく、特にその悲嘆を治療するためのカウンセリングが実施された。彼は学業を再開し、大学のバレーボール・チームに入部、そこである女性と知り合った。また、定期的に父親とテニスをたしなむようになった。息子の犯した罪に当初ショックを受けた父だったが、みずからの問題と向き合おうとする息子の勇敢な努力に今では敬意を払っている。

略奪型ストーカーもその逸脱行為のありよう次第とはいえ、ほかのストーカーと同様の目的（意中の対象をわが物にする）を持っている。だが、親しい関係になることが必ずしも思い描いた終着点ではない。被害者を前にして怯えた反応を見せたE氏の態度はそのことを証明している。女性は表面上とはいえ彼の申し出に応じたのである。しかし、みずからの身体的、情緒的、社会的な欠点に絶望し、美しい存在感のある被害者と一対一の接触を求めてその前に立ったとき、待っていたのは性的な高ぶりではなく恐怖だった。

露出症

露出症にとって、性的ファンタジー、性衝動、性行動に直結するのは見ず知らずの他人に性器を露出させることである。性的逸脱者の中でもこの露出症はよく見られるもので、窃視症などの性的倒錯と同時発生的に観察できる（フロインドとブランチャード、一九八六）。

事例　M氏は五十四歳の事務職、もう三十二年にもわたり露出症の症状を見せており、これまで二度禁固刑に処せられている。ごく最近もストーキングおよび意図的猥褻物陳列罪に問われた。ホモセクシュアルであるM氏は二十七歳になる新入社員に心惹かれるものを感じたのだ。彼はこの新入社員に自身の性器を露出し、相互マスターベーションとフェラティオのお誘いに応じてもらいたいというファンタジーを夢見るようになった。それからの六週間、男性と違うフロアで働いていたM氏は、ボスから言い使ったなどを口実にして男性の仕事場に顔を出すようになった。同時に、それと知れぬようにオフィスの壁にゲイ集会やその開催場所についてのポスターを貼り付け、男性の机の上に同様のビラを何枚か置いた。ある日のこと、M氏の耳にこんな話が入ってきた。例の新入社員の自動車が壊れて使い物にならなくなったという。このチャンスを逃してなるものかとM氏は彼を車で自宅まで送ろうと申し出、男性もうっかりとその誘いに乗った。M氏がゲイ男性専門のポルノ用品をその住所へ送りつけたのは翌日のことである。それと同時に電話をかけて男性へ寄せる思いを告白した。M氏が片思いの気持ちを秘めていたその相手は、いきなりガチャリと電話を切った。侮辱されてカッと来たM氏は電話をかけ直し、もし自分を受け入れないなら男性との関係を家族と会社に「ばらす」といって脅した。自分には彼女がいる、ゲイじゃない、という彼の主張には耳を貸さなかった。ほどなく、M氏は会社の裏手にある古びた公衆トイレまで新入社員の後をつけ、逃げようとする彼に自身の性器を露出させた。ほうほうの態で逃げ出した被害者はこのままではレイプされると恐怖し、M氏のことを会社と警察に告げた。

　この一件についてM氏は刑務所行きをまぬかれた。地域の性犯罪者プログラムに参加することに同意したからだ。同氏にとっては生まれて初めての治療経験だった。職場はクビになり、実質的にそれ以外の支援は受けられなかった。両親も、唯一のきょうだいも死亡しており、友人となると数少ない元囚人ばかりだった。ゲイ専用サウナにふらりと現れて求める触れ合い、それはおおむね一過性のものだったが、四年前には三十歳の男性と五カ月ほどつきあったことがあった。彼はむしろ内向的な質で、活力低下、食欲不振、体重減少、睡眠障害、自殺願望に伴う鬱傾向が見られた。みずからの行いを悔いてはいたが、治療効果という点では悲観的にならざるを得なかった。

　M氏は選択的セロトニン再取込み阻害抗鬱剤フルオクセチンによる治療に臨むことになった。M氏の鬱病は続く何カ月かで消えてなくなった。抗鬱剤のセロトニン活性化作用が性衝動の軽減をもたらし、露出症の自己抑制も向上させたかのようだった。内的抑制をさらに促進するために認知療法も取り入れた。七カ月後、M氏は四十二歳の男性と親しくなった。M氏の性犯罪歴に理解を示してくれた男性である。

フェティシズム、窃視症

　フェティシズムにとっての性的ファンタジー、性衝動、性行動は女性の下着等、生命のない物体を利用することにある。その対象は「異性の服を身に着ける《クロス・ドレッシング》際の婦人服の一部や……性器を直接刺激する目的で作られた性具」だけに限られるわけではない（アメリカ精神医学会、一九九四）。窃視症にとって性欲を刺激する因子は、他人が衣服を脱ぐ様や性行為の最中に全裸になった見知らぬ他人を観察する行為である。

　窃視者、いわゆる「覗き魔」は以前うまく行った現場に何度でも舞い戻っては、逮捕されストーカーのレッテルを貼られる恐れをみずから招くものである。次の事例は性的倒錯、重篤な窃視症、フェティシズム、さらにワイセツ電話マニアが一人の中に体現されたケースである。

事例

Ｂ氏は二十歳で独身の農業手伝い、ストーキングと電話によるハラスメントのかどで有罪となった。判決に先立つ精神鑑定では複数の性的倒錯が発現しているとされ、筆者らの性犯罪者プログラムに送るよう求められていた。Ｂ氏は当プログラムへの参加を条件に、二年間の執行猶予を得ていた。

われわれの前に現れたＢ氏は傲慢かつ幼稚な若者として振舞った。犯罪についての話し合いを避け、事の深刻さを軽視し、悪いのはあっち、と被害者に責任をなすりつけようとした。Ｂ氏は十二カ月以上にわたり、ある地元の女性に遠くから関心を寄せていた。彼女の「かわいい髪」と大きな胸に惹かれて、何とか外に連れ出したいと切望したが、デートに誘うほどの勇気がなかった、と言う。勇気をふり絞る代わりに彼は徒歩や車で彼女の後をつけ、隠れて彼女の写真を撮るようになる。やがて、電話帳で彼女の自宅の番号を知るとそこに繰返しワイセツ電話をかけるようになった。彼は物干し綱から下着をくすねたこともあると認めた。彼電話で話しながら、あるいは電話を切った後、その下着を使ってマスターベーションし、衣類や写真に向かって思い切り射精した。パニックに陥った被害者が電話の逆探知を依頼し、彼の仕業であると知れたのだった。

十歳のとき、Ｂ氏はペントハウス誌を万引きしたところを見つかり警察から警告を受けていた。十七歳で地元の私有地二件に不法侵入したかどで逮捕され、少額ながら罰金を言い渡された。それからほどなく住居侵入および窃盗で有罪となり、またも罰金刑を食う。一年後にはホテルで知人の女性の胸をわしづかみにした強制猥褻罪が一件、意図的猥褻物陳列罪が一件でそれぞれ罪を認めた。被害者になったのは少女二人で、彼が大通りをヒッチハイクしている際自転車で通りかかったのだ。Ｂ氏は精神鑑定を受けたことはなかったが、母親のほうはかねて懸念していたようで、弁護士と裁判長をつとめる治安判事にこのように述べた。息子はベッドルームに大量のポルノ雑誌とビデオを置いております、そればかりか、自分の下着がなくなるようになってもう何年も経ちます、息子は違うと言っているけど、これは息子の仕業じゃないかと強く疑っております、と。

資料を検討したところ、Ｂ氏の前科はすべて性的動機によるものという筆者らの懸念は的中した。彼は、事実、不法侵入で逮捕されたときもベッドルームの女たちを盗み見ていたことを認めた。一度など現場へ舞い戻ってきたところを逮捕されたのだ。盗みを働いた際もまずは女物の下着目当てに不法侵入したというのが正直なところだった。裁判事由には含まれていないが、侵入先で女性の枕に射精したこともあったと認めている。一件の盗みというのは物干し綱につるしてあった被害者の下着を盗んだ件だが、見つからなければもっとやったとB氏は打ち明けた。性器を露出させた件についてはなかなか認めようとはしなかったが、被害者の数はこれからおそらく増えるだろう。さらに、何十本ものワイセツ電話をかけたとほのめかしているが、これは被害女性が通報しなかったもので、代金は雇い主の電話料金請求書に加算されたものと考えられる。

B氏は小さい頃から引っ込み思案な子どもだった。学校での成績は低迷し、九学年（十四～十五歳）のとき受けた心理検査では知的ボーダーライン領域にあると診断された。十学年の始業式の日に学校教育からドロップアウトし、地元のスーパーマーケットで短期間働いた後、農業手伝いの仕事に就いた。それから八カ月後最初の犯罪を犯すのである。雇い主が言うには、彼はいい働き手ではあったが、少し飲み過ぎるのと、雇い主の四十歳になる妻と十六歳の娘に場違いな性的冗句を投げかけることがあったという。B氏は成人女性と関係したことはなかったが、五回ほど売春婦と性交渉を持ったことがあった。できればもっと定期的にやりたかったが、賃金が安いことと周りの目を考えて諦めた。町に出たときはしょっちゅう覗き部屋に出入りしたものだと自慢げに付け加えた。ブースの機械が壊れているのを店の人に発見されるまで、二分間の覗き見タイムを二時間に延長してやった、と。

B氏のもう一つの浪費対象がアルコールだった。地元ホテルの常連で、レディの前で酒を飲むと「クール」になれる、と表現した。ところがパブの店主の意見は逆で、B氏は酒が入ると途端に女癖が悪くなり、汚い言葉をまき散らしては粗野な態度をとるので評判は悪かった、女の胸をわしづかみにして傷害を負わせたこともあった、と証言した。被害に遭った女性は六週間以上もストークされ、ワイセツ電話ばかりか洗濯物から洋服を盗まれたこともあった。この件について警察は手をこまぬいているばかりだった。

今B氏は性犯罪者治療プログラムに参加し、性刺激パタンの逸脱を抑制する方法、全人的性教育、人間関係開発法、被害者感情理解訓練を受けている。さらにアルコール・カウンセラーとも面談し、右記の非薬物療法が効果を上げなければ、抗アンドロゲン療法が試みられることになるだろう。

小児愛・思春期前少年愛

小児愛における性的ファンタジー、性衝動、性行動には思春期にさしかかる頃の少年、少女に対する性行為が含まれる。小児への性的虐待はストーキングを伴うことも多く、中には殺人に発展するものもある。マッカン（一九九五）の主張するところによると、現行法は被害者の主観的な恐怖感、不安感に強意を置いているが、子どもの場合の恐怖感、不安感は個々の発達段階、知的成熟によって異なるものであるため、反ストーキング法は小児被害者の救済に役立つものではない、という。思春期にさしかかる頃の小児がストークされたような場合、小児の家族の中の大人がその脅威を認識するかどうかが有効適切な判断基準となろう、と示唆された。

次の事例では、犯罪者は性的倒錯というよりはむしろ、思春期前少年愛または思春期青年愛と呼ぶべきだろう。被害者たちは思春期にさしかかったばかりの未成年である。

事例

S氏は三十六歳の独身男性、十代の少女二人をストーキングしたかどで有罪となった。高校に近い行きつけの店で二人を見かけて興味を持ったのだ。彼は学校帰りに何度かその後を車でつけたことを認めている。一方の少女が住む通りを車でゆっくりと行ったり来たりしたこともあった。S氏が自分たちに興味を抱いていることを知った彼女たちは、ある日、彼が車を横につけて送ろうかと声をかけてきたときパニックに陥った。ノーと言うと彼は少女の一人に手を伸ばしてきたが、彼女は何とか身をくねらせてこれを避けた。少女たちはすぐさま近くの警察署へ走ったがS氏も懸命にその後を追いかけてきた。鉄面皮なことに、彼は警察の駐車場まで二人の後を追った。

自分のしたことを否定する暇もなく警察に捕まったS氏だが、自分が被害者に苦痛を与えたことについては反論した。少女たちに性的関心を抱いたことはそのとおりであるが、「ちょっと見ていただけ……傷つけるつもりはなかった」と言い張った。思春期を迎えたばかりの女性の体はひどく魅力的だし、女の子たちも「見られたがっている」、なぜなら連中だってピチピチの服を着ているだろう、と。証人に再度ちょっかいを出し傷つける恐れがあったことから、S氏は再拘留され、一月後、精神科の治療を受けることを条件に地域での矯正命令の判決を受けた。

筆者らのクリニックに来たときのS氏はむしろ心外といった様子で、違法行為に対する自身の責任をほとんど認めようとはしなかった。気が滅入るほどの拘置所での一月、同室の囚人たちから浴びせられたさげすみの目にも困惑した。最初のうちは保護拘束を拒絶していたが、性犯罪以外の犯罪を犯した囚人からリンゴプリンに小便をかけられてすぐ、ほかの性犯罪者たちに交じって避難所を探した。みずからの性と向き合うきっかけとなったという意味で、この経験は、役に立ったようだ。

一人っ子のS氏は十一歳のとき、両親と一緒に南ヨーロッパからオーストラリアへ移住してきた。英語をマスターしようと悪戦苦闘したものの、クラスメートは無慈悲にも彼をからかった。彼は熱心な生徒で、成績も何とか平均をおさめたが、十五歳のとき父親と一緒に織物工場で働くといって学校を辞めた。年の近い友人は一人もおらず、女の子と仲良くなりたいという彼のぎこちない試みはみじめな結果に終わった。十四歳のときクラスの女生徒の後をつけたことを覚えている。彼女がどこに住んでいるのか知りたかったのと、彼女なら理想のガールフレンドになってくれると思ったからだ。来る日も来る日も彼はおなじ場所にもどっては彼女が現れるのを待ち、勇気をふり絞ってデートに誘いたいと願ったが、不可解なことに彼女の一家は引っ越してしまい、二度と見る機会はなかった。

十八歳になったとき、職場の先輩に、売春宿に行こうじゃないかと誘われた。そこには何度か通い詰めたが、「大人の女」相手の性交渉にとりたててそそられるものは感じなかった。工場勤めを始めて七年目のこと、仕事に飽き、もっと稼ぎたいと思ったS氏はコンクリート捏ねの一時雇いの職に就いた。その仕事で最初に行った中学校で、生徒たちと接触することができるようになったのである。十四歳から十五歳の女の子たちがあたりをうろつくようになり、彼の言葉を借りると、自分とじゃれ合うようになった。懐具合がよくなったことと、「マッチョな」労働者のイメージのおかげもあって、S氏は女の子たちの一人に金をやってセックスにありついた。相手も同意の上、と彼は主張している。たった一回こっきりだと。この経験に味をしめた彼は、その後もちょくちょく十代の女の子満載のポルノ雑誌を買うようになった。同居していた両親には絶対バレないように気を付けていた。大方の予想通り、S氏は成人になるやならずの頃から学校のそばをうろつき、気付かれないように十代の女の子たちの後をつけていたことを白状した。

長年にわたり、彼は女生徒たちに狙いを絞り、その後をつけ、女生徒たちをモノにして、セックスするという性的空想をもてあそんでいた。十代の女の子たちの後をつけるという行為はその後マスターベーションにふけるときのファンタジーをリアルなものにした。未成年者をレイプしたり、男性に性的関心を抱いて性的ファンタジー、性衝動、性行動を高ぶらせたことはない、と彼はきっぱり否定している。

S氏は筆者らの運営する性犯罪者のための外来プログラムに参加している。プログラムでは彼の逸脱した性的刺激パタン、対人関係の不備、犯罪性向に的を絞っている。治療開始から十八カ月、ストーキングの兆候は消え去ったが、彼はなお孤独がちで、わざわざ冷蔵庫工場での長時間勤務に就いて、大人との社交機会を避ける傾向にある。

性的マゾヒズムとサディズム

性的サディズムにあって性的満足をもたらすものは「被害者に精神的また身体的苦痛（屈辱も含む）を加え、それが加害者を性的に興奮させる（架空ならぬリアルな）行為」そのもの（アメリカ精神医学会、一九九四）。サディズムにおいて主要な動機は他者を支配したいという欲望である（マックロッチほか、一九八三）とも主張された。「いっさいの防備をはぎ取られた対象の主人となり、所有すること……もサディズムの要素である」としたのはクラフト＝エビング（一九八六、八十六頁）であった。ボス（一九四九）は、サディストの精神病質性をもっとも深奥から探求した試みの中で、暴力および強制的手段を通して自身と他者との間にある壁をぶち破ろうとするサディストの試みに焦点を当てている。痛みや屈辱を加えることはそうせずには手の届かないお互いの親密さの代替行為なのだ。サディストの抱くファンタジーはいずれも似通っているが、仮にそれを言葉で表現するなら、サドマゾ（S&M）クラブの同好の士か、S&M専門の売春婦を相手にした、振りつけ付きパフォーマンスといったあたりが普通である。こうしたサディスティックな興味や欲望はDSM-Ⅳの定義する性的倒錯のカテゴリーには含まれていない。彼らの欲望が擬態であるからだが、もしそれが逸脱した欲望の逸脱した表現でないとすれば（かかる性癖がいかに低劣とはいえ）、では何がこうしたパフォーマンスの源となるのかを想像することさえ難しい。幸い、サドマゾ的なファンタジーにふけること、その演劇的表現に身を任せることと、恐怖しとらわれの人となった被害者に苦痛を与えることとの間には、天と地ほどの開きがある。これをあえてまたぎ越えようとするものはまずいないが、その挙に出たものは性犯罪者の中でももっとも利己的で、もっとも手に負えないタイプであるだろう。逸脱者の中でその上をいくとしたら連続殺人犯くらいである。幸い稀なこの手の性犯罪は略奪型ストーキングを報じる大衆メディアの中で、総じて大げさに扱われすぎている。

サディズムは性欲の対象にいっさい束縛も制限もされないまま接近することに満足をおぼえる。サディストの欲望とは、捕獲されすっかり従順になった他者の肉体を自由にもてあそぶ一方通行の道なのだ。性欲の対象に対するサディストの権力と、他者がそのファンタジックな欲望を満足させる範囲をさらに押し広げるのは、単にこうした蹂躙の感覚だけではなく、彼ないし彼女が受ける侮辱や不名誉そのものである。サディズムは、少なくともその世界の住人の理想の住み処の中では、いっさいの制約を超え、不完全で気詰まりなノーマルな欲望を凌駕するのだ。何よりもまず常識はずれのエロティシズムを求めて。興味深いことに、ファンタジーの最中にあるサディストは、欲望の対象を罠にかかり打ちひしがれた獲物と見る一方、サディストの欲望をすっかり満足させることに奉仕し、自身も快楽を得ているとも考えている。このことはさほど興味深いものではないのかもしれない。というのは、束縛されざる欲望の主体でありたいという願いは、並はずれた欲望の対象として他者に支配されたいという願いと軌を一にするものだから――こうして、サディズムとマゾヒズムとはその実践者の中にあって互換性を持つ。サディズム、とりわけ未成年者の中に見られるサディズムは、好奇心というか、他者によってまた性愛対象者の要求によって妨げられることのない未踏の地にことごとく到達したいという願いとつながっているのだ。――まともな相手は言うまでもなく。

ストーキングはそんなサディストのエロティックなファンタジーを多少なりと満たしてくれる。サディストのストーカーは被害者に無理強いをし、言葉の本来の意味で、そのプライバシーと自我の内部に侵入することによって好奇心を満たそうとする。そうしたストーカーは、監視し、後をつけ、あたりをうろつくことで、性的ファンタジーにふける。被害者の秘密を知り、そうすることによって支配と権力の感覚を味わうのだ。そして最後には、被害者を恐怖させ無力感にひたらせることで自身のエロティックな欲望を心の底から満足させる。ある程度まで、こうしたサディスティックな美意識はどんなストーカーにも認められるものだが、特に略奪型のストーカーにはこれこそが真の動機といえるだろう。ストーキングはサディスティックなファンタジーに養分をそそぐもとである。そして、妄想の世界から欲望の実現へと一歩を踏み出したサディストにとって、ストーキングは、攻撃の準備でありリハーサルであり、つまるところ、その序章なのだ。

事例

筆者らのクリニックを訪れたときH氏は二十代半ば。地元の救急処置室に姿を見せた際、彼は自分が人を殺すのじゃないかとビクビクしていると言った。そのせいで、この若者のことを訝しんだ救急医療棟の係員の指示もあって当直のソーシャル・ワーカーのもとへ送られたのだ。珍しいことではあるが、後で分かったように幸運な選択であった。ソーシャル・ワーカーは、事の重大さをすぐ見て取り、筆者らの法精神医学クリニックを紹介したのである。とにかく早急な鑑定をお願いします、ということであった。

H氏はここ六カ月ほどストーキングしてきた若い女性をいざ誘惑しようという段になって、第三者の救いを求めようと決意した。人里離れたある空き家に目を付けたH氏は、ひもとエーテルを手に入れ、それと同時に具体的な誘拐のプランを練り始めた。被害者の日常の習慣までこと細かく頭に入れた。自分が急速に帰還不能地点に向かいつつあることに気付いたとき、彼はこのまま先へ進むよりは救いを求めようと決めたのだ。

H氏は一見したところ快活な若者なのだが、実は臆病な質で、軽い言語障害を持っていた。ストレスにさらされるとその障害がひどく目立つのである。言葉遣いと自身のジレンマをきちんと伝えようとするその態度から、相当の知性の持ち主であると思われるが、受けた教育はごく初歩止まりである。きょうだいはいない。父親は大酒飲みで、妻とH氏に頻繁に暴力をふるった。H氏が八つか九つのとき家を出て以来、ごく短い表面的な接触しかしていない。両親の結婚が破綻してからはH氏の家庭生活も不安定になり、あちこちを転々としたばかりか、母親のもとから母方の祖父母のもとへ追いやられるなど、保護者も一定しなかった。母親は男出入りが激しく、祖父母の家での居場所もその新しい彼氏の要求通り転々とするはめになった。結果としてH氏は、予想もせず母親がまったく姿をくらましてしまったときなど、その不安定な感情に振り回されることとなった。一つにはその気質のせいで、また一つには学校になじむより先によその土地へ引っ越してしまうといった慌ただしさのせいで、学校でのH氏は一人ぽつんとしていることが多かった。

何の資格もないままに、H氏は学校を辞めた。すぐに家を出た彼は一部屋のみのアパートに移り、精神鑑定を受けるときまでそこに住んでいた。資格不要の仕事を次から次へと渡り歩いた。中でも一番長続きしたのは倉庫の管理人である。来院する一年前から夜間クラスに通い受けられなかった教育を埋め合わせようとしていた。未成年のときも成人してからも、彼は仕事場で知り合ったその場限りの知人を除き、社会的には孤立したままだった。女性をデートに誘ったことは何度もあるし、当初彼のアプローチにいい顔をしてくれた女性もいたが、どれも長続きすることはなかった。親密になったり、セックスする関係はなおのことであった。

最初の問診をした際、H氏にはきわめて鮮明な性的ファンタジーの定型があった。女性を緊縛し、レイプし、ナイフで切り刻むというものである。いつからこのようにサディスティックなファンタジーが発現したのか、いつからこれがマスターベーションをする際の好みのイメージになったのか、正確なところは分からない。彼自身はこの傾向を、三年前、緊縛雑誌やサド本をたくさん買うようになってからと位置づけている。中でも刺激を受けたのは『O嬢の物語』であった。やがて、まだ未成年だった頃から誘拐して殺害するという性的ファンタジーにとらわれるようになり、そのサディスティックな白日夢にそうした本や雑誌が具体的な形を与え、それへの関心を増幅するようになっていた。

H氏には分かっていた。女性を誘拐してレイプするというファンタジーは、要するに、自分にはけっしてノーマルな性的つながりを成就させることはできないのだという内心の思いが反映されたものだと。女性を支配したいという欲求と、何度も繰返し、思いもよらず母親から捨てられたという経験とをつなぎ合わせて解釈する必要はなかった。自分は他人とりわけ若い女性から切り離されている、女性は自分から厚いシールドによって引き離されている、と彼は表現した。そうした彼のサディズムは、このようなケースにおいてよくあるように、望みの女性と親しくなる前に立ちはだかっているバリアを引き裂いてズタズタにすること、それに他ならなかったのだ。

治療が進むにつれて、H氏は十代後半の頃の窃視体験について話すようになった。後をつけていることをけっして悟られないように細心の注意を払いながら、魅力的な女性たちの後をつけたという。女性たちの住所を確認すると、夜陰に乗じてそこに舞い戻り、状況が許せば窓から彼女たちの姿を覗き見ようとした。この窃視行の最中に事が発覚したことは一度もなかった。この窃視行が初めてストーキングという行動に発展したのは、例の女性の後をつけたときである。この女性を彼は誘拐しようと企んでいたのだ。

H氏がこの女性を見かけたのは遅れた勉強を取り戻そうと通っていた夜間大学でのことだった。最初はデートに誘おうと思っていたのだが、絶対断られるという確信があったので、一度か二度「ハロー」と挨拶した以上のことはしなかった。ある日のことである。街で彼女の姿を目に留め、家までつけた。こっそりと後をつけたことが彼に、単にデートに誘うという当たり前のアプローチでは味わうことができないほどの力と支配力の感覚を与えてくれた。彼は夜毎彼女の自宅近辺をうろつくようになった。朝の通勤列車や、お昼に同僚とランチをとりにいく際など、彼女をじっくりと観察する機会をうかがった。つけ回しや観察のパターンも増え、そうこうするうちに倒錯したファンタジーがはっきりと頭をもたげてくるようになった。彼女をレイプし、殺害するというものである。強くなったり弱くなったりを繰り返しながら、このファンタジーは一年近くもH氏の中でくすぶった。自分は相手にまったく気づかれることなくまんまと被害者の後をつけている、そう思いこんでいた彼だったが、数週間前のこと、列車の駅で彼女がつかつかとこちらへ近づいてくるや、大声で、わたしの後をつけているでしょう、と非難した。もし止めないなら警察に知らせる、と怒鳴りつけられた。彼女の怒り任せの非難はプラットフォームにいた客たちの相当の注目を集めるところとなり、さすがのH氏も彼女が見物人の同情をひきつけたことを悟らずにはいなかった。彼は逃げ出した。

大勢の前で恥をかかされたことでH氏は露骨なストーキングに走るのが怖くなり、夜陰に紛れて彼女の自宅をうかがう程度で我慢していた。彼女に対するサディスティックな性的ファンタジーは、彼女に人前で叱責された際の、その義憤に満ちた口調によって、いっそう強いものになっていた。一歩でも前へ進むためには誘拐というファンタジーを実行に移すしかない、と結論した。この忌まわしい計画が成功したら、彼は首をつって、自分の人生にピリオドを打つつもりだった。幸いなことに、この計画を実行に移す前に、入念に準備した上で女を殺して自分も死ぬという計画のおぞましさに気づいたH氏は、助けを求めることができた。

初めて鑑定したときのH氏は非常に自殺指向が強く、今でも殺人計画をもてあそぶくらいならみずから死を選ぶと言っている。相当長期間にわたってひどい鬱症状に悩まされ、サディスティックなファンタジーにさいなまれてきたのも、自分に絶望し、自分という存在に希望が持てなかったことの反映であるのは明らかである。筆者らが立てた最初の治療方針は鬱症状の改善に重点を置き、性的逸脱や社交不全、人間関係不全の診査は後回しにされた。殺人指向に後戻りすることを何としても避けたいとするH氏の努力はわれわれの治療に際して劇的な効果をもたらした。彼は鬱症状のカウンセリングと治療の両方に身を削った。最初から根気よく彼の面倒を見てくれたソーシャル・ワーカーともコンタクトを取り、そのアドバイスにも熱心に耳を傾けた。もっと人とつながりの持てる仕事に変わり、スポーツ・クラブにでも通って、社会と接触する機会を増やしなさい。今振り返ってみると、彼を救急処置室に連れてくるきっかけとなった、あの誘拐計画とそれに伴うパニック症状は、H氏の人生の分岐点であったのだ。

精神分析学の死語を一つ復活させてみよう。サディストの行動は多元決定されるものである。H氏のケースでは、サディズムは、性的欲求不満、親愛感の欠如、社会的疎外、価値を奪われ虐待された小児期の無力感といった複合的な要因への反応であった。その要因から一つを選び出すなら、社会的疎外こそ性暴力をくい止める決め手であったのだ。

倒錯性窒息（窒息愛好症）

性的興奮が窒息とともに発現し、ピークを迎えるという人々がある。性感を高めるためにほどこした窒息をもたらす行為のうち中心となるのは脳内の低酸素症であり、その手段としては頸動脈を人為的に締めつける、化学的手段を用いる（普通は有毒ガスを吸引する）、また呼吸を阻害するなどがある（ヘイゼルウッドほか、一九八九）。多岐におよぶ自体愛的窒息愛好は好奇心に突き動かされかつ致命的となりかねない性行為の中でも、もっとも頻繁に見られるものである。自体愛的窒息愛好症における、マスターベーションの最中の性感昂進策としては、首を縄でくくったり、頭からプラスティックの袋をかぶり呼吸を制限したりというもの。緊縛などサドマゾ的な行為を実践する人々の性行動にも窒息という手段は、よく見られる。サドマゾの場合の性感昂進策としては、普通脳内の酸欠状態がどんな効果をもたらすかを自身の身をもって体験することであるが、ごく少数ながらパートナーを窒息させることによって性的興奮を得る人々がある。相手を窒息へといざない、その様を目撃することによって興奮する人々にとって、エロスを高ぶらせる引き金は、コントロールされた上で酸欠状態に陥った「パートナー」の、すっかり無防備になった様を眺めることなのだ。窒息愛好症は、性的逸脱や性的倒錯と同様、人間の性的レパートリーの一部であり、実質的にはそのセクシュアリティの突出した表れにほかならない。

窒息愛好症の珍しい変種の中には、溺れて息も絶え絶えになった人を見たり溺死体を見て性的興奮をおぼえるというものがある。性欲を刺激するきっかけとしての溺死体は、そうした人にとって、死体愛好という趣味よりむしろ、溺死していくプロセスをまざまざと想像する行為と深く関わっている。次に、こうした性向をもった若者の事例を見てみよう。元となる資料はマニー(一九八八)が公にしたもの。人気刑事ドラマで見た女性の溺殺事件について、被験者は次のように語っている。

いつだってドキドキするんだが、女の子たちが溺れていく様をテレビで放映するじゃない、あれってもっとも緩慢な殺人だと思うね。女の子のショットだけでは十分とは言えない。ナイフで刺したりするのもいいね(俺に言わせると、サイコ・フィルムとかスラッシャー・フィルムなんか目じゃない)、けど女の子が溺れていく様はいろんなカメラ・アングルから狙えるし、いろんなショットを撮れる。女の子が溺れていくには時間がかかる。で、そのシーンにぴったりの、特別な音楽を流すんだ。スリリングなやつ、エキサイティングなやつをね。薄気味悪いのもありかな。一つだけ分かっていることがある。ここ二週間、この趣味のお陰で俺の生活はめちゃくちゃになっちまったってことだよ。この殺人のシーンを俺は何度も何度も頭の中で反芻した。何度も何度も何度もね。オーガズムまたオーガズムだ。来る日も来る日も。自分でテープに撮って何度も何度も見られたらよかったのになあ。女の子が溺れる様をフィルムにおさめておけば、ほかの場面なんか、もう使わない。女の子が溺れていく様を自分で撮ることができたら、と思うよ……(マニー、一九八八、一六四~一六七頁)

次のケースも似たようなファンタジーをあらわにしたもの。ストーキングだけではなく、アルコールによる脳損傷と色情亢進を伴う気質性妄想障害によって症状はこみ入ったものになった。

事例

四十四歳になるU氏は傷病年金受給者、筆者らのクリニックにはストーキングのかどで拘置所に再拘置された後、被告側弁護人によって送られてきた。暴力傾向はきわめて顕著で、兵隊仲間の生命を脅かしたとして陸軍を除隊になってからは、妻にひどい暴力を加え（一度など、ナイフを使用した）、パブでは繰返し大立ち回りを演じた。

U氏は成人向き読み書き教室の教師にぞっこんになった。まさに「一目惚れだった」そうである。U氏は彼女のことをあれこれとほめたたえ、彼女は自分がこれまで見た中でもっとも美しい女性だと信じていた。彼は彼女について本人の住所、肉親の住所、普段出歩く先などをありとあらゆる情報を集め始めた。

この教師と知り合って六カ月以上、U氏はあらゆる機会を利用して彼女と会い、話した。彼は言った。そういうときの彼女はこちらの気持ちに報いて、自分を好きになってくれたと思ったと。彼女が彼に手を振るしぐさ、そのおしゃべり、ほほえむ様から彼女の愛情は、明らかだと主張した。繰返し後をつけるようになり、彼女や家族に電話をかけた。ある晩のこと、大量のアルコールをきこしめした後、彼は教師のオフィスに押しかけて、自分の気持ちを打ち明けた。彼女は物腰こそ柔らかかったものの、きっぱりと拒絶した。激怒したU氏は脅し文句をわめきながら彼女を壁に押しつけたのである。その後彼は彼女の母親と妹に電話をかけ、こいつを殺してやると脅した。彼は妹の住所まで押しかけて彼女を探した。彼は警察に通報され、逮捕された。

U氏は自分の暴力傾向をよくわきまえていた。このせいで二年前には妻が離婚の決断をしたことも分かっていた。以前から飲酒の問題を抱えていたこともしぶしぶながら認めた。包括的知覚障害を示す診断書と、最近コンピュータによってなされた断面X線撮影の結果からも、大脳皮質が萎縮していることが証明された。

それに加えて、U氏の性的発達と性的ファンタジーを精査した結果、以前から女性を溺れさせる夢想に耽る傾向があることが明らかになった。女性の溺れている様を想像するだけではなく、水辺に浮かんで腐っていく女性の死体を想像しても性的に高ぶってしまう、と彼は打ち明けた。ぞっとすることに、彼はそうしたファンタジーを、これまで知り合った女性ばかりか、最近ストークするようになった例の女性教師にも当てはめてもてあそんでいたことを認めている。どうやって彼女を溺れさせようか、どうやって彼女を殺してその死体を水辺に浮かべてやろうか、実際に計画したことも度々あった。長年アルコールを過剰摂取してきたわりには、その性機能はノーマルだった。

拘置所でU氏は精神科の治療を受けた。半減期の長い抗精神病薬フルペンチクソールを注射された。それから二カ月、地域社会での矯正命令を得て釈放された際、彼は法的強制力はなかったにもかかわらず、筆者らのクリニックに通うことに同意したのだ。U氏は、刑務所の釈放後支援サービスからの定期的な訪問を受けて、職業訓練施設に入所した。刑務所に入れられてからは飲酒癖も治まり、寄付された衣類を仕分けする福祉機関にボランティアとして関わった。色情狂的な妄想は抗精神病薬のおかげで好転し、被害者と接触することもなくなった。突拍子もない性的ファンタジーは今なおくすぶっているとは率直に認めたものの、その頻度もえげつなさも、ずいぶん落ち着いたという。ファンタジーに操られることはもうなくなった。この点に関しては、基本的な行動戦略が、彼の生活技術を高めるための支援、努力とともに、役に立ってくれた。目下の評価はこうである。U氏はまだ一定期間、精細な管理を必要としているが、その必要性について彼は認識していると。

略奪型ストーカーの管理

略奪型ストーカーについて、現在知り得たところから一つ言えるのは、きわめて高い性的攻撃性を彼らが有しているということである。こうした攻撃性はあらかじめ警告されることなく発現する。さらに、この一群のストーカーたちの行動は、比較的短期間のつけ回しの後、通常は逮捕なりレイプなりによって終わりを迎える。性的な動機を有するストーカーが逮捕されたら、性犯罪ばかりかストーキングの罪でも告発されるものだが、後者はその重大かつ潜在的な性的異常性とは関わりなく罪を問われるようになってきている。略奪型ストーカーはストーキング行為に伴う危険性こそ事の本質である、ととらえている。その文脈や、犯罪に走るにいたった動因とは無関係に、嫌がらせそのものに徹底してこだわるのだ。

こうした人々はストーカーの中でもごく一部であるが、

複数の被害者を同時につけ回し、自身の性的攻撃性を実行に移すその能力からみて、これを正確に把握し、適切に対処することは、何より肝要である。今性犯罪者全般を類型化し、その危険性、累犯性を類型化する治療プログラムの策定は十分とは言えない。それだけに治療の成否は、法的制裁と治療者による介入しかるべき協同作業に大いに左右される、と考えられる。広く認知されているように、性倒錯者の執拗かつ強硬なありようから見て、幽閉などの手段が無理である以上、現実的な対処法としては、こうした深刻な累犯性の性犯罪者は監獄へ収容する以外打つ手はない。理想を言えば、刑務所の性犯罪者治療プログラムに参加させ、仮釈放の条件としてその後も継続治療とするのが望ましい。このようなケース管理は慎重を要するだけに、管理する地域社会の矯正プログラムと、専門家による法精神衛生サービスとを連動させることも有意義である。このような協同作業は地域社会によって処分されることが決まった犯罪者の治療には、同様にメリットがある。

性的逸脱者、性犯罪者の行動についての治療方針を詳述するのは本書の目的とはややそれるが、一点だけ指摘しておきたい。特定犯罪発生要因と同類犯罪発生要因、この双方と同時包括的に取り組むアプローチ、これこそ犯罪の反復（累犯）を逓減させるのに大いに役立つ、ということだ。

リンゼーほか（一九九八）の示唆するところによると、知的障害のある性的略奪者には個人ベースではなく集団療法的な認知療法が効果的であるという。認知のゆがみに焦点を合わせ、態度の変容をうながすべく建設的かつ集団的なプレッシャーをかけるとともに、人づきあいの技術を向上させる。略奪型のストーカーは通常、孤独で社会的に不器用で、成熟した人間関係が欠落しているという点で、非性的な逸脱者と変わらない。治療方針を立てる際は、こうした欠陥ゆえの難しさはある。しかし、性的逸脱者に特化した生活技術トレーニングと、認知療法ならびに薬物療法を組み合わせることによって、このタイプのストーカーを治療し、被害者を救済する可能性は大いにある。

7 親しくなりたいタイプと相手にされない求愛者

はじめに

親しくなりたいタイプと相手にされない求愛者は、二つ相まって、ストーカーの中でも、もっとも多くしつこい人々である。ともに、みずからが関心を持った対象と関係を築きたいと、あれこれトライしてくる。既知であれ見知らぬ他人であれ、これと目を付けた対象をしつこくつけ回す。有名人をつけ狙ういわゆる「スター・ストーカー」がよく見られるのも、こういったタイプである。親しくなりたいタイプと、相手にされない求愛者にはその行動、ストーキングに走るにいたった要因の両方で類似点があるが、さしあたりここでは二つを分ける特徴について論じることにする。

ストーキングを主に女性への暴力という文脈でとらえる論者は、これと決めたパートナーをストークする連中を、精神異常というよりはむしろ鈍感、支配欲の現れであり、見当違いの求愛行為などではないと強調する。エマーソンほか（一九九八）ははっきり、ストーキングは社会病理の産物であり個々人の精神病ではないという考えを提起している。彼らによると、その行動は関係を持ちたいという一方的な思い込みから生ずるもので、みずからの関心対象となった相手の当たり前の利害や権利にはお構いなし、という。エマーソンほか（一九九八）は、ストーカーを病理現象ととらえる見方に異議を唱えるという意味で、やや先走っている。彼らは言う。「ストーキングを精神的不安定の結果ととらえる見方はストーキングの発生基盤を曖昧にし、ストーキングにまつわる複雑な社会過程をストーカー個人の病理のせいにしてしまう」（エマーソンほか、一九九八、二九〇頁）と。

ストーキングという行為は、そのアプローチがいずれ報われるなどと考える個人による、無神経でばかばかしく、甚だ自信過剰な行動にほかならないという見方も分からないではない。オーストラリアおよびアメリカ合衆国の地域研究（オーストラリア統計局、一九九六、ジャーデンとテーネス、一九九八）によると、知人もしくは他人に後をつけられたことのある女性は相当数に上り、女性ほどではないものの男性も似たような経験をしていた。その被害者たちは、かなりの率で、追跡者は自分と関わりたいのだろうと考えていたのである。ジャーデンとテーネスの研究（一九九八）でも、被害者の多くは、自分たちを支配下に置き、オーケーをもらい興味を持ってもらうのがストーカーの目的なのだと受け止めている。だがクリニックや裁判所に送られてくる被験者を見てみると、それとは対照的に、関わりを持ちたいという理由でストーキングをする行為者のうちもっともよく見られるのが、色情狂などの精神障害を持つ精神病者なのである。この認識の違いは、地域研究がストーカーの目的と精神状態について、被害者の視点からしか評価していないことによって生ずるものである。また、クリニックや裁判所に送られてくる被験者の特異性ゆえストーキングのしつこさ、異常さを強調しようとする傾向もある。今求められるのは、裁判所やクリニックや病院にゆだねる前に相当の注意を払うことであろう。恐らくこう推測してよいだろう。自身が「魅力を感じる」異性や同性に対して一部の男性は、向こうにも魅力を感じてもらいたいと願う相手に対し、理不尽なことながら、ある種の行動を押しつける。そして、そのような行動は、わざとであろうとなかろうと、恐怖を生むのだ。ありふれたストーキングのありよう、ドラマティックとすら言えないその変種の知識がいきわたるほど、ノーマルに近接（統計的にはノーマル）していてもなおストーキングと見なされる態度や心的状態についての知識もまた、深まるのだ。その中にはおそらく、非難されるべき行動でもなく精神障害でもない、ひどい人格障害でもない人々による、関わりを築こうとの試みも含まれる。

部分的にだが、ぎこちなく無神経で押しの強い求愛者たちも相手にされないタイプのカテゴリーに入れてある。また、親しくなりたいタイプとは、ターゲットと相思相愛か少なくとも親密な関係を築くことに一心不乱なストーカーと概念化しておいた。親しくなりたいタイプは必ずしも重い精神障害を有しているわけではない。こう考えてよいだろう。つまり、親しくなりたいタイプも相手にされないタイプも、他人や知人と関係を築こうと苦心していることからして独身者であろう、と。筆者らがあえてなした区別は、ストーカーによるターゲットの扱い方、ターゲットと関係を結ぼうとするに際し、どの程度の可能性と希望があるかによる。

親しくなりたいタイプ

臨床的な特徴

親しくなりたいタイプは、ほぼ例外なく、関心を持った相手と相思相愛の関係を築こうとしている。自分たちの目的はあくまで親しい友達になること、支えたり助けたりする関係を築くことにあるので、ロマンスではない、などと言うが、下心丸出しではなくとも、そのべた惚れの態度は痛ましいほどである。親しくなりたいタイプは、全員、目的も一つなら、ターゲットをつけ回すやり方も同様に破滅的で、逆の結果をもたらす。しかし、彼らを動かしている精神病理は、統合失調症などの重い精神病から、ナルシスト性人格障害という性格異常までさまざまなのだ。いずれ分かってくれる、という幻想にとらわれた人々がカテゴライズされる先は、普通色情狂である。色情狂を扱った精神分析学論文でも、最近はストーカーについて豊富な臨床学的解説および仮説が取り上げられるようになった（八章を参照のこと）。色情狂をストーカーにカテゴライズしたのはゾーナら（一九九三）であった。本書では、色情狂は妄想障害の一つであるとする伝統的な理解にそって論を進めることにする。八章はストーキングのありふれた特徴である精神障害を論じている。この章は色情狂にとりつかれた男性と女性という、ストーカーの一類型を取り扱う。

親しくなりたいタイプは、その関心の対象が目の前にいるのは自分の欲望を満たすためだなどと信じている。目の前のターゲットに自分の理想のパートナーたるべき資質を見るのだ。自身の愛情の対象に満たされるべき欲望、愛されるべき美点、かけがえのなさを認めるというのは、愛にほかならない。親しくなりたいタイプは、愛する者にカテゴライズされる。しかしそれは恋人志願者でもなければ、あわよくば仲良くなりたいという望みを秘めた野心家でもない。それはすでに愛情を抱いている誰かである。親しくなりたいタイプは相当程度この愛は報われると信じている。それとは逆を示すありとあらゆる証拠があるにもかかわらず。彼らの示す愛、そのありようはロマンティックなものではなく、むしろ母性的か父性的か、あるいは理想の親に寄せる子どもの愛のいずれかであるが、いずれにせよそれは愛だ。親しくなりたいタイプはターゲットに強迫観念を抱いている（ここで言う強迫観念とは、専門用語ではなく、強いこだわりを持っているというほどの意味）。もっと正確に言うなら、彼らは自身が関心を持った対象をめぐるファンタジーに強迫観念を抱いている。感情の奥深いところではすでに、望ましくもイメージ通りの関係に没入しているのだ。親しくなりたいタイプの動機、それは対象と親しい関係を築き上げて自身の愛に表現を与えることにある。

親しくなりたいタイプの特徴

1　自身の愛情の対象、あるいは向こうもこちらを愛してると信じる対象と関係したいという欲望を抱いている。
2　ターゲットが否定的な反応を見せようとお構いなしにアプローチし、みずからの意志を押し通す。
3　ターゲットにまたとない理想的な人格を付与する。
4　自身の求愛がターゲットと親密な関係を築くことで頂点に達すると信じている。
5　通常親密な間柄、了解づくの関係とは縁遠い生活を送っており、ターゲットをつけ回すことでそうした孤独を解消しようとする。
6　彼らの望みは通常ロマンティックな関係だが、親子の情愛めいた仲、あるいは親しい友人関係も考えられる。

ミューレンほか（一九九九）はストーカーを研究した際、一四五人のストーカーのうち三分の一を親しくなりたいタイプと分類した。このグループには、他のどのタイプのストーカーよりも高い比率で重篤な精神障害者が存在した。追っかけている相手も自分を愛しているという幻想を抱いているものは半数以上。そうした幻想を抱いている人々は、あらゆる証拠がその正反対を示しているにもかかわらず、相手も本音ではアプローチを望み、それなりの愛し方でお返しをしている、と信じていた。あけすけで淫乱な妄想を抱いているこれらストーカーのうち、統合失調症だった者は五人、躁病は二人、妄想障害も二十人いた。右の研究で親しくなりたいタイプとされた残りの二十二人も重篤な精神病を有していた。論文執筆者らが「病的心酔」（八章を参照のこと）と名づけた症状を見せたものは十五人で、残りの七人はナルシスト・タイプによく見られる、診断の難しい重い気質障害を負っていた。

親しくなりたいタイプはストーカーの中でも、もっともしつこい行為者で、拒絶型を除くどのタイプよりも長期間にわたって嫌がらせを続けた。拒絶型もおなじくしつこい手合いである（表4・1を参照のこと）。親しくなりたいタイプは、親密な相手は言うにおよばず、ほとんどの場合は親しい友人すらいない生活に甘んじている、きわめて孤独なグループの一員なのだ。彼らが切望しているのはみずからの生活の抜き差しならぬジレンマを解決してくれる手段としての関係である。孤独、他者との感情的かつ身体的な親密さの欠如。その行動がしつこくなるのは、待ち望んでいた関係が自身の生活にいかに重要な位置を占めるにいたったかの反映にほかならない。

親しくなりたいタイプが求めているもの、それは自身の生活に欠けている他者との親密な関係である。愛情を抱くにいたった相手を追いかける中で、それを解決しようとするのだ。親しくなりたいタイプは、筆者らの分析（ミューレンほか、一九九九）によると、まず例外なく一人暮らしであり、人生のいかなる時期においてもパートナーのいたものはほとんどいない。現代人にとって孤独はありふれたもので、一方ストーキングとなるとはるかに稀であるため、満足な愛情生活に恵まれていないから、即、ストーキング行為に走ると考えることはできない。本音では拒絶している、または無視している相手に恋着し、しつこく追い回すには、そのつれないそぶりを、実際は誘っている、少なくとも拒絶してはいないと曲解する資質が必要である。この資質は精神障害のなせる業であり得る。精神障害にとって世界は現実ではなく、個々人が何を信じるかによってさまざまに異なって見えるものなのだ。こうして色情狂の妄想障害にあって愛する人からの反応は、いかにネガティブなものであれ、一種のお誘いと受け止めてしまう。現実に対する鈍感さ、世界は自分の思うがままといった思い込みは、自己中心的なエゴイストにも観察し得る資質である。親しくなりたいタイプは、通常、その存在、将来の希望を相手と了解づくの関係を持つことに集中しているために、彼らがこうと解釈したイメージに反する考えには、猛然と反発するのだ。

このタイプのストーカーは、驚くほど諦めの悪いストーカーであり平均三年も被害者を追いかけ回す（ミューレンほか、一九九九）。彼らは何度肘鉄を食らい、誰の目にも明らかな袋小路に入り込んでも、なおがんばる。自分にはその資格があると固く信じているのである。単に特別な関係を持ちたいと願っているだけではない――自分にはその権利があると信じているのだ。親しくなりたいタイプはよくこう言っている。ターゲットは彼らの愛に報いるべき、彼らに返事をよこすべきだ、と。この手のストーカーにとって「べき」とは、彼らがターゲットのためになした犠牲、「してやった」ことからして返されてしかるべき借りと見なされている。しつこいハラスメントも彼らの心の中では逆の反応を求めてなされた奉仕、愛情の証として再構築される。彼らのしつこさは、成功しようがしまいが、自身がつけ回しの中で得た満足、希望を持たせてくれたことに対するお返しである。結果が空しかろうと、愛のない生を生きるよりは、愛し愛される希望をもって生きたほうがましだろう。

親しくなりたいタイプが相手に意志を伝えるとき、やや迂回した方法を好む傾きがある。よく利用するのは手紙（七十五％）と電話（七十五％）。望まれない贈り物（五十七％）はそれよりは不人気。拒絶型（八十五％）や相手にされない求愛者（七十五％）ほどターゲットの後をつけたり監視したりすることはない。親しくなりたいタイプはシャイで孤独な人々であり、それはある程度までストーキングのありようにも反映している。もっとも、つけ回しも監視もないわけではない（六十％）。

親しくなりたいタイプは、当人たちに言わせると、親密になりたい一心で、ある方針に沿って行動している。このことから予想されるように、愛の告白、デートのお誘い、贈り物などは当たり前。肘鉄を食らう、やんわりと拒絶される、あるいはあからさまな無視にあってもお構いなしか、裏の意味があるのだろうくらいに受け止める。とはいえ、そうした拒絶がストーカーの防御機構に染みいってフラストレーションを高めてしまい、脅迫や暴力につながったりすることもままある。また相手を不安がらせ、怒らせるような直接的なアプローチがひいては脅しや暴力行為に発展していくことも稀ではない。このような攻撃性が直に被害者に向かう場合、親しくなりたいタイプとその対象との間に立ちはだかる第三者を標的とする場合がある。色情狂についで論じる八章でもっと深める予定だが、すでにターゲットとつながりがあると勘違いしているこの手のストーカーは、その特異な想念からして、不誠実と自身が見なす行為に対しては、嫉妬を感じるものなのだ。

親しくなりたいタイプの多くは、すでに存在するカテゴリーの中でも色情狂に分類されると筆者らは考えている。妄想障害のあるタイプ、色情狂タイプ、また統合失調症といった精神病の前段階にある色情性の妄想を有するタイプである。淫乱性人格障害といった最新の定義にあてはまる人々を除くと、残りはおおざっぱに言って、先に述べた「病的心酔」（ミューレンとパテ、一九九四a、b）の状態にあると言える。色情狂と病的心酔については次章で詳しく取り扱われる。親しくなりたいタイプをここでは次のように限定しておきたいと思う。ロマンティックでエロティックな関係を持ちたいと願う相手にではなく、親子のような親密な血族性、または親友のような友情を求めたいと願う相手に愛情をそそぐ人々のことである、と。完璧にノーマルかつ対等で親密な関係は、依存心、親や友人との情愛、そしてロマンティックな間柄をも含む複雑な愛情を一つにまとめ上げる。であるなら、親しくなりたいタイプのアブノーマルな愛情が同様に複雑な欲求と希望を一つにまとめ上げたとしても、驚くには値しまい。以下は、マザーリング（母性的な養護）とケアリング（親身なケア）への欲求が交ざりあった例。エロティックな欲求はここでは副次的なものにすぎない。

事例

D氏はストーキングのかどで有罪となり、裁判所による精神鑑定のためにクリニックに送られてきた。当時三十二歳で離散家族の一人っ子。片親でもある母親も長い間家を空けることがしばしばであった。母親の家出中は親戚がかわるがわる面倒を見たり、有料の小児ヘルパーを頼んだりしたが、養護施設へ預けられたことも一度や二度ではなかった。度々転校したことによって勉強も甚しく後れをとり、IQこそ優秀の範囲におさまってはいたものの、学業にまつわる資格は一つも取れなかった。孤独癖があり、学校でもいじめの標的になった彼は長じても孤独好きは変わらず、親しい友人も、社会活動も仲間をつくっての活動とも、縁遠かった。

半熟練の仕事に就いたD氏だったが、すぐに飽き、どの仕事も三カ月も経たないうちに辞めてしまった。コンピュータの授業をいくつか取り、優秀な成績をおさめたものの、いずれも長続きしなかった。クラスメートや教師との葛藤に耐えられなかったのだ。何年か前、年配の女性と長期にわたり性的関係を持ったことがあった。女性は彼に対して心理的な要求を、ほとんどなさなかったようだ。D氏はクリニックに来院した時点で失業歴五年以上。社会保障で生計を立て、下宿屋の一室を借り、地元の図書館で日がな一日をつぶしていた。身体的には健康だったが、自身の体について気に病んでいた。心気症の傾向は読書によって芽生えたもので、開業医に診察を受けるときはよくそのことで愚痴を言った。

各種の医院を渡り歩いていた最中、たまたまある女医の診療を受けたのは二年前。女医は人一倍注意深く、人一倍感情移入も激しいタイプで、それだけに患者の不安、未開発の能力にも目を留めることができたのだろう。理由は何であれ、このとき初めてD氏は分かってもらえた、気にかけてもらえた、という気分になった。彼は次の週も女医のもとへ行った。女医とは決まった時間に予約を取るようになり、彼女はD氏の不定愁訴の奥に横たわる要因について、実に的確な診察をしてくれた。D氏は予約時間外も医院に顔を見せるようになった。女医はこれを喜ばなかったが、彼女の気持ちにはお構いなしだった。医院や女医の緊急番号に繰返し電話をかけるようになった。女医は次のアポまでの間、決まった時間に十分間だけ電話をかけることを認め、やり過ごそうとしたが、無駄だった。女医はD氏のことがだんだん煩わしくなってきた。ショッピングのとき、家族や友人と出歩いているとき、D氏と会う回数が目立って増えてきたのだ。単なる偶然、初めのうちはそう片づけていたが、回数があまりに頻繁になったため、さすがの彼女もD氏の意図を感じるようになった。D氏と対決することは避けた彼女だったが、次に彼が来院したとき、彼に言った。もうあなたの診察はできないし、あなたのことは私のパートナーに任せることで手を打った、と。困惑したD氏は自殺を口にするようになった。これには彼女はまいった。次回彼と会う約束までしたのである。予約を取らずに来院してくる回数は一見、少なくなった。医院とは別の場所で遭遇することもなくなり、電話も時たま、アポとアポの合間にかけてくるだけになった。そのような状態は数週間続いた。これで関係も正常に戻ったわ、と一息ついた彼女がある晩遅く自宅に戻ったところ、隣家の庭先に身を潜めているD氏の姿が彼女の車のヘッドライトに映し出されたのである。次の夜も自宅の外にたたずむD氏の姿が彼女の夫によって発見された。夫が近づいていくと、D氏は走って逃げた。

驚くまでもないことだが、女医は驚愕した。D氏に手紙を書いてもう金輪際会うつもりはない、二度と自分に近づかないで欲しい、と要求した。必要なら別の医院を紹介してもいい、と持ちかけた。これはこの段階ではやや性急にすぎたのだが、彼女は、精神科医を紹介しましょう、と言ってしまった。その結果、彼女の身にふりかかったのは医院と自宅の両方への電話、手紙、付近へのうろつきの速射砲だった。彼女は裁判所命令を取得し、D氏にこれ以上接触したりアプローチしたりしないようにと命令してもらった。D氏はこれを無視した。警備体制を強化してもらったが、ハラスメントの役には立たなかった。ついにD氏はストーキングのかどで告発された。

そんなD氏だったが問診の際は女医のことを褒めそやした。彼女が裁判所命令を取ったときは腹が立ったが、繰返しちょっかいを出されて彼女も怖かったのだろうと理解している、と主張した。彼女は自分の話に耳を傾け自分を理解してくれた唯一の医者だった、と彼は言った。あれほど気にかけてくれたのだから、自分を治療できるのは彼女しかいないと思う、と言った。恋愛感情も性的な関心も彼女にはない、と下心は否定したが聞かれない先からその美貌、明るい人柄を賞賛した。自分には彼女の治療、医者としての技術が必要なんだと言った。別の問診の機会には、彼女のことを理想の友人とも表現した。また別の機会には、彼女は完璧な母親と言い、実の母親の仕打ちと比べて女医が子どもたちを養育するそのやり方——と彼が勝手に信じているもの——を称賛した。

D氏は州保健局、医事課、あるいはオンブズマン等、ありもしない名前を騙って女医とコンタクトを取ろうと試みた。当局によって着手された治療計画を遂行する義務が彼女にはある、などと口から出まかせを言って。結局のところ、D氏は男性心理学者のカウンセリングを受けることに同意し、医師と患者としてまずまずの関係を築いている。今のところ医師—患者関係の枠を超えるような態度は取っていない。

D氏の過度の執着は救いがたい孤独がもたらしたものだった。彼は女医の中に身体的、精神的な病から自身を救い出してくれる完璧な医師を見出したのだ（この女医の態度は始めから終わりまで適切だった。救済してもらえるというファンタジーが一人患者の頭の中だけにとどまっていなかったとしても、女医のせいではない）。一方でD氏はこの女医と一緒に暮らすというファンタジーももてあそんでいた。それは恋人としてではなく、彼女を母、その夫を父と見立てた子どもとして。彼にとって、唯一自分を助けてくれるただ一人の人のが、彼女だった。彼女はかけがえのない、医学的のみならず母性的価値のすべてを体現した存在だった。救世主であり、その代わりなどあろうはずがなかった。何時間も何時間も彼女のことを思い続け、その心酔が最高潮に達したとき、彼女は彼の想念を支配した。

次章で親しくなりたいタイプの事例をさまざまに取り扱う。色情狂的な愛着がストーキングに発展した事例である。

管理

親しくなりたいタイプの管理はストーキングの裏にある精神障害の治療が中心になる。普通、このグループは法的制裁をものともしない。裁判所による禁止命令、同種の裁判所命令、執行猶予などは彼らにとって抑止力というよりはむしろ克服すべき挑戦と思われるのだ。拘留しても、罰せられたというより、むしろみずからの真心が試されている、と考える。法的禁止といった障害物が行く手に立ちはだかっても、それでかえって思い上がることさえある。

相手にされない求愛者

臨床的な特徴

相手にされないタイプのストーカーには実にさまざまな人々がいる。その行為や態度は世間一般の男性女性と、決定的とはいえ、些細な点で異なるにすぎない。相手にされない求愛者は一人残らず社交スキルというか、もっとはっきり言えば求愛のスキルにおいてあからさまな欠点を持っている。中にはそんな欠点が世間知や遊泳術の足りなさではなく、計算づくの無視とか、騎士道的無関心に近いと見なされる場合もあるだろう。相手にされない求愛者の一方の端には、知的に成熟しておらず社交的にはあまりに不器用な人々がいる。そうした人はみずからのロマンティックな関心を導き出してくれた相手を、無作法かつ無神経なやり方で追いかけるのだ。それは深刻な人間関係不全症から派生したやり方といってよい。もう一方の端にいるのが、フェミニストなら典型的な男性のカリカチュアと呼びたくなるような連中である。引っ張っていくタイプ、居丈高なタイプ、鈍感なエゴイスト、女性とは男の手に落ちるのを待っているだけの存在ではないことに思いもおよばない手合い（現実には、相手にされないタイプのストーカーには男もいれば女もいる。ターゲットも男性女性を問わない）。

相手にされない求愛者は普通、特定の相手を比較的に短期間だけ追い回す。ストーキング期間も平均してほかのどのタイプよりも短い。とはいえ、次から次へとターゲットを変えてストーキングを繰り返すという意味で、きわめて累犯性が高いのも、このグループなのである。相手にされないタイプは往々にして手紙等々の通信手段よりはダイレクトなアプローチを好む。このタイプのストーカーは、異性に言い寄るときの約束事うんぬんという社交ルールを守ることができない不器用者と、風刺的にカリカチュアライズしてもよい。

相手にされない求愛者の特徴

1　自分には自分の気を惹いた相手とつきあう権利があると感じている。
2　ターゲットにもそれなりの好みがあることには無関心、無神経。
3　告白やアプローチが実らないことを理解できない、

4　アプローチするにあたり、最初からしつこい、的はずれな手段に出る。

理解しようとしない。

リンゼーほか（一九九八）が前の章で報告した知的障害のある二人のストーカーのケースはこの手の求愛者の実例である。二人とも興味をおぼえた女性に未熟かつあからさまの性的アプローチをしたばかりか、相手にその気がないにもかかわらず、アプローチ、またアプローチを繰り返した。仲良くなりたい一心でなされた心得違いの試みの奥には、いわば当たり前の接近についての思い違いがある、と報告されている。例えば女性をじっと見つめて、自分は相手に惹かれていることをにおわせるといったような。すると被害者も微笑んだり笑ったりしてこっちのアプローチを促した、などというわけだ。

魅力を感じた女性に場違いなアプローチをするというのが、ストーキングというものではない。ストーキングとは繰返し、しつこく他者に介入することであり、社交的に不適格なタイプによるストーキングは、ある種の権利意識を持って他者に望まない接触を繰り返すことと同一線上で考える必要があるのだ。

事例

適切な社交スキルが著しく欠如しているとの理由でクリニックに送られてきた患者があった。知能程度は良好だったが、長い期間にわたって他者とつきあうという点について問題を抱えていた。病歴を見るとアスパーサー症候群（他者中傷癖）の気味があり、子どもの頃から列車時刻表への強迫観念じみた関心と、炎の明滅をながめることに対する陶酔があった。他人と親しくつきあったことはまったくなかった。ただ職業については、ここ数年は細かい反復仕事に就いていた。一緒に働くものたちは患者のこのような傾向を我慢していたが、彼が同僚の若い女性にアプローチし彼女をデートに誘ったとき、その我慢も限界にきた。彼女はかたくなに拒んだが、彼は構わず誘い続け、自宅までその後をつけ、付近をうろついたりした。とうとう、同僚女性に対する度を過ぎたハラスメントを理由に、彼は仕事をクビになった。興味深い点としては、職場から遠ざかって以降は彼がこの若い女性にアプローチすることがなくなったということだ。法的措置も取られなかった。それからほどなく、彼はディスコに通うようになった。ディスコ通いは同年輩の男性のアドバイスにしたがったもので、学校時代の知り合いだったこの男性と街で会った際、ガールフレンドってどうしたらつくれるんだい、と訊いたのだ。ディスコでの十八番は、気に入った女性の前に立って、ダンスに誘うことであった。彼の見るからにさえない外見もあって（カーディガン、ウールのシャツ、バギーパンツという一九五〇年代風の格好をしていた）、彼の誘いはたいてい断られた。そのことがこの若い女性をつけ回すきっかけとなった。断られても断られても諦めず、どうしてダメなのか教えてくれなどと言い張ったのだ。そんなことを何度か繰り返した後、彼はディスコから追い出され、やがてほかのディスコからも永久的に出入り禁止となった。

彼は地元の駅で若い女性をデートに誘い続けて困らせたあげく、当クリニックに送られてきた。数カ月にわたり連日彼女に嫌な思いをさせ、ついに逮捕され告発されたのだ。来院したとき、彼は精神鑑定を強制されたと言ってかなり怒っていた。自分は何も悪いことはしていない、自分にだってガールフレンドを持つ権利はある、などという考えを披露した。デートに応じてもらおうとアプローチした女たちがそれを断ったことが、そもそも間違っている――それを間違っていると言うとして――と信じていた。内心の思いをぶちまけると、彼は問診者に、どうやって「デートの相手を調達した」んだい、と訊いてきたのである。女の子とデートしたのは昔話だと答えると、彼はいきなりデスクに覆い被さって、問診者の背広の襟をつかむや、おなじ質問を強引に繰り返した。「いったいどうやって女の子を調達したんだ」。

この男性を診療するうちに一つの事実が明らかになってきた。来院する数カ月前から彼はある若い女性を誘拐して拘禁することを企てていたのだ。それも、ガールフレンドになってもらうことを目的に。彼はジョン・ファウルズの小説『コレクター』の愛読者だった。この本に書かれたとおりすれば、長期間使用可能なガールフレンドを確実に調達できる、と思ったのだ。

右の事例は愚劣さ、ゆがんだ権利意識、他者の願いや感情にはとんと無頓着な独りよがりさが見て取れる。他者と関わるとは、この男性にとって所有すること、使用することを目的として獲得することであった。彼がアプローチした女性たちは彼にとって魅力的というのではなく、本質を奪われた存在であった。女性たちの個性や好みは彼の関心のおよぶところではなかったのだ。

右は他者とは独立した存在であり、その意志は尊重されねばならないことを理解する能力を欠いていた好例である。相手にされないタイプの大半が、すでに見たように、精神病などとはいっさい無縁の男たち女たちである。筆者らの推測によると、地域研究の中で、他人やちょっと見の知人につけ回された、嫌がらせに遭ったというストーキング体験があると報告した人々の多くは、このタイプの被害者たちなのだ。そういった犯人のほとんどは精神鑑定を受けることもない。なぜならストーキング期間が比較的に短く、もし長くても告発までいたることは稀であるから。こうした人がクリニックにやってくるのは、別の理由によるというのが通例である。

事例

あるとき三十代の男性が紹介されてきた。傷害罪で有罪を宣告され抗弁するため報告書を提出するからと言って。独身者でにぎわう巨大ホテルのバーで働いていた若い女性の車をめちゃくちゃに壊したのだ。男性に前歴はなかった。知能程度も良く、特殊技能を要する職に就いてそれなりの賃金を稼いでいた。しばらくつきあっていた相手とは数カ月前に別れたばかり。その地元のホテルへ通うようになったのは独身者がお相手を漁る場所という評判を聞きつけてのことだった。

何人かの女性にアプローチしたものの不首尾。それはきっと彼が客の平均より十歳から十五歳も年上だったためだろう。そうこうするうち彼はある若い女性に目を留めた。バーで客の相手をしていた女で、一、二度軽い会話を交わしたことがあった。向こうもこっちに関心を持った、彼はそういう印象を受けた。デートに誘ってみると笑いに紛らせて断られてしまった。数日後、また誘ってみた。ホテルの方針なのでお客様と出歩くことはできないと彼女は言い訳をした。彼は体よく振られたと認めたくない一心で、翌日の晩、仕事場に電話してもう一度誘ってみた。今度は彼女も、もっとはっきりとした態度に出た。誘いに応じることはできないと断ったのである。その晩遅く、彼はアルコールを大量に浴びるほど飲んだ後、またもや彼女に電話をかけた。二度目に電話をしたとき、自分は「壊れていた」と認めている。彼はろくでもない言葉を相手に浴びせかけた。

何とか気持ちを落ち着けて、翌晩、またホテルへと向かった。彼女に謝ろうと思ったと彼は言う。彼のそばへ近づいて来ようとはしなかった彼女だったが、自分の方を見て、誘いかけるようなまなざしをよこしたと彼は確信した。それからである、彼は次々と彼女に電話し、謝るからデートしてくれと繰り返したのだった。彼女は電話にも応じなくなり、彼は、別のスタッフからもう電話をかけないでくれと言われたのである。もう一度だけ彼女を一目見ようとホテルへ行ったが、スタッフに見つかって、追い出されてしまった。翌晩遅く彼は彼女の車をめちゃくちゃにした。彼女が車に乗って帰るのは何度も見ていたから、どれがその車かはすぐ分かった、と彼は言った。

クリニックに来院したときは、車を壊したこと（全額弁償した）と、酔っ払って猥褻な電話をかけたことを反省していた。もっとも、最初にちょっかいを出してきたのはあっちで、自分に火を付けたのもあっちだ、と主張した。自分は加害者ではなく被害者、と。自身の行為が彼女に与えた恐怖と不安について彼女が出した申し立て書を読んでただ一つ彼が傷ついた箇所は、中年の太った人ですと述べた部分だった（ジムで鍛えた力こぶを彼は自慢していた）。

筆者らの思うに、独りよがりな無神経さと、自分がアプローチするんだから喜ばれるはずというナルシシスティックな独り決めこそ、ストーキング行為に特有の傾向である。そういう傾向は男性に多いが、もちろん男性のみに偏っているわけではない。

事例

もう一人、民間の精神科医から当クリニックへ送られてきた相手にされないタイプのストーカーがいた。二十代前半の男性で、精神科医へは母親に連れられてきた。セクシュアル・ハラスメントをはたらいて大学のコンピュータ・ラボから出入り禁止になったと息子から聞かされて、びっくりしたのだ。

彼はシャイでおどおどして友達の少ない若者だった。知能程度は高く、数学とコンピュータの分野には見るべきものがあった。コンピュータの課程をまずまずの成績で修了して、今は修士課程を終えようとしている。何年か前までは、セックスこそしなかったもののおなじ年の女の子たちともつきあいがあった。たいていは世話焼きの母親か、その友人たちがアレンジしてくれたものだ（彼の人種的背景から、見合い結婚は珍しいことではない）。両親とは同居していた。社会と彼とをつなぐ唯一のはけ口はインターネットであった。履修の過程で彼はある女性講師から個人指導を受けていた。この女性講師に彼は一目惚れしたのである。

個人指導の合間にこの女性講師に電子メールを送る

ようになった。最初は授業に関連した質問だったが、やがてインターネットで彼女にデートをせがむようになった。返事はノーだったが、講師は相手の気持ちをなだめるため、スタッフと学生とのつきあいについては大学の方針で規則があると書いた。これで彼は鼓舞されたと勘違いし、今度は面と向かってのアプローチを一回二回と繰り返した。今度も丁重に断わられた。この頃から彼の行為は常軌を逸するようになった。最初のうちは何とか外で会ってもらおうと言い寄るだけだったが、やがて、煮え切らない態度に業を煮やしたのか怒り任せの脅しに一変した。大量の電子メールを彼女に送りつけた。大半は送り主不明かアドレスをそれらしく変えて。彼女のコンピュータに侵入しファイルをいじり、それに飽きると進行中の作業内容を消去した。インターネットからダウンロードしたワイセツ画像を電子メールで送りつけた。

クリニックに送られてきたとき、彼は、被害者だって自分との関係を望んでいたんだ、と言い張った。だって自分は彼女の授業で一番できる生徒なんだから。彼女は自分と「簡単には落ちないわよ」ゲームをしていた、と主張した。こっちを刺激して自分とコミュニケーションするための「かしこい」やり方に引きずり込もうとしていたのだと。この男性の名誉のために付け加えておくと、「わたしは彼の行為によってひどく恐怖し冒瀆された気分になりました」、という被害者の書いた、申し立てを突きつけられて、当然ながら彼は苦しんだ。もう彼女を追い回すのは止めるようにとの説得についにうんと言った。一つには、被害者の気持ちを少しでも理解して欲しいという周囲の希望を受け入れて。また一つには、これ以上続ければ大学を辞めさせられるのは明らかであるという恐れから。

管　理

相手にされないタイプのストーカーを管理するのは容易ではない。法的制裁やカウンセリングをちらつかせれば、彼らは比較的あっさりとストーキング行為を止める。問題は、次にその関心が彼らのいわゆる「パートナー候補」に向かったとき、いかにしてストーキングの再発を防ぐかにある。社交スキルの改善をはかる必要がままあるが、その実現は容易ではない。嫌がらせをしていた相手の気持ち、不安を共有することが望ましいとはいえ、被害者の気持ちを理解させるのはたやすくない。必要なのは大人になることであり、文化的に男女間にはどんな約束事が受け入れられるのか、ということを理解することである。薬物中毒者の場合、それから救い出すことができれば、少なからぬ改善が期待できる（もっとも、それではただ一つの社交スキルが奪われてしまう、と言い張るものもいるが）。通常とおなじように、心理学的、行動学的にノーマルに近いものほど、精神医療の専門家がその態度変容を援助するのは難しくなる。

親しくなりたいタイプ対相手にされない求愛者

相手にされないタイプのストーカーの場合、その中心にあるのは関係したいという要求である。親しくなりたいタイプの場合、その中心には、彼らなりの愛のファンタジー、その成就を求める気持ちがある。両方のタイプのストーカーに共通してある種の権利意識がある。自己中心的にアプローチすれば自分の欲求は完璧に満たされると思う点で共通であり、不幸にも彼らに関心を持たれてしまった相手の気持ちは見ぬふりをするという点で共通である。しかし、本当に誰かを愛したからこそ人生で何より重要な行動に乗り出した、という確信と、相手は自分とデートすべきという思い込みとの間には、全世界ほどの開きがある。親しくなりたいタイプの判断は、もし相手と何の関係もなく、傍から見ても関係が生まれるようには見えないなら、相手にされない求愛者の判断より、根本のところで不穏である。現実と、ストーカーの目に映るあるべき姿との開きは、とてつもなく大きいのだ。一方の端には、相手は自分を愛していると確信している人々がいる。その思いを合理的に支えてくれるような行動も、連絡も、相手からはいっさいないにもかかわらず。また、もう一方の端には、何としてもこの人とつきあいたいというストーカー自身の願いがある。相手の結論はもうはっきりしているのだが。その中間には、自分が相手を愛しているのは確かだけれど、相手はそうではないことを知っているストーカー、しかし、いずれ自分の愛は報われると程度の差こそあれ信じているストーカーたちがいる。相手にされない求愛者は、自身の要求、関心の対象への理解の程度からして、下心に満ちた博打うちのようなものだ。博打うちと違うのは、自身の要求をあくまで押し通す粘り、その自己中心的なありようである。相手にされない求愛者は、重要とはいえどちらかと言えばささいなやり方で関係を求める大多数の人とは違う。彼らは通常、本質的にはノーマルな人々であり、ただ社交下手で自意識過剰、人間関係が鈍感であることによって、事が上手く運ばないだけだ。大方の予想通り、親しくなりたいタイプにおける精神病の深度は、相手にされない求愛者タイプよりはるかに高い。一方相手にされない求愛者はノーマルすれすれである。次のように言ってよいだろう。関係を求めるという点において、相手にされない求愛者はどのタイプのストーカーよりも数の上で多いと。しかしながら、相手を漁る手順から言って裁判所や精神衛生クリニックの門をくぐるのは、親しくなりたいタイプのほうがむしろ多いのである。

8 色情狂と病的心酔

はじめに

ストーキングを一つの行動類型の発現と見ると、色情狂（erotomania）は臨床上の最重要点であると言える。めったに見ることのない――不可解ではないが――精神病の中で長く忘れられていたこの疾患が、今新たな重要性を持って、尊重すべき――検討されることは少ないだろうが――概念として、その限界と有用性とをわれわれの眼前に差し出している。次に、色情狂について詳細に説明していくことにしよう。これこそ親しくなりたいタイプの行動の源であり、ストーキングにまつわる臨床文献の一次資料として、これほど有用なものもないからである。

今のところ色情狂とは、その疾患にかかったものは誰かに愛されていると信じ、その信念を核とした妄想世界を生きているということに特徴づけられた状態と見なされている。色情狂にはプライマリ（純粋）な現れとセカンダリ（症候的）な現れがあるとされる。プライマリな色情狂とは偏執症的妄想状態のことで、幻覚などの重篤な精神障害を併発することはない。セカンダリな色情狂は妄想障害を含み、精神病の前段階、例えば統合失調症の萌芽が見られる。多かれ少なかれ、右の概念をなす要素はそれぞれになお検討すべき余地はある。自分は愛されているといった妄念を強調しすぎるという点については、それが病的心酔を除外しているとの疑問の声が上がったことはある（ストーン、一九八四、ミューレンとパテ、一九九四a）。そもそもプライマリな色情狂が存在するのかについても、これをより一般的な精神障害の現れにすぎないと見なす一派から疑義が出されたことがある（エリスとメルソップ、一九八五）。最後に、色情狂を妄想障害の範疇におさめることについても疑問の声がとんだ。精神衛生の専門家たちがストーカーの精神病理を概念化しようと骨を折っているゆえにきわめて執拗な疑義が出されたものであろう（メロイ、一九八九、ミューレンとパテ、一九九四b、ゾーナ、一九九三）。

色情狂の歴史

性的偏執症（erotic monomania）とはエスキロール（ジャン・エチエンヌ・ドミニク、フランスの精神病学者、一七七二～一八四〇）による造語で（一九六五／一八四五）、彼は後にこれを色情狂という概念に括りなおした。彼によると、色情狂とは、その疾患にかかったものと現実的な関わりのまったくない他者に対する、大げさで不合理かつ感傷的な愛着であるという。色情狂とは「想像力の戯れ」（前掲書、三三五頁）であり、「色情への情熱を極限まで肥大させたもの」（前掲書、三三九頁）だ。エスキロールは健常者によるあふれんばかりの愛の表現と、色情狂患者の色情の表出とを明確に区別したが、それは種類によるのではなく、程度による区分けであった。彼は「性的譫妄」の境界閾に、アリストテレスの言う「みずからの妻に香を焚くもの」（エスキロール、一九六五／一八四五、三四一頁）、十四年間も恋人に恋い焦がれたタッソー、エロイーズとアベラール（ここでは色情狂は宗教的情熱と結びついていた）、セルヴァンテスのドン・キホーテを含めている。創作された人物であるドン・キホーテを除くと、残りはいずれも極限までの愛を捧げた例である。彼らは、妄想はおろか、自身の愛は報われるといったファンタジーをこしらえる必要さえなかった。しかし、十九世紀初頭のこの精神科医に現代の疾病分類の枠組みを負わせる必要はあるまい。エスキロールは色情狂を愛の情熱のノーマルな誇張と位置づけたが、これを偏執症の類型におさめてもいる。偏執症とは、お分かりだろうが、明らかに精神病の一カテゴリーである。

偏執症にはまた放火狂、殺人狂、宗教狂、理屈狂などがある。この概念の中心となる考え方としては、疾患にかかった人も、ほかの大多数とおなじように感じ、理解し、行動するということがある。ただし、ある一点を除いては。これはエスキロールにとって、幻覚や錯覚といった、明確に定義された病的信念と偏執症が同義の症状である可能性を排除するものではなかった。エスキロール（一九六五／一八四五）はまた偏執症患者に通有する、他者に自身の信念の正しさを説得する能力をとりわけ重視していた。エスキロールは一人の偏執症者の例をあげている。一八四〇年代アメリカの宗教者ウィリアム・ミラー（一七八二～一八四九、キリスト再臨教会の創設者）で、この人物は世界の終末を説き、彼とともに世界の滅亡に備えるよう相当数の信者を説伏した。予言された日、果たして終末は来なかったが、それがミラーの目を覚まさせることはなかった。信者の彼に対する信仰が揺らぐことも。あったのは、最後の審判の日取りを計算しなおしたことだけだった。

一部の偏執症者の持つ、他者に自身の思想を信じさせる能力はそれなりの妥当性がある。少なからぬ色情狂患者が、裁判の場などで、みずからの言い分を周囲に信じさせている。いわく、わたしは真実を話しているのです、被害者は以前関わりを持ったという事実や誓った言葉をなぜか否定しようとしているのです。ニュージーランドで外科医をストークした色情狂のジャーナリストは、ついには告発され裁きの庭に連れてこられたのだが、あくまで自分は血も涙もない元恋人によって傷つけられた被害者だと判事に訴えた（ブレナー、一九九二）。判事はとうとうこの被告女性に対し、同女の窮状には共感をおぼえる、火遊びをしたあげく同女を不運にもかかる絶望、かかる自暴自棄に追いやった医師に深い軽蔑を感じて止まぬ、などと言葉をかけたのだった。詩的正義（因果応報）が幅を利かせ、この婦人は、自身の恋着の対象を開業医から裁判官へと移し、それから何週間もこの判事に対し好色なアプローチを繰り返したのである。自分がストーキングの誤った標的にされてしまったことに判事はすぐ気付いた。彼は法的保護を求め、この女性ジャーナリストは判事からそれ以上の同情を獲得するどころか、刑務所の住人と化した自分自身を発見することになった。また別のケースでは、近くに住む妙齢の娘に淫乱な愛着をおぼえたある男性が年老いた両親に、とうとう結婚することになったよ、と告げた。両親は待ちわびた花嫁に手を変え品を変え尽くしたものの、警察が巡回してきて、自分はストークされている、というこのフィアンセ候補の訴えを調査していると知って、憤慨したのは当然である。また別の患者のケースはこれよりもっと印象深い。この患者はエンターテインメント産業で有名だった若い女性を殺害した後、警察、精神科の鑑定医、第一回目の審理の最中の法廷に向かって、あいつが不義を働いたから殺した、と言い放ったのである。もう何カ月も二人の間にはロマンスがあったという彼の説明は、審理の最後、原告側の家族、友人から提出された証拠によって覆された。そこには被害女性と被告男性との間に接触があったことはいっさいないことが明らかにされていた。男性のファンタジー以外の接触はなかった、ということだ。

エスキロールの提示する色情狂の九件の事例はいずれも個性的である。相手に心酔し、自分の愛は報われると確信していた女性が二人、男性が一人。どうしてもなびかない相手に心を奪われて憔悴しきった女性が二人、男性が一人。

このうち一人は命を落とした。年下の男性に心を奪われた年増の女性が二人。もっとも、思いが報われると信じていたかどうかは定かではないが。最後は、恋人に捨てられた若い女性のケースで、その後も長いことふさぎの虫にとりつかれ、失われたパートナーへの執着を持ち続けた。これらのケースをテクストにしていることからも分かるように、エスキロールは、ノーマルの範疇を超えた過剰なまでの愛の表出を、かなり広い視野でとらえている。また、同様に、これらのケースのいくつかでなされたその描写も意味するところは明断である。幻想の愛人に対するつけ回し、自宅付近のうろつき、大量の恋文。現代のわれわれならストーキングと呼びたくなるような行動を複数の患者がとっているのだ。

かなり端折っているとはいえ、エスキロールの事例を一つここで取り上げてみるのも、興味を呼ぶであろう。

事例

魅力的とは言いがたいその三十六歳の男性は、ふさぎがちで地味な外見ながら、ある美人女優への熱い心を持て余していた。何度も彼女に迫り、挫折を知らないアプローチを繰り返した。後をつけ、劇場や自宅の付近をうろうろした。その気がないとはっきり言われ、夫からも同僚の俳優たちからも、もう女優には近づかないようにと諫められたが、それでも諦めなかった。夜になると劇場でその姿をながめ、彼女がこっちをちらりと見、「顔をパッと赤らめて明るい表情を見せた」からには向こうはこっちを誘っているのだと確信を持った。彼女の行く先々でつけ回しを繰り返し、パリから帰国したときもその後を追った。女性の友人や夫から力づくで何度も取り押さえられ、一度など病院の世話になるほどこっぴどくやっつけられたが、諦めなかった。女は自分と話したり自分の申込みに応えたりするのを無理矢理邪魔されているんだと確信していた。収入のすべてを追っかけにそそぎ込むようになり、目が覚めている時間のほとんどをそのことに使った。エスキロールは、現代の開業医には望むべくをもない残酷な率直さで、男にこんな質問をした。「なぜまた彼女に愛されていると思うのです。あなたにそれほどの魅力があるとは思えんが……ハンサムでもないし……地位もなければ財産もない、そのあなたが」。彼はこう答えたと伝えられる。「おっしゃるとおりです。だが、愛は理屈ではない。自分はたくさんのことをこれまで見てきた。だからこそもしかしたら愛されないなどということを、うっかり信じるわけにはいかんのです」

（エスキロールより、一九六五／一八四五、三三七～九頁）。

現代のわれわれのいうストーカーに変身する人、思いはとげられると信じる人、冷静な第三者の目から見て一縷《る》の望みもあり得ないのに希望を捨てない人の、これはうなずかせられる説明である。

色情狂（erotomania）という言葉は、十九世紀にかけて、三つの意味で用いられるようになった。エスキロールによって定義された色情狂、昔からの、いわゆる恋愛鬱病というもの。これはさまざまな疾患を併発するが、一つに限定されはしないものの、現代のわれわれのいう抑鬱症に似た症状を示す。その原因は、報われることなく散った、あふれ返らんばかりの感情的また色情的な誘因力である（バートン、一六二一、ハーヴェイ、一六七二（ハンターとマクアルピンの引用による、一九六三））。もう一つ、Erotic Maniaというものがある（ニンフォマニアやドンファン症と呼ばれるもの）。アイザック・レイ（一八三九、一九二～三頁）はこれを「たがのはずれた興奮状態で、好色なイメージが脳中を駆けめぐり、患者をこれ以上ない猥褻行為に駆り立てる」状態と定義した。この羨むべき官能障害の症状はわれわれが臆病にも性的倒錯と呼称している性行動をも含んでいる（マクファーソン、一八八九）。エスキロール（一九六五、三三五頁）はそうしたニンフォマニアやドンファン症の「悪徳」の源を、「生殖器への刺激が脳に反応して起こる」ことにあるとし、彼の言う色情狂の恋愛感情と区別しようと試みた。色情狂の起源をギリシャやローマの古典に求めようとする現代の書き手たちは、恋愛鬱病とこれとを同一線上に見るのが普通である（イーノックとトレスオーワン、一九七九）。

これに対しクラフト＝エービング（バーロン・フォン、一八四〇～一九〇二、ドイツの神経学者）は（一九〇四／一八七九）むしろ性的偏執症（erotic paranoia）という言葉を好み、次のように書いている。「全的不調の核には、通常、自分より上の階級に属する異性に選ばれた、愛されたといった妄想がある……愛とは、ここは強調しておきたいのだが、ロマンティックで熱狂的でどこまでもプラトニックな愛である」（前掲書、四〇八頁）。クレペリン（エミール、一八五六～一九二六、ドイツの精神病学者）も色情狂を偏執症の中に位置づけているが、次に見るような優れた臨床上の説明をなしている。

患者もそれと認識していることであるが、現実であれ、空想であれ、社会的に格上とされた異性には純粋に魅力をおぼえるものなのだ……盗み見たり、偶然の出会いを装ったり……秘められた愛を患者にとっての現実に変えようとして……やがて、偶然の出来事、人目を忍んだ邂逅、手紙、会話が患者を想像上の冒険にのめり込ませる……その愛は言うならば架空のロマンティックなものだ……そうこうするうちに患者は数歩前進したいと思う。愛する人の窓辺までそぞろ歩き、手紙を送りつける……だが、事がうまく運ばなければ、この愛する人は敵になりかねない、患者を迫害する者に」(クレペリン、一九二一、一二四五~九頁)。

クレペリンと同時代を生きたイギリス人ハート(ハート、一九二一、一二二頁)は次のように考えていた。色情狂はとりわけ年輩の女性にありがちな病である。彼は書いている。『錯乱するオールド・ミス』の中で指摘したことだが、相当の年齢に達した、非の打ち所のない未婚女性が自身に向けられる関心についてあれこれ不平を言い始める。聞くと、ある知人男性に思いを寄せられて困っているというのだ……[説明によるとその男性は]彼女との結婚を熱望しており、つきまとって離れないのだとか」。「けっして珍しい出来事ではない」とハートは説明する。「患者の性衝動がノーマルなはけ口を見つけられず、ついにはひどく内攻し……抑圧された衝動が表に現れる、それも、投射というメカニズムによって」(前掲書、一二三頁)。ハートによると、この認めがたい性衝動は、愛情の対象へと投射される。そうして選ばれた相手はみっともない、出しゃばりな求愛者として目の前に現れるのだ。

色情狂を、ノーマルな恋人にも見られる傾向が大げさな表現を得たものととらえたのはクレッチマー(エルンスト、一八八八~一九六四、ドイツの精神医学者)であった。人は愛されると同時に心酔が病的に高じることがあると信ずるにいたったのである。それとはまったく逆の考えを提起したのが、この病が論じられる際には必ず言及される、ド・クレランボー(一九四二/一九二一)である。彼によると色情狂とは以下のような信念を持つ人たちに限って使用されるべき言葉である。つまり、自分は愛されている、そしてその想像上の恋人のほうからそもそも関係を始め、なお熱烈に自分を求めていると言い張るものに限って。彼は既存の説明に加えて、急激かつ爆発的な発症について強調、その上で、色情狂の患者はただ相手の空想のアプローチに応えているだけか、熱心な口説きに何とか水を差そうと手を尽くしたと言い張るもの、と主張した。ド・クレランボー(一九四二/一九二一)はまた情緒的でプラトニックな愛を強調した先行文献に応える形で、公然たる肉欲とあからさまな性行動こそ臨床面での実態である、との認識を示した。

ド・クレランボー（一九四二／一九二一）は色情狂について、プライマリまたは純粋な色情狂とセカンダリまたは症候的な色情狂が存在すると述べている。純粋な色情狂とはエスキロールの言う偏執症、クラフト＝エービングの言う性的偏執症、クレペリンの言う偏執症的誇大妄想、などと対をなすもの。セカンダリな色情狂とは性愛妄想の解釈を押し進めたものと解することができ、統合失調症という概念を確立したブロイラー（オイゲン、一八五七～一九三九、スイスの精神病学者）の著名論文（一九五〇／一九一一）の中にこの性愛妄想の説明を見ることができる。ブロイラー（一九五〇／一九一一）はその中で「性愛妄想」とは統合失調症の結果、発現すると述べている。彼は書く。「性愛妄想ではたいてい誇大かつ迫害された観念が入り混じっている……女性の場合は主に階級的に上の相手と結婚できるかどうか、ということであり……男性患者の場合は、自身の空想をかきたてた女性は自分に恋をしている、という信念のことである……最愛の人が迫害者になることはしょっちゅうである（愛が嫉妬によってこみ入った、というべきか）」（前掲書、一二一～一二頁）。ド・クレランボー（一九四二）は、統合失調症をはじめ妄想をもたらすどんな疾患も、その一つの現れとして、性愛へ固着していく、とした。

少なくとも英語圏において、現代精神分析学による色情狂概念の掘り下げに、もっとも大きな影響を与えたのは、このフランスの精神分析学者ド・クレランボーである（その著作の多くは未訳なのだが、否、未訳だからこそ）。色情狂は今でもド・クレランボー症候群と呼ばれることがある。その一類型「痴情心理《ル・プスイコセス・パッスィヨネル》」を分析したことでも、ド・クレランボーの名は記憶されるに値するだろう（バルーク、一九七四、ミューレン、一九九七）。しかし実際のところド・クレランボーの色情狂の解説そのものに独創的な点はさほどない。独創的であったにせよそれが時の試練をかいくぐることはなかった。ド・クレランボーはしかし、精神分析の疾患分類を今なお悩ませる遺産を残した。彼は色情狂を理解する力点を妄想に着目する方向へとシフトしたのである。要するに、患者の病んだ愛情の対象こそ自分を愛しており、そもそも関係を求めてきたのもあっち、と信じ切っているという妄想に。

より近年の英語文献の中に色情狂が現れるようになったのは、数多くの力作評論と再公式化のお陰であった（ホレンダーとキャラハン、一九七五、シーマン、一九七八、イーノックとトレスオーワン、一九七九、シーガル、一九八九）。

中でも重要なきっかけというか、少なくともストーキングが社会問題化する前に一つの転換点となったのは、色情狂が妄想障害の一類型としてDSM-Ⅲ-R（アメリカ精神医学会、一九八七）に含まれたことであった。アメリカ精神医学会が編纂したDSMの中で、悪性の偏執症を妄想障害として復活させる決断をしたことは、評価して余りある。良きに付け悪しきに付け、われわれは善悪半ばすると思うが、DSMは現代の精神医療の専門家にとって、機能不全に陥った精神的疾患の種々相を正確に分類し、また分類からはずす上での辞書的役割を果たしているのだ。DSMの再定義が色情狂の寿命を長らえさせた。DSM-Ⅲ-Rにおいて復活した妄想障害のカテゴリーはクレペリンによる偏執症の分類のお陰だが、色情狂については純粋にド・クレランボーの手柄である。

愛の病理学

愛の本質、それは古来、詩人、作家、芸術家たちの領域であった。精神分析学や心理学というものは還元主義に陥りがちで、愛とは、もしそれが自己欺瞞でないのなら、生のままの性欲というか、神秘的なリビドーの衝動、べったりの対象関係性といったものを大いに隠してくれる殻にすぎない、と主唱してきた（ボウルビィ、一九六九、フリーダ、一九八六、バス、一九九四）。主に哲学の領域から二次文献が現れてきたのだが、それ自体感情的な経験として愛に相当の敬意を払ってきた（シェーラー、一九五四／一九一二、シンガー、一九六六、一九八七、ソロモン、一九八〇、スクルートン、一九八六）。恋に落ちるという忘我の境地と、愛を生きるということはそれぞれ異なる体験であると提唱された（フィッシャー、一九九〇）。忘我の境地は愛情の対象から寄せられる励まし、いやいかなる反応さえ必要とはしない。しかし、その人がノーマルであるなら、愛が望ましい進展を見せなければ、やがては望みを捨て、見込みのない相手から離れていくものだ。一抹の寂しさ、失われたロマンスに対する追慕の思いはくすぶるかもしれない。だが一つの愛が拒絶されても新しい出会いを求めることはできる（バウマイザーとウォットマン、一九九二）。時にノーマルな人々の報われない愛も、しおれるのではなく期待も要求もない、自己犠牲的な思いによって、継続することがある（フィッシャー、一九九〇）。愛する人からの反応がなく、そのことを埋め合わせるためにファンタジーや自己欺瞞が顔を見せるとき研究の対象となるのは、失恋という陳腐な言い回しと、病理学の領域との間にある境界線である。魅了、欲望、好意に満ちた関心、それが恋に落ちるということなのだが、そうした関係への道が絶たれたとき、主張を始め、根拠のない確信を芽吹かせるのが色情狂なのだ。失われた愛を悲しく受け入れるのではない、愛する人の含意に満ちたそぶり、誤解の余地のない感情によらず、愛は我が手にあり、いやいずれは、という執拗な主張をそれは繰り広げるばかりなのだ。色情狂者にとって愛は他者との交わりから、孤独で突発的ですっかり性愛へ固着した状態へと形を変える。色情狂の現代的な定義は愛されているという病的確信のみを含むのだが、一方病的心酔というものもある。臨床的に言えば愛の病理学のほとんどが、病的心酔と愛されているという確信がどっちつかずに混ざりあったものなのだ（ミューレンとパテ、一九九四ａ）。

愛されているという病的確信（色情狂）

ド・クレランボーは色情狂の精神病理を定義するに際して、愛されているという妄信に着目した。これは、色情狂を何よりもまず偏執症または妄想障害と見なしていたその立場からもうなずける。自分は愛されている、その愛はあのしぐさ、あの行為によって啓示されたと言い張るのは、普通は自己撞着に陥るものだ。しかし、誰かが誰かを愛しているという主張は、嘘と決めつけるのはおろか、反論するのも難しい。わけてもその愛が報われたことを反証する主張がない限りは。自己撞着は大方の精神科医にはそれが妄想であると診断する理論的前提条件と見なされている。だが実際には、妄想が発現したかどうかは、信念の虚構性ではなくその信念に発展するにいたった理由によるのだ。

［今のところ妄想を定義するに際してまず拠って立つのは信念の虚構性を洗い出すことである。虚構性を規準とするのが不適当なのは、研究対象となる信念が、しばしば立証不能（例えば嫉妬の実例は数多い）で、物の見方や情緒の安定に左右される（偏執症者の起こした訴訟に見られるように）からだ。それは真実や虚偽ではなく、可能性の領域の議論なのだ。まったくの妄想でもその中核には世界への本質的かつ正確な認識（例えば妄想性の嫉妬）があるかもしれない。また広く認知された信念（神は存在し、直接に色々な手段で自身が創造したものと交流しているといったような）を私的に解釈しなおした考えに左右されているかもしれない。妄想とはいかに生まれ患者の生活にどう影響するかを考察したヤスパース（一九六三）のアプローチ以来、妄想について臨床的によりしっかりした理解、認識が可能になった。］

色情狂においては、患者のゆがんだ愛の対象とされた人にあえて問診し、彼ないし彼女は患者に不滅の愛を抱いているわけではないなどと確かめる必要は滅多にない。一つ例をあげよう。職場のエレベーターである朝、同僚から道路の混雑について不平を聞かされた女性がいた。このとき彼が自分を愛していることに気付いたと女性患者は言ったものだが、彼女の空想の恋人にそれを確認する必要はまずあるまい。ありふれた挨拶代わりの話題でも、患者に言わせると、愛の表明となる。ここで言い得る限り、彼女は、彼のおしゃべりをゆがめたり捏造したりしていない。ただ信じがたいほどの意味づけをしただけだ。ポストモダンを信奉する世界観の持ち主であっても、交通渋滞を愛の告白にかこつけるテクスト解釈は、聞き手（読み手）の特権の濫用ではあるまいか。この女性は後にこう言った。彼に愛されている思いが確信に変わったのは、もう俺にしょうもないラブレターを書かないでくれ、と口汚く怒られたときでした、と。この患者は確かに病気にかかっている。それは、愛されていると確信する根拠が、突拍子もないとは言わないまでも、エキセントリックなものにほかならず、きっぱりと拒絶されたそのことが、率直な愛の表明ではないまでも、誘いかけと受け止めてしまう、その驚くべき能力による。われわれがかつて問診した患者の一人はきわめて真面目な口調でこう話してくれた。街で見かけてこっちからアプローチしました、愛してるよって。彼女の反応は「どっか行って《ファック・オフ》よ」、ほっておいてちょうだいというものでした。この反応は、彼女には彼と親しくなるつもりがまったくないということを意味している。だが彼は嬉しそうにこう説明してくれた。かえって将来親しくなれるという希望が持てました、なぜなら「ファックする」とは愛するということだから！　病んでいることを示すそれ以外の徴候としては、空想の恋人にどれほど夢中か、その夢中さは悩める彼・彼女の機能をどれだけ損ねているか、ということがある。

愛されているという病的信念には次のような特徴がある。

1　空想の恋人にそんな気はない上、興味もなければ言われるような関係を自覚していないにもかかわらず、自分は愛されていると確信する。
2　空想の恋人の言葉、しぐさを曲解しありもしないロマンスにのめり込む傾向がある。
3　病んでしまった患者本人の実存の中心になるほど空想の恋人に夢中である。

右の三つの規準に加えて、

4　二人の仲は不滅の愛という形で成就すると確信している。
5　空想の恋人へ繰返しアプローチし、連絡する（つまり相手をストーキングする）。

愛されているという病的確信が妄想に違いないのは、その愛のありようが常識はずれで、患者の世界認識にかなりの影響を与えているような場合である（例えば、電話や手紙はシークレット・サービスが盗み見て、むこうからの愛の連絡を邪魔している、などと患者が信じている場合）。だが時には、現実のまたは潜在的な関係について、一見真実を疑わせるようなもっともらしいケースもある。この愛はきっと報われる、といった言い分が期待しすぎ、先走りすぎというより、実は言葉通りなのではないか、と思わせるケースである。

記述精神病理学はヤスパース（一九六三）の仕事で頂点に達したのであるが、その比類なき時代にあって妄想は、例えば統合失調症のような作用障害のみならず、発達（われわれの用語でいうと、人格障害）や反応の結果、発現することがあり得るとされた。妄想は精神病や疾病の発現の程度を示す特段の指針ではない。それは、一つには腫瘍のような脳機能の破壊の結果として、また一つには移民などの迫害状況等ストレス環境に置かれた故に神経過敏になった結果生ずる、アブノーマルな精神現象なのである（アングヴァリとミューレン、一九九七）。精神医学において妄想の概念を狭めていったのは、「成立間際に来ていた」神経病理学や、製薬企業による完成済の無副作用新薬を用いた治療法のせいもあって、ある特定の疾患分野を定義する一つのプロセスとしてであった。DSM-Ⅲ、DSM-Ⅳ（アメリカ精神医学会、一九八〇、一九九四）はこの考えをより明瞭かつ効果的に具体化したもので、現代精神分析学、臨床心理学に大きな影響をおよぼしている。精神病理学における古典的な精神分析概念では、精神の障害は、発達経験、社会的、文化的影響、人格および疾病プロセスなどが複雑に絡み合って発現すると考えられた。この考えはその後おおむね失われ、ただ一つ、生物学的心理社会モデルの概念としてのみ生きながらえたが、それも真剣な理論的関心の対象というよりは、多分に口だけの信心の意味合いが強かった。人間経験の豊かなつづれおりは細分化され、特定の疾患に形を変え、そしてその一つ一つがそれなりの治療法とそれなりの秘薬を手にすることになった。特定疾患分類をつくるにあたってのプロセスは医学の他分野にも応用が利く。であるなら精神分析学に応用が利かないということがあろうか。その答えは、医学にも精神分析学にも応用は利く、というものである。ただし次のような特定疾患をそれが扱っている場合に限り。すなわちたとえその十分原因ではなくとも、必要原因がある有機的（生物的）損傷なり疾病過程にあるような疾患を扱っている場合に限り。こうしたアプローチは、例えば本態性高血圧の治療などには落とし所を見出しても、ほとんどの精神疾患の場合、その臨床的複雑さのため、暗礁に乗り上げることが稀ではない。色情狂にあっては、分類によるアプローチが有効性を持ち得るのは明白であるが（特にセカンダリまたは症候的色情狂にあって）、同様に、プライマリまたは純粋な色情狂にあっては、分類による限界が残念ながら制約となることもある。

病的心酔（ボーダーライン色情狂）

DSM-Ⅳで公にされた定義、すなわちド・クレランボーの影響をなお引きずっているこの定義では、色情狂を「たいていは上の階級に属する誰かが自分を愛しているという妄想」と位置づけている（前掲書、七六五頁）。この疾患がほかのどの疾患とも異なる点を劇的に示した事例が、一九八一年に、大統領ロナルド・レーガンを暗殺しようと試みたジョン・ヒンクリーの一件であった。アメリカの女優ジョディ・フォスターに強烈な強迫観念を抱いていたヒンクリーは、彼女の歓心を得たいという思いが高じてついには大統領銃撃につながった、と主張した。報道によると彼は女優にあててこんな手紙を書いていた、「ジョディ、ぼくはレーガンをやっつけるというアイディアを引っ込めてもいいんだ、もしきみのハートをつかめさえすれば」。こうも書いている、「ぼくの暗殺計画は愛の証さ……愛がこんなにも痛ましいなんて、残念なことだ」（ロウほか、一九八六、カプラン、一九八七）。公判の最中、ヒンクリーに色情狂の症状はなかったとする証拠が提出された。なぜなら、彼はいかなる時点にあってもジョディ・フォスターが自分を愛している、自分の思いに報いてくれると主張することはなかったからだ。ジョディ・フォスターへの痛ましいまでの傾倒、自問自答の一つ一つを通して大統領殺害計画へと彼を引きずり込んでいった思いはしかし、ジョディ・フォスターが自分の愛に報いてくれるとヒンクリーが主張しなかったというその一点で、妄想障害をなすとは見なされなかった（ロウほか、一九八六、ゴールドスタイン、一九八七、メロイ、一九八九）。ヒンクリーは事実上、まったく別の理由から精神異常と判断された。そのことが精神異常弁護をめぐる昔ながらのアプローチを根底から揺さぶることになったのである（ステッドマンほか、一九九三）。病的心酔にもとづく重篤な精神障害という問題は、よし重要であれ、この裁判で扱われた医学問題の一つにすぎない。臨床経験とDSM-Ⅲの用語とがぶつかり合い、DSM-Ⅲが勝利をおさめたのだ（ストーン、一九八四）。

ド・クレランボーの言う「愛されているという妄想」を絶対視することで生ずる問題については、次の二つの事例の中で、より詳しく述べられている（ミューレンによる、一九九七）。

事例

来院したとき三十六歳だったその男性は、ある女性を追いかけ回し、愛の押し売りをしては結婚を申し込んで、もう八年。老夫婦の一人息子で、父親はほとんど家に寄りつかず、母親はおせっかい焼きで命令口調の人柄だった。学校でも引っ込みがち、友人は一人いただけだったが、それでも見習い期間を終えるとその友人とビジネスを興し、繁盛していた。彼は例の若い女性と出会う数カ月前、友人とビジネス・パートナーの三人で休暇を過ごした。細かいいきさつははっきりしないが、どうやら彼のセクシュアリティをめぐり、ちょっといざこざがあったようだ。おそらく二人の仲にホモセクシュアリティのにおいを感じたものだろう。そのせいでただ一人の友人とのつながりが完全に断たれてしまった。そんなことがあって、結婚しなければ、無垢で純粋な花嫁を探さなくては、という思いが彼の強迫観念となった。

彼はディスコやクラブに入りびたるようになった。ある晩、十五歳の少女と出会い、たちまちにして「神様がくれた花嫁」と思いこんだ。というのも彼女が純白な服を身にまとい、見るからに空気というか雰囲気を発散していたからだ。彼が、踊りませんか、と声をかけると、彼女は受けてくれた。また、踊ってくれますか、とアプローチすると、態度のせいか、彼の踊りが下手だったせいか、今度は断られてしまった。彼女に会えるのではないだろうかと期待してクラブに出向いたが、彼女はいなかった。その後なんとかして彼女の後を追い、住まいを探し当てた。彼は花を贈り、デートに誘ってみた。彼女から丁重な断りの手紙がきた。そんなこんなを何度か繰り返した後、彼女の両親から、ある連絡をもらった。娘に近づくのはもう止めてもらえないか、というお願いである。彼は通りで彼女を待ち伏せするようになった。自宅の真向かいにある公園で深夜、たたずむようになった。そして手紙また手紙を送りつけた。姉が訪ねてきて、もう妹のことはほっといてくれないかと要求された。彼はなおも止めなかった。家族は警察に相談したが、警察には、これら一連の行動は犯罪とはいえない、と言われただけだった（反ストーキング法成立前の事例である）。父親と兄がある晩、家のあたりをうろつく彼を捕まえ、もうこのあたりに立ち寄るんじゃない、と脅した。翌日の夜、彼は舞い戻ってきた。しかも銃を携えて。家に近づきながらそれを振りかざして見せたのだ。彼は逮捕された。

警察の拘置所から解放され、保護観察なしの判決を受けた後、彼はまた件の女性をつけ回し始めた。もうこの時点になると彼のビジネスはぽしゃっていた。朝目が覚めた瞬間、頭の中を、つけ回している彼女のことが駆けめぐるようになった。懐のほうはもう限界に達していた。一つには花や贈り物を次々と買ったお陰で（それらは送る先から返されてきた）、また一つには、後退する髪の生え際に手を入れ、鼻の真ん中を治し、目立ちすぎの耳を修正すれば、ひょっとしてアプローチに応えてくれるかも、という一心で受けた整形手術代のお陰で。この娘に対する犬顔負けの追っかけは何年も続いた。刑務所に入り、病院に送られたが（もっとも治療は受けていない）、彼の気持ちに水を差すことはなかった。一家は引っ越した。彼女は名前を変えて、結婚もしたが、彼の影はつきまとった。われわれのクリニックで鑑定を受けている最中、彼は次のように主張した。いつの日か彼女は自分の妻になる、それが二人の運命なんだと。しかし目下のところ彼女は彼を怖がっており、彼に対する愛情など——先々はともあれ——これっぽっちもないことは彼なりに認識していた。彼女の心は家族のせいで、中でも一度彼と一悶着あった姉のせいで毒されてしまっていると信じていた。いつかはそんな嘘っぱちをくぐり抜けて、彼を運命と受け入れてくれる、と固く信じていた。

事例

二つ目は同年輩の女性に心酔していた四十代後半の男性のケース。大家族の一番下で、母親とはべったりの間柄だった。見たところ学校での仲間づくりはうまくいっていたようで、青年期から壮年期にかけてセールスマンの仕事でかなりの成果を上げていた。どれも短期間ながらヘテロセクシュアルの関係には事欠かなかった。酒はいける口で、やがてマリファナにも手を出すようになった。いつもさっぱりとした服を着、高価なスポーツカーを乗り回していた。もっとも、最近はそんな贅沢にふける余裕はなくしていたが。われわれの得た第一印象はひどく魅力的で、気安く朗らかな雰囲気をまき散らす愛嬌たっぷりの人物。しかし、親密になるにつれ、ちょっとした批判にも弱い面を見せ、些細なことでも失地回復のために他人を非難して止まらない面が明らかになった。対象となった女性と出会う二、三年前から生活のほうにも暗雲が立ちこめていた。ビジネスはぽしゃり、落ち目に待ったをかけようとして手を出した不正取引によって、禁固刑を言い渡された。薬物にふけることが多くなった。知人や家族からはそのせいで総すかんを食った。彼の魅力を際立たせていた少年ぽさも失われ、セックスのパートナーにありつくこともままならないようになった。関心の対象となった女性は上級公務員で、起死回生の新規ビジネスに乗り出そうとしている最中に出会ったのだ。最初は彼女のほうも彼の魅力に惹かれて二度ほどデートに応じてくれた。彼はそうと言い張っており、彼女は否定しているが、二人は性交渉を持ったという。やがて彼に幻滅した彼女はそれ以上の誘いはすべて断った。彼は自宅といわず職場といわず彼女に電話をかけてくるようになった。電話攻勢から逃れるため彼女は着信番号をチェックすることにした。すると、今度は無数の手紙が送られてきた。封も開かずにそれらを送り返した。今度は彼は職場に無理矢理押しかけてくるようになった。次は彼を建物から閉め出した。彼は通りで待ち伏せして、何度も彼女のアパートにやって来るようになった。彼女は裁判所命令を取得し、本人やそのアパートに彼が近づくことを禁止してもらった。彼のよこした回答は彼女のアパートに押し入るというものだった。彼女が帰宅するや、文字通り乱入したのである。彼女は警察を呼んだ。秩序の維持を理由に彼は裁判所への出廷を命じられた。またも彼が彼女のアパートに押し入るということがあり、彼女が助けを求めて電話をかけようとすると、その体を脅しつけ、暴力をふるった。拘置されたものの、釈放されるやタクシーを使ってまっすぐ彼女のアパートへやって来た。彼は都合三度目の拘置所暮らしを送るはめになり、結局われわれのクリニックで精神鑑定をすることになったのである。彼は、彼女に愛されている、という主張は一切しなかった。ただ、ひょっとしたら彼女が自分になびくこともあったかもしれない、という信念を口にした。関係が深まるのが怖かったから自分と会うのを避けたのだ、と。彼女が今や自分を恐れているのは分かっている、関心を得ようと色々不細工な真似もやったからね、と。しかし、彼女を愛している、彼女は理想のパートナーだという一点については一歩も譲らなかった。いずれ彼女も抵抗を諦めてもう一度チャンスをくれるだろうと信じていた。二人は一緒になる運命にある、と。頭の中は彼女でいっぱいで、どうやったら彼女の愛と関心を勝ち取れるのか、その戦略ばかり思いめぐらしていた。

色情狂のように現代精神医学でも扱いづらいこうしたケースは、ストーキングが刑法犯の一つとして立ち現われたことで、いっそう顕著になってきた。裁判所はストーキング行為を説明し、その広がりを抑える治療法を期待して、前よりいっそう精神衛生の専門家の判断を仰ぐようになっている。ストーカーの中には自分は関心の対象に愛されているという確信を抱くものがいる。そうした人々こそ色情狂の定義によくおさまるのである。一方、対象をしつこく追いかけている割には、愛が報われるなどとは強く主張しない人々がいる。そうした人々は色情狂の下位集団に属すると見てよいだろう。これがメロイのいうボーダーライン色情狂(一九八九)、またミューレンおよびパテのいう病的心酔(一九九四a)である。メロイ(一九九八a、一九九九)は「極端な愛情障害」について言及し、次のように述べている。愛する人に対する愛情障害は反復的かつ永続的な強迫観念のことであり、障害は関心の対象をつけ回す中であらわになる、と。メロイ(一九八九)はまた、ボーダーライン人格障害および類似の人格的特質は、愛する人への強迫的愛情がきっかけとなって、病者の中に芽生えるのである、と力説している。シーガル(一九八九、一九九〇)もそうした症候の存在は認識しており、これを過剰反応と見なしたが、あくまでいったん結んだ関係が拒絶された相手に対する反応と限定したようである。メロイ(一九八九)はボーダーライン色情狂という概念を精神力動論から借り受けているが、DSM-ⅢおよびⅣが色情狂の特徴として、患者の関心の対象は患者を愛していると見なされる、と明記したことから色情狂の下位集団を新たに仮定している。DSMがそう定義したことで、先のような前例にそぐわないケースを分類する、新カテゴリーの創出が求められる。メロイ(一九八九、一九九七)は色情狂という概念の制約を認めた上で、それとは別個の障害を仮定している。ミューレンおよびパテ(一九九四a)は色情狂の現行の定義に疑問を呈し、臨床経験や疾病分類のはるかに長い伝統に訴えた。そこでは愛されているという病的信念などは重視されていない。二人の認識は次のようなものである。愛の病理学(色情狂)も愛されているという病的信念も病的心酔と見なすことができる。病的心酔は次のように特徴づけられる。

1　強烈な心酔。ただし、この愛は報われるという信念を伴う必要は必ずしもない。

2　心酔の対象はそれらしいそぶりは一切見せず、これ以上関心を持たれることを明確に拒絶している。

3　心酔にとらわれた結果、ほかの関心を失い、生活に深刻な支障を来す。

4　あくまで行為の正当性を主張し、希望はいずれ叶うと信じている。

加えて、関心の対象をしつこくつけ回すのが普通で、それが徐々にエスカレートし、その対象を恐怖させ不安がらせることもしばしばである。

病的心酔は現象的には妄想または過大評価と見なすこともできる。二つは連鎖しており、過大評価は普通の人の、心からの信念へと合流することもある。一方病的心酔が紛れもない強迫的現象である場合もある。

ノーマルな人にも強烈な心酔に身をやつす時期というものはある（大抵、青年期）。だが、愛する人から好ましい反応が得られないと分かると、普通気持ちは萎れていく。十代の頃の「のぼせ上がり」は、絶対成就する、と信じているわけではない（たとえ信じていてもファンタジーであるのが普通だが）。心酔はリアルかつエロティックにもつれ合うわけではない。生活の喜び、潤いにすぎない。青年期ののぼせ上がりは社交経験のようなもので、十代の文化を共有する特定の相手への熱中は同年代の誰もが体験し、グループ交際やクラブ活動で深まっていく。病的心酔の孤独なありようはこれとはまったく違う。身近にいる崇拝の対象、たいていは高嶺の花だが、そうした対象に寄せる青年らしい情熱はやがては友達の知るところとなり、お互いの関心、笑いさざめくための話題となる。こうした十代ののぼせ上がりが現実の関係に置き代わって蒸発することなく、大人になっても持続することがある。おおむね無害な趣味といったところだが、強迫観念に発展することもないではない。それがストーキングという形で噴出することもある。

面白い患者がわれわれのクリニックに紹介されてきた。二十代後半の女性二人で、二人そろっての鑑定を求めていた。打ち明けてくれたところによると、すでに退職した校長先生にそろって強迫的な関心を抱いているという。二人は学校友達で、十代前半の頃、それぞれある学校の先生に心酔するよう牽制しあっていた。先生とは当時で五十代後半から六十代前半の男性である。二人して、このセクシーな想像の対象について情報をかき集め、調査したり、後をつけたり、観察したりして、先生についての詳細な報告書をつくりあげた。よくある十代ののぼせは、しかし、本当の相手にめぐり会い、本当の関係を持ってからも消えることはなかった。のぼせが消えなかったのは、一つには二人があまりにシャイで引っ込み思案で、二十代になるまでボーイフレンドに恵まれなかったことがあるだろう。また一つには、二人の友情があまりに強く、お互い牽制しあってのめり込んでしまったことがある。心酔は卒業して社会人になってからも続いた。校長先生を理想化し、そろって関心を寄せるこの態度は、実際にも潜在的にも先生のプライバシーを侵害することはなかったものの、衰えることはなかった。クリスマスやバレンタイン・デーに無署名のカードを送ったり、たまに電話をかけるくらいで我慢していた。電話は、相手が出たらすぐ切っていた。けれど、二人とも校長先生の中に理想の恋人のイメージを見、いつの日か一緒になると夢想していた。二人は知性のない女性ではない。自分たちの温めているイメージと高齢の校長先生という現実の間にぱくりと開いた裂け目についても承知していた。愛が報われるという期待は全然持っていなかった。事実二人の気持ちを気付いて欲しくないとも思っていた。二人が先生について拵えた像が理想で、出会った男たちはそれにもとづいて評価された。この物差しのせいで、近寄ってきた相手、寄ってくるかも知れない相手は、二人はどれも物足りなく思われた。だから、本当の関係をつくるチャンスも手にすることができなかった。二人には分かっていた、この覚めやらぬ心酔こそが現実の関係を築く上で障害となっていることを。こうした理由で、二人は助けを求めにやって来たのだ。

大方の色情狂にあって病的心酔は愛されているという病的信念と不可分のものである。だが、愛されているという病的信念であれ、病的心酔であれ、実際には相手のあずかり知らない状態という可能性もあるのである。

プライマリ色情狂と症候的色情狂

色情狂は、ド・クレランボーが位置づけたように、統合失調症のような下層状態に起因する疾患として発現する場合と、純粋かつプライマリな障害として発現する場合とがある。

色情狂はなによりもまず認識可能な精神病の一つと考えられ、下層障害の症状全体の一をなすものとされる。理論上、妄想の発現をうながす条件が整えばそれが何であれ情熱の疾患を発病させ得る。さらに、強迫神経症も病的心酔をもたらし、想像上の恋人をつけ回す原因となる。

症候的（セカンダリ）色情狂の特徴は次のとおり。

1　色情狂の原因と進行は下層の精神病による。この精神病は淫乱な妄念の前または同時に発現する。

2　下層障害の臨床上の徴候も色情狂の発症と同時並行的に発現する。

3　色情狂は通常、下層障害が緩解するとともに、軽癒する。

精神医療の専門家はほとんど例外なく、病的な愛情を例えば統合失調症のような精神病に起因する広い意味の精神障害の一つと見なしている。ＤＳＭ-Ⅲ-Ｒには二十二の障害がリストアップされているが、そうした疾患の現れとして色情狂の妄想もあげている。色情狂は何よりもまず統合失調症（ハイズとオシェア、一九八五）、愛情障害（ジレットほか、一九九〇）、広い意味での器質精神疾患（ロヴェット・ドウストとクリスティ、一九七八、ドレヴェッツとルービン、一九八七、サイナーとカミングズ、一九八七、ガダール、一九八九）と見なされてきた。臨床現場で見られる症候的色情狂の大半は統合失調症型の疾患がその原因である。ルッデンほか（一九九〇）が報告するところによると、十六例のうち統合失調症の第一次診断を受けたものが七例、双極性障害が三例あった。メンジースほか（一九九五）の一連の研究によると、十三例のうち統合失調症の第一次診断を受けたものは九例。ジレットほか（一九九〇）によると十一例のうち統合失調症が三例、双極性障害が四例であった。

症候的色情狂が純粋型のプライマリ色情狂と異なるのは、それが生殖障害に特有の精神疾患を併発すること、また患者が時間の経過とともに関心の対象を変えたり、あからさまな肉欲を大っぴらにするなどの傾向を見せたりすることによる（ミューレンとパテ、一九九四a）。躁病期に見られる色情狂では、躁状態が一段落すると心酔状態も霧散するのが普通。だが、症状が再発するにつれその病んだ愛も再発し、今度は新しい対象を求め始める。統合失調症型の疾患、心酔状態は、発症、緩解、鎮静、揺れ戻し、新たな対象の発見、悪化といったコースをたどる。われわれの経験した統合失調症型のあるケースでは、患者は十年の間に六人の女性をつけ回した。しかもその都度自分は女性に愛されていると確信して。被害女性はいずれも病院関係者、一例だけ通りで見初めた若い女性が含まれていた。統合失調症に起因する色情狂の場合、非常に高い頻度で、関心の対象へ性的な攻撃をしかけると推測される（ミューレンとパテ、一九九四b）。しかし、一般的に見て暴行のリスクは、メンジースほか（一九九五）やミューレンほか（一九九九）の報告によると、統合失調症の第一次診断と関わりがあるとはされていない。

統合失調症型の疾患に伴う症候的色情狂の典型的な例をいくつか、次に示そう。

事例

きちんとした、愛情あふれる家庭の出身だったR氏。幼少の頃から兄や姉に比べて発達が遅いとされ、学校では学習障害があると見られていた。特殊学級に送られ、そこで受けた教育のお陰で読み書きはできるようになったが、人と違う孤独な性癖は昔からで、友人は一人もいなかった。学校を出てほどなく、精神病の最初のしるしが現れた。統合失調症と診断され、生まれて初めて、短期間ながら入院をした。一週間後、彼は捨てられた倉庫に火を付けた疑いをかけられて逮捕され、有罪となり、刑務所に入った。医療刑務所の精神科病棟で刑を勤め上げた。出所したときは、人とのつきあいを前よりも避け、いっそう内向的になっていた。精神病の病勢はなおいっそう進んだ。再度入院したおかげで病気はやや持ち直し、彼は地域の公営住宅団地に住まいを得た。七年の間静かに暮らした。時おり訪ねてくる地域看護師と年老いた両親を除いては、誰とも接触しなかった。I夫人は地元の精神衛生クリニックが任命した新任の地域看護師で、クリニックの患者の中でも病状の重い人を自活させ、社会へと送り出すことを仕事にしている。この女性スタッフがR氏を訪ねてくるようになると同時に、なぜだかその理由は分からないが、R氏の抗精神病薬治療は中断された。R氏はI夫人の心遣いを都合よく解釈し、励ましの言葉も自分に特別な感情を抱いている表現だと受け止めた。何カ月かが過ぎた。彼はみずからの感情を表に出すことはなく、彼が勝手に決めつけている気持ちについてI夫人の反応を探ることもしなかった。あり余る時間をI夫人のファンタジーをもてあそんで過ごした。クリニックから彼女の写っている写真を一枚手に入れたものの、これではとても満足できなかった。カメラを買い、部屋を訪ねてきたI夫人の写真を何枚か撮った。夫人は驚きのあまり、抗うこともできなかったが、この時点ではまだ、この人は病気なんだから、と思っていた。わたしの援助に反応して、少しでも社交的に振舞うことを学んでいるところなんだ、と。

この写真がしばらくの間R氏の関心の中心を占めるようになった。R氏はこのように信じるようになった。この写真を通して、霊的にも物理的にもI夫人との間につながりができたのだ、と。写真を凝視しながらオナニーにふけり、そうしながら、I夫人に子種をまき散らしたとR氏は確信した。そうこうするうちR氏の統合失調症の症状が一段と進んだ。幻覚を見るようになり、さまざまな雑音に混じってはっきりとI夫人の声が聞こえてくるようになった。テレビから直接、あるいは記号化されたメッセージでI夫人の愛の言葉が届き始め、二人はやがて幸せに暮らすようになると約束してくれた。ほどなく、定期訪問の最中、R氏はI夫人に対し、将来の二人の幸福は約束されている、と愛の告白をした。夫人の反応は、さすがにプロフェッショナルらしく、丁寧かつ社交辞令的なもので、二人の関係はあくまで仕事で個人的な思いはないと穏やかに説明するだけだった。ちょっと誤解があって残念だけど、きっと忘れられるわ、I夫人は最後にそう請け合った。後日、I夫人は警察の取り調べに対し、当時はまあそれなりに「ばつの悪さ」を切り抜けたつもりでした、と語った。愛の告白があってから数週間はR氏から赤面させられるような言動もなく、I夫人は訪問を続けた。一方R氏はその前後の事情についてこう説明している。自分のプロポーズは熱烈に受け入れられ、二人の相思相愛にお墨付きが与えられたと思った、と。こうしたケースではよくある事なのだが、あの午後、二人の間にあったことをめぐるR氏の説明は、I夫人のそれとはまったく違う。言葉やしぐさをめぐる解釈がまるで違っているのだ。

R氏はI夫人につきまとうようになった。自宅付近や彼女が勤めているクリニックの外をうろうろするようになった。告白から一月が過ぎた頃、彼は夫人に手紙を書き、二人の愛について、二人の間にそのうちできる子どもについて語り、二人はもう結婚しているのだから、と訴えた。表現としても書字法としてもまとまりを欠いた手紙だったが、何を言いたいかだけは明らかだった。夫人は精神衛生クリニックの「面々《ザ・チーム》」と話し合い、それなりのサポートを得た反面、的はずれのアドバイスを得ることになった。心配ないからR氏の件をまっとうしなさい、と。場違いな手紙をきっかけに気まずくなった二人の関係は、精神病の亢進期にあったR氏には、さらなる愛の表明と解釈された。R氏は滲みだらけのよれよれになったI夫人の写真を同封した手紙を送り始め、自宅付近にべったりと張りつくようになった。恐怖におそわれたのは夫人一人だけではなかった。二人の子どもたちも、見知らぬ男性が表をうろうろするのを見て、訳も分からず不安になった。

I夫人はR氏との面会を拒絶した。ある晩、夫人は夫とともに家の外で彼と向かい合い、丁寧ながらきっぱりと、これ以上迷惑はかけないで欲しいと告げた。これで大丈夫、そう思ったのも束の間、R氏の手紙、待ち伏せ攻勢は激しさを増した。繰返しI夫人にアプローチし、意味不明の猥褻な文句を並べ立てた。夫人は裁判所命令を取得し、R氏が自分に近寄ることを禁止してもらった。やはりよくあることだが、命令は無視された。彼女と家族の不安はいっそう募った。彼女はR氏に手紙を書き、自分は結婚しているし、あなたに関心はない、と告げた。R氏は、あなたは僕と結婚しているんだ、と書いてよこした。

こんなことが数カ月続いた。R氏は治療を受けないままだった。しかも、別の看護師を脅迫して部屋の向こうから椅子を投げつけたという話が伝わって、彼は人格障害という診断を得た。

精神面の不安定さは一段と増し、ほぼ休みなく幻覚にさいなまれるようになった。スーパーマーケットの隅にI夫人を追いつめ、自分の部屋へ来るように命令した。あんたは僕と結婚してるんだし、僕の子どもを宿しているんだから。恐怖のあまり彼女は叫び声をあげた。もうほっといてちょうだい、二度とわたしの前に現れないで、と。この時、彼は理解した、この女は自分を拒絶してる、ということを。その晩、彼は夫人の車をめちゃめちゃにし、脅し文句を連ねた手紙を送りつけた。R氏の件はこの時点で警察の管轄となったがこれといった対策はとられないままだった。一週間後、R氏は自宅に一人でいた彼女の元に押し入り、意味不明の愛の文句を並べたてるや逃げ出そうとする彼女にしがみついて、滔々《とうとう》と口説き始めた。彼の口からほとばしりでる言葉は興奮のせいもあってまとまりを欠き、ほとんど意味不明だったが、一言で言えば、二人は夫と妻じゃないかというものだった。何とか説得してふりほどくと、彼女は走って助けを求めた。R氏はついに逮捕され、両親の元へと保釈されたのである。彼は両親の頼みを受け入れて、一人では出歩かないようになった。その代わり一日一回、I夫人への手紙をポストに投函した。法医学鑑定の結果、彼は治療のため、入院することになった。

次も、症候的色情狂の一例である。

事例

C氏は裕福な家庭の出である。十歳になるまでは三人きょうだいの末っ子として育てられた。発育の具合はノーマルで、小学校の成績は良好、内弁慶のきらいはあったが、友達もそこそこいた。十五歳になった頃、対人関係でつまずくようになる。年齢的には社交性が増すのが普通であるのに、ますます孤立し、引きこもるようになった。最終学年になるとかつて見せた有為さとは裏腹に、成績は下降の一途をたどっていた。両親は学業成績をふたたび上昇カーブに乗せようとして、二人の家庭教師を雇った。一人は大学の女子学生であった。C氏はこの若い女家庭教師に心酔し、何週間も経たないうちに、ラブレターを書くようになった。彼女はというと適当にあしらってこのアプローチを避けていたが、ついにはそのしつこさにうんざりして、家庭教師の仕事を下りてしまった。それでも彼は手紙を書き、電話をかけ、アパートや大学に押しかけた。C氏のつけ回しはエスカレートした。彼女は警察の助けを求めたが、反ストーキング法が施行される前のことで、警察にできることは何もありませんと言われた。彼女はC氏の両親に頼んで、彼に面と向かってたしなめてもらった。息子は両親に、あの女の子は本当は僕を愛してるんだ、愛のメッセージを僕に送ってくるんだ、他の人にはそれと分からないようにね、と言った。この時点で両親はC氏が精神病にかかっているのかもしれない、と思うようになった。息子をかかりつけの医者のもとに連れていき、この医者もその両親の疑いを認めた。保険外の精神科医に見せると、思春期ののぼせ上がり症でしょう、と言われた。そのうちC氏は学業を放棄し、学校を辞めると、一日の大半をこの女性をつけ回したり彼女を思ったりすることで過ごすようになった。にっちもさっちも行かなくなった彼女はとうとう怒りを破裂させ、あなたのことは大嫌いだと彼の目の前で言った。彼は彼女を殴り、地面にたたきつけた。C氏は有罪とされ、もう金輪際彼女に近づかないことを条件に、保釈された。C氏はこの保釈条件を二度も破り、裁判所へ出頭するよう求められた後、治安判事が彼を再拘留する命令を下した。

監獄で精神鑑定をされた際、突然の幽閉で気が弱くなったせいもあってか、彼は進んでみずからの体験、信念についてあれこれしゃべった。あの娘が僕のことを愛しているのは絶対に確かです。僕の脳味噌はひどく不可解な経過を経て激変し、人の心が読めるようになったのです、今じゃ神様のように完璧な段階へ進みつつあるんです、と。肉体的な変化についても、一風変わった信念を持っていた。仮託という観念を体験し、ラジオや新聞は愛する人からのメッセージをそれとなく伝えている、と信じていた。幻覚はいっさいなく、彼の話す言葉、書く言葉にこの段階にあっては特に目立つところはなかった。その後も幻覚を見ることはなかった。それから三年が経ったが、彼の統合失調症はいっこうに軽癒せず、妄想は以前にまして広範かつ風変わりなものになっていた。言葉遣いは詞語新作症（造語症）、語句の特異な使用、語と語の当たり前の連結の破壊、意志疎通を無理にはかるようなテーマの捏造などによってまとまりを欠くようになった。例の家庭教師に愛されている、二人の仲は結婚でピークを迎えると、相も変わらず信じていた。最初の二回ほどは病院から退院許可をもらい、例の娘と接触しようとしたが、うまくいかなかった。

ようやく病気が緩解したのは抗精神病の新薬を投与されたときのことである。数カ月にわたり症候が見られない期間が続き、帰宅して学業を再開するめどもたった。残念だったのは血液疾患にかかったこと。どうやらこの新薬の副作用らしく、薬物治療は中断せざるを得なかった。それから数週間を経て彼の病気はぶりかえした。今度、彼の淫乱な固着の対象になったのは治療に当たっている病院の登録前研修中の女医だった。C氏の色情狂を特徴づけていた信念、体験、行動の多くは新しい関心の対象を得てふたたび活発になった。今回は、彼が入院していることもあって、つけ回しにも限界はあった。もっとも、周囲にようやく止めさせられるまで、手紙や電話をさんざん利用したのだが。C氏の新たな行為は若い女性医師に病棟勤務を断念させるくらいの成果はおさめたのである。色情狂による強迫観念は発話や書記などの言語障害に見られる誇大かつ信仰にも等しい風変わりな妄想と、不可分のものだった。

症候型とは対照的に、純粋かつプライマリな色情狂の特徴は次のとおりである。

1 ほかの精神病に見られる幻覚、不活動（ものぐさ）状態あるいは明らかな情緒障害《ムード・ディスオーダー》を伴わずに分離性の病態を示す（一方的な恋愛苦労症、妬みなどが事態を複雑にしたあげく、結果として情緒障害を起こす場合もある）。

2 多くは突発的に発症する。もっとも、生来の性格的弱点のゆえに愛情に飢えたような場合、他者の言葉や行為を都合よく解釈し、自己の世界観をかたくなに主張し、既得の権利を追求する傾きはある。

3 いったん発現すると強制力を持つ原則となり、患者の生活を支配し、常習的で妄想を伴う固定観念へと発展する（空想のロマンスと無関係の話題については思考も清明で秩序立っており、一見したところ以前と変わらない合理性を有している）。

4 ただ一人の対象に関心を固着させる（一夫一婦的な愛着で、忠誠心は高い）。

近年の研究者たちのほとんどは純粋かつプライマリな色情狂を妄想的な信念の持ち主のみに発症すると限定している（ホレンダーとキャラハン、一九七五、ロヴェット・ドウストとクリスティ、一九七八、シーマン、一九七八、テイラーほか、一九八三、エリスとメルソップ、一九八五、ムンローほか、一九八五、シーガル、一九八九、ジレットほか、一九九〇）。一方、純粋な色情狂をノーマルな体験から少々へだたった分離性の精神障害ではなく、ノーマルな愛の発露が誇張されたものととらえるやや弱いながら伝統的な見方もある。それが、妄想障害を併発する場合と、ノーマルと見分けがつかない強烈かつ強迫的な心酔状態を形づくる場合があるというわけだ。

プライマリで純粋な色情狂の特徴としては、ほかの精神病に見られる特徴を伴わずに分離性の病態を示すという点にある。発症はおおむね患者の本来の性格、現在の私的社会的な状況に当然ながら関わっている。何らかの出来事がきっかけとなって発症する場合も多々見られる。きっかけとなる出来事としては「自己愛の痛手」である（ホレンダーとキャラハンに、支えてくれる誰かの）対象喪失（主に、支えてくれる誰かの）である（ホレンダーとキャラハン、一九七五、イーノックとトレスオーワン、一九七九、エヴァンスほか、一九八二）。この純粋な色情狂は見たところ人寂しさに耐えかねて発症し、患者の生活の空白をうめてくれるもの。テイラーほか（一九八三）の指摘するところによると、そういうケースではどの患者も、色情狂の固着が現れる何年も前からセックス・パートナーがいない寂しい孤独な生活を送っていた。シーガル（一九八九）は患者の生活に共通してあるいくつかの項目を指摘しているが、それは社会的に満たされぬ日々、性的接触の欠如、社会経済的地位の低下などであるとした。ミューレンとパテ（一九九四ａ）の指摘によると、純粋な色情狂を示した五例はいずれも発症の時点で、荒涼としたやりきれなさ、睦み合う相手のいない生活を余儀なくされているとした。色情狂による固着は少なくとも見かけだけの親密な関係、愛とエロティックな関心のはけ口をもたらしてくれる。シェーラー（一九五四／一九一二、マックス、一八七四〜一九二八、ドイツの哲学者・社会学者）は愛の現象学を論じたその古典の中で次のように示唆している。われわれが人を愛するのはそれが与えてくれる快楽のゆえではない、愛することによって経験する喜びのためである、と。愛の行為は、たとえ報われなくとも、それ自体大いなる幸福の感情を伴う。空白の生活を送っている人にとって、たとえそれが病的な愛であれ、その報酬はそれなりのものがあるのだ。

純粋型色情狂の発症前の性格としてはシャイで臆病（クラフト＝エービング、一九〇四／一八七九）、過敏かつ自己言及的（クレッチマー、一九一八）、プライドが高く反抗的（ド・クレランボー、一九四二）ナルシシスティック（イーノックとトレスオーワン、一九七九、メロイ、一九八九）、統合失調症的シゾイド（ムンローほか、一九八五）、自信欠如、懐疑的、社交回避的（レッターストールとオプヨルズモーエン、一九九一）、気弱、内気（シーマン、一九七八）など。こうした表現に共通する特徴として、他者から疎外された社交下手、過敏で懐疑的で見かけばかりの優越感の持ち主（ミューレンとパテ、一九九四ａ）等。患者は社会的に空虚な生活を送り、おおむね奉公人的な仕事に就いて、自分を魅力的な存在であるとは感じていない（ド・クレランボー、一九四二、ホレンダーとキャラハン、一九七五、イーノックとトレスオーワン、一九七九、シーガル、一九八九）。関係を持ちたいという欲望は、拒絶を恐れ、本当に親密な間柄に発展するのを恐れる気持ちによってたいていは相殺されている。それも、セックス面、感情面の両方で。次に、純粋でプライマリな愛の病理のありようを例証する事例を示す。

事例

Ｙさんは高齢で放任主義の両親の一人っ子だった。子どもの頃から人目を気にする怯えがちな少女で、親しい友人はいなかった。勉強は良くできたものの大学へは行かず、商業学校へ進んでタイピストになった。夫となった人は生まれて初めてつきあった男性。夫とは結婚当初からうまくいかず、特にセックスの問題が大きかった。二人に共通した趣味はなく、お互いへの情愛も欠けていた。仕事だけが社会とＹさんをつなぐ唯一の接点だった。発症する数カ月前のこと、彼女は失業した。会社が閉鎖されたのだ。

自尊心が低く、これは自分でも認めていたことであるが、常に人に懐疑的で、特に人前に出るとなると、誰かに見られている、陰で笑われている、悪口を言われている、という気分がつきまとった。整理整頓、清潔に対する思いこみが強く、洗濯や掃除に関してはさまざまな約束事を持っていた。

彼女が裁判所からの紹介で当クリニックに来院してきたのは、禁止命令を破って地元の牧師に電話をかけ続け告発されたことによる。Ｙさんの説明によると、彼女はもう数年にわたりこの牧師からロマンティックな関心を寄せられているという。初めて会ったときから、彼は彼女を定期的に家まで送ってくれ、別れ際には手を振ってくれた。夜になると裏庭の木をよじ登って彼女が服を脱ぐ様子をうかがっている、と彼女はにらんでいた。実際にそうする彼の姿を見たことはないが、絶対そうだと言い張った。また彼は電話からようやく聞き取ることのできるピーピー音で彼女と交信しようとしている、とも言った。受話器が置かれていようが、受話器を取ろうがその音は聞こえてくるのだ。最初は彼の関心がうとましかったが、だんだんに、シャイな男性が自分と恋に落ちたことを知らせようとしているのだ、と分かるようになった。彼女は彼からの電話に応えるようになった。彼は自分に電話をかけたことを認めようとはしなかったが、自分には分かっている、これは「友人同士の戯れ」で、自分をもっと深い関係におびき寄せようとしているのだ、と。彼女から電話をかける回数が増えていき、ついにこっちから愛の告白をした。彼はびっくり仰天しノーと言ったが彼女によると彼には家庭があり、二人が一緒になる前に整理しておかなければならない厄介事があるからだ。

牧師は不安になった、仲裁人に彼女を説得してもらい、自分から手を引かせようとした。それはうまくいかず、裁判所による禁止命令を取得した。しかし、それと同時に彼は電話を通してのピーピー音、キーキー音による秘密の通信の回数を増やしたのだと彼女は強調した。この想像上の通信の一部始終を、彼女は一日一五〇回も録音した。牧師は秘密裏に電話番号を新しくしたが、彼女はそれを突き止めた。彼女からかかってくる電話、その他の通信によって自分の生活はめちゃめちゃにされた、と牧師は訴えた。

Yさんは牧師は自分を愛している、自分と結婚したがっている、と固く信じていた。接触するようになったのも彼からだし、前にもまして彼は自分に強い愛情を抱いている、と言った。彼女は彼の言葉、彼の行為をよどみなく説明した。自分を裁判所に召喚する原因となった行為すら、不滅の愛の秘められた表現、などと言い逃れた。幻覚のような現象は一切なく、電話から聞こえてくるというピーピー音がおそらくはもっとも深刻な錯覚であったであろう。それ以外には、彼女の精神状態にアブノーマルを思わせる点はなかった。

一日四ミリグラムのピモザイド投与が著しい効果を示した。想像上の恋人に対する狂恋は、寝ても覚めてもという完全な無我夢中の状態から、時々思い出す程度にまで、あっという間に冷めていった。アプローチしてきたのはあっちだという主張は変えなかったが、彼に対する関心は失せ、彼のほうも自分に興味を持っていないことを受け入れるようになった。面白いことに、夫との関係は結婚以来初めて好転し、コミュニケーションが芽生え、夫婦として向き合えることの喜びを感じられるようになった。治療開始から半年、Yさんはみずからの意志でピモザイド投与を中止した。あっという間に症状がぶり返し、何週間もしないうちに牧師に手紙を書き電話をかけるようになった。再度ピモザイド療法を始めた結果、症状はおさまった。彼女は今も定期的な薬物療法を受けている。

事例

四十七歳になるLさんは四人きょうだいの末っ子。労働災害で障害者となった父親と、権威的な母親。学校時代も、ティーンエイジャーになってからも、シャイで人見知りするタイプだった。学校を卒業すると会計事務所に就職し、一年前までその仕事に就いていた。

夫は生まれて初めてつきあったボーイフレンドだった。結婚したのは二十二歳のとき、夫は三十歳だった。権威的な人柄の夫は、何を決めるのも、お金を支配するのも、自分でやった。彼の考えが絶対で、意見を言ったり気持ちをあらわにする機会はまったくといっていいほどなかった。

Lさんは痛々しいほどシャイで自意識過剰なたちだった。誰かが自分を見て裏で笑っている、といつも感じていたと告白している。職場でも、みんなが一緒になって自分の噂話をしていると思い込んで、いたたまれなくなることが度々あった。そういった恐怖を彼女は「分かってるじゃない、根も葉もない嘘だって」というロジックで抑えていた、と話してくれた。家の外では人と関わる機会を避けてきた。彼女はよくできた人物で、強迫観念も病気を思わせる兆しもなかった。

四年前、彼女は仕事先の上司が自分にロマンティックな思いを抱いていることに「気が付いた」。いつも尊敬していた上司で、内心、優しい、思いやりのある人、と思っていた。この男性への熱い思いがいっそう熱くなったのは、弟がふいに亡くなった後のことである。きょうだいの中でも一番仲の良かった弟の死。ある朝、関心の対象である上司がお天気の話をし、スキーシーズンの見通しについてあれこれと話してくれた後、彼女の愛は確信へと変わった。彼が自分の愛に報いてくれた、そう気付いたのです、と彼女は言い張った。「彼が私に強い気持ちを持っている証拠だと思いました。なぜって、ふだん私は完璧に無視されているのですから。誰も話しかけてもきません。頭が悪いと思われているのです」。それから数カ月、彼はあらゆる方法で愛の気持ちを表明してきた、とLさんは言う。彼が着ていた服、挨拶のしぐさ、おはようという言葉のやりとり。直接愛してると言ってくれたわけではありませんけど、声のトーンとか、雰囲気で分かる、と言う。ここ数年なかったことだが、彼女は自分の外見を気にするようになった。せっせとエアロバイクを漕ぎ、十キロも体重を落とし、髪をカラフルに染めた。

彼女の関心の対象は、被害者影響報告書の中で、もう何年も前から彼女が自分に心酔していることに気付いていたが、まったくの一方通行で、そそるような真似をしたこともない、と述べた。努めて無視してきたが、ここ三年ほど、つけ回しは激しくなっていた。後をつけたり、出先にふいに現れたり、退社後彼の車の横に立っていたり、退社時に待ち伏せしたり、メモを残したり、職場や自宅に電話をかけたり。職場でのハラスメントを何とか止めさせようと彼女の解雇を働きかけたこともあった。

入院する八カ月前、上司の後をつけているとき、Lさんは彼が同僚の秘書と待ち合わせて一杯やっているシーンを目撃した。それから何週間か、Lさんはこの秘書と彼の両方の後をつけることになる。彼はこの女と浮気しているのだと確信するようになった。自分の心の恋人が別の女を抱いている様子を思い描いて、頭が割れそうになった。日に日に不安が強くなり、怒りっぽくなった。上司、その奥さん、自分に向けられた愛を奪い取っていった秘書に何度も何度も非難の電話をかけまくった。あるとき、自分の体を彼の車の前に投げ出そうとした。彼のいる職場で大騒ぎを起こしたこともあった。彼の同僚が見ている前で、私と関係したあげく私を捨てた、と大声を上げたのだ。この時点で彼女は、睡眠障害、食欲不振、自傷的反芻、自殺企図等、鬱病の症状を見せ始めていた。入院する直前には夫の銃器棚からライフルを取ってきて彼の目の前にかざしてみせることまでした。銃口をつきつけられて脅迫された、と彼は主張する。もっとも彼女は、実際にライフルを彼に向けたことは否定しているが。発砲しなかったとはいえ、事の次第にはなお議論の余地はある。彼女はいったん自宅へ戻り、自分の心臓を突き刺して、胸にひどい傷を負ったのである。

入院の際彼女は今なお想像上の恋人への思いにとらわれていることを認めていた。まだやり直せるのではないか、と信じていた、なぜなら彼は自分を愛しているし、自分は彼の愛に報いただけだから、と。今でも嫉妬に苦しんでいる、上司が別の女と交わっているその生々しいイメージが私の意識に潜り込んでくる、と認めた。もう自殺のことを思い煩ったりはしない、なぜなら二人の間の諍いもケリがつき、やがて一緒になるのだから。
Lさんに対して抗鬱剤と六ミリグラムのピモザイドが投与された。それから四週間、想像上の恋人に対する強迫観念は徐々にだが和らいでいった。二人の関係は終わったのだ、どう転んでも二人が一緒になることなどないのだ、と理解するようになった。彼は自分の愛にお返しをしてくれたという信念は不動だったが、二人のことではちょっと希望を持ちすぎたかもしれないと認めるようになった。彼女の薬物治療は今も続いている。

ミューレンとパテ（一九九四ａ）によると、純粋型色情狂の発症前人格の特徴として、きわめて強い自意識、相手のほうから自分にちょっかいを出し声をかけてきたと言い張る傾向、相手を非難し中傷する性癖があるという。そうした傾向のゆえに愛の病理が発症したと推測するのは難しいことではない。なんとなれば、この人のアクション、言葉は悪意ではなく愛から出たものだと見なす傾向が発症をうながす上で欠かせないものであるからだ。こうした性格的傾向はもしかしたら以下の疑問に合理的説明をなすものであるかもしれない。つまり、なぜ一見して知的にすぐれ魅力に富む人が社交的かつエロティックな関係を前にして壁にあたり、誰かと親しくなりたいという欲求を満たすため、ファンタジーや妄想に走ってしまうのか。

愛の病理学の純粋型としてここで示された考え方、それはノーマルな感情の極端型であるという考え方は、一方では病理現象と病的現象との間にある境界線について、いくつかの問題を提起している。この問題は、とりわけ、患者とその関心の対象との間に、たとえ儚くとも、リアルな関係が存在したような場合において重大である。いずれ思いは報われる、といった感情は、その愛は病気であると指摘することを困難にしてしまう。もう一つ、潜在的に混乱を生んでしまう例として、常軌を逸した情熱で無償の愛を求めたあげく、それが過って病気と見なされてしまうようなケースである。以下は、そうしたジレンマがよく表れた例である。

事例

Jさんは二十七歳、知的にはノーマルすれすれの、しっかりした中産階級の家柄の女性。ある会社で清掃の仕事をしていた。シャイで人見知りをする質で、社交性は乏しかった。Jさんはクリスマス・パーティの後、会社の三十代の社員と交渉を持った。既婚で、子どものいる男性である。二人とも、そのときは酒に酔っていた。初めての性体験だった。しばらく彼女は彼にアプローチをしたが、彼は関係を持ったことを明らかに恥じている様子で、Jさんの求めを邪険に拒絶するばかりだった。

彼は私を好きなのだ、彼のしてくれた行為は彼が私を愛している証拠なのだとJさんは信じた。それだけになぜ邪険にされるのか、その仕打ちに悩み、混乱し、ほかに比較すべき体験のないこともあって、彼の言葉は本音ではない、と結論した。それから四カ月、彼女は繰返し彼につきまとった。ことあるごとに電話をかけ、自宅に押しかけ、ゴルフ場まで後をつけた。自分を避けようとしていることは分かったが、自分に愛情を感じていないという事実は受け入れられなかった。あるとき、これまでなかったほど激しく追い払われて、彼女は怒りのあまり彼の車をめちゃめちゃに壊してしまった。Jさんはそれでも彼にすがった。よりを戻して欲しい一心からである。彼は裁判所にかけあって禁止命令を取った。怒髪天を突いた彼女は今度は彼の自宅へ押しかけるや、奥さんや子どもたちの前で彼を罵った。私の人生を台無しにしてくれた、と。Jさんは頑としてその場を離れようとはしなかった。警察が呼ばれ、彼女は病院へ送られた。

この若い女性の行動は色情狂者のそれとうり二つである。未来への希望、ファンタジー、そのことごとくを想像上の恋人が握っている。自分の仕事や自分自身さえ見えなくなるほど彼女はこの男性にとらわれていた。毎度のように邪険にされても想像上の恋人に対してあくなきアプローチを繰り返した。けれど、愛されていると思いたいばかりに彼の言葉、彼の行為を曲解することはなかった。どうしても彼の心変わりを受け入れられない自分がいたばかりである。二人の仲は終わったのだと悟ったとき、怒りと苦痛が彼女をおそった。彼女の取った行動は、天真爛漫によって始まり、死にもの狂いの希望によってながらえた誤解にもとづくものだった。その振舞いは病的心酔者のそれとおなじだったが、彼女の心の内は、それとおなじように病んでいたわけではけっしてない。

関心の対象

ド・クレランボー（一九四二／一九二一）もクレペリン（一九二一／一九一三）にならい、色情狂者は自分より社会的地位が高い相手に関心を固着すると見なしていた。その考えはシーガル（一九八九）によって一歩進められ、奉公人的な仕事に就いている外見的魅力のない色情狂者と、魅力的で社会的地位も高く知性あふれる（！）関心の対象とを対比して論じている。金持ちの有名人をつけ回す色情狂者に向けられた世間の関心はこのステレオタイプを補強するものだった。

ノーマルな愛は愛する人に魅力的な属性を付与するものである。みずからの関心の対象にどんな美質も見出せない求愛者は哀れと言うべきであろう。一方色情狂者の愛は、実利や相応しい相手かどうかに制約されることはまずなく、誰に対しても自由に固着する。であるから、社会的上位者を望む彼・彼女の欲望は、成就するかどうかという実利的計算によって必ずしも水を差されない。しかし、筆者らの経験によると、病者の愛の対象は性格も職業もさまざまで、ノーマルな愛の対象と一つも変わらない。色情狂者は彼らが魅力的と感じた相手に関心を向け、リアルな、または想像上の、接触を求めるのだ。テレビ、ラジオ、ビデオなどによって家庭に入り込み、擬似的親交を結ぶ有名人は言うまでもなく誰よりもターゲットになりやすい。関心の対象は、多くの場合、会社の上司であったり、被害者とされた人が提供するサービスの顧客であったり、職場環境で遭遇した人の中から選択されがちである（ハーモンほか、一九九五）。危ないのは専門職、それも医療専門家で、傷つきやすい相手と進んで接触するばかりか、手をさしのべよう、感情移入しようという流れで彼らと遭遇するからだ。筆者らの経験によると、対象の外見に魅かれて相手に関心を持つのは、ほとんどの場合、障害のない人もおなじであるが、男性の色情狂者である。色情狂者のゆがんだ関心の対象には例外はない。リスクが高いのは社会的地位が高い人たちだが、被害者が一人残らずそうというわけではない。それとおなじように、孤独で社交生活が上手くいっていない人、世間に馴染めない人も色情狂者の中には見受けられるが、筆者らの経験によると、外見上まったく魅力がない人たちばかりか、社会的地位が高い人もいる（開業医、学者、弁護士で色情狂のストーカーというケースも筆者らのクリニックでは扱っている）。

罹患率

色情狂の罹患率は、純粋型まったくの症候型いずれも、不明である。こうした疾患がどの程度の頻度で患者に現れるかを調べる試みは、過去の事例調査にもとづいていくつか実施されている（ルッデンほか、一九八三、レッタースト－ルとオプヨルズモーエン、一九九一、メンジーズほか、一九九五）。レッタースト－ルおよびオプヨルズモーエン（一九九一）によると入院患者の〇・三％にその症状が見られ、妄想障害の三％ないし十％が色情狂的信念を有しているとの推計がある（ルッデンほか、一九八三、メンジーズほか、一九九五）。妄想障害者のグラフが上昇すれば、同様に色情狂者の発現する頻度も上がると思われる。

かつて、色情狂は、一〇〇％ではないものの、圧倒的に女性のかかる病と見られていた。が、最近の研究によると男性でも女性でも、同性愛者でも異性愛者でも、さまざまな文化的、社会的背景を持った人でも、おなじ確率で発現することが明らかになっている（ロヴェット・ドウストとクリスティ、一九七八、テイラーほか、一九八三、ダンロップ、一九八八、エミンソンほか、一九八八）。

疾病管理と予後

症候的な色情狂においては生殖性精神病（発生障害）に有効とされる治療法が施される。中でも色情狂の治療に用いる抗精神病薬と精神療法の併用が適当とされるケースでは、いっそう右の療法が強化される。反応性（純粋型）の疾患の場合、疾病管理の主力となるのは低用量ないし中用量の抗精神病薬（例えば一日二〜六ミリグラムのピモザイド）とカウンセリング、サポートの併用であるが、いずれも症状を長期化させている認識のゆがみを正し、他者との密な関係へ導くものと期待される。これは時間もかかり目に見える効果も上がらない治療法で、しばしば遡行することもあるが、患者が治療に前向きであれば相当の治療効果は期待できる。

症候型の色情狂については施された治療法の効果が上がったとする論文は少ない。ジレットほか（一九九〇）によると統合失調症のプライマリな段階にある四例、および、情緒障害の治療が奏功しているにもかかわらず躁状態にある難治の色情狂者一例では、ほとんど効果は上がらなかった。シーガル（一九八九）は文献調査とみずからの経験から、エロティックな妄想はきわめて長期化し、妄想の残滓は稀なケースを除きしつこく滞留する、と観察した。この憂鬱な予測はリーオン（一九九四）も同様で、裁判所および政策担当者は「色情狂的な妄想を減らす際精神分析や精神医療にあまりに頼ってはならない」とまで述べている（前掲書、三八四頁）。刑法や行政による制裁規定こそ望ましいと示唆しているわけだ。ただし、長期にわたる追跡調査によるとそれほど悲観的なことでもないようで、好ましい治療結果を得られたもの二例、比較的に好ましかったもの一例、治療効果が上がらなかったもの、不明のものが三例であった（レッターストールとオプヨルズモーエン、一九九一）。純粋型（反応性）の疾患におけるピモザイド等の抗精神病薬の効果を疑問視する声もあった（ムンローほか、一九八五、スタイン、一九八六）。

こうしたケースを管理するに際して変わらぬ難問として

治療に対する動機が完璧に欠如しているということがあげられる。病理的な愛の虜になった人はそれを病気ではなくロマンスと見なす。ただ一つ不満なのは愛する人の返事が遅いことと、あるいは第三者の邪魔が入ること（いわゆるセラピスト顔をした他人もこの中に入る）。忘れてはならないのは、この疾患が患者にもたらす利点である。孤独の慰撫、傷ついた自尊心の回復、ややもすれば空虚になりがちな生活上のはり。シーガル（一九八九、一二六五頁）が指摘したように、「色情狂は、上手に管理しさえすれば否定的な現象とばかりも言えない。というのも、それが孤独な魂を癒してくれることもあるからだ。そうでもなければ救いのない孤立、孤独を生きざるを得ない人の魂を」。たとえ見返りを望まないとはいえ、色情狂者の愛を「上手に管理する」ことが可能かどうか、首をかしげる向きもあるだろうが。

それよりはやや楽観的な見通しを立てたのはミューレンとパテ（一九九四a）である。二人は色情狂の治療にまつわる悲観論は誤りであると考えた。彼らの経験によると症候的な色情狂の治療効果はその下層に存在する障害のありよう、その程度によるという。躁病の合併症として現れた三例はどれも完全に回復したが、一方難治性の統合失調症では、病勢も強迫観念もおおむね弱かったとはいえ、淫乱な妄想は長引く傾向にあった。純粋かつ反応性の病理は治療結果はさまざまであるが、五例中四例で緩解、あるいは症状の大幅な改善を見た。抗精神病薬も精神医療の助けもほとんどなかったにもかかわらず。二人によると純粋型の色情狂の場合、効果が現れるまで、治療を数カ月は継続すべきであるという。

ミューレンとパテの疾病管理で注目に値するのは社会的支援と愛の病理に悩む患者同士のネットワークを提唱した点にある。筆者らの経験では患者らを支援してネットワークを構築するのは生半可なことではないが、患者らを社会活動に参加させ、それなりの支援を授けるのは、難しいことではない。仮にネットワークはもとより人との接触を欠いてしまえば、患者らが手にしている唯一の擬似恋愛関係を放棄するよう導くのは、おそらく困難だろう。

色情狂の効果的な疾病管理につきまとう悲観論は、実際の治療に乗り出す前になされる、自己満足的な言い逃れにすぎない。精神衛生の専門家が、色情狂にかかったストーカーのあるべき処遇について裁判所からかつてなく意見を求められるようになっているのは、実に不幸な傾向である。おそらく被害者をつけ回しから解放し、患者を根深い強迫観念から救ってくれるのは効果的な治療のみであろう。われわれ精神医療の専門家たちは、今利用可能な疾病管理手順を無視し、より効果的な治療法の開発を怠ることで、患者と被害者の双方にそむいているのである。

9 同性を標的としたストーキング

はじめに

男性が女性を、女性が男性をつけ回すというふうに、ストーキングは主にヘテロセクシュアルな行為と見なされるのが普通である。同性を標的としたストーキングはそうあるものではなく、全体の一％未満と見なされてきた（メロイ、一九九六）。しかし、任意の被験者多数を対象とした近年のストーキング研究によって、同性を標的としたストーキングが予想以上に蔓延していることが明らかになった（ジャーデンとテーネス、一九九八、ミューレンほか、一九九九）。大方のストーキング研究では、つけ回しの推移、暴力行為へ発展する恐れ等を予想する上で有用とされる人口統計的変数がさまざまに検討されてきたにもかかわらず、ジェンダーは大きな関心の対象ではなかった。例えば、同性の元友人をストークする女性は被害者に暴力をふるう恐れが高い（国立司法研究所、一九九六）という事実があるにもかかわらず、この件について実践的な調査は行われていないのである。

筆者らの経験によると、同性にストークされる被害者は法執行機関や支援組織の疑念や無関心にさらされるものだ。これはホモセクシュアル嫌悪症的な反応というわけではない。被害者の性的傾向とは無縁のように見えて、被害者の性的傾向が問題視されることも少なくない。仮に同性によるストーキング被害者が異性によるストーキング被害者より暴力に遭いやすい、またその生活がストーカーによっておなじように破壊され、少なくとも異性のストーキング被害者と同様に精神的負担に苦しむというなら、こうした犯罪被害者の精神の安寧、身体の安全はなお真剣に取り扱われるべきである。

この章では過去六十年間に報告された同性によるストーキング被害の実態が取り扱われる。その中には筆者らが最近なした二十九例の同性ストーカーとその被害者についての研究も含まれている。ごく最近まで、同性によるストーキング関連の情報というと同性有名人狙いのストーカーをめぐるメディア報道か、色情狂についての論文に限られていた。同性の色情狂者の事例報告書は「ホモ色情狂」「ホモセクシュアル色情狂」などと誤解されかねない用語にまみれ、加害者、被害者双方をホモセクシュアルと示唆しているかのようである。現実には、そうしたことはどのケースでも言い得ない。すでに指摘されたように、色情狂者の愛はむしろ精神的な理想の愛としての特徴を持つものであり、肉欲的側面は少ない（八章を参照のこと）。それと同様に、同性の色情狂者による事例もホモセクシュアル的傾向を示すものでは必ずしもなく、それは被害者についてもおなじである。以降の議論の都合上、「ホモ色情狂」「ホモセクシュアル色情狂」といった用語は、該当する論文執筆者の用法に則り使用されるものとするが、だからストーカー本人や被害者がホモセクシュアルであると示唆するものではない。

同性によるストーキングをめぐるメディア報道

折にふれ大衆メディアによって報じられる同性ストーカーの事例はそのほとんどが有名人ないし公人に対するものである。例えばアメリカ合衆国では歌手ジョン・レノンを暗殺したマーク・チャップマンのケース、最近ではレイプ目的で映画監督のスティーブン・スピルバーグをストークしたジョナサン・ノーマンのケース（六章を参照のこと）。男性ストーカー二人につけ回されたと報道された作家のスティーブン・キング、もう何年も彼女と恋に落ちたと言い張る女につきまとわれている女優のシャロン・グレス。報道によると、ストーカーの女は、グレスを待ち伏せしてレイプしてから自殺するつもりだったという（ライターとブラックマン、一九九三）。オーストラリアの歌手ジュディス・ダーラムを五年以上もつけ回している四十六歳の女性はストーキングのかどで執行猶予付きの禁固刑に処せられた。この女はザ・シーカーズの元リードシンガーの長年のファンといい、ファクス、手紙、電話攻勢をダーラムとその家族、友人、弁護士にかけ、コンサートまで追っかけ、公然と彼女を中傷し、彼女を相手どって嘘の裁判まで起こした。ストーキングで告発される三週間前には歌手の自宅に全部で四十二枚もの、ドアマットを配達させた。理由は、あの有名人が自分をドアマットみたいに扱ったからであるという（雑誌「ジ・エイジ」、一九九八年八月二十日号）。

最後に、ホモ色情狂を取り扱った私的論文、小説の類が近年になり文壇を中心に出版されるようになってきた。著名なところでは、女性の元患者にストークされた話をテーマにした精神分析医ドリーン・オライオンの『アイ・ノウ・ユー・リアリー・ラヴ・ミー（本当は好きなくせに）』（一九九七）、自分に色情狂的関心を寄せる見知らぬ男につけ回される男性の苦闘を描く、イアン・マキューイアンの小説『エンデュアリング・ラヴ』（一九九七）。

同性の色情狂者の事例報告

一九三七年、フレテット（引用はサイナー、一九八九）はアルコール中毒者でホモ色情狂という男性について報告した。やや時代は下りるが、双極性障害のある女性ホモ色情狂者の事例について、バスティが報告している（一九七三）。後者はまったくのホモ色情狂ではなく、ヘテロ色情狂を思わせるエピソードも残している。ピーターソンおよびデイヴィス（一九八五）は統合失調症患者で、男性への慢性的、確定的な色情狂的妄想を持つ男性のケースを報告しているが、この患者は拒絶された際相手を殺すと言って威嚇したという。サイナーおよびアイスビスター（一九八七）は統合失調症の女性によるホモ色情狂的エピソードについて述べ、サイナーおよびカミングス（一九八七）は双極性障害と左側頭葉癲癇のある女性のホモ色情狂について報告している。

ダンロップ（一九八八）はホモセクシュアル色情狂の事例二件を明らかにしている。ともに「女学生によく見られる〝のぼせ〟にうり二つの、熱っぽい思いにとらわれた」女性のケースで、一人は病院の女性管理者へ、もう一人は店で働く女子店員へ熱を上げた。前者はかつて統合失調症の診断を受けたことのある患者で、被害者をしつこく追い回し、食料品、お金（最高で二千ポンド）、ガーデン家具一揃いなどの贈り物攻勢をかけた。もう一人は二十二歳になる女性で、わざわざ時間をつくっては被害者のいる売場に出向き商品を買いまくった。店への出入りを禁じられると、この患者は通りすがりの人にお金を渡して、自分に代わって被害者からそれまで以上の金額に上る商品を購入したのである（十章を参照のこと）。この女性患者は日記を付けていた。それを見ると、被害者に対する抑えがたい、複雑な感情が読みとれる。ダンロップは、この二つのケースをいくつかの点でヘテロセクシュアル色情狂に通じるところがあると考えている。いずれも一般的に見て、プライマリもしくは純粋型色情狂の診断基準を満たしているのだ。女史はまた、患者らの恋愛感情に何ら性的要素がないことも指摘している。もっとも、二つ目の事例で患者はみずからの感情を「プラトニック以上」と表現したのだが。論文執筆者の示唆するところによると、「おそらく、この女性たちは親密な接触をうまく成就させることができず」、遠目から相手をロマンティックにあがめる手段に出たのだろう、と。

アーバックほか（一九九二）は思春期におけるホモセクシュアル色情狂について述べ、ティーンエイジャーというものは、ぴしゃりとはねのけられたら相手に攻撃的になるものであると書いた。メロイ（一九九二）はホモ色情狂の考えられるケースとして、「攻撃的、ヒステリカル、偏執的な」ホモセクシュアル男性が、ややもすれば常軌を逸した統合失調症の男性を追いかけ回すこと、と表現した。患者は絶えず被害者にアプローチし、被害者を長々と口説き、被害者は自分と恋に落ちていると主張する。精神鑑定や治療は受けようとはしない。

ボーストおよびコイド（一九九四）の報告によると、「男性のホモセクシュアル色情狂」の事例第一号はヒト免疫不全ウィルス（ＨＩＶ）の感染者によるものだったという。三十歳になるこの男性は同性愛者で、後天性免疫不全症候群（ＡＩＤＳ）の合併症に苦しんでいた最中、ボランティアの支援活動家に恋愛感情を抱くようになった。活動家自身、ホモセクシュアルである。患者はみずからの外見を彼の恋愛対象そっくりに変え、彼に性的な誘いをかけるようになった。活動家はこの件から身を引いたが、患者はなおもつけ回し、憤懣やるかたないといった口調で、恋愛をしかけてきたのは活動家のほうだと主張した。二つの魂が出会い、語り合った、などという突拍子もない手紙を送りつけては、自分はサタンと交信することができる、と言った。やがて被害者の留守番電話に脅迫のメッセージを吹き込むようになり、郵便受けにパラフィンで火を付け、ついには被害者が「死ぬほど苦しむ」さまを見たい、などと言った。当然のことながら逮捕され、精神科の治療を受けることを条件に保護観察処分に付せられた。この患者の精神障害については、エイズが中枢神経系に影響をおよぼしたというよりも、何らかのストレス要因に患者自身が反応したためと考えられる。一方マイケルほか（一九九六）も器質性疾患（多嚢胞卵巣症）に伴うホモセクシュアル色情狂の事例を一件報告しているが、この疾患が患者の妄想障害の発現に際して、どのような原因をなしたかは、先の例と同様に不明。バイセクシュアルのこの女性は「ホモセクシュアル」色情狂の女性第一号とされ、その性愛の対象は既婚の女性講師から、著名映画プロデューサーとねんごろだった「ヘテロセクシュアル」色情狂者へと移った。患者は手紙を書き、贈り物を送り、前者に対しては性的なアプローチもしたが、男性の被害者にはあからさまなストーキング行為は一切しなかった。コミュニケーションをテレパシーによるメッセージに限っていたからという。

同性への色情狂とそれに伴うストーキング行為の事例はかなりの色情狂患者において顕著に見られる。ロヴェット・ドゥーストおよびクリスティ（一九七八）は色情狂者八例を報告しているが、うち二例は関心の対象を同性に求めたもの。湿疹の治療に投与されたコーチゾンのためホモセクシュアル色情狂を発現した女性患者のケースである。

> コーチゾンを投与された後、患者は、友人の年配女性が自分に秘めた感情を持っていて一刻も早く親密になりたがっていると信じるようになった。年配女性は自分へ抵抗しがたい力を行使して、病気の自分へ支援と激励のメッセージを送っている、と思うにいたった。そのメッセージがどのようにしてもたらされるのかは分からないが、確かにメッセージを受け取っており、この友人が間違いなく間を取り持ってくれていると言い張った。患者はこうしたメッセージにひどく感動し、何とかそれに応えなくてはと感じるようになった。ひょっとして不意にベルが鳴るのではないかと思うと自宅の電話から離れられなくなった。かけてきたのが彼女なら、電話に出なければならないではないか。けれど、電話が鳴ることはなかった。やがて患者はバンクーバーに通話の申し込みをし、友人の気遣い――と彼女が信じているもの――への謝意を表し、友人が彼女へ寄せる愛――と彼女が思いこんでいるもの――に対してお返しをしようと試みた。バンクーバーへの電話は無駄に終わることも多かった。ベルが鳴っても、誰も取らなかったからである。あるとき、ようやく電話がつながると、友人は彼女を安心させようとして、こう言葉をかけた。ゆっくり休んで、もう私のことは構わないで、電話もかけないでちょうだい、むしろあなたの不安が高じるだけだし、電話代だって馬鹿にならないでしょう、と。夫がいけないのだわ、と患者は確信した。配偶者としてもろくでなしだけど、病気になったせいで、奥さんの時間や関心を奪い取っているのだわ、と（ロヴェット・ドゥーストとクリスティ、一九七八、一〇一頁）。

ドゥーストおよびクリスティは右のケースをホモセクシュアルと見なしているが、二つ目の、大酒を飲むとホモ色情狂的な妄想にさいなまれる男性のことは両性愛と判断した。またジレットほか（一九九〇）は、北東イングランドの精神分析医三十四人へ調査表を郵送し、「他者と恋愛関係にあるという妄想にとらわれた」患者の事例報告を出してくれるよう求めた。全員が女性のケースが十一例見つかり、そのいずれも色情狂の症状を示していた。これら明らかな「ホモセクシュアル」色情狂のうち、自分と恋愛関係に陥っている――と勝手に信じ込んでいる――女性に逆説的な反応を示した例が一例あった。このケースは双極性障害の診断を得たが、この色情狂者の場合、下層にある情緒障害の治療も功を奏さず、「双極性障害の発病と恋愛妄想は無関係」とされた。

色情狂は「純潔なヘテロセクシュアル女性」の疾患とする当初の仮説が覆えされる中、ジアニーニほか（一九九一）は、性体験の豊かな女性色情狂患者を五例、報告している。うちの一つは被害者に雇われていた私設秘書のケース。雇い主は既婚で、彼女より八歳年上。あからさまなストーキング行為は見られなかったものの、秘書の家族はこの秘書にセックスをほのめかす手紙を雇い主に送らないよう懸命に説得した。雇い主の女性は、彼女を秘書として使っていた二年間、彼女にホモ色情狂の傾向があることにまったく気付いていないようだった。

ストーカーとストーキング被害者学

ハラスメントや脅迫に遭っている四十八人のデータを分析したハーモンほか（一九九五）は、同性への「強迫観念」を有する二例を明るみに出している。一つは三十八歳になる色情狂女性のケースで、ターゲットにされたのはソーシャル・ワーカーや薬物カウンセラーなど複数の女性。一方ゾーナほか（一九九三）が強迫的ハラスメント七十四例を分析したところ、色情狂者七例中三例（男性一例、女性二例）はホモセクシュアルまたはバイセクシュアルとされた。ここで「単純な強迫」とされた三十五例中でホモセクシュアルと見られるのは三例、一方「性愛強迫」とされた三十二例中ホモセクシュアルまたはバイセクシュアルと見られたのは二例であった。

ストーキング被害者をめぐる近年の研究でも同性をストーキングする事例は確実に増えている。フレモウほか（一九九七）が大規模大学を対象にストーキング調査を行ったところ、女子学生の三十％、男子学生の十七％がストーキング被害に遭っていた。「少数」ながら同性にストークされたと主張するものもあった。ジャーデンおよびテーネス（一九九八）が調べたところ、男性回答者の二％が生涯に一度はストーキング被害に遭っているが、うち六十％のケースでは男性につけ回されていたという。男性は他人と知人の両方にストークされる傾向があるが、その九十％が男性であった。研究者らによると、「証拠上、ホモセクシュアルの男性はヘテロセクシュアルの男性よりストーキングされるリスクは高い。ストーキング被害は、男性パートナーと同棲した経験のある男性のほうが、男性パートナーと同棲した経験のない男性より、はっきり高い」。おなじ調査で女性が生涯にストーキング被害に遭う率を調べたところ八％であった。うちストーカーの性別が女性だったものは六％。女性の大多数は何らかの意味で親しいパートナーにストークされる傾向があると考えられるが、女性が女性をストーキングするケースで、過去に二人がどんな関係にあったかは報告されなかった。

自己申告によるストーキング被害者一四五例を対象にしたホールの研究（一九九八）によると、男性が男性をストークするケースがかなりの割合で見られた。女性をストークするのはほぼ例外なく男性であったが、その反面男性の被害者はほぼおなじ割合で男性からのストーキングに遭っていた（ストーカーが女性だったケースは五十二％、男性だったケースは四十四％）。ストーカーと被害者が過去、親しい関係にあったケース（被験者全体の五十七％）では、男性がターゲットにするのは圧倒的に女性（九十九％）、男性をストークしたケースは一％にすぎなかった。かつて親しい間柄にあった女性がストーカーとなるケース（n＝3）で被害者が女性だったのは三十三％。親密な間柄がストーキングにまで発展したケースのうちホモセクシュアルによるものは全体の五％。同性によるストーカーとが知人であった場合顕著になるのは被害者とストーカーとが知人であった場合で、この範疇に含まれる事例三十五％のうち、男性の五十六％が男性によってストークされていた。ストーカーと被害者とが面識のなかった九例のうち、見知らぬ女性からストークされた女性は三例または三十八％、おなじく男性は一例だった。ストーキング被害者一〇〇人を対象にしてオーストラリアで行った筆者らの調査（パテとミューレン、一九九七）によると、十四％が同性によるストーキング被害に遭っており、女性被害者八十三例中十例（十二％）が女性に、男性被害者十七例中四例（二十四％）が男性にストークされていた。以上の被害者研究では、望まない接触がどの程度まで性的動機によるものであったかどうかは、取り扱っていない。

一九九三年から一九九八年にかけて同性がストーカーとなったケース二十九例のデータを集め、同時期に法精神医学クリニックに回されてきた異性ストーカーのケース一三四例と比較してみた（M・パテほか、提出予定）。筆者らの知る限り、同性ストーカーを対象にした研究としては目下最大のものである。以下、その詳細について検討してみたい。

同性ストーカーの内訳を見てみると、女性十八例、男性十一例。同性ストーカーの年齢は十五歳から五十三歳で、中央値は三十八歳であった。相手と安定して親密な関係にあったものは二例のみで、ともに男性。相手と離別ないし離婚したものは五例、二十二例は独身だった。ストーカー二十八人の自己申告による性的傾向はおおむねヘテロセクシュアルで七十一％（女性十六人、男性四人）、ホモセクシュアルが五例（女性二人、男性三人）、残りの三人は全員が男性で、みずからをバイセクシュアルと回答した。同性ストーカーで職業に就いていたものは十五例（五十四％）、うち三人は専門職、十一人（三十九％）は無職、学生が一人、主婦が一人だった。こうした人口統計上のプロファイルはほとんどの点で異性ストーカーの大多数と類似していたものの、ジェンダーは例外で、同性ストーカーは目立って女性が多かった。

同性ストーカーによるつけ回しの期間は二カ月から二十年で、中央値は十二カ月。こちらも、異性ストーカーによるつけ回しの期間と目立った差はなかった。関心の対象にコンタクトを取る際にもっともよく用いられる手段は電話（九十％）。女性の被害者宅に一晩で二十回以上も電話をかけた女がいたが、このストーカーはよりを戻して欲しいと懇願したり、被害者の娘や長年音信不通の親戚を装ったり、しまいには性転換手術を受けて男になった（！）ので晴れて結婚できると言い張ったりした。被害者は何度も非公開の電話番号を新しくしたが、ストーカーはその都度番号を突き止め、電話攻勢をかけてきた。

望まないアプローチをしかけたケースは二十二例（七十六％）。ある女ストーカーは何時間も車をとばして郊外にある被害者宅の玄関に座り続けた。手紙を送りつけたり手渡したものは十九例（六十六例）。かつての主治医をつけ回した女性の場合は、女医の回診を待って彼女の写真を撮影。そうして写真をキスで口紅だらけにし、かわいそうなこの女医に送りつけたのである。また別の女性は長い手紙を書いてやはり主治医にそれを送った。被害者は既婚で子どもがいることはストーカーの念頭にはなかった。なぜなら、そのほうが「（性）体験が豊富だから」という。

尾行、監視をしていたケースは十七例（五十九％）。相手にのぼせ上がったある女性など、一年間有効のアスレチック・クラブの会員権を購入して、エアロビクスのクラスに出席し、仰天する被害者の真後ろに立って、結局この被害者の手でジムの会員権を剝奪された。ストーカーは予想通り裁判に訴えたのである。また別のケースでは熱を上げたりストーカーは学校から帰宅途中の恋愛対象（既婚）の子どもたちを尾行した。もっとも、ストーキングの手口を分析してみると、同性ストーカーは異性ストーカーに比べて被害者を尾行したり接触したりすることはむしろ少なかった。

望まない物品を送りつけたケースは十六例（五十五％）。会社の上司——ヘテロセクシュアルの独身女性——をつけ回したある女性は、この上司にカナダ出身のレズビアン歌手k・dラングのCD数枚を送りつけた。同性ストーカーが送る贈り物の類は異性ストーカーの送るそれと大差なく、花、チョコレート、雑誌が多い。二つの事例——女性一人、男性一人——でゲイ・コミュニティ相手のポルノ雑誌が送られてきたケースがあった。

おなじやり方のハラスメントにとことんこだわったのはわずかに三例（男性一例で尾行、女性二例で繰返しの電話）。二つないし五つのハラスメントを入れ替わり立ち替わり行ったのは十九例、思いつくままありとあらゆるハラスメントを実行に移したケースは七例。右のパタンについては異性ストーカーと変わることはなかった。

脅迫行為におよんだ同性ストーカーは二十一例。十九例（女性九、男性十）でストーカーは被害者本人を脅迫、十二例（女性六、男性六）では第三者を脅迫していた。被害者、第三者の両方を脅迫した同性ストーカーは女性四例、男性六例。ある無職女性の場合など、二年間にわたり女性カウンセラーに手紙を送り続けては射殺すると脅し、墓石と十字架が写った写真まで同封した。開業医をストークした別のケースでは、被害者の夫を「消す」と脅し、また別のケースで、ある女性ストーカーは、憧れの人との結婚を邪魔した（むろん勘違いだったが）被害者に殺してやるといって脅した。あるゲイ男性は元パートナーのハラスメントにほとほと困り果ててしまった。ストーカーが、被害者の母親と雇用者にホモセクシュアルであることをばらすと言って脅したのである。被害者にとっては、現実の暴行以上に、「ばらされる」ことが怖かったのだ。

私物やペットに危害を加えたケースは同性ストーカーの四十五％（女性六例、男性七例）に上る。ふられた腹いせに女性教師の教室に乱入し卑わいな言葉をわめき散らした学生。怒ったあまり泥酔して元恋人の飼い犬に車をぶつけた女。あらぬ目的で私物を破損するケースもままある。同僚のコンピュータに細工をしかけたある女性のケースでは、修理して欲しいと頼まれたのをいいことに、自分の乳房を被害者に押しつけた。

被害者を攻撃した同性ストーカーは十一例、三十八％で、女性が六例、男性が五例であった。これはストーカー被害者を対象とした初期の調査に見られる数字とほぼおなじであった（パテとミューレン、一九九七）。拒絶されて逆上した女生徒から殴る蹴るの暴行を受け、首をつかんで引きずり回された女教師。性的暴行も二例について見られ、うち一つはゲイの男性のケース。ヘテロの被害者の性器にタッチした。もう一つは女性で被害者の教師にむりやりキスをした。また、先に見たように、誘惑目的で性器を被害者に押しつけた会社員の女性。技術「指導」の最中に恋愛対象の被害者の体を自分の乳房でなで回したのである。触法歴のある九例中、他人に暴行を加えた前歴の持ち主は五例。触法歴中でも暴力行為という点について、同性ストーカーと異性ストーカーとの間に有意差はなかった。さらには、私物破損、暴力（性的暴行を含む）、脅迫に関して同性ストーカーと異性ストーカーとの間に、目に見える差はなかった。

この調査で扱われた被害者と同性ストーカーとの関係は、職業上のものが八例（二十八％）。うち被害者が主治医であったケースが五例（女性三例、男性二例）。一方、学生が教師をストークしたケースが三例。次いでストーカーと被害者とが知人であったケースが八例。また七例（二十四％）でストーカーと被害者とは職場の同僚だった。ストーカーと被害者とは元パートナーだったのは四例（十四％、男女とも二例ずつ）。一例（七％）ではそれまでに何の関係もなかったとされた。同性ストーカーの場合、異性ストーカーと比べると、かつて親密な関係にあったものがストーキングに発展するケースはきわめて珍しく、逆に職場を舞台とするケースが目についた。

主な精神病の診断を受けた同性ストーカーは十一例。妄想障害が五例、内訳は色情狂が一、略奪型が一、残りの三例は病的嫉妬（妄想障害の嫉妬型と分類）。統合失調症と診断されたケースは三例で、うち一例に色情狂の妄想症、一例に双極性障害が見られた。それに加えて、病的心酔が二例あった（妄想障害の不定型と分類――八章を参照のこと）。プライマリな診断で人格障害とされたケースは十五例あり、その多くがボーダーライン型と依存型（各四例）だが、ナルシスト型（二例）と反社会的人格（一例）もあり、四例は不定形だった。薬物中毒の病歴を有するケースは五例（十七％）。これは異性ストーカーの診断プロファイルと大差はないが、一つ指摘しておくと、同性ストーカーのグループには小児性愛の傾向は認められなかった。

筆者らは先に、ストーカーの動機とストーキングにいたる状況という観点から、ストーカーを五つのカテゴリーに分類した（四章を参照のこと）。同性ストーカーと異性ストーカーとではモチーフと類型の点で違いがあり、同性ストーカーは憎悪型の事例が多い反面、拒絶型は少ないという結果が出た。同性ストーキングの任意の事例を見て、動機をこれと断定することは、たやすくはない。同性ストーカーのうち八例（二十九％、女性六例、男性二例）は「親密待望型」と分類された。

事例

ミズＯは三十七歳の事務員である。われわれのクリニックへは精神科医（男性）の紹介で来院した。三歳年上の既婚の女医を八年にわたりつけ回したためである。ミズＯによると、この長年の恋煩いの相手とは、入院中の精神科の治療で出会ったのがきっかけであったという。その当時、被害者は精神科の研修医で、彼女から受けたしつこいハラスメントの結果、研修を中断することになった。

初めてこの医師の診察を受けて言いようもない安心と落ち着きに包まれました、とミズＯは述べている。やがてその思いは、二人はカップルになる運命にある、という確信へと発展する。この女性研修医と性的にも精神的にも関係したいと願うようになったミズＯであったが、相手が女性であるがゆえに、ひどい葛藤に悩まされた。かつてホモセクシュアルの関係を持ったことは認めたものの、研修医と出会った当時のミズＯは、自分をヘテロだと見なすようになっていた。彼女は、この葛藤を解決するため、彼女か相手がジェンダーの役割変換をすればいい、と思い込むようになった。その上で男と女として生きればいいのだと。次いで彼女は、この研修医とは前世でカップルだったのだと信ずるようになる。前世で自分は男、研修医は女だったと。

ミズＯは研修医にロマンティックな内容の手紙を書き送るようになった。彼女の自宅や職場へ、多いときは一晩に十回も電話をかけ、彼女を恋人と呼び、二人の完璧な将来についての計画を伝えた。自宅まで押しかけたことも何度かあった。

ミズＯの心酔が高じたとき、彼女の生活は最悪の状態だった。誰かと深い仲になったことなどもう何年もなく、日に日に社会的な疎外を強めており、経済的にもシリアスな状況にあった。ミズＯは女性研修医に出会う五年ほど前から精神科への入院を繰り返していた。診断はボーダーライン人格障害であった。はっきりした精神病歴はなく、情緒障害の確証もなかった。男性であれ女性であれ、誰かをストーキングした前歴もまったくなかった。薬物治療すら受けたことはなかった。

問診に訪れたミズＯはどちらかというと中性的な印象の女性であった。知的ではきはきしており、自身が抱えている状況について率直に語ってくれた。女性研修医が自分の気持ちに応えてくれたことを示す証拠がないことも分かっていた。もっとも、直に言われた訳ではないけれど、研修医から温かい愛情を寄せられたことがある、と主張はしたが。注目されたのは、ミズOの心酔の裏に、性転換や前世での結びつき等、首をかしげざるを得ない傾向がうかがわれた点である。そのせいで自分の中にあるホモセクシュアルな嗜好から目を逸らし、つけ回しを正当化できることから、このように主張したと理解できないわけではないが。さらにまた、二人の将来を夢見る彼女の思いを研修医が肯んずる行動なり言質をなしたという証拠が、彼女のほうから提示されなかったことも注目された。色情狂に特有である、自己矛盾めいた主張はまるでなく、思いは報われるという信念もなく、迫害を受けたり愛人から遠ざけるための組織だった画策について気付いている節もない。ミズOは情緒の不安定を訴えることもなく、幻覚体験そのものも否定した。

ミズOのストーキング行為とハラスメントは研修医に対する病的心酔によって駆り立てられたものだった。病的心酔が精神病発現の兆しであるとの証拠は十分ではないが、ボーダーライン人格障害と、異常性格によくある性的異常を基層として、病的心酔が発現したことはほぼ確実であると思われる。こうしたことから、とりあえず抗精神病薬による薬物療法は避け、支持的精神療法を施した上で、二人の仲は自然消滅し、もうこれ以上追いかけても無駄と優しく言い含めるというやり方を取った。ミズOも徐々にこれを受け入れ、人身保護令という被害者に認められた法的措置にも理解を示すようになった。被害者はそれまで同僚のアドバイスもあり法的措置を拒否していたのである。今のところ性的アイデンティティと性的関係の構築に焦点を当てた心理療法が継続されている。

七例（二十五％、女性三例、男性四例）では、相手方のノーをきっかけにストーキングが発生している。うち三例は親密な関係が壊れたことがきっかけだった。

事例

ミズXは三十歳になる失業中のヘアドレッサーである。地域社会から矯正命令が出され、われわれのクリニックへは、精神鑑定を受けるために来院した。ミズXはかつて愛人関係にあった女性をストーキングしたかどで有罪判決を受けていた。彼女の話によると二人が出会ったのはあるレズビアン夫婦の結婚式で、この三十四歳になるジャーナリストの友人はほどなくミズXのアパートへ転がり込んだ。お手軽に知り合ったがゆえの、トラブル続きの仲だった。もう何年もアルコールの問題を抱えていたミズXは、そのせいで仕事を何度もふいにしていた。社会保障給付金だけでは酒代を埋めることはできず、このガールフレンドからお金をくすねていたことをミズXは認めている。パートナーの懐具合、楽しい友人たち、理解ある家族に嫉妬した彼女は、ガールフレンドが何度も否定したにもかかわらず、浮気をしているといって彼女をなじった。ミズXはガールフレンドの行動に目を光らせるようになり、酔いに任せて彼女を待ち伏せし、帰宅するや彼女をひどく罵った。そんな折も折、ミズXはパートナーをナイフで刺してしまったのだ(ジャーナリストの彼女は締め切りに間に合わせようと遅くまで働いていた)。腕に傷を負わせ、ジャケットを引き裂いてしまった。

一週間後、愛想を尽かせたミズXのガールフレンドが出ていった。ミズXは激高しパニックに陥りその居所を突き止めるや戻って欲しいと懇願する。昼となく夜となくその自宅や職場へ押しかけたばかりか、彼女に繰返し電話をかけ、だらだらと取り留めのない手紙を書き、自宅の玄関に赤いサテンの心臓をあしらった縫いぐるみを置いてきた。元ガールフレンドと交わすやりとりも、赦しや和解を乞うたかと思うと、不実をなじり、自殺をほのめかし、復讐を言い募りと、とめどもなくなった。酒に酔って電話をかけた際、怯える被害者にこう告げた。「拳銃を頭に押しつけてるの。脳味噌を吹っ飛ばすつもりよ。自分が何をしたか、これで分かるでしょうよ」。ミズXは留守を狙って元恋人の自宅へ押しかけ、フェンスに猥褻な落書きを残し、ビンの破片をそこらじゅうにばらまいた。正面の窓を粉々にし、ラウンジで血を流したまま被害者の帰りを待っていたこともあった。驚いた元恋人はすぐ警察を呼んだが、到着するのを待たずに逃げ出した。逮捕はまぬかれた。被害者は裁判所による禁止命令を申請するようアドバイスされた。その禁止命令を何度も破ったあげく、ミズXはストーキングのかどで逮捕されたのである。元恋人はとうの昔に仕事を辞め、人知れぬところへ引っ越していった。

ミズXには人間関係でトラブルを起こした前科があり、かつてパートナーだった女性二人をストークした件で、ともに裁判所による禁止命令を施行されていた。関係が壊れた原因は病的嫉妬で、二つ目のケースではパートナーへ暴力をふるい、口論のあげくに大きな自動車事故まで起こしていた。運転中のパートナーからハンドルをもぎ取ったのである。ミズXは少女期からさまざまなセラピストのお世話になってきた。虐待され、しつけも行き当たりばったりだったといい、結果としてドラッグやアルコールへと逃避し、不純異性交遊におぼれ、十代のときには結婚にも失敗し、二十二歳でカミングアウトした。売春、窃盗、ドラッグ所持、飲酒運転による交通事故、暴行の前科もあった。情緒不安定と時折見せる攻撃性によってごく限られた人間関係、家族関係からも疎外されていた。

ミズXは改心を条件に保証人の手にゆだねられ、ドラッグとアルコールの件ではカウンセリングを受けることに同意した。心理療法家のもとを訪れるようになったが、来たり来なかったり。とはいえ、元恋人へコンタクトを取ることは、もうなくなった。

拒絶型の四例について、同性ストーキングに走るきっかけは友情のもつれだった。

事例

二十八歳になる高校教師のミズKはかかりつけの開業医の紹介で来院した。初めてクリニックを訪れた際ミズKは懲戒処分をめぐる訴訟にとらわれていた。当時勤めていた学校の女性校長を繰返しつけ回したかどで訴えられたのだ。被害者は五十代で既婚、十代の子どもたち三人の母親だった。ストーカー当人は、勤務校を変えられ、コンタクトを禁ずる裁判所命令を女性校長が取得し、やがて停職させられたにもかかわらず、被害者の自宅へ電話をかけまくり、押しかけることを繰り返していた。

取り調べの結果、ミズKは五年前にも同様のストーキング行為に関わっていたことが明らかになった。大学の女性講師をしつこくつけ回したのである。女性校長と同様、五十代の既婚女性で、複数の子持ちだった。このハラスメント事件は講師がサバティカルで海外研修へ出向いたのをきっかけに幕切れとなり、ミズKは説得されて別の州で勉強を続けることになった。

ミズKはそれぞれの専門分野で上級職に就いている両親の一人娘である。物質的には恵まれていたが情緒的には満たされない子ども時代を送っていた。育児は乳母に任せきり、十歳のときは寄宿学校へ入れられた。母親との関係はせいぜい言って疎遠、父親に対してはきわめて複雑な思いを抱いていた。思春期にかけて父の過剰ともいえる期待に応えようと懸命の努力を続け、学校では見事な成績をおさめ、大学進学後もそれなりの成果を上げた。二十歳のとき大学で修得する専門をめぐり父と初めて対立し、それが永久に癒えない亀裂をもたらすことになる。両親の目に自分は失敗作と映っている、そんな思いにとらわれた彼女は、あるときは両親に認めてもらいたい一心でそれにおもねる努力をしたかと思うと、次には自分の無能、目標のなさを露悪的に示すといった振舞いに走るなど、右往左往を繰り返した。

少女だった頃、ミズKにはたがいの家を行き来する仲の良い友人がおり、その子の母親にべったりくっつくようになっていた。友人の家族と過ごすほうが自分の両親と過ごすよりずっと多いといった年が何年もあった。ミズKが十六歳のとき、この友人一家は外国へ引っ越していき、最初の年に何度か手紙のやりとりがあったほかは、いっさい連絡できなくなった。彼女は年長の学校教師との打ち解けた間柄になぐさめを見出すようになった。この女性教師は卒業後も一年ほどはミズKをサポートし続けたが、やがて退職。暖かい土地へ移ってからは二人の交流も手紙のやりとりくらいに減ってしまった。

思春期の後半から成年期の前半にかけてミズKは相変わらず孤独につつまれていた。一つには学業成績を上げたいとがんばったからでもあるが、また一つには彼女自身の態度もあった。自分でも認めているが、拒絶的と学友には見られていたのだ。教職に就いてからも孤独癖は募る一方だった。同僚と共通の話題はほとんどなく、教師の給料に加えて実家の裕福さもあって、暮らし向きは周りよりよほど豊かだった。教師としては確かに有能だったが、教室でのさまざまな活動の基本となる組織、行政の仕事には距離を置いていた。というか、はっきり言って冷淡だった。

ヘテロセクシュアルな関係は何度かあったが、精神的に親密になったことは、一度もなかった。知的にも社会的にも懐具合の点からも自身より劣ったものをパートナーに選んだものの、どの相手も結婚しているか、特定の恋人がいる相手ばかりだった。実際の行為は言うにおよばず、ホモエロティックなファンタジーを有していることなど、頑として認めなかった。

そんなミズKが初めてストーキングに走ったのは新任教員の研修がきっかけだった。講師は、おそらくはまったくの好意から彼女を自宅に招き、家族に交じって一晩を過ごすことを許してくれたのだ。講師の女性は、後に登場する女校長とおなじく、この教師にはサポートや人との触れ合いが必要であることを見抜いていたのだろう。二人が最後まで見抜けなかったのは、愛情や関わりへ寄せるミズKの底なしともいえる欲求であった。二人はともに、ミズKの欲求が度を超し始めるや彼女と関わることから身を引こうとした。しかしミズKはさらに欲求をエスカレートし、拒否されるやとたんに不機嫌な態度を取ってそれに応えたのである。彼女はほぼ半年にわたり、講師に手紙を書き、電話をかけ、訪問を繰り返した。クリニックに回されてきたのは、先の女校長へのストーキングをもう一年近くも続けたあげくのことである。

自分はただ友達が欲しかっただけ、とミズKは主張した。何よりも彼女が求めていたのは少女時代にそばにいてくれなかった――と感じている――母親であり、理想的な母親像の回復であることを分からせようとしたのだが受け付けなかった。彼女はこうした女性たちから受容され賞賛されることを欲した。だが、持って生まれた不安定さゆえに欲求がエスカレートし、愛情を試さずにはおれなくなったのだ。

「憎悪型」と分類された同性ストーカーは八例（二十九％。女性四例、男性四例）である。一人は地元の医師で、病院管理者をつけ回し、繰返しその命を脅かした。また一人は美容整形外科医の診察室へ押しかけて、この医師をナイフで脅した。医師に受けた鼻整形術のおかげで女々しい顔つきになり、病院のスタッフに笑われたばかりか、ホモセクシュアルと噂されたというのである。

五例（十八％。女性四例、男性一例）では社会的無能力のせいでストーキング行為に走っていた。きっかけとしては孤独が主で、二例は最近オーストラリアへ移住してきた人たち（中東から一人、フィリピンから一人）。英語教師と親しく交際したいと願ったものが一人。この女性は被害者の時間をとことん要求し尽くした。五例とも感情的に親しくなりたいと願ったケースであって、性的関係を求めた例は一つもなかった。

同性ストーキングの被害者たち

複数の事例調査の伝えるところでは、同性ストーキングの被害者は異性ストーキングの被害者に比べてサポートを得にくい状況にあるという。被害者のセクシュアリティによるのかもしれないが、筆者らの調査では、同性によるつけ回し中、過去に親密な関係にあったケースはごく稀であり、被害者はたいていは内面的にも行動の面でもヘテロセクシュアルなのだ。被害者はそのセクシュアリティの如何にかかわらず、ホモセクシュアルの含みがあるとして軽く見られてしまう。あるヘテロセクシュアルのジャーナリストは警官に皮肉な口調でこう訊かれた。セックス・ワーカーをしていてストーカーと出会ったのか、と。

同性ストーキング被害者の多くが、苦情を言ってもまともに取り合ってもらえない、と証言している。特にひどいのが女性が女性をストーキングするケース。ある女性によると、「あの女（ストーカー）が私より小柄で若いというだけで、彼ら（警察）は私がどれだけ怖がっているか理解しようとしなかった」。男性の被害者でさえ女性から望まない、執拗なつけまわしを受けると恐怖することを思えば、女性被害者が平気でいられると想定する理由はない。

M・パテほかの研究（提出済）によれば、同性ストーカー被害者二十九例中二十二例で関連する情報の入手が可能という。三つの例外を除き全員がヘテロセクシュアル、大半はストーキングが始まった時点で以前と変わりのない関係にあった。

圧倒的多数の被験者の印象によると、そうした経験は心理面や、対人関係、仕事のありように微妙な影を落としている。ハラスメントに遭ったせいで日々の行動パタンを修正したものは十七例（七十七％）。ストーカーから逃れるために外出を控え、恥ずかしさや不面目のあまり家族や友人を避けようとしたものが十三例（五十九％）。十例（四十五％）はハラスメントのおかげで労働生産性が低下したとし、うち四例は仕事からまったく遠ざかってしまった。ある被害者——屈強な男性だが、ひょっとしてレイプされるかもしれないと恐れていた——など勤務時間を大幅に削ることにした。夜道を歩くのを避けるためである。転職を余儀なくされたものが六例（二十七％）、ストーカーから逃れるために転居したものが五例（二十三％）あった。

同性ストーカーをきっかけに警備体制の見直しを行ったものは被害者の六十四％に上り、そのほとんどが電話番号を非公開にし、鍵を付け替え、郵便物の私書箱への転送などをしていた。ある女性教師は勤務先へガードマンを同行し、別の女性被害者はストーカーよりよほど大柄であるにもかかわらず、武道のクラスへ入門することにした。

不安ないし無力感は被験者の七十三％が感じており、この数字は圧倒的多数を占める異性ストーキングの被害者のそれと大差なかった（パテとミューレン、一九九七）。コンピュータのワークステーションで同性の同僚から性的誘いを受けた女性の場合、会社側の対応のスローモーかつ見当違いなことに失望し、結局部署を異動することになった。「（ストーカーではなく）わたしを異動させるほうが簡単だったのね」。この被害者は上司による無理解と仕事内容の変更に伴う苦痛や機会減のせいでさまざまな不安や心身症にさいなまれることになった。しつこい不眠症に陥り、大きく口を開けた墓に落ちたまま誰も助けに来てくれないという悪夢を繰返し見た、という。一人で行動すると必ずパニックにおそわれ、頭痛、筋肉痛、歯医者に駆け込むほどの歯ぎしり等、絶えざる緊張にとらわれた。傍目からもそれと分かる「驚愕反応」を示すようになり、筆者らによる第一回目の問診の際にも、空調がふいに動き出したとたん、びっくりしてコップの水を払い落とした。過食に陥り、ジムのクラスにも通えなくなって、著しく体重を増加させてしまった。通勤日の朝になると食べた物を吐いていたにもかかわらず。そのころになると、この不幸な女性には、過敏腸症候群の診断まで下るようになった。

同性ストーキングの被害者が救いを求める先は異性ストーキングの被害者とおなじで、ほとんどが友人と家族（七十三％）、警察（六十％）、弁護士（四十五％）および医療専門家（四十一％）。ストーカーとかつて親しい関係にあったと大っぴらに認めている一例を除いて、全員が家族以外による支援態勢に不満を持っていた。これに対して当局の側には、異性ストーキングにさまざまな要因があることは認識しつつも、同性ストーキングは性的動機によるものが多いと決めつける傾向が認められた。こうした決めつけが原告の抱える窮状に対する気まぐれかつ疑り深い反応を呼んでいる例が多い。女性患者による迷惑電話、手紙、贈り物、訪問に悩んでいたある女医は、上司（やはり女性）から当たり前のように責任はあなたにあると言われて鼻白む思いがしたという（「なぜなら女性上司は、そっちのほうが立場は上だしヘテロなんだから、免疫ができていると思ったと言うのです」）。被害者もストーカーもホモセクシュアルではなく、動機も性的ではないのだから、と。この患者が新たな関心の矛先を、この女性上司に向けたのは、皮肉なことであった。

まとめ

ごく最近まで同性ストーカーはいわゆる「ホモ色情狂」の結果発現すると見なすのが常識であった。すべてではないにせよその多くが恋愛対象か、マスコミが伝えるように、有名人の追っかけである、と。一般的にいって同性ストーカー現象は例外と見なされた（メロイ、一九九六）が、近年、被害者研究の結果集められたデータ（パテとミューレン、一九九七、ホール、一九九八、ジャーデンとテーネス、一九九八）によって、そうした決めつけが疑われるようになり、同性ストーキングの実態と介入のあり方について疑問の声が上がるようになった。筆者らが一六三例のストーカーを調べたところでも、同性ストーカーは決してレア・ケースではなく、全体の十八％に上っていた。同性ストーカー二十九例を分析してみると、異性ストーカーとの差異よりは、むしろそれとの類似が目についたのである。例えば、被害者の生命を脅かす、など。もっとも、重要な違いもいくつかある。右の研究の対象となった同性ストーカーはその多くが女性で、ストーカーと被害者との関係は、かつて親密だった仲が壊れたというのではなく、むしろ職場内の人間関係から持ち上がったものが多かった。もう一つ、同性ストーカーはつけ回しや望まないアプローチといった嫌がらせをすることが少ないこともあげられる。そういったやり方は職場内のいわゆる「獄中の聴衆」を被害者に選ぶストーカーのレパートリーからして、選択しがたい手段なのだろう。同性ストーカーは異性ストーカーより憎悪を動機とすることが多く、また性的略奪者が存在していないことも、この群に性倒錯と診断される者が皆無という調査結果と符号している。精神病的なプロファイルという点でも大多数の異性ストーカーたちと比較して有意差は認められなかった。暴力、脅迫といった特徴も本研究が対象とした同性ストーカーにはいっさいなかった。

そういった類似点が数多くあるにもかかわらず、ストーキング被害者たちは「支援」組織からの懐疑的かつ非同情的な目にさらされている。それも、ただストーカーが同性だからという理由で。周囲のそういった反応はひとえに無知や同性愛恐怖からくるものであり、被害者やストーカーの性的嗜好といっさい関係ない。同性ストーカーのほうが異性ストーカーより危険とはまったく言えないが、それでも筆者らの手元にあるデータによると、被害者の精神的苦痛は等価のものであり、生活が脅かされる恐れも過小評価されがちである。何よりもまず重要なのは、ストーカーと被害者のジェンダーに目を向けることではなく、ハラスメントの本質、それが被害者の生活へどのような影響をおよぼすかということに目を開くことであろう。

10 当事者以外の誰かによるストーキング

　これまで論じてきた直接行動によるハラスメントに加え、ストーカーが第三者を立てて被害者と連絡、追跡を試みるといったストーキング行為がある。筆者らはそれを、「当事者以外の誰かによるストーキング」と名づけることにする。当然のことながら、他者の存在は気付かれにくい。自身の行為に他者を関与させるために、ストーカーはありとあらゆる説明をすると思われる。真の被害者を偽のストーカーに仕立て上げ愛する誰かが、この人物のストーキング被害に遭っているとの嘘を流し、友人や家族をまるめこむ場合もある（十一章、役割の逆転の項を参照）。共犯者というものはモラルや法による連座には無頓着で、賄賂に屈することもある。宅配便の配達など一定の場面では接触そのものが当たり前で、疑いすら持たれないこともあるだろう。

　被害者が第三者をストーカーに雇われた手先と誤って信じてしまう場合もある。はっきりした証拠もないのにストーカーが電話会社の職員を買収し、電話を盗聴し通話記録を調べ、自動車整備工を使って被害者の車にしかけをしたり、役所の職員に頼んで被害者宅を見張らせた、などと主張することもある。いずれも根拠のない主張であり、ストレスにさいなまれた被害者が理由抜きで言い張るいきあたりばったりの反応である場合もある。

　この章では、主体的に振舞ったつもりが知らず知らずのうちにストーカーを助けてしまった第三者のケースについて見ていくことにする。

私立探偵たち

　当事者以外の誰かによるストーキングで、よくあるケースが私立探偵によるものである。被害者の居所を突き止め、その行動を監視する。私立探偵を雇うことでストーカーは直接手を下さないでも大胆かつ確実に被害者を監視することができる。大金をもらって雇い主のターゲットをヘリコプターから監視した探偵がいた（ミューレンほか、一九九九）。警察官をつけ回していた女のケースでは、探偵を雇って被害者の写真を隠し撮りし、警察記録から銀行のパスワード、口座番号まで手に入れた例もあった。そのようにして手に入れた情報を、かつてこの警官に捕らえられた犯罪者に流したのである（シルヴァーマン、一九九八）。

私立探偵がストーカーの恐るべき要求に加担した悪名高い例として、ロバート・バルドによる女優レベッカ・シェーファー尾行および殺害事件がある。探偵は女優のロサンジェルスの住所をカリフォルニア州陸運局から入手し、バルドに連絡。彼女の居所をつかんだバルドは、この若手スターを殺害した。

私立探偵を雇うコストは「平均的な」ストーカーには手が届かないだけに、常にこの手が使われるわけではない。筆者らの知る限り、探偵を雇うのは、ストーカーというよりむしろストーカー被害者のほうである。身辺警護に当たらせるためか、ストーカーを首尾よく訴追するための証拠集めか。

中には有名人の被害者を「警護する」仕事を手に入れた有名人ストーカーの逸話もある（グロス、一九九四）。また有名にあらざるものへのストーキングとして知られた例だが、私立探偵の免許をわざわざ取得し、罪に問われることなく被害者をストークした行為者がいた。

事例

Q氏は結婚にピリオドが打たれる一年半前から、かつての妻につきまとっていた。彼女が母親と暮らしていた家に押し入り、私物を壊し、勤め先や自宅へ電話をかけまくり、寝室の窓から彼女が服を脱ぐ様をながめ、母親もろとも殺してやると繰返し脅迫した。元妻は裁判所命令を取ったがQ氏はこれをたびたび破り、元妻の勤め先（法律事務所）へ押しかけては姪にわいせつな行為をしたなどとあることないことを喚きたて、帰れと命じた同僚に食ってかかった。その後Q氏はロシア移民の娘と唐突に再婚したが、その後もハラスメントは止めなかった。ほどなく彼は免許を取得し私立探偵事務所を開く申請をしたのである。

いかがわしい前歴と裁判所命令を軽侮した行為があったにもかかわらず、Q氏の申請は通り、ありとあらゆる監視道具をそろえていった。もっとも、裁判所命令の一件のせいで、拳銃の所持だけは見送られたが。

探偵事務所にはロシア人の妻も首を突っ込むようになった。偵察についてはとりわけ熱心であり、ある一つの住所だけに狙いを定めていた。Q氏の元妻と義母である。ロシア人の新婦はハラスメントのことも、新郎がかつて自分と結婚していたことも知らないだろう、と元妻は思っていた。また、再婚は何かの方便にすぎないと疑っていた。

探偵事務所を隠れ蓑にしたつけ回し行為は、合法なだけに警察は手も足も出せない、と気付いた元妻と母親はこのままでは彼に殺されると思って別の州へ逃げた。二人は今隠者のような生活を送っている。二人をつけ狙うストーカーが探偵業のプロとして認可を得ているることを思うと、二人がいまだ無事なのは驚くべきである。

商品やサービスの注文または取り消し

商品を注文し、被害者宅へ配達させるというのは、ストーカーによるハラスメントのありふれた手口である。これは商品やサービスの提供者からすれば願ったり。よくある例が深夜のピザ宅配や花束のお届けサービスであろう。あるピザ宅配の少年など、この家の女主人は耳が遠いからといって思いっきり大きな音でノックするようにとストーカーに言い渡された（それも深夜の一時に）！　薪、たい肥、砂利を配達するようはかったストーカーもいれば、新車数台、家電製品一式、背広数着を被害者宅へ送りつけたストーカーもいる。被害者になりかわって雑誌の購読を申し込んだストーカーもいた。うち一件は週刊誌で、被害者は読みもしない雑誌の山を次から次へと送りつけられたのである。購読をキャンセルしたいと申し出たが正当な理由もなく返金を受けようとしていると出版社側は疑い、なかなか受け入れてもらえなかった。別の被害者宅には月刊のポルノ雑誌が送られてきた。被害者は困り果てた。なお悪いことにつきあって半年になるガールフレンドが交際を止めたいと言ってきた。何があったのかは知らないけど、「後ろめたい生活」をしているボーイフレンドはごめんだと言って。

被害者の名前を騙り、その人にとってなくてはならないサービスをキャンセルしてしまうストーカーもいる。被害者の住む地域の電力会社に嘘をついて電気を止めてしまったストーカーがいた。皮肉なことに、ストーカーの嘘で電力をストップしたくせに、被害者がその嘘を電力会社に納得させるのは骨だった。電気が通るまで、被害者は友人宅で夜を明かすはめになったのである。真っ暗闇の中、悪党にいいように振り回されるなんて、ひどく情けない思いでした、と彼女は言う。
被害者のクレジットカードを使用不能にしてしまうというやり口もある。ある女性のケースでは（元夫である）ストーカーが女房のクレジットカードが盗まれてしまった、とカード会社に嘘をついた。女性はそのせいで大変な迷惑と不便をこうむったばかりか、現金の持ち合わせもなかったので、情けなさはひとしおであった。次は似たような目に遭った女性の話。

［クレジットカードがキャンセルされた事件は］単なるプライバシーの侵害では済みません。カードが盗難品であると販売員が思い込んで、こっちに詐欺の疑いがかかるにおよんで、もう限界でした……あの男は犯罪者です。私は警察や銀行の人にまで弁解しなければならなかったんです！　以来クレジットカードは使わないようにしています。カードを渡すと不安になるので……もちろん家には現金を用意しておかなければならない、それがまた不安なんですが……

最後、ストーカーが被害者の名前で新聞などに広告を出す場合がある。地方紙に被害者の連絡先を記して求人広告を打った例が一つ、元ガールフレンドの（実在しない）マッサージ・パーラーの広告を役所の掲示板に載せた例が一つある。こちらは彼女の写真から連絡先の電話番号まで記してあった。被害者宅と職場（小学校）には熱っぽい声をした客ばかりか、不審に思った校長や警察から、電話が殺到した。

友人と家族

友人や家族、知人にハラスメント行為の片棒を担がせたり、自分の「代わりをさせる」ストーカーもいる。法の定めに反していないという嘘を捏造するのである。あるストーカーは友人に頼んで被害者の住居を車で行ったり来たりし（ストーカーが同乗することも、しないこともあった）、また別のストーカーは友人や家族に被害者を監視させた。夫が女性上司をストークしていながら、上司にストークされているのは夫のほうだと信じ込まされていた妻もいた。夫の言うがまま、この女性はかわいそうな被害者宅へ誹謗中傷の電話をかけたばかりか、地元のスーパーマーケットで不躾な振舞におよんだのである。
非英語圏からやって来た移民の家族に、手を貸してくれれば「オーストラリア人の夢の女」を世話してやると請け合った若者がいた。地元の店の女で向こうはお前に気のあるふりをしていると。この事例では「手を貸す」が高じてしまい、家族は女性の自宅近くで若者とともにロマンティックなバラードを演奏したり、かわいそうな被害者の写真をプリントしたTシャツを着用するにおよんだのである！被害女性はついには州外へ引っ越していった。ストーカーや一家の熱をさますにはこれしかないと思い悩んだのだ。彼女は言う。最初は恐怖し怒りもしましたが狼狽と罪悪感のせいでそれもすっかり消えてしまいました。ストーカーの一家は隣家にまで侵入したのです。しかも、と眉をしかめて、「あの歌のひどいことと言ったら……」。

司法制度

裁判所がうかつにもストーカーと被害者とのコンタクトを認めてしまう例もある。裁判所が問題をこじらせてしまうストーキング事例の中で、とりわけ多いのが、罪に問われたストーカーが裁判所に出廷するに際して、被害者が証言を求められる場合である。ストーカーと被害者とを廷内とはいえ一対一に置くことは、被告には叶ったりの状態になり、ののしり合いに発展する例は多い。皮肉なようだが、ストーカーを裁くはずがハラスメントにお墨付きを与えたかのように錯覚されることすらある。特に妄想によって行為に走っている被告の場合である。ストーカーが被害者と裁判所主導で接触した有名なケースとして、女優で歌手のマドンナ・チッコーネの一件がある。ソーンダース（一九九八、四十～四十一頁）はこれを次のように報告している。

ロバート・デューイ・ホスキンスがマドンナへのストーキングおよび恐喝行為によって逮捕、起訴されたのは一九九五年のこと。同人はマドンナのアシスタントやボディガードにまで恐喝におよびボディガードに暴力をふるった。ホスキンスは有名人に対する病的心酔者で、複数の有名人へ代わる代わる結婚を申し込み、断られると、「喉元をまっ二つに切り裂いてやる」といって脅していた。マドンナの自宅の壁をよじ登ること数度、ついにマドンナのボディガードともみ合っている最中、その腹部を拳銃で撃ち抜いたのである。

ホスキンスが逮捕され収監されてからもしばらくの間、マドンナは狂ったファンの悪夢にさいなまれたという。だが、本当の悪夢はその後開かれた公判であることがはっきりした。マドンナは、言うまでもないが、出廷にも証言にも乗り気ではなかった。このため事件を担当した刑事が彼女の自宅付近でメディアの監視にあたり、表をジョギングするときも、召喚状の出た彼女の身辺警護にあたった。世間は自分に同情しており被害者が公の場に身をさらすのは常識はずれと分かってくれる、と期待したマドンナは召喚状を無視したが、マテリアル・ガール（マドンナのヒット曲）は重要証人ではないとした弁護士の言い分は却下された。ホスキンスのなした行為こそが何よりも彼女の安全を脅威にさらしたと証明する上で、本人の証言は絶対必要という検察官の主張が優先されたのだ。マドンナへの逮捕状が出され、出廷に応じない限り相当の保釈金を課すと裁判官は命じた。保釈金はトータルで五〇〇万ドルであった。

法廷で、被告人と対面してどう思うかと問われたマドンナは、硬直的で無慈悲な司法手続きに翻弄された多くのストーキング被害者を代弁して、こう述べた。

お腹がしこります……とてつもなく不安です。私の生命を繰返し脅かしていた当人が隣に座り、寄ってたかって彼のファンタジーの実現に手を貸しているなんて。私は今彼の目の前に座っているのです。それこそが彼が望んだことでしょうに。

エイブラムスとロビンソン（一九九八）によると、「反ストーキング法のおかげで被害者の内面の歴史がことごとく手厳しい精査に遭ってしまう。これはレイプ犯罪の際の二次被害に等しいもので、女性自身とその心中を攻撃にさらすことになり……合理的だからという理由で被害者の人格、心の健康、安定を白日の下にさらすことになる」と言う。

ストーカーが司法制度を悪用しまやかしの訴訟を起こすなどして、自身の関心の対象と法廷で接触しようとはかった例はいくらもある。被害者への保護命令を申請して被害者によってストーキングされていると主張する手口が普通だ（十一章を参照のこと）。グロス（一九九四）はある奇妙な事件について報告している。元恋人とその妻をストークしていた女のケースだが、ハラスメント、誹謗中傷、暴力行為、等々の攻撃をしかけたストーカーがやがて自分自身の弁護士となって被告を「言葉で断罪する」やり口に転じたのである。他方、ストーキングでの有罪判決と裁判所命令に反抗して、不首尾に終わるとついに被害者に対し民事訴訟を起こしたストーカーもいた。誹謗、中傷、名誉毀損、偽証という訴えである。当然ながら敗訴に終わったが、被害者を法廷に呼び出し、耐え難い苦痛を与えたという点では成功だった。被害者は、その五週間前、被告に対し保護禁止命令を勝ち取っていたのだが。

法を逆手にとってストーキングの手口に悪用したケースの中には、被害者の（極秘）住所が法廷で明かされた例、非公開の新住所が経験の浅い裁判所職員により禁止命令を受けた当人に提供された例などがある（ストーカーを避けるための転居だったのに！）。ストーカーの裁判で証言に立ったある被害者はこんな苦情を申し立てている。昼の休憩を挟んで証言するよう求められていたので、裁判所の入り口で一人空腹のまま待っていました、怖くて裁判所から出るのは憚られました、なぜなら近くには小さなショッピングセンターが一つあるだけで、食べ物を買おうとしたところ怒り顔の被告がそっちへ行くのが見えたからです、と。

弁護士といえどもクライアントであるストーカーの手口に熟達しているわけではない。ある弁護士は被害者の元ボーイフレンドに内容証明付きの手紙を郵送しこれ以上しつこいと法的措置を取ると警告した。やがて元ボーイフレンドの事務弁護士から被害者のもとへ、以前彼女に貸した大金（大嘘）を返せと要求する手紙が送られてきた！　この弁護士は別の事件で、別れてくれないボーイフレンドに困っている女性の代理人となった際、こんなことまで口にした。「［ストーカーを］責められないな……あなたはとても魅力的だから」ストーカーへの保護禁止命令が出ると弁護士は彼女を裁判所裏の面談室へ連れていき、肩に手を回して、「今度はノーマルな男性とつきあったらどう」と言った。女性は身震いし頭が真っ白になったが、訴えを起こすことはためらった。「やっても無駄でしょう……あんな［元ボーイフレンドとの］事があった後で、誰が私の言葉を信じてくれます？」

警察がストーカーを送検できなかったり、裁判所が事件を却下した場合、それがはからずもストーカーを勢いづかせ、何をしても許されるという気分にさせることがある（十三章を参照のこと）。これが誤ったメッセージとなって周囲に伝わり、被害者の信用を傷つけ、援助を受けがたくさせる。そういった例は枚挙にいとまがない。元恋人によるストーキングのケースなど、警察が被害者よりストーカーの言い分を信じてしまうような場合、切れものでまことしやかなストーカーとヒステリックで不安定な被害者の場合、グラマーで魅力的な被害者の場合、等々。法執行官の言動が配慮をかきセカンドレイプに等しいと苦情を述べる被害者もいる。ある魅力的な女性は警察にこう言われた、額の「ネオンサインを取りはずすんですな」。要するに、男の気をそそっているんだから身から出た錆でしょうというわけだ。

こうした行政ハラスメントに道を付けるのがストーカーが被害者について並べたてる嘘八百である。被害者はさまざまな役所や裁判所からの調査にさらされる。ストークしていた元ガールフレンドの保険ブローカーと接触した男のケース。男は、最近クレームのあった自宅への住居侵入は彼女の創作、とブローカーに耳打ちした。実際に侵入した

のは、彼だったのだが。調査の対象となった女性の話によると、

犯罪者なみの扱いを受けました……結局、この痛みを分かる人はどこにもいないでしょうね。疑いが晴れた後も――やっとのことでね――誰からも謝罪もなければ、本当の犯人を捕まえようなんて動きもありません。時間と資源の無駄というわけ。会社は今でも私を関係者と疑っています。ピーターとつきあっていたのは事実だから。もう面目丸つぶれです……自分という人間が欠陥品になったみたいな感じです。

ストーカーの行動やしつこさが職場内での疑いを呼び、逆に被害者側の不行跡が調べられてしまった例も多い。地域の精神衛生機関でソーシャルワーカーをしていたある男性のケース。病的心酔の虜となった女性患者の執拗なつけ回しを受けるようになった。同僚や上司は、当初協力的かつ同情的（かつ被害者に肩入れしたもの）だったが、一転、「合理的な説明ができなかった」後も女性患者がつけ回しを止めなかったことで被害者を疑問視する声へと変わったのである。悪いことに、部署を異動するか、少なくとも誰か（できれば女性職員）に女性のケアを代わって欲しいという訴えも退けられた。「なぜなら、彼女はあくまで私がケアすべきというのが、上の考えだったのです」（！）ようやく彼にその気がないことを理解すると、この女性患者は彼の上司に電話をかけ、二人についてあることないことを訴え、機関をひっくり返しての調査に駆り立てた。十カ月後、失意のソーシャルワーカーは退職し、訴訟についやした費用の返還を求めてなお係争中である。その後彼の汚名はそそがれたが、みずから選んだ職業に戻る自信はいまだ蘇ってこない。もう一つ、ある医療雑誌に掲載された有名な一件（シルヴァーマン、一九九八）がある。この当事者は警察官をストークしていた女性であった。警官は二人の精神分析医にハラスメントをしていた疑いでこの女性を捜査していた。女性は件の警官の生命を脅すような行為に走った――先に触れた私立探偵に警察内の私的データへアクセスさせた事件も含まれる――にもかかわらず、警官は内部調査の対象とされてしまう。当事者に不行跡があったからこそ、女があんな行動に出たのではないかとの声が同僚の一部から、上がったのだ。ストーカーは捕まり、被害者の汚名も晴れたが、犠牲もあった。結婚が破綻し、プロとしてのプライドも、精神的安定も、ズタズタになったのである。

また、一回だけ診察を受けた精神科医にアプローチし、

その都度拒絶された女もいた（医師は早くから別のセラピストに彼女のケアをゆだねてしまった）。女は医師免許審査委員会に苦情を申し立て、この医師をセクシュアル・ハラスメントで告発した。彼の不名誉はやがて晴れたが、その被害は彼ばかりか家族にまで広がった。ストーカーにつけ回されたおかげで自分は回復不能の大損害をこうむった、と医師は強調する。

医療専門家

ストーカーにいいようにやられてしまった医療専門家の失敗話はまだある。被害者とその元夫――彼女のストーカー――の主治医だったある医師は、軽率にも被害者のカルテをストーカーに手渡してしまった。数カ月前、被害者が不眠症を訴えて医師のもとを訪れた際、事情は打ち明けられていたのだが、女房とはよりを戻すと言われその言い分を訳もなく信じてしまったのだ。被害者が転居先の住所や電話番号を元夫に明かしていない点を考えるべきだった――しかし、そこに思いいたらず、被害者が危険な状態にあることへ関心が向くことはなかった。一方病院の受付が極秘の連絡先をストーカーに暴露してしまったケースもある。スタッフが事の重大さを認識していなかったのである。

右の事例では、担当の医師は被害者が別れた夫の脅威にさらされていることを承知していたものの、人身保護が必要であることまでは受付に徹底していなかった。いずれの事例とも被害者は相当のコストと不便さを忍んで新しい住所に移り、電話番号を変えることを余儀なくされた。病院と担当の医師も変更した。

ストーキングに遭ったクライアントの弁護士に出す報告書をまとめる中で、嘘八百を並べる被告に丸めこまれて被害者を追いつめてしまうような精神科医や心理学者に出くわすこともある。一時間にわたりストーカーの被告と面談したある精神科医は、その言い分を鵜呑みにして、原告――被告の心理療法にあたっていた医師――こそ被告をそそのかした張本人であると結論した。この結論にいたった原因は、ひとえに被告によるまことしやかな三百代言によるものであり、立証はまだながら客観的な情報を参考にしなかったことによる。法廷での審理の結果、被告の主張は覆されたが、ストーカーの中傷を精神科医が真に受けたことで、被害者の苦痛はいっそう募ることとなった。

教　会

もう一つ、こうした類の煽りに弱いのが教会である。ある被害者は教会への怒りと幻滅をぶちまけている。教会はストーカーを手助けし、ストーキング行為に手を貸し、おまけに告訴逃れの片棒までかついでくれた、と彼女は信じている。この事例でストーカーは被害者をあしざまに言うことで教会の同情を得、自身は有徳の士のふりをして歓心を買った。裁判所命令を破ったかどで法廷に引き出されると、教会の関係者は、このストーカーの人格のすばらしさについて述べ、ストーカーが被害者について騙った数々の大嘘を無邪気に繰り返した。無論どれもこれも捏造だった。

不動産業者

不動産業者はストーカーの狙い目である。ある不動産業者は売らんかなの下心からストーカーを被害者宅へ案内するという失策を犯した。筆者らのクリニックを訪れた被害者の中にも、業者がストーカーにそそのかされて売り主である被害者の新住所等の情報を教えてしまったケースが結構ある。その結果転居を余儀なくされた被害者は心労のあまり個人情報が守られていることを確認することさえ怠りがちである。残念ながら、こうした軽率さは、大きな代償を払うことになりかねない。

心霊研究

空想の恋人との将来について占星術師の意見を求めた病的に分別を失った女がいた（相手は彼女の主治医である）。占星術師は、愚かなことに、互いの誕生月から二人はいずれ結婚し幸せな日々を送ると予言してしまったのだ。困り果てた主治医は興奮状態に陥った元患者を避けるようになったが、やがて彼女は裁判所による禁止命令を無視して、医師のもとへ占星術師のお告げを手渡しにきた。また手相を見てもらいに来た客に、あなたは西暦二〇〇〇年に死ぬ、と予言した占い師がいた（この客は芸術家に対して色情狂の気があった）。運命を悲観したストーカーはこれを境にたがはずれ、空想の恋人と一刻も早く結婚し、子どもをつくらなくてはという強迫観念に駆られるようになった。

自動車

自分の車で足がつくのを恐れるあまりレンタカーを監視に利用するストーカーもいる。実際、見慣れぬ自動車という自動車を恐れ、後ろを走るすべてのものに戦慄する被害者の恐怖心をいっそう亢進させる。あるストーカーは運転手にリムジンを運転させて被害者宅の近くに駐車させていた。その夜は雇い主を運ぶ予定はなかった運転手だったが、生まれて初めて、金切り声を上げながらナイフを振り回す若い女に追い回されるはめになった。

ナンバープレートを偽造した車で被害者を挑発したストーカーの例もある。加害者となった女はビジネスマンとの関係が終わったことを頑として受け入れようとしなかった。元恋人の、めったにない姓を麗々しく印刷したプレートを何枚もつくり、見覚えのある車に乗って卑わいな文句をわめき立てながら、彼の職場の周辺を行ったり来たりした。グロス（一九九四）はカリフォルニア州で発生した連続ストーカー魔の事件に触れている。このストーカーは偽造プレートを二枚入手したという。それはＩＳＴＬＫＵとＩＳＴＬＫＵ2というものであった！（I Still Kill You＝絶対殺してやる、の略）

メディア

メディアも知らず知らずのうちにストーキングに力を貸している。有名人の生活ぶりを暴き立てるパパラッチという行為自体ストーキングにほかならないと考えるものは多い。現に「ストーカラッチ」という造語が生み出されているほどだ（メロイ、一九九八b）。加えて、パパラッチの行為がタブロイド紙の読者に有名人の私生活をさらけ出したことで、有名人とファンとの間に以前なら考えられなかったほどの擬似一体感が醸成されるようになった。先に見たマドンナのケースでは、ストーカーが拘留された後も、スターの試練は終わらなかった。世界中のプレスの目にさらされ、メディアが自宅のまわりをうろうろするなど、暴力行為はなおも続いたのである。一部のリポーターによる無知、共感覚の欠如は目を覆いたくなるほどで、法廷でのセカンドレイプ、またロバート・ホスキンスによる一連の行動もかくやといった不行跡ぶりであった。マドンナのストーカー、ホスキンスは、自分のような無害な変人を起訴するなんて無慈悲なことで、お門違いにも程がある、といってマドンナを責めたのだった。

ラジオ、テレビ、映画がこうした擬似一体感をよってたかって焚き付けている。メディアを通せば有名人とお近づきになれるといった幻想のせいで、それなりに傷つきやすい人々の中に、幻想の「一体感」がかもし出されていくというわけだ。

ストーキング事件を報道するメディアも往々にして無神経である。「元」という一文字を付ければいいものを、わざわざ「夫」「ボーイフレンド」と裏書きしてストーカーを元気づけることもある。サイナーおよびサイナー（一九九二）の観察するところによると、新聞メディアはことあるごとに「人事消息」コラムでストーカーからの手紙を公開している。次にあげる例はモントリオールの新聞に一九九一年に掲載されたもの。連載記事の一部で、筆者は同一人物と思われる。彼は色情狂性の妄想障害の病者と見られる。

二年前のことだ。シャーブルック（カナダ、ケベック州の都市）の地下鉄に乗っていると、一セント玉を落としちまった。若い娘が拾っておれに返してくれた。おれは娘に言った、一セントなんてカスだぜと。娘は言った、グッドラック、って。一年前、娘は女友達に、わたしこの人と結婚するの、と言った。二月ほど前にも彼女に会った。この娘をおれは今捜してるんだが、どうにも見つからない。ドイツ娘だと思うよ。ドイツ娘の間じゃおれは知られてるから。西じゃおれは有名人だから（サイナーとサイナー、一九九二、二二四頁）。

グロス（一九九四）は刊行物によるストーキングの実例をあげている。ストーカーは日刊紙の間に脅迫のメモをさしはさんだ。何とか関係したいとうかがっていた十代の娘が別の男とデートし始めたことがきっかけだった。メモの内容――「おれはここにいる。何をするかは教えてやらない」「ちゃんと見てるぞ。いつかお前をものにする」あるストーキング被害者が筆者らに語ったところによると、地元紙の尋ね人欄に彼女宛のメッセージを定期的に掲載する元フィアンセがいたという。九カ月前に破談になって以来彼女の後をつけ回してきたこの男は、公の場で、警察への訴えを取り下げるよう求めたのである。六週間以上にもわたりこのしつこい申し出を繰り返し、ついには被害者の弁護士が同紙編集部に法的措置をほのめかすまでになった。

ある実力派シンガー・ソングライターはストークしていた元ガールフレンド向けに歌詞を書いて、CDをリリースした。求愛の詩、ロマンティックな曲、死んで一緒になろうといったテーマがないまぜになった歌である。CDのリリースに待ったをかけようとしたストーキング被害者の試みは失敗に終わった。店での演奏中にストーカーの冷え冷えとしたデスカント（前奏曲）が聞こえてき、被害者が匙を投げたのである。それから彼女はラジオ番組を聴くことが怖くなってしまい、音楽が流れる店へ近づくことも出来なくなった。メディアや音楽関係者たちは元ボーイフレンドのストーキング行為に加担している、と彼女は思う。彼女は今、かつては楽しかった歌手の追っかけも忘れ、孤独な生活を送っている。

インターネット

コンピュータ犯罪社会、異次元世界、バーチャル・リアリティ、サイバーパンク対抗文化、そこに集まる幻想と現実の曖昧な境界、これがストーカーのねじれた強迫観念を加速し助長する……（ロイド＝ゴールドスタイン、一九九八、二〇九頁）。

インターネットの到来以来、ストーキングにまた一つ巧妙な手段が加わった。電子メールは関心の対象に限ってハラスメントし既存の通信手段を補助してくれる有益な手口と言える。また、サイバースペース上に無尽蔵にある個人情報から被害者の詳細データにアクセスする、ストーカーの必須アイテムでもあろう。さしあたり電子メールによる通信はネットへのアクセスという問題もあって比較的少数のストーカーが利用していたのみだが、最近は図書館やインターネット・カフェがこの手のサービスを提供するようになってきた。インターネットがストーカーにおよぼすメリットは甚大である。デジタル情報ネットワークは利便性と匿名性をユーザーに提供するからだ。メールは電話に比べると、発信元が割れる恐れ（すなわち被害者がハラスメントの動かぬ証拠をつかむ機会）ははるかに少ない。利用者保護をうたったコンピュータ受信箱のサービス、いわゆる「匿名サイバー私書箱」を利用する輩も出てこよう。送信元を隠そうとする新手のストーカー、サイバー小児性愛者のたぐいだ。ケイト（一九九六）が指摘するように、「インターネットで伝達される内容を監視したり管理するのは技術的に不可能である。ネットを行き交う情報量が膨大であるということもある。もう一つ、プライバシーを第一に考える世の中にあって、［そういった］情報を監視すること自体望ましいことではないからだ。そんなことをすれば、プロバイダーは日に数億通もの電子メールを読まねばならぬはめになる」。

こうして電子メールはストーカー七つ道具になくてはならないツールの一つとなった。簡単にいえば、望まないメッセージをいくらでもハラスメントの対象へ送りつけることができるのだ。郵便（「普通郵便」）でよこされたとしてもそのおぞましさはひとしおであろう。だが、受け取った側を恐怖させ不安がらせるという点では、筆者らの経験から言っても、メールの影響力は甚だ大きい。ストーカーの中には、ネット上でのつけ回しを専門にしているものもいる（いわゆる「サイバー・ストーキング」）。反ストーキング法を制定している世界中の国々でも電子メールによるハラスメントをストーキングと判断する動きが進行している（バートン、一九九五を参照のこと。ヴィクトリア犯罪法）。インターネットは「社会の現実に縛られることなく他者とコミュニケートすることを可能にしてくれる」（メロイ、一九九八b、十一頁）という意味で、ストーカーを生じさせやすいメディアなのだ。顔をつき合わせてのコンタクトでは進むはずもない関係をサイバー人間たちに提供し、よかれとは言いがたい現実をそこに生じさせる。当然ながら、いったん拒否した相手からの望まない電子連絡の洪水――破れかぶれの、また脅しめいた――をわき起こすのである。これが旧来のハラスメントと手を携えることになる。

インターネットを「オンライン個人情報の宝庫」と評したのはロイド=ゴールドスタイン（一九九八、二〇九頁）だが、ストーカーがこれを悪用する機会は注意してもしすぎることはない。住所、電話番号、ファクス番号、通院歴、写真、ありとあらゆるデータがこの相補的なコンピュータ・データバンクによってアクセス可能となるのだ。例えば、名前か電話番号を入力すれば、無料で該当者の追加情報を提供してくれる巨大インターネット・プロバイダーは一社だけにとどまらない。当人の住所から被害者宅へのロードマップまで添えて。ちょっとお金をかければ、ストーカーは被害者のプライバシーをとことんまでたたきつぶすことができる。ワールド・ワイド・ウェブには有料の個人情報検索サービスがさまざまにあり、個人の犯罪歴、資産、選挙人登録記録、さらには合衆国の社会保障番号までその発掘は自由自在だ。ほんのちょっとの元手と「しかるべき目的および検索知識」さえあれば、誰もが他者の極秘情報へアクセスできる。それを元に例えば銀行の貸金庫の有無を知ることもできるのだ。驚いたことに、合衆国にはストーカー専用のホームページがあり、誰かをストークしようとする人が利用している。ユーザーは標的の性別、居住地を指定する。するとホームページに該当者の氏名、電話番号、住所の一覧が示され、ストーキングにかかれるというのである。さすがにこの馬鹿げたサイトはほどなくシャットダウンされたが（パッパス、一九九七）。

こうしたサイバー・ストーキングの被害者は電話回線を切るなどして電子犯罪に巻き込まれないよう手を打つが、いわゆる「情報スーパーハイウェイ」経由での情報漏洩を前に、個人のできることはたかが知れている。サイバー・ストーキングやプライバシー侵害事件に対抗して、利用者が州、地域また法執行機関のURLに飛び、自分の名前がリストされていないかを確認できるサイトも今はある。こうした「サイバー・ボディガード」サービスは、定期的にウェブ上を検索し、もし名前があれば利用者にメールで連絡するなど、自動的にサーチしてくれる（パッパス、一九九七）。

その一方で、被害者みずからが自発的に個人情報を提供してしまうケースもある。無邪気にも自分自身のウェブ・サイトを開設したアメリカの外科医がいた。そこに家族とゴージャスな車の写真（ナンバープレート丸見え）、四人の子どもたちの近況（学校名、学業成績、スポーツ大会の成績）、おまけに次の休暇の過ごし方まで書き込んだ。そんな家族思いが暗転してしまったのは、腹の虫の居所が悪かったある患者が一家のホームページへやって来たときである。それから十二カ月もの間ハラスメントが続いたあげく、ストーカーはついに病に倒れた。自分の病気はこの医者のせいと彼みずから言い張っていた病気である。ストーカーは下校する医師の子どもたちの後をつけ、車や自宅のフェンスに落書きをし、医師夫妻を繰返し脅迫した。怖くなった医師の奥さんはイライラを募らせ、夫を責め、ついに子どもたちをつれて見知らぬ土地へと引っ越していったのである。ストレスにさいなまれ、健康を害した被害者は結局病院を辞め、自宅と愛車を売り払って、不細工な中古の車に乗り換えることになった。

おわりに

気ままな情報開示、インターネットへの無邪気な信頼、システム上の欠陥、ストーカーを被害者と接触させ交流させるそうした諸々が第三者によるストーキングを生み出す元となる。サイバー上でのストーキングは世間はこの苦境を分かっていない、事の深刻さを過小評価している、共感を得られないといった不満を募らせることとなり、被害者には大きな苦痛の種となる。なお悪いことに、痛くもない腹を探られるケースもある。結果、被害者の人間不信は増大し、必要なサポートさえ遠ざけてしまう。これは被害感情をいっそう高じさせる原因ともなる。他者からの選択的なケアはこのことを考慮する必要がある。これは既述の通りであり、詳細は十一章でも論じる。

詳しい議論は十三章にゆずるが、望ましくないハラスメントから守ってもらうためにも、被害者は第三者によるサポートを取り付けるよう自分から努力しなければならない。その際提供する情報も、完璧でなくてもいいが、事の重大さを伝えるものでなければならない。ストーカーの特徴、できれば写真を隣人に渡しておくなどもよいだろう。会社の同僚、ガードマンにもおなじことをするとよい。不動産業者について言えば、借り主を特定する情報を漏らすことのないよう指示を明確にしなければならない。極秘情報がそこから漏れる恐れのある組織等においてもおなじである。ストーキング被害者の多くは罪悪感なり恥の感情を抱いており、いきおい見知らぬ人に対しては口をつぐみがちである。それゆえ、先に述べてきたような支援機関に対してストーキングの実態を知らせることを憚る。助けを求めてこれまで努力してきたのにちっとも功を奏さなかったではないか。結果、いっそうの無力感にさいなまれ、誰かが助けてくれるといった期待も悲観論に変わってしまう。とはいえ、支援機関へ相談を持ちかけたことがきっかけとなり地域社会の動きが活発化し、支援態勢が生まれ、ストーキングがおさまることは、しばしば見られることである。

11 偽のストーキング被害者たち

はじめに

ストーキングとは何か。心理学の用語として、また犯罪を所管するさまざまな部署において、その問の中心には、嫌がらせを受けている、怖い思いをしているとする被害者の認識そのものがある。この被害感情とは主観的なだけに、場合によっては、行為者と被害者との間に大きな齟齬が生まれることがある。同様に、少数ながら、ストーキングに遭っていると言いつつどこを探してもそんな気配すらない場合もなくはない。

偽のストーキング被害者たちについてはそれを取り上げる文献は少ないながら、聖書の昔から、犯罪に遭ったと嘘をつく人々は各地で報告されており（モハンディほか、一九九八）、レイプ（カーニン、一九九四）、性的不品行（ガットヘイル、一九九二）、セクシュアル・ハラスメント（ロング、一九九四、フェルドマン＝ショーリグ、一九九五、一九九六）、暴行（アイゼンドラス、一九九六）等、文献も多数に上っている。

レイプに遭ったと警察に嘘の届け出をした四十五例を九年以上にわたり調べたカーニン（一九九四）によると、偽の主張には三つの特徴があるという。まず証拠（アリバイ）の捏造。特に、意に添わないながら合意の上でセックスしたり望まない妊娠をしてしまった後など。次に仕返し。ある女のケースでは、自分の求愛にノーと言った男性に報復を目論んだ。三つ目として、同情や歓心を買おうとするもの。カーニンによると社会的にもっとも害が少ないのは同情を買おうとするタイプで、それは特定の加害者がいないからだが、一方証拠捏造組の大半と仕返し派の半数は「性犯罪者」の名前を特定しており、中には相手が過って起訴されてしまうケースもあるという。この研究によると、偽のレイプ被害の申し立ては、その多くが女性によるものである。

レイプ被害が男性にも起こり得るなら、強姦による妊娠の不安が男性にも体験されるなら、レイプの申し立てが懲罰に値するといった文化的枠組みが男性にも保証されていれば、またレイプされたとの申し立ては関心と同情を得ると男性も確信できるなら、偽のレイプ被害の申し立てをする男性もいるだろう（カーニン、一九九四、八十九頁）。

性犯罪と比べて「ストーキング行為は……原告の自尊心をさほど傷つけはしないことから、魅力的な選択肢と言える。出しゃばりで強引な法廷手続き、例えばレイプ道具の開陳なども避けることができる」（モハンディほか、一九九八、二三四頁）という研究者もいる。もちろん申し立てられたストーキング行為が性的暴行まで含むケースはいくらもある（事例4、一九六頁を参照のこと）。一方同情を買おうとしてストーキング被害者を装いつつ、期待ほどの成果を上げられない場合もあろう。ストーキング被害者へのサービスが不十分なケース、本当なら往々にして見られる食欲不振が見られないケースなど。

「偽被害シンドローム」という用語は虚偽のストーキング被害を言いたてるケースと、加害者でありながら自身を被害者と言い募るストーカーの両方について用いられる。ロサンジェルス市警のデータベースによると、そうした申し立ては多くはない（ストーキング事件全体の二％）。同市警によると「被害者の立場に身を置きたいという意識的、無意識的な欲望」がそうした現象のきっかけであるという（ゾーナほか、一九九六）。モハンディらはこうした「偽被害シンドローム」を類型的にまとめている（一九九八）。彼らが扱ったケースはいずれも意図的にでっちあげられた偽犯罪で、その特徴、二次的利得、介入のあり方においてさまざまになっている。モハンディらは、一九八四年以降の文献に見られた四件の偽ストーキング事例に言及しているが、いずれも行為者は不詳である。それに加えてオーストラリアのエンターテイナー、フェアリー・アロウの事件をあげてもよいだろう。アロウは一九九一年、「狂信的な」ファンにストークされていると申し立て、ついには男性の仕事仲間の手を借りて、自身の誘拐事件まで演出した。彼女はとどのつまり狂言だったと白状したが、その動機を、落ち目のキャリアをまた盛り返したかったからと説明した。アロウは誣《ぶ》告罪に問われ二万三五〇〇オーストラリア・ドルの罰金を言い渡されたのである。その後雑誌「ペントハウス」でヌードを披露して、罰金額が上積みされるという落ちもついた（シドニー・モーニング・ヘラルド、一九九二）。

ここまで論じてきた偽ストーキング事例はいずれも意図的なでっちあげであるが、意図せざる動機や病理によって虚偽の申し立てをするケースもある。そうした行為や疾患、またその治療法について扱った研究はいまだ刊行されていない。筆者らのクリニックは一九九四年以降多数のストーキング被害者を診察してきた。その中で患者らの申し立てが虚偽であったのは十八例、いずれも実際この手で診察に当たったものである。さらに被害者の告白の信憑性が疑わしいものが三例。十八例の偽被害者の中には先に示した偽被害シンドロームの所見に一致するものもあるが、わざと作話したわけではなかったりすっかりだまされた例が含まれていることは明らかである。

この章では、こうした偽ストーキング被害者について述べ、それを踏まえた分類法を提起し、治療法も示したい。先行文献が少ないため、次に示す偽ストーキング被害者十二例（パテほか、一九九九）を俎上に乗せ、加えて類似のケース六例を追加することにした（事例13～18、表11・1）。本研究において被害者の説明を虚偽と判断したのは、入手し得る客観証拠と繰返し矛盾する証言をした場合である。誇大妄想によってストーキングと言い張るケースでは、不可能とは言えないが、首を傾げざるを得ない主張に固執する例がしばしば見られる。どっちつかずのケースでは疑ってみることが有益である。被害者の主張は首肯しかねるが、証拠上、ストーキングの可能性は否定できない場合もある。こうした事例はここでは偽ストーキング被害者の範囲には含めていない。

その結果は、十八例中十四例は女性、年齢は二十五歳から五十五歳（表11・1参照）というものだった。当クリニックに来院してきた経緯は治安判事裁判所より紹介されたものが六例、開業医からのものが三例、精神科医からが一例、みずから来院したものが八例。精神病歴があるものは四例（妄想障害、鬱病、分裂症的人格障害、抑鬱性気分変調、それぞれケース15、5、7、11に対応）。過去直接、間接にストーキング被害に遭ったものはその半数、うち五例は配偶者による虐待、三例は小児虐待の経験者であった。実の息子の労災による事故死を目撃した女性が偽ストーキング被害を訴えたケースも一例あった。

ストークされていると主張しながら逆に相手をストーキングしていたケースは三例あり、いずれもそのせいで法廷に立たされることになった。偏執症は八例、色情狂および加害傾向のある妄想障害（ケース2、6、8、9、10、13、14、15）が複数あり、色情狂的な妄想を伴う統合失調症が一例（ケース7）。三例で外傷性ストレス障害が見られ（ケース3、17、11）、後者は重篤な鬱病を併発していた。広い意味での不安症にさいなまれていたのは一例（ケース12）、ナルシシスティックな人格障害は一例（ケース4）。詐病と診断されたものは一例（ケース4）、一方ケース5の症状は仮病とされた。

正真正銘のストーキング被害者一〇〇例（パテとミューレン、一九九七）と比較して、年齢、性別、職業において有意差は認められなかった。しかし、正真正銘の被害者の三人に一人が結婚ないし事実婚をしていたのに対し、偽被害者で安定的かつ親密なパートナーを得ているものは皆無だった。また、偽被害者の場合、ストーキングが発生したとされる直後にそれと申告し、期間も平均すると正真正銘グループの半分（偽グループの十二カ月に対し、正真正銘は二十四カ月）であった。もっとも、ストーキング期間がまちまちなため、通常の統計的有意性のレベルに達するものではなかった。

友人や家族、警察の助けを仰ぐという点で、偽被害者は正真正銘の被害者ほどの切実さは示さなかったが、弁護士に相談したり開業医や精神科医のもとを訪れたのは偽のほうがはるかに多かった。さらに、正真正銘の被害者で同僚や上司の助けを求めたケースは稀なのに、偽被害者は十八例中十一例で周囲の助けを仰いでいた。裁判に持ち込むのはどちらかと言えば偽被害者のほうが多い。ストーカーと目した人物に対して禁止命令を申請したのは九例。うち一例は警察に誤報をなしたかどで起訴され（ケース4）、別の一例はみずからのビジネスに集中できなくなり破産（ケース3）、六例は逆にストーキングのかどで有罪の判決を受けた。

偽被害者が主張するつけ回しのパタンにも特筆すべき違いがあった。望まない電話、アプローチ、器物破損、贈り物といった点で両グループ間に大きな違いはなかったが、手紙については、正真正銘グループからのものほど訴えは頻繁ではなかった。逆に、尾行、監視は、偽被害者からの訴えのほうが多かった。暴行、脅迫は正真正銘も偽もほぼおなじだが、第三者への暴行が偽被害者から報告されたケースは正真正銘グループに比べ著しく少なかった。

自殺をほのめかした偽被害者は十一例（六十一％）、正真正銘被害者は二十四％。「ストーカー」への反抗を考えたと述べたものは三分の二。実際に行動に出たものはいなかったが、かなりの事例——すべて妄想障害——でみずから武装するにいたった（拳銃二例、ナイフ三例、野球のバッ

表11.1　偽被害者に関する詳細（Pathé et al., 1999）

事例	性別	年齢	職　業	結婚歴	「ストーカー」との関係	偽被害者のカテゴリー	精神病の診断名
1	男	30	俳優	別居	別れた妻	役割の逆転	ナルシスト性人格障害
2	女	50	コンピュータ・プログラマー	離婚	隣人	妄想	妄想障害
3	女	30	中小企業のビジネスウーマン	独身	なし	偽被害申告	外傷性ストレス障害
4	女	30	カウンセラー	独身	元クライアント	詐病	詐病障害
5	女	35	受付	独身	知人	仮病	仮病
6	女	50	医療専門家	離婚	知人	妄想	妄想障害
7	男	35	無職	独身	なし	妄想	統合失調症
8	女	35	医療専門家	独身	同僚	妄想	妄想障害
9	男	25	無職	独身	なし	妄想	妄想障害
10	女	45	社会福祉士	離婚	隣人	妄想	妄想障害
11	女	55	ウェイトレス	未亡人	職場※	偽被害申告	外傷性ストレス障害
12	女	40	中小企業のビジネスウーマン	独身	なし	偽被害申告	不安障害と推定
13	女	30	秘書	別居	隣人	妄想	妄想障害
14	女	55	コック	離婚	職場	妄想	妄想障害
15	女	45	骨董商	独身	知人	妄想	妄想障害
16	女	40	工場労働者	離婚	職場	役割の逆転	演技性人格障害
17	女	35	看護婦	独身	元パートナー	偽被害申告	外傷性ストレス障害
18	男	25	熟練工	独身	知人	役割の逆転	人格障害

※職場でストークされストレスにさらされていると誤って信じている最中、彼女は偽捜査官による監視を絶え間なく受けていた。

ト二例、非合法のとうがらしスプレー一例）。理由は「ストーカー」の不意の襲撃に備えてであるという。

偽ストーキング被害者のタイプ

ストークされていると嘘をつく偽被害者には、少なくとも五つの類型がある。まず、アプローチしてきたのは向こうと言い張って、被害の申し立てを回避しようとする例（ケース1、16、18）。次に、重篤な精神病のせいで迫害妄想、色情妄想にさいなまれており、それがストーキングにいたる例（ケース2、6〜10、13〜15）。三番目として、過去にストークされた経験がありその再現を恐れるあまりまったく他意のない行為にまで過敏に反応してしまう例（ケース3、11、12、17）。最後、相互に関連する二つのグループ、偽被害者（ケース4）と仮病（ケース5）の例がある。

被害者を装うストーカーたち

奇妙な役割の逆転といえるが、被害に遭ってもいないのに被害者を装う男たち女たちがいる。「ストーカー」が実のところさまざまな精神病理の現れであることの証左であろう。自己愛人格の人が相手にふられたときに感じる恥ずかしさ、悔しさ、これが激しい怒りとなって、偽りの主張や訴訟の形を取るのである。この際、真の被害者は、実際は自分がやられている行為の実行者のごとくに扱われる。

事例

ケース1。美しいミュージシャンの妻と別れて二年になる、三十歳の売れない役者。結婚を解消したいという妻の決断に侮辱されたと感じた彼は何度も彼女に追いすがり、よりを戻したいと迫った。妻を監視させようと私立探偵を雇い、妻と同宿する女性の後までつけさせた。自宅や仕事場へ電話をかけ、永遠の愛の言葉と誹謗中傷とをめちゃめちゃに浴びせかけた。彼は逆探知でとうとう居場所を割り出され、ストーキングのかどで有罪とされ、地域で監督なしの保護観察命令の判決を得たのである。あわせて精神鑑定を受けることになった。

精神鑑定に反発した彼は妻をストークした事実をかたくなに否定し、一連の行為についての説明に反論されると、見る見る気分を害した。自己愛性人格障害と診断をされたが、重篤な精神病にさいなまれているという所見は得られなかった。二回、三回と予約しても姿を見せないようになり、保護観察官も彼については裁判所命令への協力を強制することはなかった。短期間の矯正命令が終わると、彼は直ちにストーキングを再開させた。際限のないいつけ回し、警察の非協力的な態度に困り果てた元妻は、住み慣れた州を離れ、身寄りのない土地へと引っ越していった。元妻は予防措置として裁判所による禁止命令を取った。これが彼の怒りに火を付けた。彼女に対する同様の裁判所命令を申請し、裁判にうって出たのである。この一連の流れの中で、彼は親切な裁判所の書記をだまして彼女の現住所などを手に入れた。妻のほうこそ自分に嫌がらせをしている。彼は何の客観証拠もないままにそう主張した。彼女にとっては不幸なことに、裁判所に出廷するためかつて元夫と暮らしていた土地へ戻ってくることを余儀なくされた。彼は弁護人を拒絶し、法廷ではいかにも芝居がかったパフォーマンスを繰り広げ、哀れな妻をこれでもかと尋問した。その結果、驚くなかれ裁判長は元夫から出された禁止命令のほうに承認を与えたのである。ほどなく彼女は外国へ越していった。元夫はさすがにもう接触を求めることはなくなったが、裁判をきっかけに寄ってきたメディア相手によろしくやっている。良い意味ではないが、メディアは、彼が切望していた注目を彼にもたらしたのである。

こうした役割の逆転に別の心的プロセスが関わることもある。かつて見られた事例であるが、ストーカーの中には投射や投射性同一化などの内的防衛メカニズムによって事の次第や脅迫また迫害事実を被害者のせいにするものがある（メロイとゴタール、一九九五、キーンレンほか、一九九七）。また、被害者と自己とを同一視するストーカーの事例も報告されている。ペレスによると「どのストーカーも［自身の関心の］対象と何らかの親和性を有したいと思って」おり、ライトらはこれを「融合《フュージョン》」のプロセスと呼んだ。ストーカーが自身の人格を被害者の人格の中にとけ込ませるわけである。われわれの経験からもストーカーがわざと自身の外見を被害者に似せるケースは多数あった。外見以外に被害者の生活スタイルを真似るストーカーもまま見受けられる。

ストークされている妄想

ストークされていると確信しながらそれが妄想による場合がある。迫害妄想または色情妄想と分類される。被害者は間違いなくストークされていると信じており、自分の一挙一動を監視するため方々に網の目が張ってある、などと話す。

近年ストーキング現象が社会に知れ渡るにつれ、誇大妄想への素地がつくられつつあることによるだろう。その遠因が、誰かに監視されている、つけ回されている、嫌がらせを受けている——気がするといった偏執症にある以上、それは驚くに値しない。妄想癖のある被害者の多くが必ずしも精神科の門をくぐるとは言えないが、筆者らのクリニックはストーキング被害者へのケアも行っているので、診断と治療の経験は多い。かなりの数の患者がこのカテゴリーに含まれる。

事例

ケース2。パートタイムのコンピュータ・プログラマーとして働いているミズABは五十歳になる離婚経験者である。来院して語るには、ここ五、六年見知らぬ無数の人々からストークされているという。知能も高く理詰めの女性で、十年前、暴力をふるう夫と離婚してからは、禁欲的な生活を送ってきた。初診のときの彼女は不安と警戒心にさいなまれており、待合室の患者でさえ自分を監視するために差し向けられた「回し者」と怖がっていた。初めてストークされていることに気付いたのは四年前、隣家の男性が彼女に「並々ならぬ関心」を抱いていると悟ったときという。彼女によるときっかけは男性が彼女に性的関心を持ったことである。庭で彼女に向けて口笛を吹くといった一見何ということはない行為でそれと知れたという。そんなほのかなアプローチに知らぬふりを通したことで相手が怒ってしまい、関心が高じて悪意に転じた、と彼女は信じていた。男性は彼女のセックス面であらぬ噂を流し、自分を売春婦呼ばわりしていると言いたてた。それは同僚や地元の店員のちょっとした視線、通りを行き交う他人のしぐさで分かる、と。ストーカーの男性は口が上手く顔の利くタイプで他人を簡単に操って私の行く先々で嫌がらせをさせている、と主張した。車に乗っていても絶えず後ろを気にし、見慣れぬ車が自分をつけてくると言った。電話器の中から変なカチカチする音が聞こえるのは電話が盗聴されているせいと言い張り、このやり方でスパイどもは私の行動のいっさいを監視していると主張した。

ミズABは警察、弁護士、地元議員、電話会社、と助けを求めた。彼らは当初は同情を示してくれたがそれもどこへやら、すぐ手のひらを返したように冷たくなった。ここ四年ほど彼女は三人の精神科医の診察を受けている。その中の一人が、彼女は精神的に不安定なので薬物による治療が必要であると助言したのである。とある巡査——この不幸な女性によって嫌がらせを受けていた――のアドバイスで当クリニックへ来院した際、彼女は、疑いの目で見られることにひどく敏感だった。だが診察が三回目を迎える頃にはセラピストへの信頼も芽ばえ、抗精神病薬ピモザイドによる治療に同意するまでになっていた。治療には従順で、服薬も比較的低用量で済んだ。猜疑心によるいざこざも減り、ここ数年彼女に起きた出来事は心配するまでもない、偶然のものという可能性を徐々に受け入れてくれるようになった。ピモザイドの服薬と家族、友人、同僚との仲を取り持つ支援からなる治療は、今も続いている。

八章でも指摘したとおり、色情狂性の妄想は統合失調症のような精神病の主要かつ二次的な症候である。色情狂者は空想の愛人の虜となっており、そうした病者にとって自身の愛の対象をストークするなど当たり前のこと。一方、愛の対象のほうこそ自分を追っかけていると認識する病者もいる（シーガル、一九八九、プリンズ、一九九七）。色情狂の一種である就眠女性強姦妄想（インキューバス症候群）の場合、病者は、夜更け、まだ見ぬ愛人《インキューバス》から性的なお誘い、つまりセックスを強いられると妄想している（ラシュカ、一九七九）。空想の愛人は自分に恋着していると信じるのが色情狂者の特徴である以上、その文脈においてストークされているという妄想が生じても、驚くにはあたるまい。ケース8（表11・1参照）は職場の同僚に対して淫乱な妄想を抱いた病者の例だが、この女性は裁判所による禁止命令を繰返し破ったあげくに収監された。刑務所で、彼女は、男がいやらしいメッセージをテレパシーで送ってくると訴え、釈放されるや、男が夜中に自分の部屋に侵入し、就眠中の自分を犯したあげく、結婚するため戻ってくるからと約束したと信じていた。

ストーク経験のある偽被害者

正真正銘の被害者も偽被害者になり得る。騙す意図などいっさいないにもかかわらずだ。偽被害者は不安、恐怖、孤独といったストーキング被害者に共通の感情を当初より体験している（十三章を参照のこと）。マッケンほか（一九九八）によると、恐怖反応は犯罪被害者一般では漸減しているものの警戒的な行動はなお横ばいにあるという。ストーキング被害者の場合、過敏症、不眠を体験するのだが、これは些細な出来事を脅迫と誤解するところから来ていると見てよいだろう。社会的孤立感、支援態勢への不信から、現実療法の機会は限られており、過去この療法が機能したことはないだろう（パテとミューレン、一九九七）。時には、こうした病者の根拠のない恐怖感を他者が焚き付けることもある。ストーカーが収監中であるにもかかわらず、まだ監視されているとの不安にさいなまれていた女性がいた。私立探偵を雇って調べさせたところ、自室の天井に「盗聴器」が二つ見つかったと言う。はっきりした証拠はなかったのだが。こうした事例は「連続被害者」とカテゴライズされる。長期にわたり複数のストーカーの標的にされてきたと言い張るタイプである。

事例

ケース3。ミズTMは三十歳になる魅力的な店の経営者で、八カ月もの間知らない男につけ回されていた。性的な動機による略奪型の行動で、職場や自宅へワイセツな電話をかけ、二度ほどは職場の外で待ち伏せ、性器を露出するという挙に出た。警察にも相談したが、事の重大さを理解しないばかりか、男が寄ってくるのは――器量よしの――あなたにも原因があるんじゃないかと言わんばかりの態度に憤慨させられた。警察をはじめとする支援機関に失望した彼女は店を閉じ、両親との生活に戻ることにした。両親の家に戻った後も寝ずの番を続け、表に「不審な」人はいないかと目を凝らした。やがて、娘の身を案じ正気かどうかまで疑った彼女の両親が警察に捜査を願い出て、ストーカーが捕まった。電話を逆探知したのである。

男は余罪をかき集めて起訴された（当時ストーキング法は未制定だった）。ミズTMへのハラスメントもおさまった。にもかかわらず彼女の不安感はおさまらず、クリニックへ来診。外傷性ストレス症候群（PTSD）と診断されたのである。不安感、フラッシュバック、自信喪失がひどく、このままでは仕事に復帰できない、と彼女は言った。アパートでの一人暮らしもままならず、どこへ行くにも母親が付き添った。友人とも疎遠になり、長年つきあったボーイフレンドとの仲も終わった。ミズTMは男性不信に陥ったのである。わざと人前を避けて男性と関わらないようになった。かつては何事もなかった近所の通りにも目を光らせ、見慣れぬ車を見つけるとナンバープレートを控えた。それればかりか、自分で運転する自信はなかったものの、母親と一緒に出かけるときなど、後をつけてくる車がないかどうか、いちいちチェックした。「証拠」を集めるため肌身はなさずカメラを用意していた。かかってきた電話はまず留守電にメッセージを吹き込んでもらい、直接電話に出ないよう家人にまで念を押した。しっかり者、自立心あふれる頑張り屋、精神科のお世話になることなどあり得ないタイプだったのが一転、不安定で怒りっぽく猜疑心の強い人格へと、家族や友人の彼女を見る目は一変した。

やがてこうした状況がピークを迎えた。正体不明のストーカーたちに追いかけられているとミズＴＭが言い出したのである。そんなことはあり得ないと反論する家族や警察、セラピストたちに激高した彼女は、証拠集めにいっそう熱を入れるようになった。警察や裁判所にかつてのように信用してもらいたいと。三人の「ストーカー」が新たにまな板に乗せられた。最初の一人の名前が上がったのは先のストーカーが起訴された数週間後のことだった。その「ストーキング」から二カ月後、彼女はまたも違う男の影に気が付いた。車の中からこちらの様子をうかがっては自宅の屋根に石を投げている、と言った。証拠はまったく見つからなかった。その行為が彼女目がけてのものであることを示すいかなる手がかりもなかった。それから六カ月ほど過ぎたある日、相変わらず夜になると変な音が聞こえると訴え（もっとも、彼女の父親はフクロギツネと言っていた）やがて別の「ストーカー」が現れた。ミズＴＭの頭はこの新しいストーカーのことでいっぱいになった。偶然を装ってスーパーの駐車場で彼女の横に車を停めた。明らかに彼女の後をつけて（前とは別の車に乗っていた）、彼女に急いで注意し、母親の運転する車が赤信号を突破して事故になるのをすんでの所で救ってくれた。このときミズＴＭは確信した。非通知でかけてきた二本の「無言」電話はこの男だったのだと。

ミズＴＭの治療はまず根本にあるＰＴＳＤに照準を合わせ、次いで家族の協力を得て、その分裂的な行動に対処してもらうようにした。心理学者のもとで認知行動療法を受け、不安症の症状については、一人で外出し、安眠でき、周囲に目を光らせることも少なくなる程度にまで改善した。治療に当たったのが男性の心理学者だったこともあって、ミズＴＭは一時の男性不信からも抜け出すことができた。

詐病

詐病とは病者みずからが意図的に身体症状、精神症状を作り出し、病人のふりをすること。詐病によるセクシュアル・ハラスメント（フェルドマン＝ショーリグ、一九九六）としては、病人ではなく被害者の役を果たすことで依存欲求を満たそうとするものがある。そうした病者は自分は被害者と言いたて、判で押したように心身の不調を訴え、周囲の同情を得ようとする。もっともこれを仮病と混同してはならない。詐病の患者は金銭上の見返りなどを当てにするものや、被害者を装う内面的かつ対外的な動機がある場合があるからである（ジャノフスキー、一九九四）。

このカテゴリーの中には、過去本当にハラスメントを体験し、金銭の補償を受けた例もある。また、純粋に依存欲求を満たし他者に同情されたいという場合もある。こうしてストーキングされたという（虚偽の）訴えが被害者だという自己認識を正当化する役に立つのである。とりわけ、能力不足や猜疑心によって当局が最初の（正真正銘の）事実を認識し損ねたようなときは特に。みずからを人身御供とすること、それが彼らのあり方であり、恒常的な生活のスタイルなのだ。

事例

ケース4。ミズVは三十歳。ここ数年、地元の「暴力対策クリニック」で働いている。当クリニックへは開業医の紹介で来院した。八カ月にわたりストークされた結果、不安感と鬱症状に悩まされるようになったと、開業医のもとを訪れたのである。この医師がミズVを診察したのは初めてのことで、これまでの病歴についての情報も持ち合わせていなかった。ミズVはお洒落な、意見をはっきり言う女性。実年齢より若く見え、甲高い少女っぽい声で話す。話を聞いてみると考えられないような出来事が次々と起こったというのだが、口調は冷静というか、どこか曖昧で、出来事の発生順もはっきりとはしなかった。ところが「証拠」だけは無数に上げることができた。ストーカーから来たという、脅迫とセックスをにおわせる文言で埋まった手紙、頼んだ覚えのないエロ雑誌などの郵便物、数え切れないほどの迷惑電話が来たことを証明する電話の明細、賊が夜中、自宅のベッドルームに押し込んだとき鏡に口紅でなすりつけたというワイセツな文句を撮った写真まであった。

犯人は勤務先のクリニックを訪れたことのある誰か、とミズVは主張するが、その人物を具体的に示すことはできなかった。ミズVはどちらかといえば垢抜けない外見の女性だったが、男にはもてると言い、これまでの情事の数々を自慢していた。相手はたいてい職場の同僚だったという。不審な電話の発信元を突き止めようとしたが電話会社のヘマで上手くいかなかったと言った。あまり怖かったので男性の知人と部屋代を折半する約束で引っ越したと言った。と言いつつも男性はほとんど別の州で暮らしているそうだが。このままでは仕事にならないし上司も非同情的なので休職の許可を取って休んでいる。ミズVは、PTSD、不眠症、顔のない暴漢に追っかけられる悪夢、暴行された（と自分では言っている）ときのフラッシュバック、電話恐怖症、集中力欠乏、苛立ち、焦燥感といった不安症に特有の症状を訴えていた。かつて精神科医の診察を受け、疾病手当を申し込んだことがある。医師はそれを許可し、PTSDと診断した。

本人の説明によるとミズVの病歴に特筆すべき点はない。大きい病気をしたこともないし、薬物濫用の経験もない。本人は、家庭内暴力に悩んでいた複数の女性をカウンセリングした際数件のストーキング事例を扱ったと言うが、それまで犯罪に巻き込まれたことはないという。愛情豊かな両親の一人っ子で、娘がストーキングに苦しんでいることを両親は知らない。治療には両親にも同席してもらいたいと要請したが、拒否された。「親にはショックが大きすぎる」からと。同様に、親戚、友人、謎のアパート同居人、上司との面談も許可してもらえなかった。「自分が言ったことがすべて。それ以上のことを聞き出そうとしても無理」と。第三者に事の真偽を質そうとの試みに、見たところ徹底して邪魔していた。

最初の診察からほどなく、ミズVが予告もなくクリニックにやってきた。聞くと、深夜、表の騒音を確かめに行こうとしたらアパートでレイプされたという。すぐ警察に駆け込んで、法廷付きの医師の診察を受けたが、申し立てに対する医学的な裏付けが得られなかった。彼女は、例によって冷静な法律用語を用いて、見知らぬ男にナイフで襲撃されたときの様子をしゃべり始めた。

ミズVはこれまで以上に長い時間を弁護士や捜査官と過ごすようになり、性暴力カウンセラーのもとへも通うようになった。調べれば調べるほど矛盾が顔を覗かせ、警察もミズVの供述に疑惑の目を向けるようになった。レイプの証拠もなかったし、暴行された際ついたとされる擦過傷も自分でつけた疑いが出てきた。加えて、脅迫状を書いたのもアパートへ押し入ったというのも自作自演ではないか、と見なされるようになった。ミズVはこうした疑惑、あったと主張する暴行の証拠がない事実を突きつけられ激怒した。無能な警察をなじり、診察した法廷医、電話会社を訴えるといってわめくようになった。自分の言うことを信じない連中は「たたきのめす」と言い張って、身の安全をはかり「ストーカー」を突き止めることは見るからに二の次になった。それきりクリニックには姿を見せなくなったが、弁護士の話では、今なおどこかの心理学者の「カウンセリング」を受けているという。ストークされたと言って、その被害をでっちあげる山ほどの証拠を示してくれた二年後、ミズVが警察への虚偽通報のかどで有罪判決を受けたと知らされた。彼女は、今受けているカウンセリングを継続した上で、地域社会によって処断されることになった。あわせてより熟練したセラピストが付くことも決められた。

被害者であることによって生ずる疾患、苦痛は、ミズVのような立場の人にとっては割合に容易に装うことができる。職業上トラウマを抱えた被害者たちとしょっちゅうコンタクトを取るからだ。スパーおよびパンクラッツ（一九八三）は「気質上の疾患とは概ね主観的であり、その意味で外傷性心的ストレス症候群（ＰＴＳＤ）も簡単に捏造し得る」と警告している。フレックルトン（一九九七）もこれに同調し、「ＰＴＳＤに伴う種々の疾患は十中八九自己申告によるものであり、反駁したり、反論することは難しい」とした。ＰＴＳＤへの補償金といった金銭的な動機がミズVの中にあったにせよ、周囲のサポートを得、法律や犯罪被害者へのカウンセリング支援の受益者になりたいとの心理的欲求を満たすこと以上の動機付けになってはいない。ミズVのケースでは、どんな利益を得ようと個人的損失を埋め合わせるものではなかった。犯罪者として法廷に立ち、メディアの攻勢にさらされ、職業ばかりか快適な生活も棒に振った。ＰＴＳＤ補償金は取り消され、今は社会保障におぶさっている状態だ。

病気を偽る人々

わざと被害を装おうか大げさに言い募る人々がいる。たいていは金銭補償目当て、あるいは訴追逃れといったあたりが動機である。

事例

ケース5。ミズＢＲは三十五歳の受付係。ギャンブルでできた借金を穴埋めするため勤め先の金を大量に着服した。逮捕される前のミズＢＲは法律を守り教会活動に精を出す女性だった。勤勉なギリシャ移民の一人娘で両親からは溺愛された。一見、ごく普通の子ども時代を過ごし、一族や友人たちからも大いに敬われていた。学校では人気者で、成績もまあまあ、十七歳で社会へ出てからは秘書という安定した仕事に就いていた。男性とデートしたことも何度かあるが肉体関係に陥ったことはない。宗教的信念と育ちのためである。逮捕される二年前ある男性にカジノへ連れていってもらった。しばらくは勝ち運に恵まれて、特に競馬でのあがりは収入の恰好の足しになっていた。

職場でのミズBRはみずからの能力と職業意識にプライドを持っていた。そんなときのこと。父親が冠状動脈性心臓病になり、ミズBRは病院を予約し、父を医者へ連れていき、その通訳をしなければならなくなった。欠勤が度重なり、雇い主の叱責がとぶようになった。悪いと思う気持ちと鬱とした感情がたまり、ギャンブルに慰めを見出すようになったのである。彼女は次第に職場へ行くのが億劫になり、アフターファイブに近くのカジノで「憂さを晴らす」のが日課となってしまう。仕事ぶりにかげりが見え始めたが、一つには鬱屈した気分を和らげるため、また一つにはギャンブルで失った金を取り戻し借金を埋め合わせるため、カジノ通いの回数はむしろ増えた。仕事とプライベートが逆転したのも、上司の理解がないせいと自分勝手な解釈を始め、両親に嘘をついて借金をするまでになった。ギャンブルで勝てばすぐ返せると本気で考えていた。この段階になると友人たちと過ごす時間もめっきりと減り、中には心配してくれる人がいたにせよ、彼女はぴしゃりとそんな友情をはねのけた。親友だった女友達を「嫉妬している」と一蹴し、教区民と口論を繰り返し、教会や家族の集まりから遠ざかった。表向き、「仕事だから」という理由で。やがて、職場の金を着服してギャンブルの借金に充てるという破れかぶれの手口は会計士の知るところとなり、警察に洗いざらい白状するはめになった。保釈金を払って釈放され、精神鑑定を受けるためにクリニックへ回されてきたのである。

ミズBRは魅力的な女性で告発を受けたことを悔いて、涙を流した。特に両親が娘の恥ずべき行いを知って、彼女を勘当しギリシャへ帰ってしまうのではないかと恐れていた。そうこうするうち彼女は自分のほうこそ被害者と言い張るようになった。ギャンブルにのめり込んだのもストークされたことがきっかけだと。四カ月ほど前、電車の中でギリシャ人の男性と出会い、一言二言言葉を交わした。彼は少し打ち明けた話もしたが、それ以上のことはなく、二度と話すこともなかった。ところが、それから何回か、この男性に後をつけられているような気がしたという。駅からの行き帰り、車の中で、あるいは街を歩いているときなど。どうしてこの男性に関心を持たれたか、説明することはできなかったが、最初に話したときちょっと「軽薄」な感じがしたという。ほどなく職場や自宅へ「無言」電話がかかってくるようになった。一人で自宅にいるときなど、「まるで家を見張ってでもいるように」一度など、職場に匿名の誰かから花束が届けられたことがあった。あのギリシャ人からだと彼女は「確信した」。もっとも職場の同僚はこの花束を目撃していない。すぐ彼らの目に触れないところに隠したから。それ以外の望まない品物についてははっきりしたことは言わなかったが、そういえばロマンティックなカードをもらったことが一度ある、と思い出した。署名はなかった。ストーカーからのものだと直感したが、メモの類はなく、自宅へ何かが届けられたということはない。この男性のしつこさにはほとほとうんざりしました、とミズBRは言った。脅迫に等しいと思うが、これといって脅されたという記憶はない。

それにもかかわらず、自分の後をつけた（と、彼女は主張する）際、彼は二回ほど「私を道路へ押し倒そうとした」。不安は募ったが、それでも警察へ駆け込んだり、彼女の言う苦境を誰かに相談したりはしなかったのみならず、文書に残したり証拠を集めたりもしていない。彼女によると、そもそも見知らぬ男と口を利いたのが「恥ずかしい」ことだし、自分から誘ったと人に思われるのも嫌だった、という。

ミズBRの主張は法廷での審理が近づくにつれて過剰の度を増した。夜中に妙な音がして窓の外に人影が見えたと身振り手振りで説明する。セラピスト（警察ではなく）と何度もコンタクトし、叫んだりすすり泣いたりしながら助けを乞う。ストーカーが乗っている車を細部にわたって描写したが、ナンバーを控えることはできなかった。セラピストや弁護士に頼み込んで自分の名前を訴訟からはずしてもらいたいと言った。注目を浴びるほどストーカーに弱味を握られることになるからと。彼女に同情的だった家族、友人、同僚（雇い主まで）にストーキング体験を語り、彼らから心に負った傷に対して精神的慰謝料を求めるようアドバイスされた。ところが、犯罪被害者への補償金がなくなり、無料カウンセリングへ取って代わられると、すぐさま申請を取り下げた。

被害に遭ったとするミズBRの説明は臨場感に富んではいても矛盾だらけで、裏を取ることはできなかった。おっしゃることはどうも嘘ではないかと思うといった疑問をそれとなく示すと、ミズBRはそれまでの自己弁解を打ち捨てて、泣きながら告白した。かいつまんで言えば、自分の言い分は「助けを求める叫び」であり、英語をしゃべれない両親の一人っ子として二人の夢と希望を叶えるため幼い頃からプレッシャーを感じてきた表れ、と訴えた。秘書の仕事はおなじことの繰返しばかりだし、ギャンブルはそんな自分を「解き放って」、ドキドキするような興奮を与えてくれた、と。彼女はギャンブル、着服、あげくは司直やメディアから逃れたい一心で捏造したストーキングの嘘が両親にばれることを何よりも恐れていた。しかし、セラピストとギリシャ語通訳を交えた家族会議に臨み、その場で彼女の訴追の事実が明らかにされたのである。それ以降に行った家族療法は上手くいった。ミズBRの両親も娘が感じていた重荷を理解し、家族に対する責任を軽くしてやる方向で着地点も見つかった。裁判の間ずっと、年老いた両親は娘を支え続けた。裁判所が下した判断は、地域社会における矯正命令というもの、あわせてカウンセリングを継続することも求められた。

被害者を装ったミズBRの仮病はそもそも、ショックを受けた家族や友人の同情を集め、法廷の印象を良くし、罪に問われメディアにさらされるのを避ける意図でなされたものだった。次いで心理的金銭的に損失をこうむったと言い張り、犯罪補償金をせしめようと試みた。しかし彼女の主張はドラマティックながら矛盾も多く、後をつけ、カードや花束を送り、職場や自宅へ電話をよこしたとされる謎の人物がいるという説明も裏づけを欠いた。かの人物は影も形もなく、電話がかかってくるのも彼女が一人のときに限られた。その説明は実際の行動と矛盾していた。とりわけ彼女には普通のストーキング被害者なら当然そうあるように、恐怖のせいで行動を控えるということがなかった。ミズBRは相変わらず夜になると一人ギャンブルに精出していたのである。

モハンディほか（一九九八）はストーキング被害者を装ったケースに相通ずるキーワードを多数抽出しているが、その多くはミズBRの事例にもあてはまる。恐怖感や無力感の欠如、まといついているはずの重要な他者が存在しないこと。思わずうなずかされる動機が示されることもあるが、法廷で通用する証拠はいっさいない。主張は家族集団内のプレッシャーなど環境ストレス因子や家族力学のコンテクストでなされるのが普通。それ以外にも、原告にありがちな特質（「私は被害者」、正真正銘の被害者に見られる自己否定、自己不信、自己非難）。DSM-IVのB群に分類される人格障害が認められる。他者操作的、関心喚起的な行動歴および要注意人物ならではの諸問題を抱える。偽被害者の描き出すストーカー像は現実の事例より映画や雑誌のイメージから取られることが多い。まったくの金銭目当てからストーキング被害を装う事例は、筆者らの経験では稀である。犯罪被害者への金銭補償の類はオーストラリアに限ってはまず少額であるためだろう。

ストーカー犯罪への関心が増すにつれ、保護やカウンセリング、補償を求める被害者の数は予想通りの増加を見ている。目下、サービスや人的資源がそれに追いつかないのは、一九七〇年代のレイプ激増期に見られたレイプ被害者の状況にうり二つである。医療関係者であれ、警察官、弁護士、裁判官であれ、ストーキング被害者と向きあう人々は、たいてい経験に限りがあり、本当の苦しみを知った上で適切な介入をすることができずにいる。今、レイプやそれに近いセクシュアル・ハラスメントと同様、ストーキング被害者の全員が必ずしも本当の被害者であるわけではないこと、まやかしの有害ですらある訴えに気付かずにいることが法廷の審理を滞らせていることに、われわれも気づきつつある。

意識的にせよ無意識的にせよストーキング被害を言い募る人々は社会の負担であるばかりか、本当の被害者の信憑性を損ねている。さまざまな状況のもと、自身の経験にふさわしい理解を得たいと闘っている人々の実状をそれは裏切っている。偽の被害者、この「新手の」犯罪被害は金になると目ざとく気付いた人々は真の被害者を搾取している。公的資金に限りがある中、ストーカーを避けるため、多大な金銭的損失をこうむってしまった人々を裏切っている。われわれの知るストーキング被害者はどれも相当の資源を消費しているものだが、われわれのデータによると、偽物の被害者たちはあり得べからざるほどの法的、医療的、かつ精神分析の専門的サービスを受益している。こうした仮病が社会におよぼすコストはそれが法執行機関、法律や精神医療、被害者支援の資源に相当の需要を生み出すだけに、無視できるものではない。一方、偽被害はそれ以外のサービスにもかなりの付加を負わせるのであり、あたかもサービスそのものがストークに遭っているかのようだ。妄想に駆られた偽被害者に繰返し訪問された錠前屋のケース。夜になると「ストーカー」が自宅へ侵入してくるので鍵を変えて欲しいという。やはり妄想に駆られた別の被害者の場合、ひっきりなしに地元議員のもとを訪れて、こう要求した。「私への迫害を止めさせる「手段を講じてくれ」と。

偽被害者の中には治療を要する精神障害を有するものがおり、妄想に心底苦しんでいるものがいる。ストーキング妄想にさいなまれた人に適切な治療を施すことは、過って

「ストーカー」とされる人を生み出す危険を減じさせることでもある。一方で、被害者をハラスメントで訴えたストーカーが首尾よく裁判所命令を取得することもある。残念ながらこうした司法制度の悪用は、被害者と加害者をともに法廷に呼び出すことによってその目的を達成することがきわめて多い。結果、真の被害者をトラウマに追いやり、強迫観念の対象に復讐したい、コンタクトを取りたいと願うストーカーの狙いを叶えてしまうことになる。

偽ストーキング被害者の評価と管理

ストーキング被害者を評価する際には、客観的データをできる限り多く集めることが不可欠である。セクハラされたと嘘をつく事例の中で言及されたように、「被告が見るからに誠実で、一方原告の訴えにはその信憑性を疑わせるような客観的事実があり、その落差が著しい場合」（フェルドマン＝ショーリグ、一九九六）疑いの芽は最高度にふくらむ。このことは偽ストーキング被害者にもあてはまる。フェルドマンとフォード（一九九四、三十頁）は詐病について次のように述べている、「こうした患者を診る医師は良き臨床家以上の存在でなければならない。つまり、良き探偵であらねばならないのである」。

ストーキングに対するメディアの関心は高まる一方だが、ストーキング被害者の平均的なイメージなり実像は今なお扇情的なところに押しとどめられている。評価にあたるのがストーキングの実態に明るい専門家なら、真実の事例にあるべき一貫性、信憑性、細かな事実などが偽被害者の説明には欠けていると気付くであろう。偽被害者は本当の被害者よりも早く周囲の助けにとびつきがちである。本当の被害者の場合、信じてもらえないのではないか、頭がおかしいのではないかと見られることを恐れ、状況の深刻さを過小評価することもあって第一歩をためらうのが普通だ。われわれの見るところ、偽被害者から寄せられる訴えは、手紙以外のハラスメントに遭っているなどと主張するケースが多い。手紙は証拠を提出できないということがあるだろう。セクハラめいた手紙をもらったと言い張ったケースは二つあるが、一つは詐病、一つは仮病であり、どちらも証拠を捏造していた。偽被害者はわれわれの研究では本当の被害者と同様ストーカーから直に脅迫されたと言い張るが、そのことを重要な他者に相談する例は稀である。恐らく偽被害者全般に自己中心的な傾きがあることによるのだろう。また、第三者に脅迫の証拠を示すことが困難であること、そういった人々が現実の標的からも疎外されていることもその理由だろう。

それ以外に、診断のあるなしにかかわらず偽被害者を見分けるポイントとしては次のものがある。主張が支離滅裂または入り組んでおり、しかもその主張が検証不能か証拠上虚偽と認められる場合。何人ものセラピストの間を行ったり来たりするのも一見して疑わしい。また「証拠」なるもの一式を持っているとする主張。これも往々にして真っ赤な嘘である。自分の言っていることは真実、信じて欲しいとしつこく言い張るケースなど枚挙にいとまがない。精神病の偽被害者の語るありもしないストーキング話は当初から無視できるが、正真正銘の被害者の話もびっくり仰天させられる場合があり、ストーキング事例に疎い医師なら信じてしまいかねない。

　われわれの研究によると偽ストーキング事例は圧倒的に女性からのものが多い。恐らくサンプル数に限りがあることの反映であろう。もっとも、誠実な《ボナ・ファイド》ストーキング被害者を対象とした大がかりな研究を見てもやはり男性は少数派である（三章を参照のこと）。男性は女性に比べて、特に軽微なハラスメントやストーカーが同性のときなど、積極的に救いを求めようとはしない。いきおいこの手の研究では母数が小さくなりがちと思われる。男性は現代社会にあってもなお、意識しようがしまいが、弱味を見せたり助けを求めることをためらう傾向が強い。男性は、ストーキング被害に遭っていると嘘をつく動機が弱いのである。

　偽被害者の管理は、内に潜む疾患を早期に発見し治療することに尽きる。妄想障害の病者はまず病気の認識がなく少量の抗鬱剤の服用すら多くは拒むため、治療はきわめて困難である。とはいえ彼らをモニターすることは、その恐怖心や、第三者が有効な手段に出ることの難しさが、結局は彼らを絶望的な方向へと追いやってしまいかねないため、実に重要である。われわれの研究で扱ったある女性など、未登録のショットガンで武装し、もし誰かが——誰でも——自宅へやって来たらこいつで自衛すると言っていた。迫害されているという妄想に苦しむ被害者たちの中には最後の手段として自殺を考えるものも多かった。また別の女性は、門外漢の目にも精神に障害があることがそれと知れたが、ようやく稼いだ数万ドルをろくでもない警備コンサルタントにつぎ込んで、自宅に監視装置を設置した。おなじ女性は世話好きの商人との間に交互計算勘定を交わし、そこを定期的に訪れては鍵を交換したのである。この女性は、薬物療法こそ拒否したが、これ以上無意味な身辺警護にお金を使わないというわれわれのアドバイス（有名な私立探偵と彼女の弁護士も援護してくれた）を受け入れて、破産からはまぬかれることができた。

　臨床家は偽被害者の情報を裏づけ、自分は被害者という自己認識を補強する機会に敏感であるべきである。犯罪被害者の支援グループ、とりわけストーキング被害者の支援グループに彼らを近づけないことが望ましい。

正真正銘の被害者か偽物かを裁判所が見分け、その奥にある精神病理を探る上で精神科医の果たす役割は大きい。どのような力学が偽物を生み出すのかを見きわめること、これこそ司法制度の枠組みの中で解決策を求める際の鍵となるだろう。つまり、裁判所による保護命令の審査を敏速にし、ストーカーと名指しされた人のトラウマを軽減すること。ケース4で見たような確信的な偽「被害者」を処罰する際でも、理解不能の主張を理解できるようにすることによって、精神医療の専門家は裁判所に貢献し得る。また、金銭補償目当ての誇張された被害申告をなすようなケースも同前である。

まとめ

ストーキング被害に遭っていると訴えるケースの大半は紛れもなく真実だが、新法の制定、メディアによる同情的な報道、被害情報・支援組織が世界中に広まっているにもかかわらず、安全を求める被害者たちの前にはかなりの障害がなお横たわっている。臨床家、各種専門家はストークされているという自己申告にいちいち首をかしげることはないが、偽被害者には大きく分けて五つのカテゴリーがあることはよくわきまえておく必要がある。偽被害者への関心が高まるにつれ、はるかに多数を占める正真正銘の被害者への理解、支援がないがしろにされかねない危険は知っておくべきだが、あらかじめ偽被害者の存在を想定しておくことは結局は患者たちの利益になると思われる。偽被害への対策を進めることで、臨床家は正真正銘の被害者ばかりか、嘘の訴えをなすという別の意味での懊悩に苦しむ人々の困難を軽減する、絶好の位置にあるわけである。

12 ストーキングと暴行

はじめに

ストーキングが重要な社会問題として小さからぬ位置を占めるのは、それが暴力を伴い、命に関わる事件を起こしかねないからである。ストーキングが議論の余地はあっても世間の耳目をいっきに集めたきっかけは、女優レベッカ・シェーファー事件であった。妄想にとりつかれたファンにつけ回された女優が、襲撃され、殺された事件である。このショッキングな事例は、初の反ストーキング法制定へとつながった（十四章を参照のこと）。ほかにもストーカーが致命的な暴力へと走り、市民の抗議を受けて反ストーキング法の導入にいたったケースはある。その一例が南オーストラリアである。州上院議員の私設秘書が殺され、反ストーキング法の導入につながった。被害者は元夫によってつけ回されており、ストーカーはオーストラリアの隅から隅まで彼女の後を追っていた。ここでストーキングはそもそも脅迫という形を取っていた。そのせいか、ストーキングは緊急ではあっても、ある種のメッセージを含むものと受け止められてしまっていた。もっともそれは、今にも暴力沙汰になりかねないぞという警告を意味していたのだが。

ストーキングがいずれ相手への暴力という形で爆発するといった懸念はこの問題へのメディアや大衆の関心を高め、ついには政治家による立法の日程に上るようになった。その利点は明らかである。否定的な側面としては、ストーキングが暴力へ発展する恐れにかまける余り、まだそこまでいっていないストーキングのもたらす痛み、不安が過小評価され、時によっては無視されることすらある点である（三章を参照のこと）。ストーキングが暴力へいたることが知れわたった、やむを得ないとはいえ不幸な副作用としては、それが襲われるかもしれないという被害者の恐怖をかき立てたことがある。ストーキングにまつわる身体的、性的暴力の可能性、これがこの章のテーマである。もっとも、極端な暴行沙汰は別に、ストーカーによる暴力はこれ以上ない悲劇ではあるが、頻度がもっとも高いわけでも、被害者にとってもっとも悲痛な体験がこれであるわけでもない点は強調しておきたい。

ストーカー被害者の生命は、もし救いの手がさしのべられなければ、奪われてしまうかもしれない。つけ回しの恐怖にさらされ、無力感にさいなまれ、しかも暴力から自身を守る方法がまったくなければ、どんな人でも相当に衝撃を受けるであろう。しかし、当然ながら、ストーキング被害者はその身体が暴力にさらされていることを現実的に認識したいと願っている。警察も裁判所もストーキングに手を染め、先々被害者に暴力をふるうかもしれないのは誰か、指針を得たいと思っている。セラピストとて今手がけているストーカーが、あるいはカウンセリングしている被害者のストーカーが、将来暴力をふるう可能性はあるかどうか、指針を必要としているのはおなじである。

ストーキング研究は何よりもまず、対人であれ対物であれ、暴力のありようを資料化するところから始まる。統計的に見て、ストーカーによる行動の個別具体的な要因と、結果として発生する暴力との間に重要な関連を指摘した研究はほとんどない。危険因子は単純に事件とそれに先行する出来事との間に統計的重要性が存することなのだ。特定の危険因子と現実の事例との間に漠とした関連があることを、危険因子は前提もしなければ、要求もしない。例えばモナハンほか（一九九九）の研究がある。それによると、精神に障害のある入院患者が暴力をふるう際の主要危険因子は、両親の薬物使用歴であった。両親の甘やかしと、その子が長じて示す攻撃性との間に、直接的な関連があるかどうかは恐らく予測できまい。予測可能な統計的アルゴリズムを導き出す上で有効な危険因子は、何よりもまず、予想された結果との間にしっかりした関連があるかどうか、なのだ。もっとも、個別具体的な原因結果の発生を最小限におさえるために、漠とした関連の存在を知っておくことは危機管理において重要である（ミューレン、一九九九）。

暴力のありようを資料化する、これが第一段階。重要な危険因子を把握する、これが第二段階。対照群の危険因子の程度を区分する有用な予測パラダイムを導き出す、これが第三段階。そして最終段階として、そうして得た情報を使ってリスク管理し、願わくは暴力へと発展する恐れを予防ないし最小化するわけである。ストーキング文献はなお第一段階でうろうろしているが、すでに新しい領域における認識も広がっており、これがその先の段階を考える上でのヒントになっている。

ストーキングがハラスメントの有機的原則として立ち現れる前は、淫乱な求愛者およびストーキングの前段階である対女性ハラスメントの現れとしての脅迫なり暴力行為を資料化した研究があった。

色情狂と暴行

当初より、色情狂は暴力へ転化し得ると認識されていた（エスキロール、一八六五／一八四五）。モリソンは一八四八年にこう書いている、「色情狂は時にその病に苦しむ人々を刺激して、自身もしくは他者を破壊する。なぜなら、たとえ寡黙で尊敬に値する人であれ、この病の患者は不安定で好色で嫉妬深いものだから」（引用はイーノックとトレスオーワン、一九七九）。サヴェッジ（一八九二）は女性について次のように述べた。女というものは、何の根拠もないくせに、自分は担当医と恋仲にある、医師は自分と結婚したがっていると信じている、と。自分と空想の恋人との間には妻が立ちはだかっていると信じるあまり、「チョコレート・クリームが奥さんの好物と知った女は、奥さんが買ってきたキャンディにこっそり毒入りクリームを紛れ込ませた。結果、死んだのは子どもたちで、被害に遭うべき奥さんはすんでのところで助かった」（サヴェッジ、一八九二、七二一頁）。

色情狂者のストーキング行為が暴力へ転化する可能性に近年最初に関心を寄せたのはゴールドスタイン（一九七八、一九八七）である。テイラーほか（一九八三）は自分と空想の愛人の前に立ちはだかっている（と思い込んでいた）人々を脅迫し、暴行した男性色情狂者四人について報告している。レオン（一九九四）は裁判所によって精神鑑定に回された色情狂者五例を報告しているが、その全員が自身の愛の対象をストークしていた。脅迫は二例、被害者の自宅へ侵入したものが一例、もう一例は車の車内へ侵入していた。

断られた腹いせや嫉妬から空想の愛人に暴力をふるう色情狂者たち。時に暴力は対象へアプローチしようとする患者によるつたない努力の、ぎこちない副産物であろう（ミューレンとパテ、一九九四b）。一方で、愛人の前に立ちはだかる（と思い込まれた）人々も色情狂者による暴力にさらされることがある。テイラーほか（一九八三）およびメンジースほか（一九九五）の研究によると、暴力が向かうのはほとんど空想の愛人以外の誰かであるが、ミューレンおよびパテ（一九九四b）やハーモン（一九九五）の研究によると空想の愛人もしばしば被害者になり得る。

病的恋愛症者を対象としたミューレンおよびパテ（一九九四a、b）の研究の結果、空想の愛人であっても暴力行為のリスクがあることが明らかになった。論文執筆者（ミューレンとパテ、一九九四b）が評価の対象とした十四例の色情狂者の全員がストーキングの行為者で、うち八例（五十七％）がハラスメントの最中に身体的、性的暴行におよんでいた。対象とされたのはほとんどが空想の愛人。一方、愛人の前に立ちはだかっている（とされた）第三者を脅迫したケースは三例。被害者を襲撃したのは十一例、性的暴行におよんだのは六例、身体への暴行は五例。具体的には押したり平手で殴ったりといったものから、ナイフで致命傷を負わせたものも一例あった。被害者の私物をめちゃくちゃにしたのは五例（三十六％）、ほとんどが車をたたき壊すか自宅のあちこちに損害を与えるといったもの。一つの例外を除いて暴行をなしたのは全員が男性。純粋な色情狂者も統合失調症によって色情妄想を発症した患者もおなじように暴力におよんでいた。以上は法廷に現れたごく一部の患者たちのことであり、当然ながら、色情狂者の中でも攻撃的かつ暴力的傾きが強いケースばかりを意図的に集めたものだ。色情狂とは関わりなく犯罪の前歴のあるものは九例おり、ほとんどが身体的、性的暴行、ある患者の場合には殺人で有罪判決を受けていた。脅迫がそれ以後暴力へとつながるかどうかは、本研究でははっきりしたことはいえない。被害者に暴行をはたらいた八例の患者中かつて脅迫したことを認めたのは、わずか三例であった。事実、被害者の命を奪い去った一例で、患者が手がけたストーキングの手口はもっとも穏便なもので、被害者と直に連絡したりアプローチしたりはいっさいなく、むしろこっそり後をつけたり、辺りをうろついたりといったやり方に終始していた。

メンジースほか（一九九五）の報告でも、色情狂の男性患者は同様の攻撃傾向を見せている。本研究はこうした患者群における危険因子を調査したものとしては嚆矢《こうし》にあたる。色情狂患者二十九人の臨床的、人口統計的特徴を比較した上で、攻撃傾向があるかないかで患者を分類した。本研究で使用されたソースとしては、（1）カナダの二つの裁判精神医療施設で鑑定を受けた入院患者十三人からなる臨床グループ、（2）英文で発表された精神医学論文で扱われた男性色情狂者十六人の事例の二つ。臨床グループの場合、色情妄想は統合失調症に次ぐ二番めの特徴をなしていた（n＝9）。六人の患者がアクシスII障害（大半は反社会性人格障害）を併発していると診断され、五人が病的薬物濫用ないし依存を示していた。対照的に、精神医学論文から取られた患者たちの場合、鬱病もしくは妄想障害の結果、色情妄想を発現するケースが多かった。メンジースほかの報告によると、色情狂による強迫観念で「反社会的な」行為におよんだものは臨床グループの四十六％（n＝6）、論文事例の四十三％（n＝6）。ここでいう反社会的行為とは、被害者または第三者への暴力、暴力をほのめかす行為、「相手を傷つけかねない行動」のこと。臨床グループは空想の愛人のみならず求愛を邪魔する（と邪推した）相手にまで脅迫、暴行を加える傾向があった。一方論文事例では、六例中五例で、恋のライバル（と思い込んだ相手）や「邪魔者」に向けて反社会的行為におよんでいた。これらをふまえて論文執筆者らは次のように結論づけた。暴力行為が発生した場合、その標的は空想の愛人というより第三者へ向けられる（多くは身体への暴力というより脅迫）。

メンジースほかの研究は、暴力行為におよぶ色情狂者はその妄想とは無関係に何らかの暴行歴を有しているというミューレンおよびパテの調査結果（一九九四b）と軌を一にした。被害者とつながりのある第三者、特に愛人の前に立ちはだかっている（と邪推される）第三者にリスクがあることを、この結果は示している。

女性へのハラスメントおよび暴行

ジェイソンほか（一九八四）は元パートナーによる女性へのハラスメント研究を二つ行っている。関係が切れた後ハラスメントにあったと公募に応じた女性五十人を対象にした研究によると、言葉や身体的に脅されたりぶたれたりした女性は十五人（三十％）。それとは対照的に暴行については一件の報告もなかった。女子学生四十八人を対象にした二つめの研究では、脅迫に遭ったと訴えたのは三人（七％）であった。

ストーキングと暴行

ストーキングにまつわる暴行の事例を、対人であれ対物であれ、最初に扱った研究はゾーナほか（一九九三）によるものである。ロサンジェルス市警脅迫行為対策局（四章を参照のこと）に送られてきたストーカーを分類した結果にもとづくものだが、ストーカー七十四人中被害者の身体に暴力を加えたものはわずか二名にすぎなかった。いずれも「単純な偏執症者」に分類されるストーカーで、論文執筆者らによると、いずれも被害者と以前何らかの関わりがあったものである。何らかの関わりというのが具体的に何を指すかは明らかにされていない。被害者への暴行のありよう、程度についてもやはり不明。この「単純な偏執症的ストーカー」は一方では被害者の私物を破損することがあるが、その行為に出る頻度自体は低い（三十五例中五例）。

色情狂（n＝7）または恋愛強迫症（n＝32）と分類されたストーカー中、被害者に暴力を加えたケースは皆無。私物を破損したケースは恋愛強迫症で一例あったのみである。

ゾーナほか（一九九三）の研究で、あからさまな脅迫が暴力へつながるかどうかを調べてみると、脅迫しながら実行におよんだストーカーはほとんどいないことが分かる。単純な偏執症者の六十五％が被害者を脅迫したが、その身体に暴力を加え私物を破損したストーカーはその中の二十％にすぎなかった。また、被害者を脅迫した恋愛強迫症のストーカーは六人いたものの、その後被害者の私物を破損したストーカーはわずか一例だった。さらに驚くべきことに、色情狂者の六十％が被害者をあからさまに脅迫したが、実際に被害者やその私物を攻撃したものは皆無だった。本研究では七十四人のストーカーが対象となったが、物であれ人であれ、被害者へなされた脅迫の七十％強は、実際の行動へ発展していなかった。被害者と関わりのある第三者へ脅迫なり暴力なりがおよんだケースは、本研究では扱われていない。

ストーカーの性格と暴力行為との間に関連があるかどうかの研究はゾーナほか（一九九三）の研究の結果、暴力へいたる頻度が低かったことで、後回しにされることになった。とはいえ、対人と対物の両面で、暴力に走る率がもっとも高いのは被害者と以前関わりのあったストーカーであることは立証された。一方、ストーキングが暴力へいたるリスクはごく小さいという、これまでの調査結果を、本研究は裏付けるものだった。もっとも、本研究が対象としたストーカーはおそらくストーカーの典型とはいえない。かなりのサンプルが一般市民ではなく映画、テレビのスターを標的にしているからである。この手の被害者は、有名人であるがゆえにストーカーの容易に近づける相手ではなく、望まない介入からも守られているのである。

ハーモンほか（一九九五、一九九八）もその第一級の研究の中でストーカーと暴力について調べている。対象はニューヨーク法精神医学クリニックに送られてきたストーカーたち。ハラスメントで告発された四十八人を扱った最初の研究で、身体へ暴力を加えたとされたのは二十一％（n＝10）。その大半で暴力の向かう先は標的とされた当人であったが、被害者と関わりのある第三者を攻撃した例も二つあった。興味深いことに、被害者へ恋着しているストーカー（n＝7）のほうが、被害妄想や怒りに駆られたストーカー（n＝3）より、攻撃的行動に出る率が高かった。精神病歴や犯罪歴が攻撃行動とどう関わりがあるかについて、本研究では分析されていないが、愛着・恋着グループの患者にむしろ妄想症（色情狂を含む）と診断される例が多いことが明らかになった。

論文執筆者らは脅迫と暴力行為との関わりについて、愛着型ストーカーについては分析しているが、被害妄想型についてはしていない。愛着型ストーカーで脅迫におよんだ十二例（四十％）中、実際に暴行をなしたのは五例。対照的に、被害妄想・怒り型で相手を脅迫した十例（六十六％）中、実際に被害者を暴行したのはわずか二例だった。脅迫することなくいきなり被害者に暴力をふるったのは、愛着型の十一％に対して被害妄想型は二十％だった。

二番目の研究でハーモンほか（一九九八）はサンプル数をストーカー一七五人に増やし、暴力と行為者の性格との関わりについてさらに踏み込んで分析している。一七五人中、愛着・恋着型とされたのは六十一％（n＝104）、被害妄想・怒り型は三十九％（n＝67）。身体に暴力を加えるのみならず、私物破損や被害者・第三者に「物理的接触」をなしたものまで含むために、論文執筆者らは暴力の定義を修正（「被害者宅のドアをしつこくたたく」等、非暴力的接触も数に含めた）した（ハーモンほか、一九九八、一二四〇頁）。残念ながら、右の行為はいわゆる「暴力行為」のカテゴリーからははずれるため、襲撃や私物破損といった物理的接触による事例は報告には含まれなかった。この定義によると、暴力行為をなしたのは、ストーカー全体の四十六％（n＝81）だった。

一番目の研究とは対照的に、暴力と相手への執着との間に関連はないとしているが、愛着型の四十八％、被害妄想型の四十五％が反社会的行為に走ると報告した。とはいえ、ストーカー――被害者の以前の関係と暴力との間には大きな関わりがあるとした。被害者と「親密」（被害者の配偶者、恋人、家族）だったストーカー中、暴力行為に走ったのは六十五％強。これにひきかえ、単に知人だったものが暴力におよんだのは三十七％、まったくの見知らぬ他人は二十三％だった。精神医学的状態も暴力行為と密接な関わりがあった。もっとも攻撃行動に走りやすいのはアクシスⅡ人格障害と薬物中毒を併発しているストーカーで、その八十八％が暴力をふるっていた。次に攻撃的だったのはアクシスⅠとアクシスⅡ障害を併発したストーカー（うち七十八％が暴力をふるった）と薬物中毒のみと診断されたグループ（七十三％が暴力をふるった）。対照的に、暴力行為にもっとも走らなかったのはアクシスⅠのみと診断された患者で、暴力をふるったのは三十三％にとどまった。このことから、人格障害に薬物中毒また精神病を併発した場合に、暴力行為に走る確率がもっとも高いことが分かった。

脅迫がその後の暴行につながるかどうか再度調べたところ、被害者を脅迫したストーカーの大半は、そのとおりの行動にでることが判明した（ハーモンほか、一九九八）。サンプル数の多かった二番目の調査では、対象となったストーカーの五人に一人が、脅迫しないうちから暴行に走っていた。一方、脅迫をしなかったストーカーの大半は暴行もしていない。これは論文執筆者らも認識しているが、「脅迫しなかった」二十％および脅迫した六十％のうち誰が現実に暴力をふるうかはデータからは予測できなかった。もっとも、暴行へエスカレートする恐れが何よりも高いのは、被害者とかつて親しかった場合、複数の精神病を併発している場合、とりわけ人格障害と薬物中毒とを併存している場合であることが裏付けられた。

キーンレンほか（一九九七）は精神病歴を主な基準にストーカーを比較している。精神病と非精神病のストーカーを対象に、既存データにもとづいてなされた研究によると、暴力行為に走ったのは三人に一人（三十二％）。暴行の確率は非精神病者のほうが高く（四十一％、n＝7）、その大半はアクシスⅡ人格障害また薬物中毒と診断された。精神病者による暴行例はわずかだった（十三％、n＝1）。非精神病者に暴行されたケースはいずれも以前の性的パートナーによるもの、例外として母親に暴力をふるったケースが一つあった。ストーカーの四分の三以上は言葉による暴力に出、六十八％は被害者を傷つけるまたは殺すと脅し、二十％は第三者に傷を負わせ、十二％は被害者の私物を破損した。非精神病のストーカーは精神病のストーカーに比べ、相手を脅迫する率が目に見えて高かった（前者は八十八％、後者は五十％）。相手を脅迫してその通りにする確率も非精神病者のほうが高く、五十％強がその後行動に出ていた。

非精神病ストーカーによる暴力の頻度と凄まじさは目を見張るものだった。暴力を一回以上ふるったストーカーは七人中五人。被害者の身体への暴行が五例、第三者への暴行が四例、被害者への性的暴行が一例、被害者を殺害したものが二例。被害者を脅すために武器を示したものの割合も非精神病者のほうが多かった（四十七％対十三％）。もっとも攻撃の際にそれを使用した例は稀だった。非精神病ストーカーのほぼ四人に一人は被害者と関わりのある第三者を襲っていた一方、精神病ストーカーで同様の行為をした例は認められなかった。裁判で扱われた別のストーカー事件でもそうだが、暴力行為で有罪判決を受けた非精神病のストーカーは七例あった（暴行が五例、殺人が二例）。精神病ストーカーは二例（いずれも身体への暴行）。言うまでもなく、以上はごく一部の特殊例であり、深刻な暴力傾向を帯びたものばかりである。

サンドバーグほか（一九九八）も、退院後に病院職員をストークし脅迫した精神病の患者の場合、対照群の患者に比べて人格障害または色情狂と診断される傾向が高い、と報告している。他の調査結果と軌を一にするように、そうした患者の九十四%が脅迫、暴行の前歴を持ち、対照群と比べ薬物中毒の傾向も強かった。

シュウォーツ=ワッツおよびモーガン（一九九八）はハラスメントの際暴力をふるったかどうかで区分けしたストーカー四十二人を対象に、その臨床的、人口統計的特徴を比較している。年齢、性別、結婚歴、学歴、薬物中毒歴およびアクシスⅠの診断において両群に有意差はなかった。もっとも、暴力型のストーカーのほうが被害者とかつて親しい関係にあったことが明らかになった。

ミューレンほか（一九九九）は一四五人のストーカーを対象に脅迫と暴力へつながる危険因子について調査した。表12・1はその他のストーキング二十三例を含め、その分析結果を数値化したものである。本研究では、ストーカーに襲撃されたのは被害者の三人に一人強。またほぼ六%のストーカーが標的の前に立ちはだかる（と邪推した）第三者に攻撃をしかけている。そうした事例の大半が、拒絶ないし侮辱された後衝動的に行われたもの。ストーカーによって負わされた傷は打撲、擦過傷。もっとも被害者が性的暴行を受けたケースも十四例あり、うち六例はわいせつな襲撃、八例はレイプであった。もっとも攻撃に走りやすかったのは拒絶型ストーカーで、うち八十四例（五十九%）はかつて親しかった相手を攻撃した。略奪型ストーカー（四例）の半数はおおむね好戦的で、被害者への性的攻撃が多い。親密さを求めるタイプ、相手にされない求愛者、憎悪型において暴力は一般的ではないが、そうしたストーカーも四人に一人は被害者への攻撃におよんでいた。

被害者を脅迫したストーカーは五十九%、第三者を脅迫したものは三十七%。被害者だけを脅迫したものは四分の一強、第三者のみは六%、両方を脅迫したものは三十一%。被害者への脅迫にもっとも走りがちだったのは憎悪型（八十七%）と拒絶型（七十四%）。親密さを求めるタイプも五十%以上のケースで関心の対象をあからさまに脅迫していた（表12・1を参照のこと）。脅迫にもっとも走りやすかったのは略奪型と拒絶型。脅迫したものの実行までいたらなかったのは憎悪型だった。

キーンレンほか（一九九七）の調査結果でも見られたことだが、筆者らのサンプル（ミューレンほか、一九九九）でも、非精神病のストーカーのほうが精神病のストーカーより攻撃に走りがちだった（四十三例=四十四%対十七例=二十六%）。もっとも脅迫となると両群ともおなじくらいの割合で行っていた。脅迫や暴力に走りやすい特定の精

表12.1　ストーキングの類型から見た脅迫および暴力行為の頻度
（Mullen et al., 1999より改変）

	n＝58 拒絶型 （%）	n＝54 親密追求型 （%）	n＝24 無資格型 （%）	n＝24 憎悪型 （%）	n＝8 略奪型 （%）	有意差
被害者への脅迫	74	51	25	87	37	0.000
第三者への脅迫	47	41	8	42	0	0.001
被害者への暴行	59	24	21	29	50	0.001
私物破損	62	32	12	50	25	0.000

神病というものは認められなかったが、小児性愛や人格障害と診断された被験者は比較的攻撃傾向が強かった（それぞれ六例＝五十五％および三十七例＝四十五％）。

薬物中毒は脅迫、暴力へとつながる蓋然性が高く、犯罪歴もまた同様であった。被害者を身体的、性的に暴行したストーカーの中、過去有罪判決を受けたことがあるものは四十例（六十九％）。とりわけ略奪型と拒絶型（六例＝八十六％と二十八例＝五十一％）にその傾向が著しかった。被害者とストーカーとがかつてどんな関係にあったかは脅迫とは無縁だったが、攻撃されるリスクを高める要因ではあった。もっとも攻撃されやすいのは元パートナー（三十二例、六十四％）。以下、職場での知人（五例、二十五％）、顔見知り（十一例、三十二％）、見ず知らずの他人（六例、二十四％）の順。

暴力を確実に予見する要素を特定するため、ミューレンほか（一九九九）はいくつかの変数を基に回帰分析を行ってみた。脅迫を予見する要素としては過去の犯罪歴、薬物中毒、ストーカーの類型化があげられた（もっとも危険なのは憎悪型と拒絶型）。過去有罪判決を受けたかどうかもかなりはっきりした予見要素であった。薬物中毒者と犯歴者において特に発生しやすいと予見されたのが私物破損。暴中でも薬物中毒者は私物を破損するリスクが高かった。暴行および脅迫が予見されたのは過去の有罪歴、薬物中毒、およびストーカーの類型化。暴行と脅迫については、最大値の変数として主な原因を示していたのは、先に記したとおり過去の犯罪歴であった。

右の調査結果はストーカーを被験者としたものである。一方の被害者は、筆者らの見るところ、威圧、脅迫、暴力についてきわめて確実な情報源となっている。事実、これまでなされた調査の大半は、被害者の陳述、事故報告のデータをもって、ストーカーによるデータの補強としていた。遺憾ながら、ストーキング被害者を母集団とした調査は、脅迫、私物破損、暴行についての詳細を今のところ提供するにはいたっていない。ホール（一九九八）は被害者一四五人をサンプルに脅迫と暴行の頻度についてのデータを提供した。彼女の報告によると、脅迫されたのは四十一％、私物破損は四十三％、殴られたりぶたれたりしたのは三十八％、性的暴力を受けたのは二十二％。さらに、誘拐された被害者が十一例おり、放火の被害に遭ったものも二例あった。一〇〇人の被害者を対象にしたパテおよびミューレン（一九九七）の研究も似たような割合で暴力が発生することを明らかにしている。五十八の事例でストーカーはあからさまな脅迫をなし、うち十四例では被害者を直に、七例では家族や友人のみを、三十七例では被害者と第三者の両方を脅迫していた。暴行されたと回答した被害者は全体の三十六％、うち七例は主に性的暴力に苦しんでいた。私物破損を訴えたものは三十六％。脅迫が暴行へ発展したのは七十％。中でもストーカーと以前親しい関係にあった被害者において、暴行へ発展する率が高かった。

メロイ（一九九八a、一九九九）はストーキングにおける脅迫と暴力について調べた草分け的研究で次のように結論した。

- ストーカーのほぼ半数が被害者を脅迫している。その発生率は被害者とかつて親しい関係にあったもの、また仕事上のつきあいで現実に、あるいは言いがかりでも、侮辱を受けたもので高かった。
- 脅迫におよんだストーカーの大半は実際には被害者や私物への暴力を行使してはいない。もっとも、ストーカーによる脅迫を甘く見てはいけない。暴行におよんだストーカーはたいてい事前の「警告」を発しているものだから。
- ストーカーが事前の脅迫抜きで暴行におよんだのは事例全体のおよそ十五％。
- 暴行はおしなべて三分の一の事例で発生。だが重大な障害へいたるケースは稀である。たいていの場合、捕まれ

表12.2　ストーキング研究から見る脅迫および暴力行為の頻度

研究	被験者(n)	脅迫(%)	暴行(%)	私物破損(%)
ゾーナほか（1993）	74	45	3	8
ハーモンほか（1995）	48	46	21	NA
ハーモンほか（1998）	175	67	47※	NA
メロイとゴタール（1995）	20	70	25	NA
キーンレンほか（1997）	25	76	32	NA
シュウォーツ=ワッツほか（1997）	18	NA	39	NA
パテとミューレン（1997）	100	58	34	36
ホール（1998）	145	41	38	43
ジャーデンとトーネス（1998）	824	45	NA	30
ミューレンほか（1999）	145	64	36	40

※は身体的暴行、私物破損、非暴力的接触を含む。NA は not applicable（対象外）を意味する。

る、殴られる、ひっぱたかれる、なで回される、といった目に被害者は遭っている。

- もっとも暴力を受けやすい被害者は恋愛対象であり、次に被害者の前に立ちはだかると見なされた第三者である。

表12・2ではストーカーと被害者を対象とする近年の研究で見られた暴行事例の発生率が示されている。三%から四十七%と幅があり、推定値は三十%ないし四十%である。ストーキングにまつわる暴力行為研究は今のところ限られた母集団のみを対象とするもので、そこでの暴力は平均値を上回っているものと推定される。パテおよびミューレン（一九九七）、およびホール（一九九八）の被害者研究はより大きな被害に遭ったもの、結果として暴行を受ける恐れがもっとも高いものを徴募する形でサンプルを集めた。最終的には、過去にストークされ、その意味で脅迫、私物破損、暴力について明瞭なイメージを提供し得る被害者のデータにもとづいた、地域社会単位の無作為抽出法による研究が実現されるべきだろう。われわれとしては、既存データを分析するとともに、ある種健全な猜疑心を持って、データの元となった母集団外でその情報がどの程度一般化し得るかを考えていく必要があると思う。

ペットへの暴力

ストーカーによる暴力のうち強調しておきたいのが、被害者のペットに対するものである。ホール（一九九八）によると、被害者の十三％がペットを殺されたり傷つけられたりしている。ジャーデンおよびトーネス（一九九八）の研究では、被害者のほぼ十％がペットを殺された、また殺すと言って脅されたと訴えている。筆者らのクリニックを訪れる被害者の中にもペットを殺されたり傷つけられたりという話をするものがいる。毒を盛られた犬、手足を切り取られ飼い主の郵便受けの中に捨てられた猫、茹でられた金魚、ずたずたにされた小鳥、車にはねられた犬、心配する被害者宅の玄関ドアに釘で打ち付けられた小型犬も一匹いた。

殺人とストーキング

ストーキングの中でも世間の耳目を集めたケースの多くは殺人でクライマックスを迎えている。有名人狙いが殺しにまで発展したケースとしては、レベッカ・シェーファー殺人事件とジョン・ヒンクリーによるアメリカ合衆国レーガン大統領暗殺未遂事件があった。マリンクイスト（一九九六、二一六頁）によると、ストーキングは「報われない恋愛関係、一方が他方を捨てたいと望んでいる恋愛関係における自己防衛パタン」の一環として殺人に発展し得るという。殺しへの誘惑はむろん妄想であるが、マリンクイストによると、その力学はむしろ加虐被虐性愛的（サドマゾヒスティック）で、己をにべもなく拒絶した相手へなおも惹かれ、接近したいとの願いによる。メロイ同様、マリンクイストも「何が何でもこの人と傾斜していく自我没頭」に触発された、ナルシスティックな側面に強意を置いた（前掲書、二一六頁）。こうした人は、関係を築いたりよりを戻すといった幻想が実は夢で、しかも、この相手以外は無価値だと思い込むなり、切羽詰まった破れかぶれの行動に出がち、と言う。

ストーキングが殺人に発展する率は全体の二％程度と見られている（メロイ、一九九八a、一九九九、ホワイトとケイウッド、一九九八）。この数字は、たびたび指摘されているように、現実の殺人発生率を少なめに反映したものであるだろう。最終的に被害者を殺してしまった場合、それはストーキング事例と見なされないためである。もっと重大な犯罪として起訴されることになる（メロイ、一九九九）。とはいえこの数字は見たところきわだって高いもののように思われる。もし仮に、ある時期におけるストーキング発生率を年間一％強とし（二章を参照のこと）、ストーキングによる殺人事件の発生率を二％とするなら、一年間にストーキングによる殺人が発生する割合は五千分の一になる。この数字は、合衆国における殺人発生率である一万分の一、英国における殺人発生率の十万分の一、オーストラリアにおける殺人発生率の五万分の一を上回っているのだ（バイルズ、一九八二、レイスとロス、一九九三、マリンクイスト、一九九六）。ここから明らかなように、ストーキングによる殺人発生率は、考え得る限り二%はおろか、〇・二%に達することとすらない。殺人へいたる例は幸いにして稀である（これでも多いかもしれないが）。ストーキングが殺人事件へと発展するリスクは、適切な疫学調査と大規模な裁判例、臨床例をふまえて、初めて明らかになるだろう。さしあたりストーキングが殺人へといたるリスクについては、なお検討が必要であろう。

危険因子と危機管理

本書執筆の時点において、ストーキングによる暴力研究は、発生件数と事例選択の基準に偏るあまり危険因子を抽出するはっきりした相関関係を求められずにいる。とはいえ、ストーキングが暴行につながる可能性については、予備的な危険判定法を示す調査結果が複数入手可能である。

各種調査がほぼ一致して示唆することとして、元パートナーにストークされている被害者が暴行に遭うリスクは、知人や他人につけ回されている被害者のケースより高い、というものがある（ゾーナほか、一九九三、キーンレンほか、一九九七、シュウォーツ=ワッツとモーガン、一九九八、ミューレンほか、一九九九）。このことから、元パートナーや元友人につけ回されている被害者の管理には細心の注意を払わねばならないことがいえる。とはいえ、他人にストークされている被害者が暴行に遭うリスクを楽観視してはいけない。まず、知人や他人がふるう暴力の程度は、元パートナーほどではないが、なお大きな威力があること。次に、見知らぬストーカーの中にはほかのどのタイプよりひどい暴力をふるう、いわゆる略奪型がいること。

各種調査が示すところによると、精神病歴のあるストーカーが暴力をふるう恐れは非精神病のストーカーほど高くはない（キーンレンほか、一九九七、ハーモンほか、一九九八、ミューレンほか、一九九九）。この調査結果は慎重な解釈が必要である。精神病歴のあるストーカーの中には例えば妄想性の嫉妬を抱えた病者がいる。当然といえば当然なのだが、病的嫉妬というものは、心ない（と邪推した）パートナーに直に暴力をふるう率が高いとの悪評判があるのである（シェパード、一九六一、モーワット、一九六六、ミューレンとマーアック、一九八五、ホワイトとミューレン、一九八九、シルヴァほか、一九九八）。ミューレンほかによる一連の研究（一九九九）の中で病的嫉妬は六例あり、その全員が相手に暴力をふるっていた。将来暴力をふるう恐れがもっとも高いのは、偏執症のストーカーの場合、元パートナーが不義を働いたとき、また親密さを求めるストーカーの場合、空想上の恋人が不義を働いていたときである。今後研究を進めれば、暴力因子について、診断をベースにしたより的確な区分けが可能になるだろう。さしあたっては暴力と妄想性の強迫観念をもたらす症状との間に横たわる文脈において、そこに存在する関係性を無視するというのは、臨床家のすべきことではないだろう（ハフナーとベッカー、一九八二、テイラー、一九八五、リンクとスチュイーヴ、一九九四）。

薬物中毒は精神病者による暴力行為が将来予想されるかどうかの先行指標となる（エローネンほか、一九九七、ステッドマンほか、一九九八、ウォーラスほか、一九九八、ソイカ、一九九九）。どのような行為者、どのような状況においても、薬物中毒は後の暴力行為につながるもっともはっきりした指針なのである。当然ながらストーキング研究においてもその関連性は存在する（ハーモンほか、一九九八、ミューレンほか、一九九九）。アルコールやドラッグを濫用しているストーカーは、そうでないタイプに比べて、脅迫、私物破損、暴力に走りやすい。とはいえ、どの薬物を濫用すればどうなる、といった因果関係については、いまだ臨床的に決着が付いていないのが現状である。

加害者を母集団とする研究において、過去の犯歴と程度は累犯におよぶかどうかを予見する、はっきりした指標の一つである（ライスとロス、一九九三）。ストーカー研究でも、過去の犯罪歴とその後の暴力行為との間には関連性が認められる（メンジースほか、一九九五、キーンレンほか、一九九七、サンドバーグほか、一九九八、ミューレンほか、一九九九）。過去、暴行なり性犯罪を犯したものはもっとも高い危険因子を有しているが、それが何であれ、過去に重大な犯罪を犯した前歴のあるものはストーキングにおいても暴力に走る危険性が高いのである。

将来暴力に走る危険を予知する手法を何とかして開発できないか、これまでさまざまな試みがなされてきた（モナハンほか、一九八一、クインシーほか、一九九八）。多くは暴力傾向を生むとされる人格的素因を明らかにしようというものであった（ヘアほか、一九九〇、ハートほか、一九九四、ハリスとライス、一九九七）。本書執筆の時点では、そうした素因（むしろ烙印？）をはっきりと示すことができたストーカー研究は一つもない。これはいずれ疑いなく発見されるだろうが。これまでのところ、報告されてきたストーカーによる暴力はきわだってナルシシスティックな人格的特徴によるものであり、ボーダーライン人格、演劇的人格、偏執症、精神病質によるものであった（メロイ、一九九六、ホワイトとケイウッド、一九九八）。広い意味での性格異常も含まれ、その意味で、将来の暴力可能性を評価する前にさらなる詰めの作業が必要とされるであろう。

脅迫は必ず実行に移されると見なすことが望ましい。どんな脅迫も必ず実行に移されるわけではないが、空振りに終わるまで、いずれ行動に移されるだろうと覚悟しておく必要がある。たいていのストーカーは、攻撃に出る前に、脅迫という形で警告を与えている（パテとミューレン、一九九七、ハーモンほか、一九九八、ミューレンほか、一九九九）。痛い目に遭わせてやるという約束をその言葉通り実行に移しているストーカーは数多い。ストーキングに関する限り、脅迫は深刻に受け止めるべきであり、いずれ行動におよぶものと覚悟しておくべきである。さらに言えば、脅迫はそれ自体が暴力行為である。相手を怯えさせ、相手を縮み上がらせるために相手を脅迫するのだ。そしてその目的はまさに大多数のストーキング被害者において達成される。以前ミューレンほか（一九九九）が憎悪型のストーカーについて論じているように、彼らは標的を不安がらせる手段として脅迫するのであり、それ自体が相手を恐れさせることをよく認識している。憎悪型は脅迫を実行に移すことが見たところもっとも少ないように見える。しかし、だからといって、脅迫が内容を伴わないと言うことはできない。

ストーキングに走った動機は、一見すると暴行可能性を予見する一つの判断材料になり得るように思われる。しかし、残念なことに、ストーカーの動機というものは、いやし、欲望ですら、矛盾に満ちた、移ろいやすいものなのだ。好意を持って見知らぬ人をつけ回すストーカーも、繰返し拒絶されれば、かけがえのない愛を嫉妬に転じ、怒りを高じさせかねない。心離れしたパートナーを追い回すストーカーは、追いすがれば和解できると心から思っている。とはいえ、相手から願い通りの反応が得られないと知るや、あっという間に、それは根深い怒りへと転じてしまう。ミューレンほか（一九九九）はストーカーの持つ動機に応じて暴行の頻度も変わることを証明した分類法を提唱している。その調査結果自体は意義あるものだが、暴行におよぶリスクをそれのみで予見するガイドとして十分であるとは言えない。もっとも他の変数を代入することによってリスクの高い、低いを特定する助けにはなるだろう。

ストーカーが暴力に走るリスクを高い、中間、低いと判断することができれば、暴行可能性を予見する有効なアルゴリズムを打ち立てる一歩となる。これまでのところ、そうした計算を可能にする数字を提供することに成功した研究は一つもない。広範にわたる研究成果を包括的に分析するような手法が望まれるが、われわれの見るところ、対象とされた母集団とデータ収集の方法がまちまちであるため、結果を一つにまとめられずにいる。被験者を選択するに際しても、ほぼ例外なく暴力傾向の著しいストーカーが優先されるきらいがあり、これが阻害要因になっている。暴力可能性を正しく予見するためには、どんなタイプが暴力に訴えやすいかだけではなく、どんなタイプが暴力に訴えないかもあわせて把握しておく必要があろう。

被害者や関係者を暴行する恐れが低いグループを、例えば翌年までの間にそれにおよんだ率が五％以下のグループと定めてみることにしよう。これまでのストーキング研究やリスク評価研究から、筆者らの知る限り、暴行におよぶ恐れがもっとも低いのは次の人々であると思われる。

①薬物中毒者でないこと。
②女性であること。
③過去の犯罪歴がないこと。
④脅迫におよんでいないこと。
⑤重篤な人格障害がないこと。
⑥定職があること。
⑦適切な社会生活を営んでいること。
⑧被害者と面識がないこと。
⑨拒絶型また略奪型でないこと。
⑩治療に対して従順であること。

こうしたある意味でネガティブな要素も正しく判定し、関連づければ、低リスク・グループを特定する基準となり得る。今のところ、有力な判断材料の一つに過ぎないが、批判的かつ曇りのない目で見きわめるべき判断材料であろう。

高リスク・グループと見なされるのは暴行におよぶ確率が七十％ないし八十％のものである。このグループの特徴は、どんなタイプであっても、よりはっきりと特定できる。これまでなされてきた研究は主にこうしたタイプを対象としているからである。暴行の恐れの高いのは、

①薬物中毒者であること。
②刑法犯、とりわけ性暴力、暴行の前科があること。
③男性であること。
④脅迫におよんでいること。
⑤人格障害があること。
⑥つけ回す対象が元パートナーであること。
⑦失業中であること。
⑧社会から孤立していること。
⑨被害者に対して強い怒りを持っていること。

⑩自分にはそうする権利があると強く感じていること。
⑪暴行（たいていは性的な）へのファンタジーがあること。
⑫攻撃を計画していること。
⑬暴行を実行に移す手段があること（拳銃を所持している、またはそれに関心があること）。

ホワイトおよびケイウッド（一九九八）はストーキングによる脅迫管理を扱ったその第一級のガイドの中で、鬱症状と自殺傾向も危険因子と見なすべきとしている。このことは臨床的所見とも一致するが、さらにシステマティックに研究を進めていく必要がある。再度指摘するならば、既存のデータは個々の危険因子を一つ一つ重視しているわけではなく、ましてや高リスク・グループを三つ四つと特定するためのものでもないのである。

おわりに

ストーキングは本質的に人が他者に対して行う暴力行為である。また、刑法のいう暴行につながりかねない暴力行為でもある。これまで各種調査が明らかにしてきたように、ストーキングにまつわる暴行はきわめて高い率におよび、論者の中には、ストーキング被害者が傷を負い、死ぬ確率を驚くほど高く見積もるものもある。過去、相当数の研究が公にされてきたが、それはきわめて特殊なグループを対象としたものであり、ともすれば暴行へと発展する恐れを過大に評価してきた。よく言われるように、ストーキング被害者はストーカーの襲撃を受ける恐れが高い。暴行に遭うリスクは、現在知られた数字ほどではないものの、なお相当であるのは間違いあるまい。ストーキングに遭う頻度が高いのであるなら、リスク評価の輪郭を打ち立て、効果的な危機管理に役立てることが、今早急に求められている。中でも優先順位が高いのは、暴行におよぶ恐れの高いストーカーを特定し、それを未然に防ぐことである。これは予防拘禁という手段によってではなく、あくまでも治療的介入によって実現すべきものと筆者らは考える。この考えが真に意義あるものであるかどうかは、時間と、今後の研究が明らかにしてくれることであろう。

13 ストーキングによる悪影響を避けるには

はじめに

ストーキングが被害者へおよぼす影響は三章で見たとおり、はなはだ大きい。鬱、不安、慢性的なストレス状態がそこには含まれる。ストーキングが心理面に与える影響を表すにあたっては、トラウマや被害者研究の分野にならい、外傷性ストレス障害（ＰＴＳＤ）という観念が用いられてきた。ＰＴＳＤは被害者の感じる恐怖、神経過敏、ハラスメント体験の意図的忘却、悪夢など追体験現象を包摂するものと見なされる。ストーキング被害者はそうした症状を頻繁に訴えるものである。本章では、こういった心理的擾《じょう》乱を臨床の場でいかに管理するかについて扱うことになる。

ＰＴＳＤを治療するにあたっては、支持療法、認知療法、薬物療法の有効性がつとに知られ、とりわけ戦闘、性的暴力、自然災害に見舞われた患者には有効である（それについての包括的議論はシャレヴほか、一九九六、フォーアとメドウズ、一九九七を参照のこと）。しかし、ストーキング被害者を治療するに際してこうした療法が有効かどうかは、われわれの知る限り、なお経験が求められる。生命を脅かされてはいても限定的な出来事によるＰＴＳＤとは異なり、ストーキング被害者は繰返し、長期にわたってトラウマにさらされている。そのため臨床家の目にはより複雑な力学を示すケースが多いのである。ストーキング被害者の抱える状況は家庭内暴力の被害者のそれに近い。家庭内暴力の被害者もそうだが、ストーキング被害者も、今まさに被害に遭っているその最中に医療者のもとを訪れることが多い。本章で示されるいくつかの管理方針は、ストーキング被害者の治療にあたってきた筆者らの経験にもとづく、一つの指針として提起されるものである。

一つ強調しておきたい。われわれには被害者個々の状態を「病視」する意図はないということである。トラウマ性の出来事や不安にさいなまれている多くの被害者と同様、ストーキング被害者も、心理的擾乱等の病的現れを常に示すわけではない。とはいえ、われわれが診療にあたるのは、自身に降りかかった事態のせいで不安に陥り、医師の助けを必要としているストーキング被害者たちなのである。

不安を取り除くこと、自信と希望を取り戻してもらうこと、それがストーキング被害者を診療するもののゴールである。しかし、大方の被害者（それも今まさにハラスメントに耐えている人々）にとって危急なのは、当人の安全の確保であろう。ストーキングが進行中の状況下で何より重要なのは、被害者を救済し彼らの愛するものを保護すると同時に、ストーカーの手口を烏有に帰するためのストラテジーをつくりあげること、これである。ストーキング被害者は藁にもすがる思いで望まないつけ回しからの救済を求めている。救済こそ、被害者の心理的擾乱を克服する最善の手段なのである。被害者の置かれた状況を好転させる有効な手だてがない場合は、被害者を取りなし、ストーキングが暴行へといたる恐れを減じさせるお手伝いをする上で、支持療法と実際的なアドバイスが効果的と思われる。ストーキングにピリオドを打つだけではストレスをもたらす疾患を和らげることはない。被害者が治療を続ける中で求めているのは、自信を回復し、希望と他者への信頼を再構築することなのだ。

先にも指摘したことだが、ストーキング犯罪にあっては、誰もが被害者になり得る。ストーカーからいっさいの関心を持たれないようにする方策、予防策というものはない。常識的予防措置というか、ストークされる恐れを最大限に減じさせる手段について、本章では取り扱う。ふと気付くとストーカーの標的にされてしまった人々のために、ストーキングを阻止し、それが長期にわたるハラスメントへいたるのに歯止めをかける安全策のいくつかを提示したいと思う。

予防措置のいくつか

ストーキング被害者はよく、どうすればこんな目に遭わずに済んだのでしょう、などと訊いてくる。もっと早くから手を打てばここまで酷い目に遭わずにすんだのでしょうか。「ほったらかしにしておいた」ことは果たしてよかったのか。被害者になるという不幸をまぬかれた人も、ストーカーになりかねない相手を「見分けるサイン」はあるのか、ストーカーを寄せ付けない策はあるのか、知りたいところだ。

ストーカーになりかねない相手を見きわめる

別の誰かをストーキングした前歴があるかどうかは重要だが、これが被害者に知れることはまずない。嘘をつく、事実を捏造する、また前科があってもたいしたものではない、とストーカーが被害者に思い込ませる場合もあろう。中には、ストーカーと以前つきあっていた元パートナーと会って、彼らも似たようなハラスメントに遭っていたと知る被害者もいる。そんな場合、ストーキングから解放されるのはストーカーに新しい相手ができたときだけだ。元パートナーにハラスメントしながら、その一方で新しいターゲットを口説く輩もいる。しかもどちらの被害者にも気付かせないで。

つきあって間もないうちから赤信号が出ている場合もあろう。その信号でパートナーは気を付けろと助言されているようなものだ。所有欲、過剰反応、甘え症、嫉妬、極端な献身と狂ったような拒絶を行ったり来たりといった情緒不安定、これらはどれも未来のストーカーによく見られる属性であり、健全なパートナーなら別れていくきっかけとなるようなものである。人によっては、つきあっている最中にストーキングを始めることがある。特に病的嫉妬の場合で、手前勝手な嫉妬に駆られたパートナーが恋人の一挙一動をチェックするため尾行し、監視し、職場などにあたり構わず電話をよこす。被害者にとって、そんな病的状況から解放されたいというのは当たり前だが、まさにそれがストーキングがエスカレートする合図となる。家庭内暴力に苦しんでいる配偶者もままそんな傾向があるが、ストーキング被害者も、相手をなだめ、自分や第三者に対する脅迫を一時的にも和らげる絶望的な試みの一つとして、拷問者のもとへ戻ることがある。このような明らかに矛盾する行動はストーカーをつけあがらせるだけである。長い苦労がようやく報われた、と。そして、先々関係にピリオドを打ちたいと願っても、その試みはいっそう困難となる。

つきあいから遠ざかる、つきあいをやめる

求愛者もどき、元恋人、かつての友人、職場の同僚、といった人たちからの望まない接触をさばいていくという困難な状況に陥っても、たいていは誰かに教えを請おうとは思わない。「自由にして欲しい」という願いを拒む自称求愛者に確実にメッセージを伝える知恵は、グロス（一九九四）も強調しているように、ある。この章の終わりで論じられるように、止めたいのなら（ロマンスであれ友人関係であれ商売仲間であれ）止めると、率直かつきっぱりそう告げることだ。ストーカーの多くは社交性に劣り、自明かつ微妙な社会的しぐさを理解する力もないため、より率直

かつきっぱりした態度を取る必要がある。「わたしはあなたとの交際を望んでいない」と宣言することは、簡潔にあなたの本心を伝えてそれ以上説明の要はない。宣言するにあたっては願わくは公共の場もしくは安全と思われる場所でストーカー当人に直接伝えること。電話や手紙で伝えようとしてはならない。なぜなら、電話なんか知らない、何を言いたいのか分からなかったといった反論の機会を与えることになるからだ。断固とした、理性的な態度を取ることが肝心である。そして、ストーカーの体面を傷つけないようにすること、その後ハラスメントに転じるきっかけ、恨みや怒り、を相手に与えないよう配慮することも大切である。こうしたメッセージを受け取れば、理性ある人なら、がっかりはしても、最終的にはあなたの決断を尊重して引き下がるものである。それでも望まない接触を続けるようなら、相手はあなたの本心を曲解したというよりも、あえて無視したということだ（もっとも、関心の対象の言葉や態度を思い違えるというか、深読みする人が稀にいる。八章を参照のこと）。粘り強く意志を伝えれば、つきあいを止める、断るという決断が適切かつ妥当であることを確実に伝えることはできる。

メッセージを伝えたら、後はそれ以上話し合ったり、相手に反論する余地を与えないこと。言い争いや交渉などもってのほかである。誰かに説明する義務などどこにもない。いわんや望んでもいない行動をしつこく取っていた相手になど。説明したりすれば、せっかく伝えたメッセージに食ってかかるチャンスを相手に与えてしまいかねない。「悪いけど、今はおつきあいする気はないの」とか「忙しくて」といった弁明は、ひょっとしたらいずれはその気になるかも、という気に相手をさせてしまう。もっと悪いのは、「今つきあっている人がいるから」という一言。下手をすると、「デートくらいならね、でもボーイフレンドがいるし」と解釈されて、悲劇的な結末を生むことになりかねない。失意のストーカーが自分の前に立ちはだかる唯一の――と勝手に思い込んだ――相手を排除する行動に出るのはよくあることだ。

最後に気を付けるべき点として、メッセージを小出しにして「相手をゆっくり失望させる」のは下の下ということ――これはある意味、抜け出したいと願っている関係を長引かせるだけである。このような状況はひどく居心地が悪い。われわれの多くは、たとえ相手がこちらの感情にお構いなしでも、人の気持ちには柔軟かつ繊細でありたいと思うものだ。しかし、それだから粗野に攻撃的に振舞うということではない。むしろ重要なのはきっぱりした態度を言葉にも行動にも込めること。相手をゆっくり失望させるようなやり方は、あなたが優柔不断、意志薄弱と思わせるだけで、相手に希望を与え、相手をひたすらしつこくさせるのが落ちだ。

個人情報を保護する

自分自身にまつわる情報を開示するなら情報を選ぶこと。信頼のおけるサービス業者に自宅の住所、電話番号を渡すときでも、あくまで極秘にしてくれるよう保証してもらうこと。連絡先を開示するよう求められたときは、できれば職場の住所を渡す。手紙等をやりとりするなら私書箱を開設することが望ましい。そうすれば自宅の郵便受けから私信を失敬されるような目を避けることもできるだろう。私書箱がないときは、最低でも安全な鍵付きポストを設置するように。ストーカーが郵便物を持っていってしまうことを避けるためだ。ストーカーの中にはサービス業者（電話会社や電力会社）からサービスの停止もしくはキャンセルの連絡を受けるものがある。郵便受けから請求書を盗まれて、支払いが滞ってしまうからである。

気を付けたいのは、個人宛の手紙で古くなったり用なしになったものは、単に捨てるのではなく細かく千切ってしまうこと。被害者のゴミを漁り、銀行のＤＭからクレジットカードの使用明細を盗んだり、電話局の請求者から電話番号をチェックするストーカーもいる。

インターネット時代に入り、個人情報へ自由にアクセスし勝手放題に利用することができるようになってきた。サイバースペースにおける犯罪を抑止するためのガイドラインは十章で論じてある。

被害者が有名人の場合

有名人は、仕事柄、ストーカーや身の安全といった問題に気を付けているはずだが、中には用もないのにみずからをリスクにさらす例もある。活字メディア（特に大衆雑誌）、ラジオ、テレビには、毎日びっくりするほどの量の情報が流れている。行きつけのレストラン、休日の過ごし方、買ったばかりの新車、子どもが地元でよく行く遊び場、などのタレント情報はひっきりなしに耳に飛び込んでくる。大衆に顔の知られた人は個人情報が外に漏れるのをできる限り避けなければならない。これは、情報公開を良しとするメディアの方針、また「親しみやすく」「大衆と共にある」有名人の存在は視聴率と広告収入アップの鍵と見るクライアントの意向とは反するであろう。しかし、多くの有名人が熱に浮かれたファンにつけ回されている現状から、ビジネスの都合ばかりを立てるわけには最早いかないだろう。

ファンにとって、アイドル情報が公開されるのは、お近づきになるチャンスと奮い立つよりむしろ幻滅の一因となることもある。一方有名人や第三者への攻撃をそそのかすきっかけともなる。

マーク・チャップマンが自身のヒーローだったジョン・レノンを殺そうと決めたのは、一九八〇年十月の記事がきっかけだった。記事はレノンの生活を、風変わりな半隠遁者のもの、日本人の妻ヨーコ・オノに支配されている、と書いていた。もはや理想主義者ではなく、とび抜けてリッチな四十男、日中はテレビ三昧で、楽しみと言えば財産を勘定するくらい、と。チャップマンは自身の偶像に深く失望し、彼を殺すことを決めた（リッチー、一九九五、六十六頁）。

デベッカー（一九九七）のアドバイスは、自宅でのインタビューや自宅の写真を撮らせることは慎むことというものである。自宅を公開するとストーカーにある種の親近感を抱かせ、うちは「立入禁止」ではないといったメッセージを伝えてしまう。また、有名人の自宅住所について貴重な手がかりを与えることにもなる。もちろん、プライバシーの保護に用心深く努める有名人は多いが、パパラッチがいる――その行動はストーキングそのものである（十章を参照のこと）――誇張であれつくり物であれ、有名人の秘中の秘を大衆向けに暴きたてる連中が。

ストーキングに立ち向かう戦略

ストーキングはただ一つのモチベーションに支えられた十把一絡げの行為ではない。このため、それを撲滅する絶対的な戦略というものはない。ストーキングと対処するべストのやり方は、まずそれぞれの状況をきちんと把握すること。被害者とストーカーとの関係、ハラスメントに用いられる手法、これまでのストーキングの発生順序、等々。専門家たちも、この問題と対処すべくさまざまな重要戦略を提起している。もっとも、そうした戦略は確たる方向性があるわけでも、効果が認められているわけでもないことは強調しておきたい。事実、そうした戦略の中には、果たして役に立つのか、どう実行したらよいか、熱い議論を呼んだものもある。それらの戦略は次の通り。筆者らの臨床経験から有効と認められるものについては、そのように強調した。

第三者に伝える

被害者は自分がストーキングに遭っていることを第三者に伝えるべきである。隣人、同僚、友人など、状況を知らない人は、まったく何の気なしに重要な情報をストーカーに与えてしまいかねない。場合によっては、ストーカーの写真なり特徴を教えて用心してもらうのもいいだろう。筆者らのクリニックに通っていたある被害者は、ストーカーの写真を近所中に貼り出して、この人物を見かけたら自分か警察に連絡して欲しいと訴えた。この女性はストーカーが近所をうろつけないよう裁判所による禁止命令を取得していた。

子どもが標的になりかねないときは、安全策のイロハを教えておくことも重要（家の電話機にもしものときの連絡先を貼っておくなど）。また学校にも状況を知らせ、対策を講じてもらうこと。やはりストーカーの写真を撮っておき、関係者に配ると良い。

支援機関

被害者は支援組織、精神衛生クリニック、家庭内暴力対策室、警察など、しかるべき支援機関と接触すべきである（オライオン、一九九七、国立被害者センター、一九九八）。できれば、ストーキングを専門とし個々の状況に応じて対策を練ってくれるグループや組織と接触することが望ましい。とはいえ、地域にそうしたサービスが充実している例は悲しいほど少ないのが実状なのだが。われわれの経験によると、家庭医や地元警察など普通の支援機関のほうが被害者を真剣に支援してくれる反面、ストーカーの行動に不慣れなため、かえって相手を刺激し行為をエスカレートさせるような対策を打ち出して、あげく状況に油をそそぐ例もある。高い専門性を持った機関と連携し、被害者に正しいアドバイスを送り、ストーカーに待ったをかけ、クライアントの損害を未然に防ぐようなサービス体制の充実が望まれる。

警察に話を持ち込む際には、できるだけ客観的な証拠資料を準備すること（以下を参照のこと）。起こった事件を時系列に証拠立てることのできる資料は、慢性的人手不足に悩む地元警察の手間を省くことができる。警察は何カ月も、時に何年にもまたがる入り組んだ事件をあれこれ抱えているものなのだ。しかもその中には犯罪とは何ら関係のないケースもある。訴えているのに真面目に取り合ってもらえないと感じられた場合は、直接上司にかけ合っても良い。受付に座った巡査から木で鼻をくくったような扱いしか受けない被害者の多くはこうしたことを知らないか、署内に専門部署があるかどうかも分からない。専門部署なら被害者の申し立てにも即応してくれるはずである。事件を担当する警官が決まり、被害者がおなじ話を繰り返すわずらわしさから解放されれば、警察も時間を節約でき被害者も不要の重荷を下ろせるので、有意義である。もし担当者がストーキング犯罪に精通していれば、一連の行為を容易に察知してくれる。被害者が警察の助けを得るにあたって必須なのは、被害者サイドが文書化された捜査記録の類を受け取っておくこと。事件調査録のようなものだ。これがあれば将来裁判を起こすときの役に立つだろう。捜査記録は保管されているはずと当てにするのはお勧めできない。なぜなら、コピーをもらっておかなかったばかりに、資料は「紛失した」と言われた被害者が大勢いるからである。

場合によっては警察の介入がストーカーを刺激することがある。どんな手段を使ってでも行為に待ったをかけるという被害者側の決意が前面に出てくるためだが、一方、そのおかげでハラスメントが終息する場合もある。警察に警告されても行為を止めないストーカーもどこかで間違いなくシグナルを送っている。少数の精神病者のケースは別として、自身の行為がストーキングであるという自覚も、相手に嫌がられているという認識もあるのだ。だから、早い機会に警察の助けを求めるのは、ストーキングを終わらせるきっかけとなり得る。また、助けを求めたせいで警察や裁判所の協力や同情を引き出す場合もある。逆に、警察が言葉だけの警告をしたことによって裁判という強硬手段に訴えることを避けたと取られ、まんまと法的制裁をまぬかれたとストーカーに思わせることもある。こうした職務懈《け》怠が、「当局」は事態を真剣に受け止めていないという痛ましい思いを被害者に抱かせることもある。

ハラスメントの初期段階で、支援組織は、重要な役割を果たし得る。被害者への精神的サポート、ストーキング情報、ストーキングと対処するやり方。また追加支援が必要なときは、専門家による治療サービスを被害者に紹介することもできる。そういった支援組織の多くはインターネットで検索可能（「ストーキング」という言葉で検索できる）、またフリーダイヤルで電話をかけるという手もある。そうした支援組織については本章の終わりで詳しく論じておいた。オーストラリア国立被害者センター（一九九八）の示唆するところによると、支援組織にコンタクトしてきた人は自身をストーキング被害者と呼び（一般的な「犯罪被害者」ではなく）、スタッフには個人情報がもれたり被害者の承認なしに他者に資料が渡ることがないよう念押しをするという（どんな組織に対しても被害者がこの点を強調するのは重要である）。

接触と対決を避ける

ストーカーが接近してきた場合、被害者はたいてい何らかの反応を示す。ストーカーを説得してつけ回しを止めさせようと談判する。これも当然のことだが、被害者は、うんざり、イライラといった感情を表に出さずにはいられない。ストーカーと言葉を交わすことは避けた被害者も、まったくの不注意から自分と接触したいストーカーの欲求を満たしてしまうことがある。要するに、望まない贈り物や手紙を送り返すなど。どんなことがあっても注意したいのは、ストーカーとの接触は、どんな場合でも避けるという原則を厳密かつ一貫して守るということ、これである。どれほどフラストレーションが溜まっても、どれほどストーカーと談判したいという気持ちが高じても、だ（デベッカー、一九九七、オライオン、一九九七、ウェストラップ、一九九八）。

ストーカーに狙われていると気付いたら、いかなる状況の下でも、明確な言葉で、きっぱりとあなたと接触するつもりはないと伝えること。メッセージは一回限り、明瞭かつ冷静に、居丈高になったり相手を侮辱するような振舞いは避ける（セラピストや信頼できる友人を相手にリハーサルをするのもよい）。ストーカーがもっと話したいと迫ってきてもきっぱりとこれを断らなければならない。二度三度と話を聞いてやるのはまた接触したいというストーカーの努力にご褒美をあげるようなものだ。不屈の努力を続ければ望みは叶うという楽天的な気持ちを高じさせ、ストーキングを長引かせてしまう。

この「接触お断り」のやり方は応用行動分析、強化理論から導き出されたもの。ストーカーとのコンタクトは、たとえとぎれとぎれであっても、ストーカーの望まない行動をいっそう強めるだけと主張している。よくある例が被害者に電話攻勢をかけているケースである。被害者が電話に出なければ（発信者を留守番電話で確認せよとは専門家の多くが示唆するところだ）、いかに我慢強いストーカーでもいずれ諦めるだろう。しかし、被害者がフラストレーションに駆られて二十回目に電話に出てしまえば、がんばって（二十回も電話をかけて）良かった、おかげで声が聞けたというメッセージをストーカーに与えてしまう。短期的には、反強化理論にならったせいで、ハラスメントは強まることが予想されるが、望まない行動はほどなく終息する。それまでの時間はまちまちで、予測は難しいが。筆者らのクリニックに紹介されてきたあるストーカーは、哀れな被害者に二十四時間で六六六回もの電話をかけた。それを諦めたのは、彼女がいくらかけても相手が（探知された）電話に出なかったからである（六六六という数字は偶然だ。ストーカーは悪魔の印《トリプル・シックス》とは関係ないと否定している）。

知る限り、ストーカーは何回でも被害者を煽り立て、コンタクトを取らせようとする。被害者の信用を傷つけたり惨めな境遇におとしいれようとして。よくある例の一つはストーカーが被害者に対する禁止命令を手に入れようとするケースである。被害者を罠にかけ、命令違反を起こさせて逮捕してしまおうというわけだ。キムのケースはその滑稽な一例である。クレイグ――キムの元ボーイフレンドでストーカー――の家の近くのアパートにキムの母親が住んでいた。ストーキングを止めないと裁判所に訴えるとキムが最後通牒を突きつけると、クレイグは自分こそハラスメントされている被害者だと治安判事をだまし、そして――これにはさすがのキムも愕然とした――キムはクレイグの家から二〇〇メートル以内に近寄ってはならないという禁止命令を取得したのである。ある晩のこと、キムの元に母親の「隣人」から電話があった（実は、外国人である隣人のなまりを真似たクレイグの仕業）。母親が自宅で倒れたという。その後の行動が命令違反になることも忘れ、キムは母親のアパートへ急いだ。アパートの前では二人の警察官が彼女を出迎えたのである。「被害者」を装ったクレイグが「いかにもビクついた声で」通報し、キムが自分を殺すと言っている、こっちへ向かっていると訴えたという。事の真相はほどなく明らかになったが、クレイグのずるがしこい手口に被害者も母親も振り回された。裁判所命令は撤回され、ストーカーは警察に対する虚偽通報により逮捕された。しかしキムの母は事件にショックを受け、アパートを引き払って娘のところへ移ることになった。それから数週間後、母親は本当に倒れた。脳卒中だった。キムはストーキングのせいだと主張し、クレイグと関わりを持ったことを深く後悔している（被害者と加害者の役割の逆転についてはは十一章を参照のこと）。

もう一つ、ストーカーのほうから挑発してきたある向こう見ずな女のケース。警察から連絡があって、もう二年以上も彼女がストークしていた元夫が「限界」に達し、彼女を殺すと言っているという。彼女は言った、「結構だわ。なら死んでやる、あの人は刑務所行きでしょ」。彼女のハラスメントはその後エスカレートした。さらにホラー作家スティーブン・キングのケースでは被害者のほうからこっぴどい逆襲に出た。半年以上彼をストークしていた男を私立探偵を雇って洗い出した。男は、ジョン・レノンを殺したのはマーク・チャップマンじゃなくて、キングの仕業だと言い張っていた。キングはストーカーにはいかなる恐怖心も見せないようにとアドバイスされた。

それで、私は町で彼とすれ違ったとき、こう言った。「元気かい」と。まさに言われたように。すると夕方になって彼は町中に「速報」を張り出したんだ。こう書いてあったよ、自分はキングに脅されている、と。彼によると、私はやつの首根っこをつかんでこう言ったんだそうだ。「せいぜい気を付けるんだな。闇夜に戻ってきて、お前を殺してやるぜ」と。現実ってものは、サイコにかかるとこうもゆがんでしまうということさ。（リッチー、一九九五、六十九頁）。

「接触お断り」は被害者にとっては都合のいいやり方ではあるが、職場や隣近所での実行は難しい。どちらも他者とは頻繁に顔を合わせなければならないからだ。被害者の中には理屈に訴えても無理というものがいる。見たところノーマルで知性もあり、見るからにまともななりをしたストーカーが、時間とエネルギーをたっぷりかけて説得しても納得しようとしないのは受け入れがたい、と。また「接触お断り」策に拒絶反応を示す被害者も多いことは否めない。「あたりをうろつき回る」「うまうまとやりおおせる」のを黙認するようで嫌、と。ストーキングが正義に悖《もと》る行為であるのは疑いないが、接触お断り策の究極の目的は被害者の安全をはかり、ハラスメントを止めさせることにある。ストーカーの行動を直接変えるのは被害者には難しいが、自身の行動を修正することはできる。多くの場合、それこそ被害者にとってもっとも有効な策なのだ。

証拠資料づくり

明白な証拠を残すことがストーカーは多い。よく見られるのが留守番電話のメッセージ、手紙、カード、望まない贈り物など。受け取った側は仰天し、我を忘れるあまり、めちゃくちゃにしたり捨てたり相手に返したりするのが普通だ。また罪の意識に駆られ、困惑したあげく、愛する家族を守るためにその証拠を隠す。しかし、ここではストーカーから来た品物、ストーカーにされた行為を書き留めた文書をすべて取っておくことを特に強く勧めたい。その後の捜査や告発の際の有益な証拠となる。

留守電のメッセージはすべてテープに残し日付をつけておく。メモ、カード、手紙、贈り物の類もおなじ。被害者にはそれを手元に置くのではなく（プラスティック製の書類入れに保管しておくのが理想）、鍵付きの戸棚など安全な場所にしまっておくことをアドバイスしたい。加えて、望まないアプローチをされたり、つけ回し・監視されたときのことを日誌にしておくのも賢明である。ストーキングにまつわる通信、物品の類はできるだけコピーを取っておく。先にも記したように、警察の捜査記録もコピーをもらっておくこと。ストーカーが被害者宅に侵入し、ハラスメントを証拠立てる唯一の資料を盗むといったことがこれまでにもたびたびある。あるケースでは、被害者の陳述書のコピーと事件記録複数を警察が「紛失して」しまい、しかもストーカーが女性宅にかけた電話の発信記録が不完全で、被害者が愕然とさせられた。また十二年に渡るハラスメント歴を入念に記録した文書をすべて――ただ一つのコピーであった――火事で燃やしてしまった被害者もいる。このケースでは放火の疑いが拭えない。こうした経験から、われわれは、すべての証拠を文書化し、そのコピーを自宅外の安全な場所に保管することをアドバイスしたい。もっともこのアドバイスには一つ留保がある。強迫観念に駆られたストーカーが強迫観念に駆られた被害者をつけ回しているような場合、それが事態を悪化させる可能性があるのだ。ストーカーの衝動的かつ強迫的なつけ回しがストーカー自身の存在をむしばみ、内側から破壊する。それと同時に、被害者として守勢に回された自己認識、被害者であることの証拠を集めなければという強迫観念が違った意味での不安感、自己分裂をもたらしてしまう。ストーキングによってすでに感じている不安、分裂に加えてである。

集めた証拠がストーカーに対して起こした裁判で役に立たない場合もある。特にストーキング行為の実際を証明しなければならないときなど（十四章を参照のこと）。最終的に裁判に持ち込むにあたり、オーストラリア国立被害者センター（一九九八）が提唱しているのは、ストーキング行為の文書化に加えて、ストーキングの最中に起こった違法行為の警察記録をファイルしておくことである。家宅侵入、窃盗、暴行。できれば身体への傷害や私物破損は、証拠写真を日付入りで撮っておくことを勧めたい。またあたりを確かめて、不審なストーカー（車で被害者を尾行する様など）を写真におさめておくことも、先のファイルとともに有効である。最低でも疑惑の車のナンバーを控えるくらいはすべきだろう。自分の車の中には筆記具を常にキープしておくことが望ましい（あいにく筆記具を持ち合わせなかったある被害者は、ナンバーを控えるためのペンを探し回ったあげく、口紅で代用した！）。

電話によるハラスメント

被害者とコミュニケートしたいとき、ストーカーが使うもっともありふれた方法は、電話をかけることである。そうされた被害者の多くは推奨されながらありがちな電話番号を変えるという対応策にでる。これはしかしハラスメント対策としては効果的ではない。しつこい電話を受ける被害者が電話番号を変えることは、当局もあまり勧めてはいない（ショウムとパリッシュ、一九九五、デベッカー、一九九七）。被害者の電話番号が変わったようなとき、ストーカーはお金がかかる手口はさておき、思いのほか知恵が働くものだ（いともたやすく新しい番号を突きとめたことを、何人かのストーカーは自慢していた）。こうしてストーカーにプライバシーを破られるのはひどく気が滅入る上、自身の防御策への信頼、自信まで揺らいでしまう。それよりもお勧めしたいのは、留守番電話に変え、不審な電話を記録しておくことである。デベッカー（一九九七）は、友達に頼んで留守電にメッセージを吹き込んでもらい、声を聞きたい一心でかけてくるストーカーの裏をかくことを勧めている（もう一つ、同性の友達に吹き込んでもらうこともデベッカーは勧めている。ライバルがいると勘違いされて、挑発に乗ってくることのないように）。プライベート用、ビジネス用と電話を使い分けるのもよい。誰にその秘密の番号を明かすかは細心の注意を払うこと。こうすれば、第二の電話があることを知らないストーカーは、留守電に電話をかけてくるだろう。いろいろな意味でこれは役に立つ。将来裁判沙汰になったときに備えて、ストーカーのかけてくる電話を記録することも重要。うっかりと強化理論に則ってしまうような愚は避けること。また被害者が電話を使う自由は確保しておくこと。特に三つ目は重要。かかってきた電話に出る恐怖はストーキング被害者の社会的な疎外感、無力感をことさらに意識させるものである。もう一つ、電話の呼び出し音は多くのストーキング被害者にとって、高ぶった不安感をさらに刺激する引き金となる。電話によるハラスメントが終息して数年経っても、呼び出し音が鳴るたびにビクッとする人はいる。ご承知のとおり、近年電話機の機能が多彩になり、トーンで発信元を特定することができるようになっている。呼び出し音だけで相手が分からず不安に駆られることから解放されるわけで、これも大いに助けになるだろう。

裁判所による禁止命令

ストーカーに対する禁止命令を取るかどうかは議論の分かれるところだ。オーストラリア国立被害者センター（一九九八）は、暴行があった時点でこれを取得するように被害者にアドバイスしている。命令に違反したら罰金か（頻繁ではないが）収監に付されることになる。とはいえ、それによってわが身は安全と思い込まないようにと注意してもいる。なぜなら禁止命令とは違反があって初めて効力を発するもので、地域によってはストーカーが元配偶者の場合に限定されるから（十四章を参照のこと）。

精神科医のドリーン・オライオン博士は色情狂の元患者から数年に渡りストークされた自身の経験から、裁判所命令の効果に疑問を持っている。ストーカーが禁止命令を何度破っても警察は満足な対策を取ってくれなかったと博士は言う。警察がようやく重い腰を上げたのは、もう違反するなよとストーカーに警告したことだけ――当然ながら――ストーカーの女は警察の忠告を無視したが、起訴もできなかった。こんな警告はストーカーを力づけるだけとオライオンは思う。なぜなら警察は行動を起こす気がないとストーカーに思われるだけだから。中にはこの黙認を被害者の容認、怠惰と見なすストーカーもいる。オライオン博士によると、裁判所による禁止命令は次の二つのタイプのストーカーには効果がない。（1）ストーカーが元パートナーの場合。多くはかつての関係にのめり込んでおり、被害者が接触を法的に禁じてしまえば、侮辱されたと激怒するだけ。（2）ストーカーが色情狂または妄想性の場合。被害者への思いはファンタジーもしくは理想化にもとづいており、法的命令はそこではまったく顧みられないか、愛情が試されていると受け取るだけである。

デベッカー（一九九七）も禁止命令そのものがある種のストーカーには無効ではないかと主張する。それによると禁止命令が有効なのは被害者との関係に全人格的にのめり込むことを避けていた理性的なタイプで、前歴がない場合だけ。保護命令はストーカーが知人または職場関係者には有効だろうが、全人格的に被害者にのめり込んでいた元配偶者やパートナーの場合かえって刺激するだけだと言う。われわれの経験によると、ストーカーの大半は、パートナー、家族に対し抜きがたいほどの権利意識を持っている。その相手から拒絶されると人格的に侮辱された気になり、ナルシシズムを傷つけた当人をつけ回す動機をいっそう強めかねない。裁判所命令を科されて、人前で侮辱された気分になり、ストーキング行為をエスカレートさせてしまう。驚くことではない。その結果として暴力へと一直線につながってしまう。それも殺人的な比率で。

裁判所による禁止命令を取得した被害者は、命令発布後しばらくは身体を傷つけられる恐れがもっとも高まることに留意しなくてはならない。これはストーカーにとっても被害者にとっても、感情がもっとも高ぶる期間なのである。その最中に起こった最悪の事例は、一九八九年、カリフォルニアで六週間のうちに四人の女性が元パートナーのストーカーに殺された事件があげられる。四人ともハラスメントを止めさせるため裁判所命令を取得した直後だった。被害者の一人が取ったばかりの裁判所命令の入ったハンドバッグを握りしめていたのは皮肉である（モンテシーノ、一九九三、グロス、一九九四）。

裁判所命令を考えているなら、ハラスメントの発生後早めに取得することが良い。われわれの経験によると、自身の行いが相手に迷惑をかけているという認識のないストーカーも、裁判所命令を受け取ってハッと気付くことがある。つけ回しの初期段階で命令が出されれば、被害者の決意を知らせることにもなり、数カ月後、数年後に取るよりは効果的だろう。その頃になるとストーカーの感情的のめり込みもピークに達し、事態を容易に納得しがたくもなる。「なんで今さら?」というわけだ。われわれのクリニックに紹介されてきたあるストーカーのケース。空想「関係」が始まって二年後に被害者が禁止命令を取ったので、こう信じ込んだ。別の誰かにストーキングされたんだ! と。デベッカー(一九九七)も、脅迫やストーキングがエスカレートしたから禁止命令を取るのはかえって危険と述べている。これは、ストーカーがストーキングの力学にはまったシグナルで、それを法的に拘束しても相手を憤激させかねない、と。

最後に、裁判所による禁止命令も非暴力命令も市民法的な措置にすぎない点を心に留めておくべきである。そむいたからといって、行為者を刑務所に送り込んだりはできない上、被疑者と対決するという目に遭いかねない(イギリスの反ストーキング法だけは例外で、これは裁判所主導の禁止命令を認めるもの。十四章を参照のこと)。被害者へは、ストーカーを刑事告訴することを勧めたい。反ストーキング法、窃盗、暴行、殺すぞといった脅迫等で。こうすれば被害者主導の市民的介入ということになり、相手の熱冷ましにもなる。何といっても刑事告訴は警察を引きずり出すことになるからだ。さらには、法廷で被告と顔を合わせてもらいたいといった要請も受けずに済むかもしれない。ストーキングでの告訴はこの犯罪に対するいの一番の対応策として、(裁判所による禁止命令に比べ)より利用しやすくなっており、警察も司法もこのやり方に慣れつつある。市民法的なやり方より刑事告訴のほうが利便性が高いもう一つの点として、告訴のほうが重い判決・懲罰を得やすいという点がある。大多数のストーカーにとって、法的制裁での刑罰のほうが目的達成より重大であり、対象から手を引くきっかけにもなる。

禁止命令が多くの被害者にとって逆効果をもたらし得る点は専門家の見解も事例研究も一致して示唆している。一方家庭内暴力という特殊な状況下で被害者のリスクを減らし、虐待に遭っている女性たちを保護するために、禁止命令は有効との家庭内暴力研究結果がある、とメロイほか(一九九七)は、反論した。われわれとしては、裁判所による禁止命令の取得はストーキング管理の奥の手とはなり得ない、と言っておこう。被害者はぜひとも専門家、それもストーキングか脅迫管理分野の専門家と相談し、個々のケースで禁止命令が有効かどうか、判断するよう勧めたい。

一般的に言って禁止命令は、ストーキング発生の初期に他の法的措置と組み合わせるのがベストと思われる。禁止命令を取得したから、ハラスメントが終息するとは少なくとも短期的には、期待できない。

自己防御トレーニング

安全策の一環として自己防御トレーニングを組み入れるよう勧める専門家もいる（シャープネル、一九九七）。自己防御トレーニングは、護身術を身につけると同時に、自信を回復させる効果もある。支援策と護身テクニックをさまざまに組み合わせることで無力感、疎外感を克服し、実在感と自尊心を回復させる助けとなる。ここで言いたいのは、武器を使用せよということではない。スプレー式の噴霧器を携行すれば安心という被害者もいるが、たいていの管轄区でこれは違法である。不安を高じさせた被害者が致死的な武器を手に入れるというのも心配だ。恐怖のせいで判断を誤ることもあるし、無実の人を殺傷する恐れもある。もう人生は終わりというわけではないストーキング被害者に、こうした悲劇がどんな禍根を残すか、考えるまでもない。われわれがもう一つ心配するのが、ストーキング被害者の多くが自殺まで思い詰めるという事実。そんな人の手の届くところに凶器があるというのは普通は勧められない。それと同様に、ストーカーを殺してやりたいとの思いにふと駆られるストーキング被害者は多い。そこに凶器があれば、その思いを実行に移すリスクは高まるであろう。たとえ被害に遭っていたという事実が情状酌量の理由になるにせよ。われわれが扱ったストーキング被害者の一人は怒りに我を忘れてストーカーを殺してしまった。彼は殺人罪で有罪となった。十八カ月もの間酷いハラスメントに耐え、本人ばかりか妻や子どもたちまでしつこいつけ回しに巻き込まれていたことも裁判所は考慮しなかった。

防犯ベル（脅迫者撃退ベル）を持ち歩けば安全と思う被害者もいる。警備会社が管理しているので即警察が来てくれるだろう、と。防犯ベルを後生大事に胸にぶら下げていた被害者がいた。彼女は結局はそれを捨ててしまったが、ストーキングが止んでから先十四カ月ほどは、それを肌身離さず抱え込んでいたものだ。

職場でのストーキング

職場でのストーキングはたいてい同僚同士の心理的確執の産物であり、暴力に発展するケースもある。このため管理者側が雇用者のストレスを生じさせないよう役割を果たすべき――と先に強調しておいた。もちろん、職場におけるストーキングが同僚とは別の誰かによるケースも考えられる。

職場でハラスメントを受けた被害者は上司に報告することも大事である。上司は必要に応じてさらに上級のスタッフに相談すること。同僚にもこのことを告げるのは、ほとんどの場合に望ましい。まず当の被害者の安全を確保するため、次に同僚たち自身の安心のためにも。雇用者がみずから社内安全策を導入するなど自衛をはかった例もある。被害者を警備員が警護する、被害者へかかってきた電話は同僚がまず相手を確認する、被害者の駐車スペースを勤務場所の近くへ移す、等。ストーカーによる行為が同僚の身の安全すら脅かす場合には、安全マニュアルを作成し、企業内における禁止命令を取得することも考慮に入れる。

中でも事態の重みを把握し、即応できる態勢を整えることは管理職の義務である。次の事例は職場でのストーキングに遭遇した際の難しさを証明している。管理職がしかるべき手を打たなかったことでストーキングがことのほか長引いた。

事例
二十六歳の独身女性看護師。勤め先の病院で三十八歳になる同僚の神経科医からストークされていた。ある晩のこと、社交の席で、この看護婦は自分に気があるとM医師は直感した。自分のそばに腰掛けたときのしぐさからである。M医師はさっそく彼女の仕事場や自宅へ会って欲しいというお誘いの電話をかけるようになった。そのたびに彼女は断った。おつきあいする気はないし、もうアプローチしないで欲しいと。M医師は彼女の気持ちにはお構いなしで、なおも夜になると被害者の自宅へ電話をかけ続けた。電話でM医師は、僕の「抑えがたい性欲を鎮めてくれ」と懇願するようになった。専門職の彼なら分かるはず、と期待して理詰めに説得してきた彼女もさすがに呆れ、いっさい電話に出ないようにすると、留守番電話に山ほどのメッセージが残されるようになった。車のフロントガラスにメモまで貼られた。それも、夜勤の最中に。冷淡な彼女の真意を尋ねてきたかと思うと、彼女への「不滅の愛」を宣言した。
M医師は職場でも彼女につきまとうようになった。家まで後をつけ、車の中から彼女の姿をうかがうこともあった。仕事場にしょっちゅう贈り物を送りつけ、一度などタクシーいっぱいの花束が深夜、彼女の自宅へ届けられたこともある。彼女は仰天し、すっかり困ってしまった。ストーカーとなったM医師にあたりをうろつかれて、不安感と不眠症にさいなまれることになった。このままでは「偏執症になってしまう」と思うと、恐怖に襲われた。

M医師は精神的に問題があるのではないだろうかという被害者の疑問が確信に変わったのは、彼が何度となくどこかから声がする、自殺したい気分だ、と彼女に打ち明けるようになったのがきっかけだった。M医師の行為と精神状態を勤務先に報告することは憚られたが、免許を停止したら医師による報復が加速するのではないかと思うと心配になった。向こう見ずな行動には出ることはよもやないにせよ。そう心配するのには根拠があった。ここ数カ月、M医師から来る手紙が脅迫じみた、訳の分からないものになっていたのだ。そんなわけで、彼女は病院の管理者と上級の医療スタッフに十八カ月も悩まされてきた問題を報告することにしたのである。話を聞いた側は、軽口をたたいたり（「よかったじゃないか、男に関心を持たれて」）、無責任な発言でお茶をにごしたり（「まあ気にするなよ、やつの標的になったのはきみが最初じゃない」）とさまざまだった。このままだと警察と州の医事課に通報するしかないと訴えると、病院側も、M医師にそれなりの「縛り」をかけることに同意した。上級の医療スタッフ、管理者、M医師との間で内々の話し合いが持たれ、M医師はこの看護師へアプローチしないよう強く言い渡された。ところが注意された彼の行動はいっそうひどく、しつこくなった。さらに話し合いが持たれ、とうとう内規委員会の決定でM医師は病気退職および精神科の治療を勧告されることになったのである。臨床家としての能力に疑問符が付いたにもかかわらず、それから一週間も経たないうちにM医師は職場に戻ってきた。

職業上の理由に加え、M医師の果てしないハラスメントで精神的にも疲れ、怠慢とはいわないまでも実効性のない労務管理に失望した被害者は職場を離れ、別の州へ転職していった。ストーキングはこれで止んだが、彼女の払った犠牲は大きい。友人から聞いたところによると、M医師は別の病院へ転職し、そこでも同僚の女性たちにストークを繰り返しているという。職場からそれをいさめる声はほとんど出ない。

重要なのは、どんな職場であれ、管理者側がガイドラインをつくり、問題行動、脅迫行為におよぶ職員の対応に当たることである。もし最初の試みでハラスメント（原因が個人的なものであれ組織的なものであれ）がおさまらなければ、ストーキングにおよんだ当人の雇用をうち切ることも、示されるべきであろう。もし実際問題として免職が望ましいなら、それは可及的速やかに実行されるべきである。望ましくない関係に終止符を打つときもそれはおなじ。デベッカー（一九九七、一六二頁）によると、「問題職員は速やかに免職すべきこと。当人が仕事に精神的な関わりを深める前に、こぜりあいが大事になる前に、失望が不平不満に発展する前に」と言う。免職という難問を取り扱うにあたり、組織は職を失う側のプライドを考慮しなければならない、ともデベッカーは述べる。免職にいたった問題や犯したミスではなく、将来に的を絞った話し合いを進めるべきである、と。事ここにいたったさまざまな理由を並べたてるのではなく大所高所の話に重点を置くべきであると。そして再度の交渉の機会を約束することは避けるべきであるという。

それ以外の安全策

ストーキング被害者は自宅の警備体制についても真剣に考える必要がある。地元の警察がこうしたサービスを提供してくれる場合もあるが、支援組織や警備会社がその肩代わりをしてくれる場合もある。自宅警備の第一歩としては、鍵の取り替え、差し金式の錠前の利用、窓の施錠、外付け式探知機、ドアの覗き穴の設置等。窓のそばの植え込みをきちんと刈り込むことも必要である。

携帯電話を持ち歩いて、もしものときは即電話をかけられるようにする。携帯は肌身はなさず持ち歩くだけにストーカーに嗅ぎつけられたら、つけ回しに利用される場合もある。このため、盗聴される危険もあることを理解し、会話の際は自身を特定できるような情報を漏らさないよう注意すること。

ストーカーに行動半径を知られてしまうような日課も避けることが望ましい。通勤等に利用するルートも毎日変えること。被害者の中には、友人たちと週末に予定外の遠出をする人もいる。恐怖や孤独を和らげる効用があるだろう。

ストーキング被害者は住所をはじめあらゆる連絡先を非公開にしておくべきである。選挙人名簿、図書館利用控え、名刺、運転免許証、自動車登録証明書、そして病院の診察券。

ストーキング被害者の臨床管理

教育と支援カウンセリング

ストーキング被害者は普通、開業医や精神医療の専門家といった支援機関に相談する。ストーカーが暴力に走る可能性を評価してもらったり、ストーキングのありようや期間について意見を求める。非常識に見える行動の真の意味を理解しストーカーから発せられるシグナルの意図を知ろうとする。臨床家は、今実際に被害に遭っているクライアントに対し、その安全を第一に努めなければならない。精神医療の専門家は被害者支援サービスなど地域機関と連携し、被害者を支援し、必要なら医療機関に紹介しなければならない。すでに指摘したことだが、残念なことにそういう市民を支援する連携をさっぱり取れない地域も——筆者らの地区もその一つ——多いのだ。とはいえ法執行機関、司法、精神衛生分野を中心に、専門的サービスが必要である点は理解されつつある。ストーキング被害者を元気づけ、自分から関係機関にコンタクトを取ってもらうことが望ましいが、臨床家サイドとしても支援機関の存在をアピールしなければならない。被害者は恐怖から萎縮していたり、絶望と無力感にさいなまれて支援機関への連絡もままならない場合もあるのだ。

何カ月も我慢したあげく専門家のもとを訪れる、こういった例はストーキング被害者にとって珍しいことではない。試みてはみたものの警察や弁護士から色好い反応を得られなかったり、逆効果だったということもある。相談はしたけれど本気になってくれなかったというのはそんな被害者がよくもらす不満だ。われわれのクリニックを訪れた少なからぬ被害者が、相談に出向いた先から陰に陽に、ストーカーを焚き付けたのだろう、実は得意になっているだろうといった半畳を入れられている。ある巡査部長はもう何カ月も若い女性からストークされているという中年の専門職の男性の相談に対して、その女はきれいか、と訊いた。困惑した被害者が、見ようによってはそう見えなくもない、と答えると、「ならお互いラッキーってことだ！」と警官は言った。こんな無礼かつ無神経な対応が相談者の罪悪感、無力感、疎外感を高じさせてしまう。どうしたらよいのか大方は途方に暮れてしまう。だから、ストーキング被害者を前にして何よりもまず大切なのは、受容的かつ激励的な態度に徹し、審判を下すような姿勢は避けること。被害者の不安感を抑えてあげるのが彼らの仕事なのだ。

もう一つ被害者を前にしたときに大切なことは、被害者と信頼関係を結ぶこと。被害者は臨床家のもとを訪れるまでにいたるところで幻滅や不信を味わっている。その結果決まりきった支援態勢に大きな不満を抱いている場合もあるだろう。臨床家は、プライバシーがもれるのを恐れる被害者の気持ちを理解し、連絡先を含むどんな情報も極秘にするむねを伝えること。臨床家以外のスタッフ、事務職等にもこの事を徹底し、クライアントまたは担当医師の承認があるまで、クライアントの情報を第三者に開示しないよう取りはからう。このことはスタッフの異動がある度に徹底する。

恐怖心を和らげること、それも裏付けに乏しい恐怖心をなだめることは何よりも肝心である。ただ、被害者と治療者としての関係を結ぶ際に、これを度外視してよい場合もある。現実的な安全策に目を転じるほうが、恐怖をなだめるよりは建設的であろう。わけても、今ストーキング被害に遭っており、その恐怖に根拠がある場合は特にそう言える。その一方、今感じている不安は実態のある、現実的なものというよりは被害者の想像の産物であると諭して、なだめることが必要な場合もある。

臨床家は支援者、教育者、そして問題解決の導き手としての役割を果たすと同時に、ストーキング体験によって生じる精神的な鬱屈についても考えてあげる必要がある。その際気を付けておくべきこととして、ストーキング被害者は時に耐え難い鬱屈を「自己治療」するため、アルコールや薬物に手を出すことがあるという事実だ。ストーキング被害者への包括的治療プランは、観察可能な心身の疾患のみならず、こうした随伴症状にも目を向けておくべきである。アルコール、向精神薬の濫用、人間関係の不協和、他者への漠然とした敵意、こうした症状は被害者の社会人として、職業人としてのありようをゆがめるばかりか社会復帰への道を遅らせる。治療にあたる臨床家は、精神的に高ぶりの著しい回避パタンを持った被害者は、苦痛体験の精査に絞った集中治療に不向きである点を理解しておくこと。中でも系統的な脱感作に代表される認知行動療法は、クライアントに恐怖をもよおさせる状況を露わにすることを要求するものだ（シャレヴほか、一九九六）。被害者にとって何より大切なのは不安と高ぶりを和らげ、支援態勢をしっかり整えた上で、さまざまな症状の軽減に取り組むことである。

認知行動療法

暴力犯罪の被害者にとって、トラウマ性の脅迫体験ほど所与の安心感を損ねるものはない。己の強さ、しなやかさへ持っていた自信はゆらぎ、ひどい無力感に取って代わられる。誰もが多かれ少なかれ持っている、世界は理にかなった予測可能なところという信頼はズタズタにされ、何か危険な目に遭うのでは、予想もしなかった害が降りかかるのではといった思いにさいなまれる。この誤った世界認識、トラウマ的な世界仮説を修正しようというのが認知的再体制化などの心理療法である。また引き金となった刺激と被害者の示す反応との連関もこれは突き止めようとする。例えば、自然災害の被害者に対する認知療法ではまず、世界は危機的で暴力的なところという認識への反証を試みる。

ではストーキングの場合はどうかというと、残念ながら被害者の安全仮説そのものは妥当であり、しつこく見境のない脅迫への無力感も相当の被害者が共通して内包している。認知的再体制化はストーキングの被害者には有効だが、その一方、現実的かつ実現可能な安全感覚を再建できるよう、治療方針に重点を置くべきである。

認知療法は病的不安や鬱症状のうちに潜む仮説を修正しようとするとき特に効果を発揮する。その目的としては被害者に徐々にでも次の点を理解してもらうことにある。（1）たとえストーキングを連想させても目下の状況は危険ではないこと、（2）不安や鬱屈は必ずしも八方塞がりにつながるものではないこと、（3）トラウマ性の恐怖体験を記憶することとそれを経験することとはイコールではないこと。

被害者の病的な世界認識を再建するこの試みはストーキングやハラスメントから解放された被害者にも資するだろう。また、まさに被害の最中にあり、かつ安全な状況下であれば恐怖心を和らげる直接的な治療法を選択できる患者にも有効と思われる。だが、後者を対象とする場合は、常に被害者の安全を徹底してはかりストーカーのさらなる介入を忌避するよう努めること。

臨床家としては、ストーキング被害者の恐怖心、総体的症状のみならず、彼らの回避傾向にも注意しなければならない。ストーキングを連想させる内的（思いや記憶）また外的な刺激を被害者はとにかく避けようとする。例えば電話の呼び出し音、ストーカーを思い出させる場所や人物である。多くの場合、回避したことで彼らは不安の軽減という褒美を得る。回避反応は、うなずけるものの、長い目で見れば被害者の孤独感を募らせることになるだろう。脅迫的な状況や刺激を避けるのは合理的な反応であり選択肢の一つではあるが、それが被害者の生活全般におよぶとき（外出や出勤の回避等）、支援態勢や社会的、職業的なチャンスから疎外され、結局は被害者の回復のためにはならないだろう。

回避傾向に対しては、長期にまたがる追体験、ストレス注入といった行動療法が奏功する場合がある。これは被害者に徐々にでもかつての行動を取り戻してもらい、不安感と折り合ってもらうための療法である。長期におよぶ追体験は、通常、追体験のありよう（想像か現実か）と期間（短期か長期か）、被験者の心理的高ぶりの程度（高いか低いか）を徐々に増していくことによって、被害者に恐怖と向きあってもらうこと（フォーとメドウズ、一九九七）。その第一段階では、被害者は恐怖体験をごく短時間、軽度に高ぶる程度で、想像するよう求められる。被害者が想像上の追体験に耐えられるようになるにつれ期間と高ぶりの程度を漸増させる。この段階では不安感とありのままに折り合う、例えばリラクゼーション法のような手法を織り交ぜることが望ましい。眼球運動脱感作法（ＥＭＤＲ）のような手法を提唱する専門家もいる。これは高度な心理的高ぶりを経験することなくトラウマ性の記憶と折り合うことができるようにするものである（ヴァン・デル・コルクほか、一九九四）。こうした認知療法、行動療法と支持療法とをミックスさせることで、被害者に耐えがたい恐怖や不安を味わわせることなく、回避された状況を追体験させるのは治療上有効であろう。

薬物療法

クリーマーおよびマクファーレン（一九九九）によると、ストレス関連症候群の薬物療法についての無作為抽出法による臨床試験は近年数少ないという。とはいえ薬物療法は、重篤なストレスに悩む人にとって、また病的な精神障害の治療法として、非薬物療法の補完策としてなお重要である。薬物療法を選ぶ際には、まずその副作用に留意し、医源性の障害が生じないよう配慮しなければならない。処方にあたる医師はストレス関連症候群が時に長期に渡ることに注意すべきである。薬物療法の期間もそれだけ長引く可能性がある。

選択的セロトニン再取込み阻害（ＳＳＲＩ）抗鬱剤はストレス関連症候群の治療に効果が認められている。フルオクセチンのようなＳＳＲＩは全体的な症状の緩解に著しい効果があるとの研究結果もある。これはフルオクセチンに抗鬱作用があるとの理由のみに帰すことはできないものだ（ヴァン・デル・コルクほか、一九九四）。この薬剤は少なくとも一般的なトラウマの被害者の抱える無痛覚、高ぶり症状を改善したとも報告されている（フリードマン、一九九八）。ストレス関連症候群の薬物療法として、ＳＳＲＩは魅力的な選択肢の一つである。ＳＳＲＩはまたアルコール中毒・依存や鬱、パニック障害といった症状の改善にも効果があることが証明されている（ブレイディほか、一九九五）。

モノアミン酸化酵素阻害（ＭＡＯＩ）抗鬱剤はＰＴＳＤ、中でも再体験症状を軽癒するとされるが、一方、可逆性ＭＡＯ-Ａ阻害モクロベミドの有効性については情報はほとんどない。三環式抗鬱剤もストレス症候群の治療に長年用いられており、再体験症状や重い不眠症にそれなりの効果を示してきた（クリーマーとマクファーレン、一九九九）。またＰＴＳＤによる睡眠障害の患者に有効なのが5-ハイドロキシトリプタミン（5-ＨＴ）拮抗剤シプロヘプタジンで、悪夢を緩解する効果があるという（グプタほか、一九九八）。われわれの経験では、戦場体験に起因する慢性的な悪夢に悩まされているベトナム帰還兵にシプロヘプタジンを投与したところ、それなりの効果が認められたが、一方ストーキング被害者には大きな成果は得られなかった。

ベンゾジアゼピンはストレス関連症候群の抗不安剤、睡眠導入剤として広く処方されている。これは不安症、不眠症の緩解には効果があるが、PTSD関連の症状には有効性を認められないとする論者もある（ゲルピンほか、一九九六）。ベンゾジアゼピンの難点としては耐性、依存性があり、特にすでに病的な薬物濫用ないし依存を示している患者にその傾向が著しい。

やはり急性のストレス反応の治療によく用いられるのが交感神経抑制剤とりわけプロプラノロールとクロニジンである（フリードマンほか、一九九三、フリードマン、一九九八）。治験対象となった薬剤は、結果はさまざまだが、抗痙攣薬、麻酔性拮抗剤、抗精神薬などである（フリードマン、一九九八）。

深刻な悩みを抱えるストーキング被害者の診療を中心とする筆者らのクリニックでは、薬物療法もよく用いられる。特に著しい不安症を緩和する応急策として、また病的な鬱症状の治療法として。こうした（通常の）抗鬱剤に未経験の患者はSSRIに対し広い意味でよりよい耐性を示す。残念ながら、経験上、SSRIは短期間の記憶障害などの認知不全を起こすか悪化させることが分かっている。きつい仕事に従事している技能職に就いた患者に対しては懸念される副作用だ。われわれのクリニックでは、ベンゾジアゼピンに一定の使用制限を設けてきた。即ち、ハラスメント期間が相当長引くことが予想されること、この療法そのものに濫用、依存といった問題があること、認知不全を悪化させたり自殺・他殺傾向を示している患者の抑制を失わせる効果があること――である。いざ処方すれば、ベンゾジアゼピンは極度の不安感もたちどころに抑制し得る効果的な治療薬と思われるが、否定的な感情を抑制し長期に渡り効果を上げるためには、心理学的な評価が重要である点は強調しておきたい。とはいえ、ベンゾジアゼピンは、ごく選ばれたケースにおいて、非薬物療法の補完策として使用され続けるだろう。

同様にストレス関連症候群に悩むストーキング被害者に用いたのがモクロベミドである。患者にはまずSSRI療法を試したが、耐えられないほどの頭痛に襲われて中止した。可逆性のMAO-A阻害剤は鬱と不安症に著効があり、回避傾向と無痛覚にもそれなりの効果を見せた。患者によると悪夢を見る回数も減ったという。お陰で眠りに落ちるのが怖くなったそうである。治療の結果、活動能力が増し、最終的には職場復帰がなった。

三環式抗鬱剤はまずまずの効果を示した。この薬物が処方されたのは新開発の抗鬱剤に対して重い副作用を示した患者たちである。病的な鬱状態、顕著な高ぶりを見せる患者に対してもっとも効果があった。三環式抗鬱剤は過剰投与された場合、新世代の抗鬱剤よりはるかに重い中毒症状を示す。そのため処方の際には適切な事前対策を練っておくことが必要であろう。高い確率で自殺傾向を示すことが報告されている（パテとミューレン、一九九七）。抗精神薬はストーキングによるPTSD治療にはほとんど用いられないが、ストーキング被害者を装ってその後偽被害者と判明した病者が稀にある。その治療には、なお第一の選択肢である（十一章を参照のこと）。

家族・パートナー療法

ストーカー被害者の家族、パートナーに治療に加わってもらうのは有効である。重要な他者はストーキングによって間接的に（ライフスタイルの一変、家族関係のゆがみ等）、また自身がストーカーのターゲットになるなど直接的にも、被害者と不安をおなじくしている。家族、パートナーはストーカーの動機を推し量る上で重要な情報源であると同時に、被害者に本質的な支援を提供し得る土台ともなる。彼らにストーキングについて理解してもらい、その影響を知り、被害者の安全について警戒してもらうことは絶対に必要である。また彼ら自身もサポートを求めており、場合によっては個人的にカウンセリングを施すことも大事だろう。重要な他者（家族・パートナー）は、時として被害者が突飛な行動に走ったり好戦的な態度に出たらどう対処すべきか、アドバイスを求めている。また、被害者にかかるストレスが長い目でどんな影響をおよぼすか当然のことながら心配している。引っ越し（外国への移住のケースも含めて）などライフスタイルを一新するか頭を悩ませている家族は、そのことでセラピストの助言を必要としている。ストーキングの本質を理解し、その隠れた動機を知ることは、決定的な犠牲を回避することにもつながる。それが問題を解決することにもなるだろう。

家族やパートナーが被害者を非難することがある。ストーカーを奮い立たせたり、追いかけさせるような何かをしたのだろう、と（そうした非難はたいてい深読みにすぎない）。被害者のことを意気地なしで「前に進む」気概がないと不満を募らせるものもある。そうした反応は建設的ではなく、かつ回復に必要な信頼や、批判ならぬ連携といったものを被害者から奪い去ることは、言うまでもない。セラピストはストーキングの実際を重要な他者に伝え、被害者ではなく、非難されるべき本来の相手、ストーカーを非難するよう主導し、治療の妨げとなる無知を退治する必要がある。

グループ・セラピー

先にも書いたことだが、ストーキング被害者は自身の経験を世の中に理解されづらい稀少な出来事と認識するのが普通だ。他人はストークされるつらさ、怖さを分かってくれないと語り、支援を得られないまま閉塞感、疎外感に陥っているものが多い。自己療法として支援グループととも進めるグループ・セラピーは、ストーキング被害者のリハビリとしては十分役に立つものである。被害者の疎外感、孤独感を和らげてもくれる。支援的な環境を整えてあげ、相互に理解すること、認めあい信頼しあうことを体感し、自身の怒り、不満、喪失感を共有する場を提供してくれる。被害者同士有益な対処法を教えあい、参考文献を紹介しあい、助けてくれたり安全にまつわる情報や設備を用意している機関、人を互いに知らせあう。

理想を言えば、治療支援を行うグループは、ストーキング被害者が直面するさまざまな問題に通じた臨床家の助けを得ることが望ましい。例えば、精神面への後遺症といった問題がある。セラピストは、メンバー同士が助けあう体制を側面支援すること、メンバーの安全、リハビリのための方策を絶えず模索し続けること。

被害者同士が体験を共有する支援フォーラムのようなものを提供すると同時に、精神的な不安を取り除いてあげることも治療者にとって重要な目的だ。そのためにはグループのメンバーが不安症候群、パニック、怒りと対処する方法を身につけていること、それを効果的に実現するようお手伝いすることが大事。その目的を達成するには世話人とグループのメンバーは現実的なゴールを設けること。例えばストーキングによって遠ざかっていた活動を徐々に再開するなど。そうした上でその進み具合をセラピーの最中に評価すると良い。理想的には、個々人の進み具合と治療効果を評価する客観的な指標があればなお良い。これはいわばストーキングによって傷ついた被害者の心身の回復を目指す組織的取り組みと、徹底したグループ・ディスカッションとを混ぜ合わせたアプローチで、被害者の社会性、自信回復にはきわめて効果的である。もちろん、このアプローチにもっとも反応するのは、ストーキングからすっかり解放された被害者の場合であるが。

ストーキング被害者のための支援組織

一九九〇年代半ば以降、有力な支援組織が相次いで設立され、ストーキング被害者と家族のために活動してきた。被害者に役立つ安全情報を提供し、精神面のサポートをするなど、こうした組織が果たしてきた役割は貴重である。ストーキングの生還者（SOS）、反ストーキング反ハラスメント運動サポート連盟（NASH）といった組織の大半を設立したのは、それまでのサービスに幻滅した被害者自身である。一九九五年、フロリダでSOSを立ち上げたリナイ・グッデールは、ちょっとつきあっただけの男から一年も嫌がらせを受けていた元ストーキング被害者である（マリーノ、一九九五）。ミズ・グッデールは助けを求めようといろいろ骨折ったが、手にしたのは何の連携も取れていないバラバラのサービスばかりで、取るべき安全策や法的手段について役立つアドバイスもなければ、法執行官や司法関係者の対応もその場しのぎのものだった。ストーキング被害者に役立つサービスがない、そのことに気付いた彼女はすぐさま全米組織を設立、この種の支援組織の前例にならって、設置者を地域社会とする非営利機関として電話によるヘルプライン・サービスを全米に展開した。規約によると、この組織の一番の目的は次の情報を提供することである。

- 差し迫った安全についての懸念と安全戦略、
- 州による反ストーキング法と法的手段、
- 被害者の権利と司法制度の現状、
- 地元の精神医療専門家の紹介、および
- 警察への相談の仕方、事件報告書の作成、将来の訴訟に備えた証拠資料の集め方（マリーノ、一九九五を参照のこと）。

SOSはストーキング被害者の支援に特化して設置された合衆国の組織の一つで、全米どこからでも無料長距離電話でアクセスできる。

一方NASHは一九九五年にイギリスで設立された。立ち上げたのは、自身ストーキングの被害に遭い、適切なサービスがないと憤っていた女性である。イヴォンヌ・フォン・ヒューゼン＝カントリーマン博士はストーキング被害歴十七年以上。彼女のストーカーは大学教授で、自宅へ繰返し電話をかけ、彼女の子どもたちを監視し、車に酸を撒き、一度など彼女を自宅に軟禁し、子どもたちの前で性的暴力におよんだことまである（オライオン、一九九七）。何度も警察に通報しストーカーを刑事告訴しようと試みたが、帰ってきたアドバイスは「相手の言い分も聞かないと」「家庭のいざこざでしょう（教授と個人的なつきあいなどいっさいなかったが）」あるいはこの程度の行為は違法ではない、といったもの。何年か経つ頃にはハラスメントも少しはおさまったが、今度は博士の娘が二人のストーカーの標的になり、一人から性的暴力を受けるまでになった。自分ばかりか娘までストーキング被害に遭い、警察の対応もいい加減だったことから、博士はイギリスにおける反ストーキング法の導入を熱心に進め、被害者へのサービスの充実を訴える活動家となった。彼女が立ち上げた組織の目的は、地域単位でストーキング被害者を支援するグループをつくり、ストーキングを人口に膾炙《かいしゃ》する文献をつくり、電話によるヘルプラインを設置して被害者に役立つアドバイスと精神的な支援をすることである。

ここ数年ストーキングについて知られるようになり、被害者に重いダメージを与えることが認識されるにつれて、被害者に専門的なサービスを提供する支援組織がいくつも生まれてきた。ストーキングへの理解は深まり、卑近にいえばサービスの諸々についても知られてきたが、残念ながらストーキング被害者の必要に即応し得るサービスが足りているかとなると、心許ない。われわれのクリニックで扱った被害者の中にも遠路はるばる足を運んで、やっと専門家のサービスを利用できたといったケースは一、二にとどまらない。最近、そんな患者の一人が地元に支援組織を立ち上げて、セラピストを招きコンサルタント業務に当たらせている。行政府の多くが公衆衛生サービスへの資金援助、基盤づくりから撤退しつつある中、個人が手ずからストーキング被害者の支援組織をつくりサービスを提供するという現実は、不幸である。こうした無関心は被害者のフラストレーションをためる原因ともなっているが、他方支援組織をつくった経験は次の一歩へ向かう力となり、やればできるという精神を手にするという意味で、大きなきっかけでもある。それこそストーカーの行為によって損なわれてしまったものなのだ。

しかし、支援組織を立ち上げるといった仕事は、大方の被害者には手に余るのも事実である。何といっても現実の恐怖と無力感にさいなまれている最中なのだから。今被害に遭っている人は自分の問題で精一杯であり、また近視眼的思考に陥るあまり、自分から参加したいと思ったり、人前に身をさらす活動に関わることから遠ざかってしまう。ストーキング被害者には、それでもみずからを鼓舞して、アクティブな活動に従事すること、ストーキングを生活から根絶する活動に関わっていくことを求めたい。活動に関わること、つまりストーキング被害者のために資料をまとめたり、反ストーキング法の条文を精査したり、地元の政治家に手紙を書いたりするのは、自身の安全、保護（これはいかなる他者も恒常的には提供し得ない）に最終責任を負うのは被害者本人なのだというメッセージを強く自覚し、自立心とやればできるという精神を助長することでもある。

治療にまつわる諸問題

三章でも述べたが、長期にわたるストレス症候群はトラウマ性の脅迫行為のみで発症するものではない。そうした精神的不調和の発症には、個々人の弱い部分が関わってくるであろう。ストーキング被害者の治療にあたり臨床家にとって重要なのはそうした要素が果たす役割を理解すること、これがなければどんなリハビリ努力も奏功しないと思われる。患者固有の能動規制、過去の精神病歴、以前のトラウマ体験、等（ファン・デル・コルクほか、一九九六を参照のこと）である。

ストーキングは被害者の精神面に加えて身体面の健康も損なってしまうと考えられる。慢性的なストレス、食欲不振、不眠、記憶障害（筆者らのクリニックにもインスリン注射を忘れた糖尿病患者がいた）――絶えず強迫観念にとらわれ気持ちが高ぶっていたせいだろう――、自己破壊衝動等によって。適切な病院へ紹介するなり医師のアドバイスを守るよう指導するなりして被害者の症状に対処すべきだが、それを怠ると心理社会的な境界線において患者の回復を阻害することになりかねない。

元親友、元恋人にストークされている被害者は一般に他者と関係を深めることを恐れ、将来のパートナーが自分に相応しい相手かどうか判断する能力に自信を持てない。こうした反応が極端かつ相応しからぬ形で現れると、認知療法や支持療法は役に立たなくなる一方、他者への信頼回復は完全ではないため、被害者は概ね将来の自己防衛に必要だからという理由であるところまでは周囲の警告を受け入れる。ストークされたのを被害者のせいにはできないが、われわれが経験した中にも、関係を踏み出すにあたり、ややもすれば軽率かつ無防備だった例は多い。普通なら心配の種になりそうなパートナーの側面を見て見ぬふりをする。そうしたケースはたいていが女性で、ちょっと口説かれただけで結婚したりする。こうしたコースをたどったあるストーキング被害者がいた。過去にちょっとしたつきあいで二度も結婚した経験があるのだが、別れたフィアンセにストーキングされていると筆者らのクリニックへ来院した時は二十五歳にもなっていなかった。元フィアンセの男性とは知り合って半年弱。こうしたタイプは、元親友、元恋人にストークされる被害者の大半と異なり、すぐ次の相手を見つけてしまう。ハラスメントが現在進行中であったり解決直後であるにもかかわらずだ。こうした被害者を治療するに際しては、相手との関係が壊れたと必ずしも考えられないとき使われる手法を適用しなければならない。

最後、ストーキング被害者を治療するセラピストは、被害者と第三者の安全をはかる一方、自分自身の安全についても留意しなければならない。幸いなことに稀ではあるが、特に憎悪型、拒絶型のストーキング事例で、被害者の治療にあたる人々——ストーカーの目には邪魔者とうつる——が怒りの報復の標的となることがある。セラピスト側に弱味を疑わせる点があれば、最低でも自宅なりプライベートの生活の部分でしかるべき安全策を講じておくこと。被害者の治療はほかのスタッフのいる前、それも身体的な安全が確保された場所、例えばクリニック等で行うのが理想である。一対一の診療と比べてグループ診療がセラピストにとって望ましいのは、この点はいくら強調しても足りないほどだが、同僚からすぐさま普段着の意見を聞けることである。それも思いやりとうち解けた雰囲気の中で。

おわりに

事態が一定限度を越えると、トラウマの痕跡をぬぐい去ることは難しく、現行のやり方で一掃することはさらに難しい……「病因の」メカニズムを転換させることで慢性的なＰＴＳＤを治療するといった試みは忘れ、例えば職業リハビリテーション、家族カウンセリング、健康を損ねる習慣のコントロールといったより現実的な目標のほうを優先させるべきである（シャレヴほか、一九九六、一七八頁）。

この章で検討してきた治療法はストレス関連症候群の患者の治療に効果的であり、ストーキング被害者の治療にも相当の役割を果たすものと思われる。しかし、そういった被害者の臨床管理は作業的に複雑であり、治療の専門家が対応すべきものである。さまざまな慢性的ストレス因子が被害者にもたらす有害な作用を考えれば、なおさらそのことはいえる。ストーキング被害者の治療に求められるのは、個々のハラスメントの状況に応じた個別的アプローチである。ストーキング被害者を管理する際には、第一の目的として、被害者の不安を和らげ、人間関係や社会人、職業人としての機能を回復させること。その一方で、なおつけ回しに遭っている被害者のためには、被害者と第三者の身の安全を確保するような戦略と治療法とを組み合わせていかなければならない。

14

ストーキング犯罪を定義し、告発する

はじめに

ストーキングという行為の全体像を一つ一つ観察してみると、部外者の目には無害と映るものもあり、脅迫めいてはいても差し迫っているわけではないように見えることもある。けれど標的にされたものからすると、そうは言っていられないのも事実だ。「ストーキング」という言葉自体は新しいものだが、司法制度上の概念としてはかねて存在しており、それこそ十八世紀から裁判所がさまざまな方法で取り扱ってきた。近年、著名人がストーキング被害者になるケースがメディアの注目を集め、元恋人からつけ回された被害者が暴力に遭うケースが目につくようになって、既存の司法制度の中でも無視し得ぬ問題となってきた。ストーキングはメディアのアジテーションの結果、新たに認識されるようになった現象で、政治、司法の両面から対処すべき問題であると理解されるようになった。実際は新しくもなければ、おそらくはその頻度が増えているわけでもないが、既存の司法、行政、判例法（コモンロー）はストーキング行為を告発し得るにもかかわらず、行為者を思いとどまらせ、被害者を救うための役割を十分に果たしていると言えないことも事実だ。一九九〇年以前の法律はそれぞれの違法行為に個別に適用され、行為が繰り返されることを想定してはいなかった。ましてやその行為が激しさを増し、しつこく繰り返されることなどいうまでもない。簡単に言えば、法律は繰り返されることによって犯罪となるような行為を裁く準備をしていなかったのである。一つ一つの行為は合法かつせいぜい迷惑であっても、足し合わせれば有害で苦痛をもたらす行為というものがある。自由主義諸国の法律家は、ストーキングを裁く既存の法律を修正し強化する代わりに、速やかな行動に移った。こうした行為は選択的に刑事罰の対象としなければならない。

一九九〇年以降、反ストーキング法の普及は加速度的に進み、まずアメリカ合衆国で、次いでカナダ、オーストラリア、イギリス、ニュージーランドで同様の法律がつくられた。現時点でヨーロッパ中の国々が同法の制定を急いでいる。そのような動きは「何事かをなす」気概に富んだ立法者たちによって、熱心に押し進められ、犯罪被害者に同情的な大衆、メディアによって熱心に受け入れられていった。大衆の現場において反ストーキング法は心からの歓迎を受けたが、大方の法律家、市民的自由の擁護者、自由主義者らにとって、新法はきわめて異論の多いものであった。反ストーキング法の枠組みは、その犯罪をいかに定義するかといった問題に直面した。一つ一つを見れば合法であるのに連続性を持ったとき犯罪となる行為（手紙や花束を送る、家や職場の外で待ち伏せをするなど）とは何か。ストーキングを法的に定義するに際して、立法者たちは「二回以上」におよぶ行為で、しかも受け手に恐怖感を与える接触、通信を全面的に禁止することにした。規制をこの程度に止めた裏には、禁止行為を無際限に増やしていけば、犯罪要件が構成される前に被害者を暴力のエスカレートにさらすのではないか、という思いがある。法律がストーキング犯罪を定義する上で対象としたのはごく少数の——潜在的には無害とすら言える——行為である。そうすれば禁止し罰すべき違法行為と、介入すべき合法的な行為との間に、速やかに線を引けるだろう。

とはいえ合法的行為と違法行為との間にぼんやりとした境界しか存在しないことで、反ストーキング法を制定し適用する際に混乱が生じた。特に合衆国で、思いもよらぬ法的問題が持ち上がった。憲法で護られた権利や行動が反ストーキング法によって侵害されるといった意見が出されたのである。反ストーキング法は西側諸国における社会的相互作用（人づきあい）のあり方にも大きな疑問を投げかけた。とりわけ、向こうからすれば良かれと思った接触が当人には威嚇的と映ってしまうような文脈で、少なくとも理論的には、誰かが刑事罰に問われるような場合がある。にもかかわらず筆者らは、反ストーキング法は刑法と民法との裂け目を埋め合わせるものであると思う。かつては行為者が被害者の身体に害をなしてようやく介入し、被害者を恐怖と心配の底に落とすといった潜在的暴力にはほとんど目をつぶっていたのだから。

この章ではとりわけ最初に反ストーキング法を制定した合衆国の事例について取り扱われ、反ストーキング法の合憲性にまつわる問題も広く検討される。オーストラリアとイギリスの法案も、新しい種類の刑事罰に伴う司法課題といった観点から検討する。本章で特に注目したいのはストーキングの定義と、合法的な行為をうっかり違法にしてしまうのを避けるべく犯罪に枠をはめようとする試みである。さらに、それぞれの地区でストーカーの意図と被害者の主観的反応にどのような重要性を置いているのかについても検討を加える。合衆国、オーストラリア、イギリスの法案の長所短所も分析し、法律の正しい運用、予想される誤用を明らかにする。その際まず第一に、筆者らの中に偏りと限界があることをお断りしておきたい。われわれは精神医療の専門家であって、法律家ではない。われわれが日々心にかけているのは被害者の不安感やストーカー当人の生活に生ずる破壊といったものであって、どんな法的手段を取るべきかといったものではない。さりながら、法的な措置がストーカーや被害者の運命以上に重要かつ緊急な市民社会の土台足り得るという点について、われわれも、知的レベルでは、承知している。われわれは臨床家であり非法律家であるため、法律的文献に対する読みは、臨床家によってなされた評釈である。読者よ、注意されんことを《カヴィアート・レクター》。

ストーキングに伴う行為を告発する初期の試み

ストーキングを刑事罰とする見方は二十世紀後半の現象であるが、告発の試みは十八世紀、十九世紀の刑法にも見出し得る。とはいえストーカーは社会的にも法律的にも犯罪と見なされていなかったため、告発するときは暴行罪など既存の罪名をあてはめざるを得なかった。

ストーキング的な行為が告発された典型的なケースの一つが一七〇四年、イギリス法廷におけるデニス対レーン裁判である。外科医だったレーン博士は彼女の母親の迷惑も顧みず若い女相続人のミス・デニスをしつこくつけ回していた。博士は一度若いデニス嬢に恋をしかけたが、娘には近づかないよう母親に禁止されてしまう。博士はこれを無視し、なおもデニス嬢の寝室へ忍び込もうとしたのである。恐怖した母親と娘はロンドンへと逃れるが、博士は二人をつけ、母娘が泊まっていた宿の近くに部屋をとった。翌朝デニス嬢が馬車へ乗ろうとすると、博士はしたがっていた男たちの一人に殴りかかり、ミス・デニスをこちらへよこせとわめき立てた。それから数カ月後、博士は暴行の罪に問われ、法廷に立つ身となった。デニス嬢への求愛を拒絶されたことになお腹を立てていた博士は彼女のロンドン行へ同道した法廷弁護士に襲いかかり、法廷の外へ出るや杖でこの弁護士をこっぴどく殴りつけた。法廷は博士のこの行為を「平和に対する保証金」を科料する十分条件を備えていると判断。一年と一日の間、「平和を保つ」ことを確約する保証金として博士に金四〇〇ポンドを支払うよう命令した。この救済措置が功を奏したかどうか、記録は残されていない。

それからほぼ一世紀半後、またもイギリスでレジーナ対ダン裁判（一八四〇）が起こされた。これは記録されている限りもっとも詳細にわたるストーキング事件で、疑いなく色情狂の症候が認められる事例でもある。被告人リチャード・ダン氏はほぼ一年にわたり、法廷弁護士の身でありながらミス・アンジェラ・クーツをつけ回していた。クーツ嬢がダン氏から二通の手紙を受け取ったのは一八三八年八月のこと。まったく面識のない相手からの手紙であった。そこに書かれていた文章から「非常識な人」と判断したクーツ嬢はこれを無視することにした。同月、ダン氏はクーツ嬢の滞在しているホテルまで後をつける。見知らぬ相手が自分の部屋にどうやってカードを置いたものだろうと不安になったクーツ嬢はホテルを移る。ダン氏はその新しいホテルにも手紙攻勢をかけ、建物の中に入り、客の前でしつこく彼女にアプローチをした。クーツ嬢は召使を引き連れていくようになった。誰かにそばにいてもらうことが絶対必要と感じたのだ。それでも送られてくる手紙の内容から身の危険を感じたクーツ嬢は法廷に訴えを起こす。リチャード・ダンは逮捕され、「平和の保証金」として金五〇〇ポンドを科料され、これを破った際には同額を第三者から支払わさせると命じられた。彼は五〇〇ポンドを支払うことができなかった。しかし、公聴会の日取りが訪れる前にクーツ嬢は町を離れ、「こんな迷惑はもう繰り返されないだろうと期待して」ダン氏に対する訴えを取り下げることにした。公聴会までヨーク・キャッスルに拘留された。ダン氏は拘禁を解かれた。

釈放されるや、ダン氏はロンドン（クーツ家はピカデリーにあった）へ行き、つけ回しを再開した。クーツ嬢に手紙や小包を送りつけ、彼女や友人の後をつけ、その行く先々で待ち伏せをし、通りで、教会で、職場で声をかけた。このままでは何をされるか分かったものではないと恐怖したクーツ嬢は一八三八年十二月、ダン氏への逮捕状を申請し、受理された。リチャード・ダンは今度も平和の保証金を支払うことができず、短期間であったが拘置所へ送られた。そこを釈放されるとダン氏はまたもやクーツ嬢へのハラスメントに乗り出したのである。一八三九年中それは続いた。その年の五月、彼はクーツ嬢に会って欲しいと求める手紙を書いている。手紙にはこんな邪悪な文言が書かれていた。「もし求めに応じなければ、最悪の場合、それを後悔することになるぞ。そのことの結果は遅かれ早かれお前とお前の家族に降りかかってくる」（レジーナ対ダン裁判、一八四〇年、九四三頁）。クーツ嬢は周囲に気を配るようになり、外出するときは友人か召使を伴うようにした。クーツ嬢はダンに暴力をふるわれるのではないかという恐怖でいっぱいになった。裁判所にまた保護を求め、ダンに平和を保つための保証金をかき集めるように命じ、もう自分を「苦しめたり悩ませたり怖がらせたり」しないようはからって欲しいと願い出た。

法廷に出した申請書の中でクーツ嬢は「平和の約款」（宣誓を文書化したもの）の提出を求められ、身体的暴力に遭う恐れがあるとの合理的根拠を示し、脅迫が彼女へのものであることを証明するよう求められた。裁判所の判断は次のようなものであった。「平和の約款は脅迫がなされない限り十分ではない。脅迫は必ずしも言葉によるものである必要はなく、一連の行動からそれと推認されればよい」（前掲書、九三九頁）。クーツ嬢によって提出された平和の約款は必須とされる恐怖を証拠立てるものとしては不十分と考えられた。ダンへの告発は見送られることになった。

司法制度自体がその時点で有している限界のせいで正義が実現されなかったことに触れつつ、裁判官は次のように述べて事件を締めくくった。

> かかる害悪を抑止し危機を回避し得なかった点でまさしく責めを負うべきはイングランドの法律であろう。被告人の行為は実行されることが予想されるものであった。数ある警察関連法のいずれを見ても、かかる目的のための条項を持たぬことには驚きの念を禁じ得ない（レジーナ対ダン裁判、一八四〇年、九四九頁）。

残念ながら裁判官の洞察が省みられることはなかった。「平和の保証金」は犯罪が実行に移される前に予防しようというものだが、心酔型、断固型のストーカーを押しとどめる役には立たなかった。こうして、ストーカーによる「害悪」と「危険」は一八四〇年の裁判所において明白であるにもかかわらず、そうした行為を告発する法的手段はいっさい取られなかった。ストーキングを告発するためには、既存の刑法、民法にもとづくほかなかった。それは個人による犯罪（例えば暴行や不法侵入）、地方自治体による犯罪（例えば公共の場での不法行為取締法）、また最近なら家族による犯罪（例えば家庭内暴力および離婚訴訟法）を罰しようとするものである。

ストーキングをまず真っ先に告発する刑法としては暴行、ハラスメント、恐喝、脅迫、暴力的脅迫、文書による中傷、侵入（ガイ、一九九三、マカナニーほか、一九九三、内務省、一九九六）などがある。同法にもとづいて犯罪者を訴迫するあり方は被害者には頼みの綱だが、ストーキング行為を一網打尽にする方法としては不適当であることが分かっている。理由はいくつかある。一つ、暴力、脅迫、恐喝を裁く刑法は本来違法行為である個々の事件を扱うものだが、一方長期にわたりストーキング被害者を悩ませている無数の行為は、一つ一つを見れば犯罪たり得ないものばかりである。ストーキングを告発するに際して現行の法規をあてはめるとなると、一人の犯罪者に複数の訴訟手続きが必要となる。被害者は何度も証言を求められるのを厭うため告発そのものを躊躇するだろう。二つ、たいていのハラスメント行為は略式起訴犯罪すなわち軽罪と分類される。それに対する懲罰は軽微（罰金程度）で結果、ストーカーを反省させることも被害者を守ることもままならない。三つ、例えば恐喝の場合、被害者に対し差し迫った暴力的脅迫があることが犯罪要件上必要だが、多くのストーキング事例でこれはあてはまらない。あったにせよ、表立っては稀で、たいていはつけ回しや監視の最中に言わず語らず行われるのが普通だ。

　もう一つ性的接近を予防する禁止命令などの民事法的救済策を用いて身の安全をはかろうとするストーキング被害者もいる。しかし、そうした禁止命令を取得するには被害者みずから裁判所に申請し、身体に差し迫った脅迫がなされていることを十分の証拠をもって証明しなければならない（ガイ、一九九三）。申請、聴聞と続くこの過程は長きにわたることがしばしばで、弁護士を雇う費用も少額とはいえない。禁止命令の発布を親密なまたは元親密だった相手に限っている地域も多く、被害者が知人や赤の他人のつけ回しを受けているケースは対象外とされてしまう（ソーン、一九九四、内務省、一九九六）。そして禁止命令の最大の問題点として、真に強制力を発揮させることが困難であることがある。「紙製の盾」（スミス、一九九五）としばしばたとえられるように、事実上禁止命令はストーキングの抑止力にならないばかりか、逆に怒りを買い、決意を新たにさせるだけという場合も多い（ウォーカー、一九九三、ミューレンとパテ、一九九四b）。

　刑法も民法も理屈から言えば守備範囲をストーキングにまで広げることはできるが、ストーキング行為の本質を想定したものであるかとなると、そうでもない。ストーキングが相互に関連した、うわべは合法的な行為の連鎖である一方、現行法は個別的で相互に連関のない明白な違法行為を対象としているのだ。事実上、ストーキングに法的制裁を加えるには被害者の身体に暴力が行われるか私物が破損される必要がある。刑法はストーカーが「事におよぶ」まで指をくわえているほかないのである。自身もストーキング被害者であるジェーン・マカリスターは、合衆国上院の反ストーキング法に関する司法委員会公聴会で次のように証言している。一九九二年のことである。

警察は冷淡ではありませんでした。むしろ彼らは意気消沈していました。あの男はわたしの生活を隅々までめちゃくちゃにした。でも法律は破っていない。警察は私への暴力を防ごうと色々やってくれましたが、結局のところ、警察にできることは何もないということでした。暴行が実際に起こるまでは（国立司法研究所、一九九六、二頁）。

おなじ公聴会で、ストーキング被害者の娘を持つミズ・サンドラ・ポラードはこう証言した。

わたしたちの生活に彼がなした脅迫、禁止命令への度重なる違反、彼を危険人物と評価した専門家の見立て、こうしたいっさいにもかかわらず、地区検事長もわれわれの弁護士も、彼が「事におよぶ」までは手も足も出せないと言うばかり。そうまでして待たなければならない「事」っていったい何です？（娘の）誘拐？ レイプ？ 娘が殺されればいいの？……（ウォーカーより引用、一九九三、二七三頁）。

法律にはこうした矛盾がある。理屈ではなく事実上暴力がエスカレートしなければ有効に介入できないという矛盾が。ストーキングという難問に効果的かつ選択的な対応をしていくには、暴力のエスカレーションが第一の条件という矛盾が。フェミニストの中には反ストーキング法を導入するより現行の反ハラスメント法を強化し厳正に適用するほうがよいとする意見もある。そうすることによって女性に対する暴力と取り組む政府の決意をはっきりと示すことになるだろう（禁止命令違反は禁固刑に処するといったような。ウェイ、一九九四）。しかし、結論的にいえば、ストーキングについて何事かをなすからプレッシャーになるのであり、政治的にも法律の運用面から言っても、ストーキングを新手の刑事犯罪として、これを裁く新法を創案することこそ、政府の取るべき姿勢であろう。

反ストーキング法の創出

一九八九年、アメリカで連続ホームコメディの人気女優レベッカ・シェーファーが殺されたことをきっかけに、まずカリフォルニアで反ストーキング法の導入が実現された。狂信的なファンの標的にあって苦しんでいたのは、何もシェーファーだけではないし、ストーキングが暴力へとエスカレートしたこれが最初の事件だったわけでもない。だが、シェーファーはストーカーによって命を落としたアメリカ合衆国（そして多分世界でも）初の明らかな被害者であり、それだけにその死は大衆の同情を買いメディアの騒乱を生んだのだ。それが世界最初の反ストーキング法を成立させた（ギリガン、一九九二、レズニック、一九九二、アンダーソン、一九九三、ソーン、一九九四を参照のこと）。

シェーファーの死は、殺人の状況、犯人の奇妙な動機の両面から強烈なメディア的関心を呼んだ。「狂信的な」ファンが被害者と簡単にやりとりし居場所を特定できたことで社会不安がいっそう強まり、犯罪への備えの弱さ、他人の腹の裡に対する疑念が強まった。シェーファー事件をきっかけに大衆の怒りが政治を揺り動かしただけではない（司法援助局、一九九六）。おなじ一九八九年、カリフォルニア州オレンジ郡で四人の女性が殺されたことによって、現行法でストーキング犯罪と対処することの矛盾が浮き彫りになったのだ。どのケースでも、被害者は、殺されるまで元パートナーからのつけ回しを受けていた。しかもハラスメントを止めさせる裁判所の禁止命令を得ようとしていたにもかかわらずだ（ガイ、一九九三、モンテシーノ、一九九三）。シェーファーを加えた五人の女性たちの死は瞬く間に大衆の知るところとなり、ストーキングへの対応を求める声となった。政治の反応は素早いものだった。オレンジ郡選出のカリフォルニア州上院議員エドワード・ロイスは一九九〇年、ストーキングを犯罪と見なす法案を上程。一九九〇年九月、法案は通過し、一九九一年一月に発効した。カリフォルニア州刑法典によると、ストーキング犯罪とは、

誰かが誰かを計画的に、悪意を持って、繰返しつけ回したり嫌がらせをすること、その誰かを殺されるかもしれない、大けがを負わせられるかもしれないという恐怖におとしいれる意図で、あからさまに脅迫すること……（カリフォルニア州刑法典六四六・九（A））。

とされた。「嫌がらせ」とは、例えば、

特定の誰かに対する狡猾かつ計画的な行為のいっさい、その行為とは当該の人物を心から怯えさせ、悩ませ、困らせるもので、理にかなった目的に添わないもの。行為のいっさいとは分別ある人に多大な精神的不安を負わせかねないもので、実際に当該の人物に相当の精神的不安を負わせるものでなければならない。「行為のいっさい」が意味するものは、たとえいかに短くとも、一定の期間になされた一連の行動よりなる行為

の一様式で、かつ連関した目的を明白に示すもの。憲法によって保護された行動は行為のいっさいの定義の中には含まれない（カリフォルニア刑法典六四九・九（e－g））。

あからさまな脅迫とは「意図的かつ現実に実行可能な脅迫で、標的とされた人物に自身の安全が脅かされていると正しくも思わせるもの」と定義された。処罰規定としては当初、禁固最低一年に加え、初犯の場合は罰金一千米ドル、また行為者が裁判所命令を破ったり同一の被害者に対し七年以内にさらなるストーキング犯罪を犯したときはさらに重い懲罰が加えられる（二年ないし四年の禁固刑）とした。

それから九カ月も経たないうちに、カリフォルニア州議会は最初のストーキング防止法を策定し、通過させた。ストーキング犯罪の主たる要件は、（1）一定期間になされた行為のいっさいで、嫌がらせ、不安、苦痛を明らかに目的としていること、（2）特定の人物を死の恐怖、大けがの恐怖におとしいれる明白な意図を持った、あからさまな脅迫であること、とされた。その要件はどれも（「行為」「脅迫」「意図」）いくぶんか単純に過ぎるが、以下さらに精査することで、法的複雑さを明らかにしてみたい。

行為

ストーキング犯罪を構成する第一の要件として、必須とされる「行為」が実際になされる、ということがある。カリフォルニア州では、それはハラスメントやつけ回しを含む被害者への行為のいっさいを指している。州法によると、行為者が「いかに短くとも一定の期間に一連の行為をなし、かつそれが明らかに連関した目的を有していること」と規定される。「一連の行為」が何を指すか、それについては定義されていないが、二回以上にわたってなされた行為と判断するのが合衆国裁判所の見解である（ピープル対ヘイルマン裁判、一九九四）。さらに言えば、「いかに短くとも」という文言からは、数時間の間をおいて実行された行為がストーキングを構成するのかどうか、不明である。

カリフォルニア州法はまた、被害者がストーカーの行為によって相当の精神的不安を負っていること、とした。不安とは主観的なもの（例、実際に当該の人物に相当の精神的不安を負わせたか）も、客観的なもの（「分別のある人物」であればそう感じるであろうと思われることを行ったか）もある。苦痛や不安を客観的に評価することにより、その犯罪が被害者個々の感じやすさ、弱さに一〇〇％依拠するものではないことを求めたのである。

反ストーキング法において「行為」要件をどう定義する

か、カリフォルニア州以外の州でもさまざまな議論が行われた。カリフォルニア流を採用し、行為者が「行為のいっさい」をなすこととした地区、ストーキングをなす行為を法的に限定した地区（ミシガン州法を参照のこと、二六二頁）。どのような行為が違法かをストーカーにあらかじめ教えることになっても、禁止行為一覧を作ることに憲法上の疑義はない、などといった議論もある（ウォーカー、一九九三）。逆に、裁判所が限定された行為のみ違法とするのではないか、と恐れるあまり、ストーキング行為を定義しなかった州も多い（国立司法研究所、一九九六）。もっとも、合衆国上訴裁判所で審理された例はまだないが。

脅　迫

カリフォルニア州法は、行為者が必須とされる行為をなすことと定めており、その告発に際してはあからさまな脅迫が直接被害者になされること、ストーカーが脅迫を実行に移す手段を有していること、と定めている（注1）。脅迫は被害者かその家族に向けられたもので、殺す、大けがを負わせる、安全を脅かすといった内容が盛られていること。この条項が含まれた理由は、行為者が被害者に害をなす意図があることを確認するため、無害または合法的な行為を犯罪と見なすことを避けるためである（ガイ、一九九三、ボーイチャック、一九九四）。

もっとも、あからさまな脅迫という要件は、被害者をあからさまに脅迫するストーカーは多くないという点を見逃している（オライオン、一九九七、ミューレンほか、一九九九）。よしんばいたにせよ、行為者がそれを実行に移す手段を有しているとは限らない。また複雑なことに、ストーカーの多くは、何度も指摘しているように、被害者に害をなすのではなく被害者に愛を伝え、許しを請うためにそうした行為に出るのである。限定的であからさまな脅迫を構成要件にするというのは、言葉や文書による脅迫を伴わないストーキング行為を法網から逃すことになり、ひどい脅迫は常に一連の行動の最中にほのめかされるといった点に目をつぶる（被害者の習慣を知っていることを殊更に暴きたてるなど）。当初カリフォルニア州法はそれを要件に含めたとはいえ、あからさまな脅迫に要件を限定することはストーキング法の施行を困難にするばかりだ（ソーンダースを参照のこと、一九九八）。そうしたことから、これ

（注1）カリフォルニア州は一九九四年に法令を改正し、あからさまなだけでなく言わず語らずの脅迫も含めることにした。が、同法は、行為者に脅迫を実行する意図がありその能力があることを要件に掲げている。

を反ストーキング法の要件に含めた州は今ではほとんどない。あからさまな脅迫と、行為者がその意図をどう説明しようと、分別ある人に脅迫されたと思わせるような行為であると認識していること、この二つを要件としたのだ（司法援助局、一九九六）。

意　図

　カリフォルニア州法が設けた最後の条項は、いわゆる「意図」要件である。法律で定められ、かつ定義上はっきりした意図を含まない犯罪、また判例法による犯罪には、一つ反駁可能な推定がある。すべての犯罪行為の本質は故意《メンズ・リーア》である、というものだ。すなわち被疑者には犯罪意図があった、もしくは自身の行為が悪いという認識があったとする考えである（バーク、一九七六）。犯罪の構成要件としては一般的な意図で十分か（違法行為が自発的、意図的な場合）、または特定の意図が必要か（罪を犯している最中、例えば被害者にけがを負わせたり殺すと脅している最中、犯罪者は非難されるべき精神状態にあったというような）によって、刑事犯罪は色々に分かれる。

　ストーキング犯罪において、行為者の意図がどんな意味を持つかというのは複雑な問題である。扱いを誤ると、刑事犯罪の根本要件を危うくする恐れがある一方で、ストーカーを首尾良く告発する可能性もある。有罪判決を勝ち獲るためには、刑法上、犯罪者は意図的にその犯罪を犯した、または自身の行為の結果に向こうみずであったとするのが必須と通常考えられる。実際問題として、意図はたいていあてにならないものだが、意図を要件としない稀な犯罪（駐車違反など）を除き、すべての犯罪において犯意を問題とするのは弁護側が当然取り得る戦術である。加害者は被害者に嫌な思いをさせ傷つける意図があった、このことを仮に要件とすれば、ストーキング犯罪に関しては重大な問題が生じ得る。指摘したとおり、多くのストーカーは被害者を傷つけたり怖がらせることを意図しない。むしろ、勘違いとはいえ、相手と関係を持ちたいと意図しているのである。対象をつけ回し、恐怖させても、嫌がらせたり傷つける目的がないまま犯意のみを要件とすると、そのストーカーを有罪とすることは難しくなる。ある女性に繰返し関係を迫ったと告発された西オーストラリアの男性のケースでは、女性はコピー機の修理を依頼した相手の職場で一瞬見かけただけだった。男性はこの一瞬の出会いをきっかけに女性の職場を度々訪れるようになり、ついには自宅にまで出没。この男性によるアプローチは都合七年にわたり、止む気配がないまま女性は裁判所による禁止命令を取った。施行されたばかりの反ストーキング法によってついに法廷に立たされた男性被告に治安判事が下した判決は無罪。自分が女性を脅している、怖がらせているといった意図はまったくなかった、というのがその根拠だ。治安判事は判決でこう述べた。「被告が女性を脅していたとは私は思わない。ただしつこかっただけである。被告はしっぽを振る子犬のようなものだった」（「ウエスト・オーストラリアン」紙、一九九六年二月二日付）。もう一つ、反ストーキング法にまつわる運用上の難点として、犯意がより軽微である場合があるだろう。もし裁判所が被告の犯意を「悪意」と認めなかったら。ストーカーの中にはある種の精神病により犯意そのものが成立し得ないことがあり、これも意図要件の運用を難しいものにするだろう。

　犯意によってストーカーを告発することの難しさゆえ、中には「最低限の意図」を想定した地域もある。合衆国十六州（注2）の反ストーキング法は、被告が恐怖、不安といった穏当ならざる効果を意図していたと証拠立てることを求めていない。そうではなく、被害者が分別ある人を恐れさせ不安がらせる類の行為にさいなまれている場合、ストーキング犯罪が成立するとした。こうした州で唯一求められるのは、被告がなした行為が被害者を恐怖させたことの証明である。事実、被害者の主観、反応、弱さ、感受性は決定的要素としてストーキングの定義に照応される。この際被告人の意図は二の次である。ここには被害者が犯罪を定義するという、大変ユニークな考えがある。法律の門外漢であればそのような考え自体驚きもしなければ問題だとも思わないが、法律家の場合、相応の理由もあって、刑法の尊敬されるべき中心概念を覆すことには躊躇するのが普通だ。

　伝統的な犯意要件がいくつかの反ストーキング法に存在しないことは被害者サイドからは歓迎されてきた。全員ではないにせよ、これでほとんどのストーカーをまんまと告発に持ち込めるであろう。しかし、ストーキング行為の発生に精神病が絡んでいるとすると、精神衛生の立場からして、反ストーキング法のほとんどに犯罪者への精神鑑定を求める条項が存在しないのは、実際的にも政策的にも不備である（フリッツ、一九九五）。反ストーキング法の定着をはかるには、単に罰を加えるだけではなく、ストーキングそのものを予防しなければならない。精神鑑定を必須とし、必要なら治療を強制する条項を含めることが絶対に必要で

（注2）アラスカ、コロンビア自治区、フロリダ、インディアナ、アイオワ、メイン、ミシガン、ミネソタ、ネヴァダ、ニューハンプシャー、ノースダコタ、ユタ、バーモント、バージニア、ワシントン、ウィスコンシン。

ある。

それ以外の要素

カリフォルニア州法は、「憲法で保証された行為」を同法の趣旨の中に含まず、労働争議の最中に発生するストーキング行為についても明確に免除している。ほかにも、合法的な示威活動、ジャーナリスト、令状送達者、私立探偵を免責し、「法にかなった目的」を有する市民が反ストーキング法に妨げられることなく、自身の職務を合法的に果たすことができるよう保証した州はいくつかある。もっとも、「法にかなった目的」とは何か、「憲法で保証された行為」とは何か、といった点については合衆国上訴裁判所でも論議の的となっている（以下を参照こと）。例えば、合衆国の反中絶活動家が中絶クリニックの責任者をストーキングしたかどで告発された一件がある。活動家女性は責任者をつけ回し、防弾チョッキを手に入れたほうがいいなどと発言した上、被害者宅の間取りを詳しく開陳してみせた（フォークナーとシアオ、一九九四より引用）。政治的異議申し立て派はこれを合法的な示威活動とし、反ストーキング法は言論の自由を侵害しかねないと主張している。法にかなった目的とは何か、憲法で保証された行為とは何か、合衆国の法廷がこれをどう裁くかがなお注目される。こうした事例を取り扱う裁判官の社会政治的な説得力がどんな影響をおよぼすかが事の成否を左右する鍵となるだろう。

まとめると、カリフォルニアで施行された反ストーキング新法は憲法で保証された権利を侵害しないよう法律に枠をはめたことによって評価され（ガイ、一九九三、ボーイチャック、一九九四）、ストーキングの実態と真剣に向き合っていないとして批判された（マクナニーほか、一九九三）。カリフォルニア新法が、そのとっかかりで合憲性に偏るあまり過ちを犯したのは、具体的な犯意、被害者の対応の客観的合理性、明白な脅迫行為があることを犯罪要件としたことからも明らかである。同法は反ストーキング法の模範として合衆国各州のならうところとなったが、一九九〇年規範をそっくり採用した州はほとんどない。反ストーキング法を制定するにあたり、大方の州は、ストーキングの地域的、情緒的側面を重視した。被害者や加害者の権利は、これを大きく配慮した州もあればしなかった州もある。したがって、反ストーキング法は進行中のハラスメント、脅迫を止めさせるという目的は共通にしつつ、ストーキングとは何かを法的に明確に定義することはなく、結果、合衆国各州でその適用、処罰について相当の温度差を生じさせたのである。

合衆国各州およびカナダの反ストーキング法

一九九二年以降、合衆国の各州はこぞって反ストーキング法を提出し、ストーキング行為を対象とする現行刑法の修正に乗り出した。「法案の奔流」（マクナニーほか、一九九三）と言われるこの流れの中、一九九二年には三十州で反ストーキング法が制定、九三年にはさらに十九州で反ストーキング法が通過した。連邦政府も州にまたがるストーキングや悪意ある通信を禁止する法律を制定した（州間ストーキングの懲罰および予防に関する法律、一九九六および通信紊乱禁止法、一九九五を参照のこと）。この法律ラッシュを受けてカナダでも刑法にハラスメント条項を追加し、一九九三年からストーキング関連行為を取り締まることになった。以下、合衆国各州およびカナダの反ストーキング法の実例をあげておく。特に、各法律相互にある違いを強調しておいた。またストーキング犯罪に関連して用いられる条文にも多くの筆を割いた。

フロリダ

軽微なストーキングとして、「意図的に、悪意を持って、繰返し他人をつけ回し、嫌がらせをする行為」と規定。違反した者は一年の禁固刑に処すとした。ストーキングの最中に被害者が行為者によってあからさまに脅迫され、死や大けがを負わせると脅され、裁判所命令取得後もそうした行為が継続された場合は、より悪質なストーキングと認定、最長五年の禁固刑を科すとした。

このフロリダ州の反ストーキング法はストーキングの定義が大まかで憲法違反ではないかと批判されている（ガイ、一九九三、トマス、一九九三、フォークナーとシアオ、一九九四）。一九九七年までに、フロリダの反ストーキング法が上訴審で異議申し立てされた回数は二十六回におよぶ（司法企画局、一九九七）。同法が軽微なストーキングと見なしているのは、行為者が被害者に繰返し嫌がらせをし、つけ回すこと。ただし脅迫はせずに。この条件では誰かがそばにいるだけで処罰の対象となりかねず、適法行為と違法行為とを弁別することが困難ではないか、といった議論である（トマス、一九九三）。もっとも、同法は行為が「悪意ある」ものであることと定めており、ここから告発されるのは犯罪行為のみと期待される。さらにフロリダ州法の問題点としては、被害者のストーキングに対する感情的反応が合理的である必要はない、とした条項。同法は被害の客観的基準を設けておらず、被害者が相当の不安感にさいなまれることのみで犯罪と認定している。被害とはどの程度のものを指すのかについて客観的基準を設けていないため、被害者個々の感情的反応にもとづいて事件を裁くことになる。フロリダ法は恣意的かつ過度に懲罰的なものにならざるを得ないだろう。

イリノイ

ストーキングとは殺害、致傷、性的暴行、拘禁の意図を持って他人を脅迫すること、また「脅迫の延長上で」他人を二回以上つけ回したり監視することと規定する。重大なストーキング犯罪を犯した加害者の保釈を制限する特別条項があり、加害者を釈放することで被害者の身の安全が脅威にさらされないかどうか、裁判所が判断する。

このイリノイ法もまた批判にさらされている。当初、同法は最低二回以上のつけ回し、または監視に先立って脅迫が行われること、と定めていた。この条項によってカリフォルニア州法とおなじ難点を指摘されることになった。つまり、あからさまな脅迫を伴わないストーキング行為を告発できなくなったのだ（イリノイ州法はその後、いずれの時点においても最低二回あからさまな、また言わず語らずの脅迫が行われることと修正された。司法援助局、一九九六を参照のこと）。保釈条件（裁判所による禁止命令など）がしかるべき予防措置となりにくいようなケースでは、被害者の身の安全を確保するため、保釈禁止条項が盛り込まれた。しかし、裁判前に被告を拘留するとなると推定有罪の疑いを発生させ（ストリキス、一九九三）、十分の証拠もないまま被告から自由を奪うことになる。この「保釈禁止」条項の問題点が、大々的に報道されたシカゴのケースにおいて、浮き彫りにされた。ある女性が元夫から脅迫電話を受け仕事場のピザ店で脅されたと訴えた。被告はストーキングのかどで逮捕、だが陪審の評決は無罪、女性は終わったばかりの離婚訴訟の憤懣に駆られて訴えをなしたと判断されたのだ。不運と言うべきか、州の保釈禁止条項のおかげで男性は無罪判決までに一三二日を監獄で費やすことになった（フォークナーとシアオ、一九九四）。適用上の難しさもあって、イリノイ州はこの条項をやがて修正、「保釈禁止」を審理するためのガイドラインを策定した。もっともガイドラインそのものが議論の的になってはいるが。

ミシガン

合衆国で一番厳しい反ストーキング法と形容されるミシガン州法。ストーキングの定義として、分別ある人を恐れさせ、怯えさせ、脅迫し、嫌がらせし、性的いたずらを加える繰返しのハラスメントを含む一連の行為とした。ここでいう一連の行為とは二回以上におよぶ断続的な行為。ハラスメントとは、それに限定されるわけではないが、次のさまざまな行為を指す。

●対象とされた人物の目に入る範囲でつけ回し出没し、
●その人物に公然とまた人目を避けて接近、対面し、
●その人物の職場または自宅へ現れ、
●その人物の所有する敷地内に侵入し居座り、
●その人物に電話で接触し、
●その人物に手紙また電子メールを送付し、また、
●その人物の自宅に物品を送りつけること。

指摘したように、ミシガン州法は被告の側に被害者を恐怖させ傷つける意図があったことを要件としていない。むしろ被告の行為が結果として被害者を恐怖させたことで犯罪と認定する。したがって、たとえ害意がなくとも、誰かが人の目に入る範囲に二回以上現れ、しかも当人がその行為によって恐怖すれば、すなわちストーキング犯罪を構成するとした。ミシガン法は被害者の反応が客観的に見て合理性があることを求めているが、同法には誤用されやすいという懸念があることを考えると、ある程度は改善すべきであろう。

ウェストバージニア

ウェストバージニア州法は当初ストーキングを家庭内暴力の枠組みでとらえていた。同法が当初規定していたストーキングの定義は、被告がかつて同居または性的関係を持った相手を意図的につけ回し、待ち伏せし、繰返し脅迫することというもの。これは一九九四年に修正され、行為者が「私的また公的な関係を持ちたいと願っている」状況までストーキングに含むと解釈された。このため、同法はなお親密なまたかつて親密だった相手へのストーキングを強調した一方、それ以外の個人的関係を持ちたいと願うケースまで視野を広げることになった。ストーキングへの懲罰は、ウェストバージニア州はほかの州ほど過重ではない。初犯の場合、最長で懲役六カ月。より悪質なストーキングまた再犯の場合は最長で禁固一年と定められている。

カナダ

カナダの犯罪的ハラスメント条項（一九九三）の要件は、被告が繰返しつけ回し、通信し、被害者が行く先々に出没し、監視し、また脅迫行為と見なされる行動に出ることとされる。行為は直接標的となった相手なりその知人たる第三者に向けられ、その人物また第三者の身の安全に合理的な恐怖心を抱かせるもの。嫌がらせをするはっきりした意図、また自身の行為がハラスメントにあたるという自覚が被告にあるという、いわゆる「無謀基準」を満たしていることを法律は要求する。量刑としては正式起訴の場合は最

長五年、即決裁判の場合は六カ月の禁固刑。合衆国各州の法律とは異なり、カナダ法には「一連の」行為についての言及はない。被害者を「繰返し」つけ回し、通信することと規定する一方、出没や脅迫は繰返しを条件とはしていない。こうしたことから、もし誰かが右の行為に「一」回だけでもおよべば、それはストーキング犯罪となり得る。この要件のおかげで犯意のない行為がストーキングとして告発される恐れは増した。客観的に犯意をはかる基準を導入することで法律の誤用を避ける運用が望まれる。

まとめ

ストーキングのさまざまな定義およびストーキング犯罪を構成する本質的要素について簡単に述べてきた。合衆国の大半の州はカリフォルニア法をモデルとして法律を起草してきた。とはいえ、あからさまな脅迫、はっきりした犯意条項にまつわる運用上の難しさもあって、各州はそれぞれ独自の条項を弾力的に運用する結果となった。十六の管轄区では、従来からの「犯罪責任要件」は最小限にとどめられ、被害者の被害認識と反応こそが犯罪を定義する決定的な要件とされた。通常なら分別ある人はいかに反応するかに照らして要件は満たされる。禁止行為が二回にわたりなされた場合ストーキング犯罪が成り立つとした反面、同法が合法的な行為まで妨げてしまう恐れも小さくない。ストーキング犯罪にはどっちつかずの難しさがまといつくだけに、一九九〇年代前半になって同法には憲法上の疑義があるとの説が法曹界から提起された。この議論と軌を一にするようにして、連邦政府が反ストーキング法についての規範条例を求めてきた。規範条例は州法との整合性を保ち、憲法上の疑義が生じたときそれに耐え得るように起案されたが、その目的を達成できるかどうかは、今後の運用次第である。

合衆国における反ストーキング法の合憲性

合衆国では三年ほどの間にさまざまの州で反ストーキング法が導入されたことから、法律が明晰かどうか、憲法上の権利を尊重しているかどうかについて懸念がある（ガイ、一九九三、マカナニーほか、一九九三、トマス、一九九三、ボーイチャック、一九九四、フォークナーとシアオ、一九九四）。ともすれば違憲性ありとの議論の根本にあるのは、曖昧さと振幅の大きさである。反ストーキング法は曖昧ではないかという議論は合衆国憲法修正第十四条における法の適正手続きから出されたもので、これは、常識ある人が合法非合法の境界線を認識することができるほど法は十分明快であらねばならないと定めている（トマス、一九九三、フォークナーとシアオ、一九九四)。連邦最高裁判所はコナリー対ジェネラル・コンストラクション社裁判(一九二六)を裁くにあたり、こう述べた、「その曖昧さゆえ常識ある人でもその適用において必ず齟齬が生じるような行為を禁止また要求するような条文は、法の適正手続きの第一条件に反するものである」と。ここから、新たに刑事犯罪を規定するときは、社会の成員に対し、どのような行為が処罰の対象となるかを明確にしなければならないとした。同時に、警察等の法執行機関がその法律を執行する際には恣意的かつ差別的にならないよう明確な枠組みを築くこともまた重要である。合法的行為と違法行為との違いを明確に定義できない法律は曖昧のそしりをまぬかれず、事にあたって反撃に遭いやすい。「曖昧なため無効」といった表現は、合衆国憲法の文言の中にも含まれているのだ。

振幅の大きさという原則は、憲法上認められた行為まで敷衍して違法とすることを刑法に禁じようとするもの。これが適用されるのは言論および表現の自由を定めた憲法修正第一条の妨げとなる条文のみである(ヒューター、一九九七。移動の自由は合衆国憲法に記載された権利ではないが、一般には修正第一条で認められた権利に含まれるとされており、振幅の大きさ原則下でも適用される。ヒューター、一九九七)。振幅が大きいと判断されるケースとしては、憲法によって保護されていない行為を禁止する場合に加え、憲法で保護された行為にまでその適用範囲を広げようとする場合。したがって、違法行為を炙り出すのが法律の目的である反面、もしそれが憲法で保証された権利を侵害するようなときは、振幅が大きいと見なされて反撃される。もっとも、振幅が大きいと主張して賛同されるためには、保護された権利が法律の対象として重要であること、法律の適用が違憲か合憲かを判断する十分な基準がないこと、を示さなければならない(ウォーカー、一九九三)。

北アメリカの法曹界では、反ストーキング法は曖昧さと振幅の大きさ原則からの反撃に耐えられるか、という議論がなされている。ほとんどの関係者は、カリフォルニア法において厳密に定義された条項は反論が難しい反面、より広い範囲を包含するフロリダ法などは曖昧かつ振幅が大きいという点で違憲の疑いがあると結論した。残念ながら、こうした議論はおおむね上訴裁判所が憲法上の判断をなす前に出されたもので、議論自体明らかに時期尚早であった(反ストーキング法に違憲の疑いが指摘されたのは一九九四年暮れから一九九五年にかけての上訴裁判所によるもの。全米司法研究所、一九九六)。北アメリカの複数の第一審裁判所は曖昧さと振幅の大きさ原則から反ストーキング法に疑義を呈したが、上級司法裁判所は上訴と同時におおむね同法を擁護する判断を示した。本書を執筆している時点では、違憲の疑いありとして反ストーキング法への疑義が示されたのは合衆国各州の中でも一握りにとどまっている。

反ストーキング法が初めて上訴裁判所で反撃に遭ったのはマサチューセッツ州で、一九九四年のマサチューセッツ州対クウィアトコウスキー裁判である。本件の被告は裁判所命令により元妻への電話連絡と自宅への接近を禁止されていた。逮捕された夜、被告は元妻のもとに子どもたちの一人が悪夢にうなされていると偽って電話をかけた。朝の二時四十五分にである。元妻が心配そうなそぶりを見せると、彼は復縁したいということを彼女に告げた。ところが、今アパートに男はいるのかとあけすけな質問をした途端、元妻はガチャリと電話を切った。すぐさま電話のベルが鳴ったが、元妻は受話器をフックから外した。二時間後、被告は子どもをひき連れて元妻の自宅へ押しかける。彼女はこの時点で警察に連絡した。被告は立ち去ったものの、それからほどなく元妻に電話をかけてきて、こう言った、「こいつは戦争だ。いつかお前を捕まえてやる」。被告は逮捕され、ストーキングのかどで有罪判決を受けた。

判決を言い渡すにあたり、上訴裁判所は、反ストーキング法には曖昧な部分があるという被告側の言い分を認めた。判決によると、同法は「繰返しの嫌がらせ」とは何かを明確に定義していない。同法の定義するハラスメントは「意図的かつ計画的になされる行動パタンまたは一連の行為」のこと。この定義によると、繰返しの嫌がらせと判断するには少なくとも二回の連続した行為（あるいは最低四回の別々の行為）が必要と裁判所は述べた。被告はハラスメント行為を繰り返してはいない。このため有罪の求刑は認められなかった。

曖昧原則のおかげで反ストーキング法に疑義が生じたケースはほかの州にもある。オレゴン州対ノリス＝ロマイン／フィンレイ裁判（一九九五）。この合同裁判でも州の反ストーキング法は曖昧かつ違憲という判断が下された。ノリス＝ロマインとフィンレイの両被告人はストーキング保護命令違反のかどで告発された。この命令は「合法的な目的がないまま、意図的、計画的、向こう見ずに望まない行為を繰返し行う」と信じるに足る相当の理由がある場合法執行官によって出されるものである。裁判所は、条文を読む限り「合法的な目的」の意味するところが明らかではなく、これが同法を曖昧なものにしていると判断。被告への告発は却下され、法律に対する疑義が生じた。オレゴン州上訴裁判所はその後のスター対エクレス裁判（一九九五）でも同法を違憲と判断する。この裁判は、以前かかっていた心理学者から出されたストーキング保護命令の無効をスターが求めた。結婚が暗礁に乗り上げたスターは妻のことで心理学者エクレスの助言を受けていた。夫婦はほどなく離婚したが、エクレスは短期間ながらスターの元妻の治療を継続した。スターは、元妻とこの心理学者が不貞を働いていると主張し、二人は共謀して自分を破滅させようとしていると訴えた。そんな妄念にとりつかれた彼はエクレスと三十回にわたり望まれざる接触をし、十字路に面した自宅通路を石でふさぎ、心理学者が家を留守にしたときは家族に嫌がらせをし、わいせつな振舞いにおよび、駐車場にいるエクレスの写真を撮り、お前を「とっちめてやる」と脅迫した。エクレスはスターに対するストーキング保護命令を取得した。命令の無効を求める申請の中でスターはみずからを弁護して、同法は公共の場へアクセスする自分の権利を侵害し、移動の自由を奪っていると主張、振幅が大きく曖昧で違憲であると述べた（特に「合法的な目的」「繰返しの望まない接触」という文言）。オレゴン州対ノリス＝ロマイン／フィンレイ裁判の判決に則り、裁判所は「合法的な目的」条項を曖昧と認め、この一点を根拠にストーキング禁止命令を無効とした。残念だったのは、振幅の大きさ、公共の場所へのアクセス権、移動の自由についての判断を留保したことであった。

カンザス州対ブライアン裁判（一九九六）ではカンザス州の反ストーキング法が曖昧で違憲と判断された。根拠としては、ストーカーの行為が被害者を怯えさせ、悩ませ、苦しめるかどうかを客観的に判断するガイドラインがないというもの。被告側の主張によると、ストーキングという犯罪は「原告の受け止め方次第」であり、そしてこの概念は裁判所によって否定されているものである。このため、裁判所は同法を「分別ある人」を基準に解釈することとした。もっと最近の例では、ロング対テキサス州裁判（一九九六）がある。裁判所はこれまでの曖昧原則の前例にならって同州の反ストーキング法に疑義を表明。とりわけ反ストーキング法が言論の自由の合法的行使（政治的異議申し立てを言及する等）を阻害しかねない点を懸念し、「分別ある人」にもとづいた明確な基準がないことを批判した。この判断の結果、八〇〇ないし九〇〇という膨大な数の裁判がテキサス州で取り下げられた（アノン、一九九七）が、この批判を受けて策定中の新法が間もなく通過する予定である。

合衆国各州のための模範的反ストーキング法

一九九二年十月、連邦議会は全米司法研究所に対し、各州において施行可能かつ憲法上疑義のない反ストーキング法のモデルを起草するよう委託した。モデル法案は州法の問題点を解決する使命を帯び、議員立法であることから、憲法上の懸念より渉外上の要請がまず検討されることになった。各州が統一的な法律を布くというのがその目的であったが、ストーキングの定義、処罰について研究所が建議した案はことごとく却下された。その結果、合衆国各州はストーキングを告発するという当面の議題に適う部分のみを採用することにした。各州の反ストーキング法を統一するという当初の目的は、あっけなく崩れ去ったのである。

モデル法案（司法援助局、一九九六）が定義するストーキングは、他人を標的とした一連の「意図的な」行為で、その人や家族に大けがや殺されるかもしれないという恐怖を誘発させ、かつそうした恐怖を実際にもよおさせるもの。法案は、被告が自身の行動の結果そうした恐怖が誘発されると「自覚していた、あるいはしていたと考えられる」ことを求めている。一連の行為とは「繰返し人の視界また身体に接近すること、繰返し行動また言語また書面による脅迫をなすこと……」。「繰返し」とは二回以上の機会。モデル法案は「有罪になったストーカーに州が刑罰の、また公判前の釈放、保護観察、出獄許可の一環として、精神鑑定およびカウンセリングを受けることを考慮するよう」求めている。これは以前のストーキング関連法の大半で見過ごされてきた、すぐれて重要かつ緊急の問題であると筆者らは思う。

モデル法案の目的は合憲かつ厳密な条文を策定することにあったが、その一方法案の「犯意」要件は曖昧のそしりをまぬかれないと批判されてきた。法案は何をストーキング犯罪の過失基準とするかについては的確に言及する（被告は被害者を恐怖におとしいれると自覚していた、「あるいは自覚していたと考えられる」など）。「あるいは自覚していたと考えられる」条項は曖昧との議論もあり、「人の視界また身体に接近すること」という文言とあわせるととりわけそうである（フォークナーとシアオ、一九九四）。「分別ある人」基準も法の誤用を最小限にとどめると思われる反面、犯意《メンズ・リーア》の最低基準を設けたのは曖昧原則による批判を浴びやすくし、かつ憲法に違反しないという当初の目的とも矛盾する。

北アメリカの反ストーキング法

ストーキングを刑事犯罪に分類することは合衆国では早くからなされてはきたが、今なお論争の的である。決して新しい行動パタンとはいえないストーキングが緊急の課題とされ、政治上、立法上の動きを呼んだ。現行の反ハラスメント法を修正強化する意見もあったが、議会は大衆受けする政策を選び、これを反ストーキング法で裁くほうへ走っていった。

一九九〇年から一九九三年にかけて、合衆国各州は新法を制定し、現行法を修正してストーキングを規制してきた。ストーキング問題は北アメリカ中に蔓延していたとはいえ、法案成立までのスピードは目を見張るほどだった。女性運動家や家庭内暴力に反対する組織によるロビー活動が積み上げられた成果は、女性への暴力を取り締まる法律の必要性を証明したという意味で、大きな力となった。もっとも、フェミニスト批評家の中には、問題の一断面を「大至急犯罪化したこと」は広報しておけば良しという政府の旧来の対応に与しただけで、組織暴力と取り組む世の中の願いとは裏腹の結果となったと批判する向きもある（ウェイ、一九九四）。公人で、ややもすれば批判の対象となる政治家は不平屋で勘違いしたストーカーの関心を惹きやすいからという見方も、ストーキングへの即応を説明しようとする批評家の批判を避ける役には立たなかった。最後に、大衆の認識と怒りを呼び覚ます上でメディアが果たした役割は、政治の側を刺激したという意味で、やはり大きな力となった。各州が反ストーキング法を施行するにあたっての判断をなす上で、こうした要素がいずれも力があったのは疑いを入れない。そうではありながら、法律の施行はいかにも急で、悪気のない行為すらストーキングで告発されてしまうのではないかといった恐れを拡大させたのは事実である。同時に反ストーキング法は違憲ではないかとの疑いも、今なおくすぶっている。

ほかに反ストーキング法の注目すべき点として、整合性の欠如がある。刑事犯罪としてのストーキングは合衆国各州で解釈に相当の開きがある。カリフォルニアではストーカーに被害者を不安がらせる意図があったことを要件とするのに対し、ミシガンでは一連の行為に対する被害者の被害意識と反応によってストーキングがあったかどうかを判断する。ストーキング被害者の反応を重視するのは反ストーキング法の執行を確実なものにする反面、過失という従来の要素を後回しにしてしまう。ここを危うくすると悪意のない行為までストーキングと見てしまう恐れを増しかねない。反ストーキング・モデル法案をつくった目的は合憲かつ執行可能な条文を策定することにあったが、現在までのところ、その目的が達成されたようには思えない。

たとえそれがメディアに煽られたものであれ（公平な第三者ではなく）、ストーキングを裁く法律が必要であるとの認識は大衆にいきわたっていた。ストーキングは悪であり、被害者の日常、情緒、職業生活に害をなす。しかし、重要なのは、「真性の」ストーキングに加え、合法的で悪意のない行為を法律はどこまで規制し得るのか、ということである。接触する回数が増えるほど、いずれ暴力にエスカレートするのではないかという被害者の恐れは増す。このため立法者は禁止すべき望まれざる接触の回数を最低二回とした。必ずしも悪意なり脅迫行為なりを伴う必要はないとした州も多い。悪意ある接触と違法と言えない接近のどこに線を引くべきかというのは無論複雑な問題だが、ストーキングの法的定義を合意されざる二回未満の接触としたことは、現実のストーキングのありようから見て相当の隔たりがある。反ストーキング法は真性のストーキングを対象としてはいるが、違法ではない（望まないとはいえ）行為や社会的相互作用（人づきあい）まで規制する恐れがある点は、看過できない。

合衆国の反ストーキング法は今なお上訴裁判所で違憲審査の真っ最中にある。もう少しすれば今後どんな形で落ち着くことになるのかが明らかになるだろう。法律の有効性を評価する動きはなお進行中であり、連邦議会へ提出されたストーキング問題年次報告書は、反ストーキング法の将来像に関心ある層に有意義な情報を提供してくれるだろう（ストーキングおよび家庭内暴力についての連邦議会向け年次報告書は合衆国司法省のウェブ・サイト（www.usdoj.gov）を参照のこと）。

オーストラリアの反ストーキング法

オーストラリアの法律はイングランド、ウェールズの判例法、さらに州および連邦法にもとづいている。オーストラリアの裁判所は所与の事例ではなお判例法を解釈、適用しているが、北アメリカ（特にカナダ）の判例を参考にすることも多く、北アメリカの判断はオーストラリア諸州の法案に大きな影響を持っている（被虐女性症候群などに見られる被害影響報告書および答弁書の利用など）。一般的に言えば、北アメリカで反ストーキング法が成立すれば、オーストラリアでも同様の法律をという声が上がるのは十分あり得る。北アメリカでもそうであったように、かつてのパートナーによるハラスメントの結果複数の女性が殺害されたことが大衆の怒りに火を付け、オーストラリアの反ストーキング法制定のきっかけとなった（マクマホンとデイヴィッズ、一九九三、グード、一九九五）。オーストラリア諸州の大半がハラスメント、脅迫、悪意ある通信を禁じているが、現行の法律を強化するという選択は、合衆国と同様、新しい刑法をつくる動きと引き換えに閑却された。

一九九三年から一九九五年にかけて、オーストラリアの各州、行政区で反ストーキング法が議会を通過した（注3）。オーストラリアの州で初めて反ストーキング法を提出したのはクィーンズランド、次いでニュー・サウス・ウェールズ（NSW）、サウス・オーストラリア（SA）、ヴィクトリア、ウェスタン・オーストラリア（WA）、ノーザン・テリトリー（NT）、タスマニア、オーストラリアン・キャピタル・テリトリー（ACT）がそれに続いた。オーストラリアの反ストーキング法を見ると、先輩格の北アメリカ法をモデルとしていることは一目瞭然だが、同様に、独自の定義、運用、処罰体系を有していることも分かる。以下、オーストラリア諸州の反ストーキング法の重要部分を比較し、法律のさまざまなありよう、新しい運用のあり方を見ていくことにする。

行為要件

オーストラリア各州の大半はストーキング犯罪の構成要件を具体的に定めている。クィーンズランド、SA、タスマニア、ヴィクトリア、ACT、NTの各州で禁じられている行為としては、

- つけ回し、
- 被害者の自宅周辺また立ち寄り先の徘徊、
- 被害者の不動産への侵入、干渉
- 被害者のもとに不快な物品の送達、
- 被害者の監視、
- 被害者に不安、恐怖を催させると合理的に推認されるあらゆる行為。

ヴィクトリア州はこれに加え「被害者また第三者に電話、電子メール等によって接触をはかること」を禁止している。クィーンズランド州は被害者への嫌がらせ、脅迫、被害者、親戚、友人、雇い主、関係者に暴力をふるうことを禁止。NSWでは「ストーキングないし意図的に安全を脅かすと脅迫」した場合はストーキング犯罪で告発される。当初、これは被害者と内縁また性的関係にあったもののみに適用されていたが、のち修正され、親しくない関係にあったものも含まれるようになった。

オーストラリア諸州の大半は禁止行為が二回以上繰り返されることを犯罪要件としている。もっともタスマニアと

（注3）各州、地域のストーキング犯罪は次の通り。オーストラリアン・キャピタル・テリトリー、犯罪法（34A項、1-4）、ニュー・サウス・ウェールズ犯罪法（562AB項、1-4）、ノーザン・テリトリー、犯罪法（189項、1-2）、クイーンズランド、犯罪法、一九九三（359A項、1-7）、サウス・オーストラリア、犯罪法統合法（19AA項、1-5）、タスマニア、犯罪法（192a-f項）、ヴィクトリア、犯罪法（21A項、1-5）、ウェスタン・オーストラリア、犯罪法（338D項、1-2、338E項、1-4）

ＷＡでは一連の行為についての言及もストーキング犯罪を構成する行為数についての言及もない。したがって、仮に一度でも禁止行為におよべば有罪とされかねない。カナダのハラスメント条項と同様、これは従来の反ストーキング法から一歩抜きんでたことを示している。従来の反ストーキング法は一つの行為ではなく連続した行為を犯罪要件としていたのだ。悪気のない行為に「ストーキング」のレッテルを貼ってしまう恐れはこうした州では激増するが（「被害者に発見されそうな場所に不快な物品を置く」ことを反ストーキング法で禁止したタスマニア州など）、はっきりした犯意があることを犯罪要件としたことで法律の誤用は避けられると期待される。

犯　意

オーストラリア諸州の大半はストーキング行為者に被害者なり第三者を身体的、精神的に傷つけ、不安、恐怖をもよおさせる意図があったことを要件としている。しかし、クィーンズランド州は傷害や不安を意図していたことを要件としていない。求めているのはむしろ直接被害者を標的とした行為であることを行為者が被害者に認識させること。ヴィクトリア州法は犯罪者が傷害または恐怖を与える意図を有していることを要件としているが、「かかる一連の行為に出れば相手を傷つけるという認識が犯罪者にあった、また個々の状況下において、犯罪者は間違いなく理解していた」ことを条件とした。この後半部分は行為者の精神状態を犯意というよりは無謀さによると見なしている（ウィーナー、一九九五）。

被害者の反応

被害者の反応については、各州の反ストーキング法の大半は驚くほど曖昧である。クィーンズランド州は一連の行動がいずれ暴力に発展しかねないと分別ある人に信じさせることを要件としている。しかし、被害者の感情に現実に何らかの影響がおよぶかどうかは考慮していない。同様に、加害者の行動により傷つけられる恐れがあったことはＮＳＷとＡＣＴでは、証明する必要はなく、傷害の主観的、客観的基準も設けられることはなかった。ヴィクトリア州は主観的に見て身体、精神に傷害を負ったことを犯罪要件とするが、それを客観的に鑑定することは求めていない。それ以外の州法は、犯罪者が危害なり不安をもよおさせることと具体的に示しているが、被害者が主観的にそれを体験しているかどうかについての記述はない。

見てきたように、ストーキングに対する被害者の反応が合理的であることと定めているのはオーストラリアではわずかに一州のみ。ヴィクトリア州を例外として、不安や恐怖を主観的に体験したことを犯罪の構成要件にしている州はない。大半の州は、ストーキング犯罪を構成する必要条件に恐怖や傷害を含めてはおらず、回復が早く傷つきにくいストーキング被害者であっても法的保護の対象となる。

罰　則

オーストラリア諸州の大半で、ストーキングに対する量刑は二年ないし三年の禁固刑。挑発行為を伴った場合は最長五年の禁固刑とされる。ヴィクトリア州のストーキング犯罪は最長禁固十年で、世界中でもっとも厳しい量刑の一つ。ヴィクトリア州は犯罪の軽重（挑発行為など）や被害の客観的基準について定めておらず、意図せざる行為であっても犯罪者の責任を問うている。

嫌疑の免除または弁護

クィーンズランドとヴィクトリアは、ストーキングの嫌疑がかけられた際抗弁を認めるケースとして、労働争議や政治闘争といった公の目的に資する行為、また刑法の執行や公共団体の歳入保護といった公の職務に関連する行為であると証明されること、と定めた。ＷＡでは被告が合法的な機関なり「しかるべき理由」の裏付けを持って行動した場合、抗弁が認められる。もっとも、ほとんどの州は反ストーキング法の条項の中に嫌疑の免除また抗弁の規定は設けていない。

特別の条項

サウス・オーストラリア州の反ストーキング法は新機軸としていわゆる「二重の危険防止条項」を設けている。これは、

（a）ストーキングの罪で無罪または有罪とされた人は同一の状況下で発生し、かつ当然疑われるべき性的要素にまつわる別の犯罪で有罪とされることはない、また、

（b）ストーキング以外の罪で無罪または有罪とされた人は、同一の状況下でストーキングの嫌疑が発生し、しかもそれが当然疑われるべき性的要素にまつわるものであっても、ストーキングで有罪となることはない。

というもの。

要するに、一連の容疑が別の犯罪に関するものである場合はストーキングで有罪とはならないのである（性的暴力で有罪判決を受けた小児性愛者は、たとえ暴行目的で被害

者をつけ回し監視しても、ストーキングの罪に問われない、など)。同様に、ストーキングで有罪とされた犯罪者はたとえ犯罪の最中に住居不法侵入をしても、その罪で起訴されることはない。この条項に加え、サウス・オーストラリア州政府は繰返しの犯罪が発生した事例において起訴を「積み重ねる」ためストーキング犯罪が利用されることはないとの条項を盛り込んだ(グード、一九九五)。見たところ、こうした条項はほかのすべての州でも盛り込まれている。例えばヴィクトリア州である。ストーキングによる告発はたいていの場合原告に対する一連なりの犯罪という形で処理される。判決を下すにあたりストーキングを第一事由(もっとも重い罪)としている州は三分の一にも満たない(司法省、一九九七、一九九八)。懸念された刑の「積み重ね」も、容疑者の小児性愛者がストーキングで告発されたケースで発生している。恐らくヴィクトリア州ではストーキングの最高刑が公然猥褻や強制猥褻といった性犯罪に比べ格段に重いことによるものだろう。

ヴィクトリア州の反ストーキング法には賛否両論かまびすしい条項もある。もし被告が誰かをストークし、かつ行為を継続する確率が相当に高い場合、裁判所は仲裁命令を出すことができるというもの。下級判事なり裁判官は、被告は仲裁命令欲しさにストークした疑いがあることを絶対的にわきまえておく必要がある。こうして、犯意のない行為であっても、市民的証拠基準に則り「ストーカー」のラベルを貼られる場があり得るのだ(ウィーナー、一九九五)。

オーストラリアの反ストーキング法のまとめ

北アメリカで反ストーキング法が施行されたことを受け、オーストラリア諸州も一九九三年から一九九五年にかけて相補的な法律を通過させてきた。モデルとなったのは北アメリカの諸法規であるが、定義、運用、処罰についてそれぞれに異なる内容を持っている。オーストラリアには合衆国権利章典やカナダの権利の憲章のようなアメリカ型成文憲法がないため、オーストラリア法はそうした国にあるような憲法的制約からまぬかれることになった。にもかかわらず、オーストラリア諸州の大半は合法的行為の処罰を避けるようあえて相当の取り組みをなしてきた。反ストーキング法の多くは、犯罪の要件として、被害者に傷害や恐怖をもよおさせる意図があったことを求めている。しかしオーストラリア法は、ここが合衆国法と違う点なのだが、被害者が被告の行為によって不快な体験をすることを要件としていない。もし身体的、精神的に害をなす意図さえ証明されれば、被害者側の反応(のあるなし)は問題とされない。オーストラリア法に課題があるとすれば、いくつかの州で一回のみの不埒な行為でも「ストーキング」犯罪の最低基準を満たすとした点であろう。主観的また客観的に合理性のある傷害を要件としないという条項と相まって、本来犯罪と言えず悪意もない行為に反ストーキング法が適用される危険性が高くなるのである。

法律の誤用、濫用の可能性に気付いていたSA政府は一つの予防条項を設けた。ストーキング犯罪は被告の罪状を「積み重ねる」ため用いることはできないというのがそれ。このお陰でストーキングは好ましからざる犯罪者に罪を上乗せする付随行為ではなく一つの重大犯罪と認識され、より重要なことに、そう扱われることになった。初犯のケースの統計を見ると、ストーキングが被告への第一事由とさ

れたことはめったにない。この予防条項は反ストーキング法を正当化する役割を果たしていると思われる。

この十年ほど、オーストラリア法は合衆国の立法をそのまま踏襲することが盛んで、各州こぞって反ストーキング法を導入したのもそうした動きの一つといえる。しかし、それの採択にあたり、議会も法学界も、合衆国やカナダでの実施状況によって法律を評価し、犯罪の範囲や要件を定める際もそれにならって法律上、憲法上の問題を判断してきた。その意味では、自主的に反ストーキング法の誤用、濫用を防ぐ予防措置を怠った州がいくつかあるのは残念である。同様に、仮にそうした機会を設けても、ストーキングを新法で裁く必要性、反ストーキング法の長所短所、法律が合法的行為まで包含してしまうのを防ぐ措置について、法学界で十分の議論が行われなかったこともまた残念である。新法を批判する市民的論議は立法府の政策立案者に届くことはなく、個人の権利、社会的相互作用におよぼしかねない影響を精査する試みもなされなかったのは、驚くべきである。

イギリス連合王国――ハラスメント保護法

反ストーキング法が合衆国、オーストラリアで通過したことで、連合王国（以下イギリス）でも同様の法案をという声が高まりを見せた。それを後押ししたのが全英反ストーキングおよびハラスメント運動支援連盟である。イギリスのタブロイド紙が、頻発する有名人狙い（特に王室）、赤の他人、元パートナーによるつけ回し事件をあれこれと暴きたて、ストーキングは一国の政治課題となった。ウェルズ（一九九七）はイギリスでもどこでも反ストーキング法は絶対必要との意見を簡潔に表明、暴力沙汰もストーキングも増加の一途にある、これを是非にも取り締まらねばならない、社会変革の一方策として法律はそのためのうってつけの手段と主張した。ストーキングは「膨れ上がる脅

威」（タール、一九九四）と言われ、イギリスの議員たちはこの問題とどう取り組むか、慎重に足場を探っていった。現行の刑法、民法はこの犯罪に十分対応できるか（注4）、学界は疑問の声を上げ、現行法の適用範囲を拡大することで合法的行為にまで影響がおよぶことを懸念した（アレン、一九九六、ウェルズ、一九九七）。

ストーキングを犯罪とする議員立法法案が下院に提出されたのは一九九六年五月のことである。だが第二読会にはいたらなかった。翌六月、政府は「ストーキング――その対策」（内務省、一九九六）という審議会報告書を提出し、地域レベルで問題と取り組む方向を模索。内務省は現行の民法、刑法の見直しを行った後、現行法では「ストーキング被害者を十分に保護できない」と結論し、ストーキングを扱うためには刑事犯罪条項を二つ、性犯罪条項を一つ盛り込む必要があると提案した。この提案は政府には受け入れられなかったが、その後ストーキング行為を対象とする二つの刑事犯罪条項がハラスメント保護法（一九九七）の中に盛り込まれることになった。

ハラスメント保護法が施行されたのは一九九七年六月のこと、イングランド、ウェールズ、スコットランド、北アイルランドで適用されることになった（ハラスメント保護条例（北アイルランド、一九九七）はそれとは異なる法令）。同法は二つの反社会的行為すなわち「ハラスメント」と「人を暴力の恐怖におとしいれること」を禁止している。イングランド、ウェールズ、スコットランド、北アイルランドで適用される条項は、

禁止されるべき一連の行為として、

（a）他人へのハラスメント、

（b）他人へのハラスメントになると自覚した、また自覚し得たと考えられる行為。

同法は「ハラスメント」を定義していないが、被害者を怖がらせ不安がらせる行為を一連の行為として最低二回なすこととした。とはいえ、その行為が犯罪を防止また探知する目的でなされたこと、かつ個々の状況下でその行動が合理性を有するものであることを当人が証明できる場合は適用されない。ハラスメントは略式起訴犯罪と分類され、

（注4）イギリスの裁判所はストーキング関連行為を告発するにあたり身体への傷害、暴行といった刑事犯罪が実行に移されていることとした。法規としては遠距離通信法（一九八四）、犯罪的通信法（一九八八）、公共の秩序法（一九八六）である。民事的救済策例えば「危害防止」命令も家事条例（一九九六）や家庭内暴力および婚姻手続き法（一九七六）の下で運用されている。

最高刑は禁固六カ月。同法に違反すれば被害者による訴訟申し立てを受け、事情の説明を求められる。その際ハラスメントによる不安なり金銭的損失が認められた場合、損害賠償を命じられることがある。

　二つ目の反社会的行為、「人を暴力の恐怖におとしいれること」は北アメリカ、オーストラリアで通過した反ストーキング法とそっくりである。条文によると、

　自身の一連の行為により最低二回、その暴力がいずれ我が身におよぶと人を恐怖させ、かつその一連の行為が第三者になされた場合、同様にその人を恐怖させると自覚している、また自覚していると考えられるとき、その人は有罪である。

　ここでいう「人」とは男性、女性の総称である。起訴後有罪判決を受けた場合は最長五年、略式裁判による有罪の場合は最長で六カ月の禁固刑が科せられる。ハラスメントなり人を暴力の恐怖におとしいれた罪で有罪とされた際は裁判所による禁止命令の対象となり、今後同様の行為におよぶことをいっさい禁止される。禁止命令の有効期間中に再度禁止行為におよんだ場合、被告は「暴力の恐怖」条項に則って判決を下される。いずれの反社会的行為とも最低の犯意《メンズ・リーア》基準を設けており、それは、自身の行為が被害者を恐怖させることを「自覚している、また自覚していると考えられる」というもの。ただし、被害者の被害認識、また行為にどう反応したかは「暴力の恐怖」犯罪においては重要とされる。いずれの場合も害の客観的基準については規定していないが、起訴する際は被害者の主観的反応を重視とする。

　同法にはスコットランドのみの分離条項が設けられている。もし一連の行為がハラスメントと見なされると判断された場合（最低二回にわたり怯えさせ不安がらせる等）、被害者は「ハラスメント行為」があったとして所定の民事訴訟を起こすことができる。もし被害者をさらなるハラスメントから保護することが必要であると判断された場合、裁判所は被害者への賠償金を裁決するか反ハラスメント命令を発することができる。これに違反した場合、起訴されれば禁固最高五年、略式裁判では禁固六カ月。このようにスコットランドでは、裁判所が被告の行為を刑事罰に処するためには、ハラスメント行為があり、かつ裁判所命令に違反していることを要件とする。この点、一連のハラスメントの際はそれ以外の刑罰に加えて裁判所命令が課せられるとしたイギリスのほかの管轄区とは対照的である。

　そもそもイングランド、ウェールズ、北アイルランドで適用されるハラスメント保護法はストーキング犯罪の範囲

を規定するもの。「人を暴力の恐怖におとしいれる」犯罪は重い禁固刑に処すべき悪質なストーキング犯罪の一種であり、そこでハラスメントはより制約の多い重罪で告発することの適わない犯罪者を有罪に持ち込む「全的な」犯罪の一つなのだ。スコットランドは犯罪の範囲を規定しない。だが、一連のハラスメントにおよんだストーカーに対しては厳しい最高刑を科している。

ハラスメント保護法は、本書執筆時点においては施行からまだ十八カ月で、ストーカーを抑止し罰する効果はなお評価中である。ハラスメントと人を暴力の恐怖におとしいれる犯罪は高い水準の犯意を要件とはせず、害の客観的基準も設けていない。その代わり、判決の際禁止命令を課すことを裁判所に認めており、この条項である程度の均衡はとれるだろう。禁止された後も被害者と接触しようとしたら、命令違反となり、場合によっては最長の禁固刑を科せられる。ストーカーが被害者へのハラスメントを止めるきっかけとなるばかりか、ストーカーが止めなければ即時介入を可能にするという意味で、歯止めにはなるだろう。判決を下す裁判所が禁止命令を発布できるため、被害者が主導する式の制度にありがちな困難を減ずることにもなる。つまり申請から尋問までの長さと致命的な遅延、裁判所への申し立ておよび弁護士費用、ストーカーの怒りと憎悪にさいなまれた被害者の存在といったような。

イギリスの立法者は合衆国やオーストラリアと比べ、ややもするとストーキングに対して臆病であった。迅速かつ政治的にも注目される解決策をといった必要にさらされていなかったため、出てきたものは犯罪行為の範囲に枠をはめる間口の狭い法律であった。その反面、民事上、刑事上の解決策を提示していた。ハラスメント犯罪の定義を誤った場合は誤用の恐れは残るが、人を暴力の恐怖におとしいれる悪質な犯罪と悪意のない行為とを混同することはまずあるまい。イギリス法は被害者が恐怖、怯え、不安にさいなまれていることを要件とした他国の反ストーキング法とは違い、暴力がいずれ被害者におよぶとの恐怖があれば良しとしている。この条項に恐怖の客観的評価を盛り込めばなお強力なものになろうが、条文は害となりかねない行為にその適用を限定しようとしている。さらに一つ、裁判所命令および民事上の損害賠償と刑事犯罪の条項とを連関させたことにより、法律を軽んずる行為者に対する抑止力になると同時に、なおハラスメントが止まない場合に被害者の早期救済も可能となる。イギリス法はストーカーの行為のすべてを包含するものではないだろう。しかし、広範な救済措置が必要との認識は歓迎すべきであろう。

ストーキングの告発——まとめと結論

西側諸国の多くでストーキングが新種の犯罪として認識されるようになって十年あまり。一九九〇年になると合衆国、オーストラリア、イギリス、カナダ、さらにニュージーランドで反ストーキング法が施行されるようになり（ニュージーランドがハラスメント法でストーキングを告発するようになったのは一九九七年）、ヨーロッパ諸国も同様の法律の導入を検討している。ストーキングは新たに蔓延する反社会的行為として広く認知されるようになった。いわゆる「法と秩序」が社会的合意を得ている国々では犯罪を許さない政府、被害者を第一に考える政府が強く求められており、この信念は相当の普遍性を得ている。ストーキングが犯罪と見なされるようになったのはこうした文化的信念、法的課題が広がりを見せた当然の帰結である。しかし、では反ストーキング法がストーキングの予防、懲罰において成果を上げたかとなると、疑問も残る。ストーカーたちは動機、精神状態、管理と治療への反応においてさまざまな表情を見せる。こうした変数に対応し得る広範な治療法を提示できない法律は効果的な解決策をおそらく提示できまい。合衆国の一握りの法律を除き、ほとんどの国の法律は有罪とされたストーカーに刑の一環として精神衛生評価なり介入をなすことの重大性を認識していない。同様に、求められるのは治療であるのに、まず懲罰をとの声に押されてしまった側面もある。反ストーキング法が効果的かどうかはまったく犯罪者の動機、精神状態に左右されるが、一方、司法制度がどのくらい真剣にこの犯罪と取り組むつもりであるかも重要である（エイブラムズとロビンソン、一九九八）。

ストーキングという犯罪を定義するのは、疑いなく複雑で骨の折れる仕事だ。ストーキングにまつわる諸々の行為の中には合法的で、普通なら無害な振舞い、例えば電話、手紙、「贈り物」、公の場でのアプローチなどが含まれる。犯罪の要件として最低二回の禁止行為としたことは暴力へエスカレートする前に行為を抑止する助けにはなるだろう。しかし、的確な歯止めを欠いた法律は、悪意のない合法的な行為まで「ストーキング」と見なし告発しかねない危険性を増す。はっきりした犯意、一連の脅迫行為、害の客観的基準を要件とし、その恐れを減らすのが反ストーキング法であったのに、執行上の困難さからそこがおろそかにされ、反ストーキング法の対象範囲が広げられてしまった。こうして、合衆国連邦政府のモデル反ストーキング法では、二回にわたり意図的に被害者の「視界に接近」し、それによって合理的恐怖を与えた場合、行為者は有罪にできることとされた。このように大まかな要件を設けたお陰で、より制限的な条項を持つ管轄区の法律が有していた、告発へ向けての困難さは避けられることになった。もっとも、このような行為までストーキング犯罪とされたことは、かかる法律を緊急に必要とする状況下にあった被害者の経験とはかけ離れていたのだが。

一般大衆はおおむね反社会的行為を禁止し処罰することを司法制度に求めているが、被害者を守り望ましくない行為を禁止するため法律にできることは自ずと限界がある。現行の反ストーキング法がこの問題への効果的解決策となるかどうか、この賛否両論かまびすしい法律が多くの管轄区において、どんな形で生き残るのか、即断は難しい。

15 ストーカーの評価と管理

はじめに

これまでさまざまな視点からストーキング行為を管理する方法を論じてきた。ストーカーの類型学や色情狂についての章はそれを集約したものである。ここで特に焦点を合わせたのは、どうすれば確実にストーキング行為にピリオドを打てるのかということである。ストーキングが被害者ばかりか行為者の生活まで破壊するということは、分かってはいても関心の対象になってはこなかった。あえてストーカーに同情する必要などなかったのだ。とはいいながら、孤独で、誰からも相手にされず、精神病とは言えなくとも病んでいるのが、ストーカーと呼ばれる人々でもある。ストーキング行為とは治療可能な精神障害、矯正できる性格上の欠点、社交技術の拙劣さがさまざまに反映した表れなのだ。さらに、彼らの行動を変え、被害者を打ち続く不安から解放してくれる梃子の役を果たし得るのも、ストーカーたちが経験している苦悩なり分裂なのである。

予防と懲罰をという社会の要請と、治療と看護をという医療の責任の間にあって、精神の病を得た犯罪者を管理するにあたり偽りの二項対立が繰り返されてきた。精神の病を得た犯罪者をいかに治療するかという問題は、被害者なり社会の言い分に応えるか、犯罪者の必要に応えるか、いずれを選ぶかという問題に収斂しがちである。多くの場合、刑事犯罪の文脈から精神障害を断罪するのは良くて見当違いの混乱を生むか、下手をすれば行為者が当然の報いを受けることを回避する戦術となりかねない。ストーキングが（ほとんどの管轄区において）犯罪行為であるのは間違いないが、その原因と考えられるのは実に精神障害なのである。精神障害の治療を忘れることは、ストーカーにとってのみならず被害者にとっても損害である。

色情狂的妄想に駆られたストーカーに罰金を科し、監禁し、意のままにしようとするのは、非道というより無益である。予防措置としては何の利益もないだろう。刑罰としても役立たずである。矯正措置としても恐らく用をなすまい。精神に病を抱えた人によるストークから一日も早く解放されたいという被害者の願いを叶えるためには、ひとえにストーカーの妄想状態を正しく治療することである。さらに一方の端には、憤怒に駆られたナルシシスティックな人々がいる。これでも自制しているとあくまで言い張り、無謀にも自分の求愛を拒絶した被害者に復讐したい一心で凝り固まった連中だ。こうした人には司法による懲罰が功を奏する。また懲罰の中でも特に厳しい罰がふさわしいのも、こういった人々である。そして、もし行為がぶり返すことがなくなれば、いよいよ治療の出る番だ。刑事罰か治療かという選択は二つに一つというものではない。どちらでも実用的なほうを選べばよいのである。では司法による処罰と治療とをどのように均衡させれば現在のストーキングを止めさせ、将来のストーキングの芽を摘むことができるのだろう？

エマーソンほか（一九九八）がいうように、ストーキングは「入り組んだ社会化プロセス」を反映したものである。だが、ストーカーの精神病が、十分条件ではないまでも必要条件であるなら、その病を治療することでストーキングを止めさせることは可能だろう。ストーキングは、当然のことながら、社会病理、ジェンダーの不平等、人間関係のゆがみといった側面から論ずることもできる。だが、もし第一の目的が被害者をストーキングから救うことなら、ストーカーの精神病に目をつぶり、その病を治すことで行為にピリオドを打つ機会を失うことは愚かしい。医療専門家の立場から言うと、不安感や不全感にさいなまれている人の病気や障害を治療することは忽《ゆるが》せにされざる義務である。犯罪とは無関係に、ストーカーの多くは治療を必要としている。その治療が将来の犯罪を少しでも抑止することになれば、これは僥倖《ぎょうこう》である。

重い精神病を抱えたストーカーを鑑定し管理するのは、ほとんどの場合、同様の疾患を抱えた非ストーカーを治療するのと変わらない。もっとも、ストーキングという行為は鑑定と管理を必要とする特定の状況を想起させるものではある。法精神医学クリニックで働く専門家は、犯罪者であり精神障害者であり、かつその二つが連関している病者を治療することにうぶな人々ではない。大切なのは治療の最中にさらなる犯罪が起こるのを防ぐことだ。被害者も司法制度も治療に「時間を割いている」最中にストーキングが継続されるのを許すほど寛容ではない。ストーカーの中にはストーキング行為を一時休止させることが可能なものもいる。その一時休止が、司法による制裁や仮釈放の条件として積極的に奨励される場合もある。一方自分には問題があり援助を必要としていると自覚しているストーカーもいる。そんな場合は援助の代償として行為の矛をおさめることもあるだろう。妄想症者の中には自身の良識的部分と対話することでストーキングの一時休止を実現できる場合があるだろう。良識的部分は精神錯乱のピークにあっても存在する。また一方しつこい介入とハラスメントをどうしても止められない人もいる。その場合病院への隔離が必要になるかもしれない。これは患者の精神状態が民事介入なり監禁を止むなしとするもので、裁判所がそう判断すればの話であるが（われわれの経験によると監禁中のストーカーの治療は困難で効果も薄い）。実際問題として、ストーカーを地域社会で管理する際、特に治療の初期段階など、ストーキング行為がぶりかえす例は結構多い。医療従事者がこうした行為と結託したり黙認したりすることは断じてないが、ストーキングが一時再発したからといってそれが治療を断念する兆しであるわけではない。再発というものはまったく当たり前の現象という意味で、そうなのである。幸い、そんなエピソードの多くは内々のもので、公になることはない。なら、どうして再発したことを臨床家が知っているかというと、それは患者自身が話してくれたからである。臨床家には一つの習慣がある。もし引き続き犯罪を犯すようなら、たとえクリニックにかかっていても、だから法的措置をまぬかれる保証にはならないとストーカーに明らかにするというのがそれだ。実際、ストーカーを治療している最中に彼らが逮捕されたり収監されて、治療が暗礁に乗り上げてしまう例はままある。

　ストーカーは恐怖の種である。凶暴な犯罪者、最悪の性犯罪者の治療に当たって何年にもなる当クリニックの腕利きのスタッフたちでさえ、ストーカーを管理する際は相当に用心深くなる。筆者らのサービスを利用するありとあらゆる犯罪者の中で、研修生や新人スタッフが一番不安がるのは、何と言ってもストーカーなのだ。ストーカーは文化的懲罰の対象である悪魔《ブーギーマン》である。クリニックの椅子に腰掛け、病棟をうろつく男たち女たちは空想力に富み、鵜の目鷹の目で次なる標的を探している。ストーカーのこうした現実についてスタッフは教育を受け、自信を持たなければならない。ストーカーを管理するにあたりどんなリスクが伴おうと、ストーカーがセラピストを標的にする可能性はきわめて低い。セラピストは、専門が何であれ、孤独で空想好きで愛情と関心に飢えた患者やクライアントにストークされる危険はある。とはいえ、ストーカーはクリニックの門をたたく以前にターゲットをこれと定めており、心移りする心配はまずないが。

鑑定

ストーカーを鑑定する上で必要とされる基本情報は一般の精神鑑定に必要なものと大差はない。過去の鑑定書、治療プランとその効果、また不備だった点。できれば親戚や友人など独立した情報源があることが望ましいが、ストーカーの鑑定にすべてがそろう場合は稀である。ストーキング行為の詳細についてはできるだけ詳しいものが欲しい。目撃者の証言、被害者の被害届けなど。裁判所はこの手の情報を公開することにややもすれば消極的だが、これらの提出は強く求めたい。ただ、無価値なこともしばしばではあるが。司法当局から紹介されてくる場合はストーカーの完全な調書を出してもらうことが必要。われわれが被害者と直接コンタクトを取ることはないが、とりわけハラスメントが継続中のときなど、被害者を紹介するしかるべきサービスがあることを支援機関に周知徹底させるのが肝要である。これは被害者の安全、被害者福祉にとって重要な点である。これはまたストーカーを管理する助けにもなる。被害者に望ましくない強制力がかかるのを防ぐことにもなる。

裁判所命令や精神保健法の条項によって強制されたり、単に欠席したおかげで当局に命令されて、クリニックを訪れるストーカーの鑑定はしばしば複雑をきわめる。強制とはいわないまでも半ば強いられている患者はまず協力的ではない。さらにまた、裁判所がその鑑定を義務づけているという点が初期の鑑定を入り組んだものにしている。患者はそのために拭いがたい予断を持っているかもしれない。その際、患者に鑑定の目的を知らせること、問診の内容はどれが内密でどれが裁判所等に知られるか、確認してもらうことが倫理的な義務であろう。強制したり、患者の秘密保護を拒めば、憤るのは当たり前である。滾々《こんこん》と水がわき出るような、率直な鑑定こそ大事であるのに、これではその土台が揺らいでしまう。

ストーカーはむしろ内面のなさに顕著な特徴がある。彼らの否定し軽視し言い逃れをする能力に匹敵するのは、われわれの経験からすると、性犯罪者くらいであろう。あるとき一人の女性が直接われわれのクリニックを訪ねてきた。何年にもわたり有名人をストーキングしているかどで複数の嫌疑をかけられているという。彼女の望みは「ストーキングの専門家」の検査を受けて自分はストーカーではないという証明書をもらうこと。応待した受付は二週間後のアポを提示した。最初は彼女もそれを受け入れたが，一時間もしないうちに電話をかけてきて，もっと早い予約をお願いしたいという。その後何度となく電話をよこし，医師や責任者につないでくれと要求，何回かは臨床スタッフのもとへ回された。翌週も電話，手紙，しつこい介入を繰り返し，特に受付に対して直接，自分にはストーキングの傾向もその素質もないと明らかにする証明書を一刻も早く発行して欲しいと要求した。

鑑定の第一段階は通常，ストーカーに自身の憎悪の所在を表出させ，出来事の説明を求めるのがベストとされる。今指摘したように，ストーカーによる説明は嫌がらせ行為の言い逃れ，軽視，否定にその特徴がある。しかし，稀にではあるが，自身のストーキングについて率直な告白がなされる場合もある。悔悛によるものか，それとも自己正当化によるものだろうか。この段階でハラスメントのありようや程度について議論に引き込もうとすることは臨床家にとって賢明な策ではない。とりわけたいていの鑑定においては被害者による十分の被害届や目撃者の証言があるわけであるから。行為の詳細をこと細かに立証させることは控えても構わない。鑑定が進めば，治療者が行為の説明をめぐってストーカーと対立することが意味を持つ場合もあるが，ラポール（信頼感）を築こうとしている最中にそれは適当ではない。

たいていの場合においてより生産的なのは，ストーキングについて質問するに際して，馴れ合いとまでは言えなくとも一方的にならない手法を取ること。例えば，「何があなたをこの行為に駆り立てたのですか？」といった質問。なぜあなたは電話をかけ，つけ回し，介入し，嫌がらせをしたのかとあからさまに訊くよりもよほど待ってました的な回答を引き出せるであろう。同様に，「連絡しようと試み」「会おうと努め」といった言い回しで質問することも，自己正当化への圧力をかけることなく本心を表現させる上で有効である。われわれの考えによると，とりわけ親密さ追求タイプのストーカーはストーキングを「求愛」という観点で合理化しがちである。ストーカーの目的，ストーキングの目指すところについてできるだけ完璧な説明を獲得しなければならない。彼らがこうした一連の行為に出たのはなぜなのか，つけ回しから何を得られると思っているのかを，的確に見きわめる必要がある。

ハラスメントのありようと動機を調べる際には，ストーキングがストーカー自身にどんな影響をおよぼしたかを問う質問を直接してみることも必要である。これまで何時間くらいストーキング行為に費やしたのか？　対象を標的にしようと考えるようになったのはいつからか？　その行為に対してストーカーはどんな代償を払ったか？　時間、資金、エネルギー、精神的負担といった観点から、後どのくらいその代償を払い続けられそうと考えるか？　代償について言えるならストーキングすることの実益についても言えるだろう。これまでその行為によってどんな利益を得たのか？　満足のいく点は、仮にあったとして、何か？

このように質問項目を練り上げるのは、より多くの情報を得るために策を弄しているわけではない。これはそうした行為を変えていく土台を築くための第一歩なのだ。ストーカーが行為の代償に注目するよう導くことも、一つには彼らに変化を促しみずからの資質、行動をより専門的、かつ経験知によって再構築させていくプロセスの第一歩なのだ。再構築への道筋として重要なのは、ストーキングがいかに目的追求という点からも非生産的で、大きな代償を払わねばならない愚昧な行為か彼らをして認識させることにある。こうしたやり方に何の痛痒も感じないまったくの妄想者、心底から思い違いしている病者はなおもいるだろう。彼らは最後には天下晴れて自分の要求が受け入れられるという絶対的な確信に支えられているのである。

ストーカーを鑑定するに際しては完全な精神衛生評価を行わねばならない。精神衛生の専門家にとってのまさに十八番であり、臨床や法廷精神鑑定で用いられる標準的やり方を踏襲すればよい。その際まず解明すべきなのは患者の生育歴と精神状態である。そのとき、患者の性格的特徴と人生の困難にどう対処してきたかについての完全な所見があるとしばしば役に立つ。体系化・標準化された性格鑑定は臨床評価の補助資料としてやはり役に立つだろう。また、患者の社会的活動状況、対人関係適性および不適正を詳細に扱った資料は標準的評価よりはるかに重要である。拒絶型のみならずすべてのストーカーの、詳細にわたる人間関係歴を作成することが求められる。

薬物中毒はストーキング発生のきっかけにもなり、より暴力的かつしぶとい行為が発現する導火線にもなる。この意味でストーカーの完全な薬物使用歴は絶対必要である。そうした習慣を暴くに際して、内向的性格による以上に怪しいと思われる患者については、健康診断を行い、アルコール中毒や静脈注射の使用痕がないか調べるのも有効。加えて、可能なら尿検査、血液検査を行いドラッグ使用の有無を確かめる。また肝機能検査を行うことでアルコール原因とする疾患が発見される場合もあろう。

暴力行為はストーキングという状況においては付き物である。そうした行為が起こる恐れを評価するに際しては体系的（また標準化された）リスク評価が必要となってくる。ストーカーに特有なものと一般的なもの、二つの関係因子を考慮に入れること（十二章を参照のこと）。暴力行為が発生するリスクを評価する指針はそれこそ枚挙にいとまがない。いくつか例を挙げると、ハリスおよびライス（一九九七）、クインシーほか（一九九八）、スコット（一九七七）、スノーデン（一九九七）およびミューレン（一九九九）。

リスク評価に完璧を期するためにはストーカーについての以下のような質問に応えてもらう必要がある。

1　ストーカーは現在、どのような精神障害を抱えているか？
2　精神障害の病歴はあるか、また過去どのような治療を受けたか？
3　性格的な弱点で特に目につく点はどういうものか？
4　薬物中毒・濫用のはっきりした証拠はあるか？
5　ストーキング行為の動機は何か？
6　個々のストーキングが発生した状況および行為を持続させている要因は何か？
7　ハラスメントは今後どんな展開を見せると考えられるか？
8　暴力行為の可能性はどの程度か？（リスク蓋然性の観点から注意深く観察すべきこと。裁判所に報告する際など、当該人物の前歴ではなく将来の虞犯性について判決に影響する、または判決を正当化する恐れが強いため）
9　当該人物が現在置かれている社会的状況、社会的支援ネットワークはどのようなものか？
10　ストーキングを改善、予防する上で、治療の果たす役割はどのようなものか？
11　当該人物の精神障害について、どのような治療が必要か？（治療がストーキング行為におよぼす影響は度外視すること――懸命に努力したにもかかわらず、治療が効果を上げず、逆にストーキングを悪化させるといったケースは想像しがたい）

管　理

ストーカーの管理とは次のようなものである。

継続的な精神障害の管理

精神障害のあるストーカーは、障害そのものが治療を要する限り、おなじ障害のある他の患者と同様に管理される。ストーカーの中でも特に親しくなりたいタイプに比較的多く見られるのが妄想障害。この障害の管理については八章で論じておいた。一般的な精神衛生サービスで働く治療者がこの疾患の管理にあたるのはよく経験するところではないが、ストーカーに特別の関心を持つ治療者ならすぐ馴染みとなるだろう。また、社会生活上の不備、性格的な問題を抱えたものが多いのもこのグループの特徴。そこに的を絞った、長期にわたる治療が必要である。

鬱症状を自己憐憫と評価して無視してはならない。時として、適切な抗鬱療法を施すことで劇的な効果を得られることがある。われわれが好んで用いるのは選択的セロトニン再取込み阻害剤（ＳＳＲＩ）と二次療法としてクロミプラミンである。強迫現象や衝動抑制といった問題によって鬱が複雑化した時の薬物療法として有効とされた手順にもとづき使用している。鬱症状はストーキングを始めたことの反映ととらえられるストーカーでも、情緒的不安定を取り去る治療をすることは重要。もしほかの治療法に見込みがある場合でもだ。

性衝動からストーキングにおよんでいるストーカーの場合、ＳＳＲＩのようなセロトニンによる薬物療法が有効と思われる。重篤かつ慢性的な鬱症状のある略奪型ストーカーには抗アンドロゲンを選択する。不安障害、とりわけ社交恐怖がストーキング行為を発現させるきっかけというケースもある。薬物療法と行動療法とを上手に混ぜ合わせることによって、きわめて好ましい結果を期待できるだろう（われわれが用いるのはＳＳＲＩかモノアミン・オキシダーゼＡ（ＲＩＭＡ）モクロベミドのような可逆阻害剤）。

ストーキング行為に的を絞った管理戦術

長い時間とお金を必要とし、感情的にもヘトヘトになり、究極的に見れば不毛というほかないストーキングである。たとえ妄想にとらわれたストーカーであっても、不十分ながら、ストーキング行為に要するコストやその自滅的本質を多少とも認識しているものだ。こうした行動を修正するにはストーキングを続けることでいかにマイナスの影響がその身におよぶかを理解させることである。

被害者をズタズタにするストーキングであるのに、たいていのストーカーは、行動を続ければいずれ相手を振り向かせられる、和解できる、といった目的を達成できると思い込む自己欺瞞に陥っている。復讐や言い訳の機会を求めて相手をつけ回すストーカーでさえ、その行為が被害者をどれほど傷つけているかについて自覚的な例は少ない。治療の一環として、ストーキング全般について、また個々のストーキング行為について、相手にどんな影響を与えるかについての情報を提供することが望まれる（思うに妄想型ですらそう言える）。性犯罪者の治療プログラムを援用にした被害者への共感促進戦略などは、ストーカーに適用しても効果があるだろう。ストーカーには集団療法によるメリットも期待できず、それによって進むかも知れない感情表出や自覚を促す機会もない中、社会からの情報――例えば他者の要望や考え方――を正確に加工する術を上達させるためにも、ストーカー個々を相手にした努力が求められる。これがもっとも奏効するのはストーカーが日々遭遇するさまざまな社会的状況を模したロール・プレイングである。広くはストーキングが被害者に与える影響、個別的にいえば被害者に与える影響に対して反省の機会を設ける。性犯罪者に対しては、不安体験を縷々《るる》説明するストーキング被害者のビデオを見せても良い。別のストーカーのケースを報じるメディアの扱い、映像による説明も良い。

　ストーキングの多くが長きにわたってしまうのは、ストーキングという行為自体が愉快なためである。しかし、ストーキングをして良かったと自覚しているストーカーは、まずいない。彼らが自分自身に言い訳をして言うには、この行為は目的達成のための手段であるということだ（仲直り、お礼参り等）。親しくなりたいタイプのストーカーには、ストーキング行為を、目的達成のためではなく、親しくなりたいという気持ちの代償にしているだけと解剖してみせるのは有効だろう。同様に拒絶型はストーキングを失われた関係の代償にしているだけといえば理解させることはできるだろう。結果として、彼らは元パートナーとよりを戻すことも、そこから自由になることもできない、と。相手にされない求愛者に対しては、その行為が求愛の真似事に過ぎず上手くいく見込みがないばかりか自身を貶めるだけと認識させること。憎悪型のストーカーはつけ回しにいっさいの痛みと怒りを傾注しているものだが、よく観察すれば問題の本質からは大きくずれている。この場合、彼らの「正義の追求」は無力かつ恐らくは何の落ち度もない第三者を罰しようという短絡的な満足感から出たもので、根拠がないという理解に持ち込むことである。

　精神医療の専門家の門をたたくまでに、ストーカーは個人的にも金銭的にもつけ回しに相当の資源を費やしてきている。今さらそこから足を洗ったのでは面目丸つぶれであろう。そこで大切なのは、ストーキングから手を引いても屈辱感や挫折感を感じなくて済むような地点に彼らを連れてきてあげることである。ある女性ストーカーは保釈中に被害者（かつての上司）に接触することを控えていたところ下級判事からきみは「とても良い娘だから」と言われて激怒、すぐさまつけ回しを再開した。ストーカーはストーキングを止めるようにとの圧力にしばしばさらされているものだが、残念なことに、彼らからすればそれは脅し、理不尽、侮辱と受け止められる。そういった横槍的な出しゃばりに反発して自己を守り権利を主張する方向へ流れていくこともあるだろう。「気持ちは分かる」が結局は逆効果でお互いを傷つけるだけと事実を明らかにしてやることで、寛容やより高次な自己利益の観点からストーキングを断念させることも、時には可能である。

ストーカーとはあらゆる観点から見て社会的に不能なもの、孤立したものである。無二の親友とまでは言えなくとも、しかるべき友人関係に恵まれていれば、ストーキングに走ったり、そこにしがみついたりすることはなかったに違いない。孤独、孤立、その意見を尊重することのできる誰かからのフィードバックの欠如、そうしたどれもこれもがストーキングの前提条件である。社会とのつながりを改善し、友情を育てるスキルを身につけさせること、信頼に裏打ちされた関係をつくり生かすこと、それこそストーキングにピリオドを打ち、もっと大切なこととして、それの再発を防ぐ上で、決定的な要素なのである。

親しくなりたいタイプのストーカーに対する対処法の中にその方法は示されている。治療は大略以下のような手順で進む。

1　ストーカーの関心の中心を、相手がストーカーへ寄せている、また将来寄せるであろう愛から、ストーカーが相手に抱いている愛の方向へと徐々に転化する。ストーカーの動機をその希望、献身、欲望の視点から再構成する。ストーカーが愛する対象に与えたプラス価値は被害者の属性によるものといったように相手への思いを再構成する。これにより、相手の知られざる感情、性質、意図をストーカーの感情、判断のほうへとシフトする。

2　ストーカーが対象に抱く愛がどれくらい大切かを判定する。特にストーカーの孤独、他者とのつながりの欠如を明確にする。希望的な関係にどれだけ傾注してきたかをストーカーが理解するのを援助する。これにより、ストーカーは自身の愛を状況の産物と理解し、感情と誤解のせいで持続してきただけであって、対象の水面下の感情とは無縁であるという方向へシフトする。

3　対象からの愛情表現と思い込んでいた具体例に焦点を当てて、別の解釈もあり得ることを穏やかに示す。これにより、ストーカーが（むろん良かれと思って）自分からつくり上げた現実と向きあうプロセスがスタートする。ストーカーは、この時点で、みずからがつくり出した不安定な状況の中にとらわれることになる。

4　ストーキングにかかるコストについて、ストーカーがそれを具体的に認識するのを手伝う。時間、エネルギー、感情、屈辱といったもの。

5　ストーカーの不安、損失などをきっかけとして、対象を悩ませてきた不安、混乱と向きあわせるプロセスがスタートする。

6　ストーカーが自尊心を傷つけることなく要求を引っ込め，「厄介な」関係から自身を解放することが可能な地点までシフトする。ここでは対象はすでに価値のない存在になっている。ストーカーもがんばって，ベストを尽くした。そのつもりではなかったのだが，ストーカーにより愛の対象とされた被害者は恐怖し不安をおぼえている。次の段階へ進む頃合いである。

7　本当の関係を築きより現実的な対象に愛情を注ぐプロセスをスタートさせる（ペットの犬でも良い）。

ストーキングにピリオドを打つだけでなく再発を防ぐためにも，ストーカーを社会につなぎ止めようとする試みは最重要である。親しくなりたいタイプはしかるべき社会的ネットワークをつくった試しがないこともしばしばである。拒絶型は，仮にそうしたつながりがあっても，関係の破綻とともに失ってしまい，結果ストーキングへといたる。われわれが治療したストーカーの多くはストーキングをすることによって仕事，友人，仲間を犠牲にしていた。他者との関わりを保ち続けることは，その不毛な社会生活がストーキング再発の土台とならないためにも，絶対に必要である。ストーキングが長きにわたり成果をおさめたストーカーは，しばしば，新しい社会活動，新しい人間関係を手にすることにも成功している（表向きにせよ）。だが，これは単に「人間関係による治療」ではない。重要なのは将来の人間関係においてこれ以上の被害者を出さないことなのだ。

ある女性ストーカーは，人をつけ回す目的で孤独な長距離ランニングをするくらいならスポーツクラブで汗を流すようアドバイスされた。そのせいでこれまで満たされなかった社会との接点ができ，社交生活が生まれた。ストーキングは止み，それから先，再発もしていない。また，専門職にこだわり求職のたびに失敗を重ねていたあるストーカー（その分野では知られた人物で畏敬もされていた）は，非熟練の力仕事に就く決意をした。高給取りの地位を捨て低賃金の仕事に就いたおかげで元妻へ向けていたストーキングのエネルギーを仕事につぎ込むようになった。それから二年，職場で知り合った男性と手を組み，解体ビジネスを興し，見たこともない大金を稼ぎ出したばかりか，新しい友人関係にも恵まれた。元妻へのハラスメントはすっぱりと止め，ついには謝罪，稀にだがしかるべきときにはコンタクトを取る間柄になった。

おわりに

この章では，本書のほかの章もそうなのだが，精神病理がストーキングを発現させる仕組みと，それを止めさせるために治療はどのような役割を果たすべきかについて詳述してきた。ストーキングは、一にも二にも、社会病理である。精神衛生に焦点を絞ったのは専門家であるわれわれの判断もあるが、一つには実利主義の反映でもある。妄想障害を治療したりナルシシスティックな性格傾向を修正するのは易しいことではないが、それでも社会を変えるよりははるかに容易であろう。治療は、だいたいにおいて、ストーカーの社会的欠陥の克服に向けられる。当然ながら、しかるべき社会的機能、「満足のいく」社会的つながりを獲得することがストーキング治療の根幹となる。精神病理と社会病理は互いに影響しあい、時に重複しあうこともあるが、異なる領域を完全に説明し得るものではない。

本書でさまざまに論じられた治療の成果についてはおそらく、単純な期待感といったものがあるだろう。妄想障害は治療が難しいとはいえ、そうした前提に立ってしまえば、治療は本当に困難になる。人格障害は修正しがたいが、修正できないと決めつけてしまえば、同様に修正できなくなる。ストーカーの治療には大きな見込み違いはつきものだが、一方成功するケースもあるだろう。ここで信じたいのは、楽観的かつ熱意を持って仕事に臨めば、より多くの成功を得られるだろうということだ。何が役に立ち、何が治療者の専門家としてのエゴを満足させるだけなのか、時間と体系的な研究が明らかにしてくれよう。その時が来るまで、ストーカーとストーカー被害者にとって望まれるのは、治療可能なところから治療すること、修正可能なところから修正することである。これこそストーキングという悲惨かつ破滅的な行為を終わりに導く第一歩となるだろう。

ストーカー行為等の規制等に関する法律（平成十二年法律第八十一号）

（目的）

第一条　この法律は、ストーカー行為を処罰する等ストーカー行為等について必要な規制を行うとともに、その相手方に対する援助の措置等を定めることにより、個人の身体、自由及び名誉に対する危害の発生を防止し、あわせて国民の生活の安全と平穏に資することを目的とする。

（定義）

第二条　この法律において「つきまとい等」とは、特定の者に対する恋愛感情その他の好意の感情又はそれが満たされなかったことに対する怨恨の感情を充足する目的で、当該特定の者又はその配偶者、直系若しくは同居の親族その他当該特定の者と社会生活において密接な関係を有する者に対し、次の各号のいずれかに掲げる行為をすることをいう。

一　つきまとい、待ち伏せし、進路に立ちふさがり、住居、勤務先、学校その他その通常所在する場所（以下「住居等」という。）の付近において見張りをし、又は住居等に押し掛けること。

二　その行動を監視していると思わせるような事項を告げ、又はその知り得る状態に置くこと。

三　面会、交際その他の義務のないことを行うことを要求すること。

四　著しく粗野又は乱暴な言動をすること。

五　電話をかけて何も告げず、又は拒まれたにもかかわらず、連続して、電話をかけ若しくはファクシミリ装置を用いて送信すること。

六　汚物、動物の死体その他の著しく不快又は嫌悪の情を催させるような物を送付し、又はその知り得る状態に置くこと。

七　その名誉を害する事項を告げ、又はその知り得る状態に置くこと。

八　その性的羞恥心を害する事項を告げ若しくはその知り得る状態に置き、又はその性的羞恥心を害する文書、図画その他の物を送付し若しくはその知り得る状態に置くこと。

2　この法律において「ストーカー行為」とは、同一の者に対し、つきまとい等（前項第一号から第四号までに掲げる行為については、身体の安全、住居等の平穏若しくは名誉が害され、又は行動の自由が著しく害される不安を覚えさせるような方法により行われる場合に限る。）を反復してすることをいう。

（つきまとい等をして不安を覚えさせることの禁止）

第三条　何人も、つきまとい等をして、その相手方に身体の安全、住居等の平穏若しくは名誉が害され、又は行動の自由が著しく害される不安を覚えさせてはならない。

（警告）

第四条　警視総監若しくは道府県警察本部長又は警察署長（以下「警察本部長等」という。）は、つきまとい等をされたとして当該つきまとい等に係る警告を求める旨の申出を受けた場合において、当該申出に係る前条の規定に違反する行為があり、かつ、当該行為をした者が更に反復して当該行為をするおそれがあると認めるときは、当該行為をした者に対し、国家公安委員会規則で定めるところにより、更に反復して当該行為をしてはならない旨を警告することができる。

2　一の警察本部長等が前項の規定による警告（以下「警告」という。）をした場合には、他の警察本部長等は、当該警告を受けた者に対し、当該警告に係る前条の規定に違反する行為について警告又は第六条第一項の規定による命令をすることができない。

3　警察本部長等は、警告をしたときは、速やかに、当該警告の内容及び日時その他当該警告に関する事項で国家公安委員会規則で定めるものを都道府県公安委員会（以下「公安委員会」という。）に報告しなければならない。

4　前三項に定めるもののほか、第一項の申出の受理及び警告の実施に関し必要な事項は、国家公安委員会規則で定める。

（禁止命令等）

第五条　公安委員会は、警告を受けた者が当該警告に従わずに当該警告に係る第三条の規定に違反する行為をした場合において、当該行為をした者が更に反復して当該行為をするおそれがあると認めるときは、当該行為をした者に対し、国家公安委員会規則で定めるところにより、次に掲げる事項を命ずることができる。

一　更に反復して当該行為をしてはならないこと。

二　更に反復して当該行為が行われることを防止するために必要な事項

2　公安委員会は、前項の規定による命令（以下「禁止命令等」という。）をしようとするときは、行政手続法（平成五年法律第八十八号）第十三条第一項の規定による意見陳述のための手続の区分にかかわらず、聴聞を行わなければならない。

3　前二項に定めるもののほか、禁止命令等の実施に関し必要な事項は、国家公安委員会規則で定める。

（仮の命令）

第六条　警察本部長等は、第四条第一項の申出を受けた場合において、当該申出に係る第三条の規定に違反する行為（第二条第一項第一号に掲げる行為に係るものに限る。）があり、かつ、当該行為をした者が更に反復して当該行為をするおそれがあると認めるとともに、当該申出をした者の身体の安全、住居等の平穏若しくは名誉が害され、又は行動の自由が著しく害されることを防止するために緊急の必要があると認めるときは、当該行為をした者に対し、行政手続法第十三条第一項の規定にかかわらず、聴聞又は弁明の機会の付与を行わないで、国家公安委員会規則で定めるところにより、更に反復して当該行為をしてはならない旨を命ずることができる。

2　一の警察本部長等が前項の規定による命令（以下「仮の命令」という。）をした場合には、他の警察本部長等は、当該仮の命令を受けた者に対し、当該仮の命令に係る第三条の規定に違反する行為について警告又は仮の命令をすることができない。

3　仮の命令の効力は、仮の命令をした日から起算して十五日とする。

4　警察本部長等は、仮の命令をしたときは、直ちに、当該仮の命令の内容及び日時その他当該仮の命令に関する事項で国家公安委員会規則で定めるものを公安委員会に報告しなければならない。

5　公安委員会は、前項の規定による報告を受けたときは、当該報告に係る仮の命令があった日から起算して十五日以内に、意見の聴取を行わなければならない。

6　行政手続法第三章第二節（第二十八条を除く。）の規定は、公安委員会が前項の規定による意見の聴取（以下「意見の聴取」という。）を行う場合について準用する。この場合において、同法第十五条第一項中「聴聞を行うべき期日までに相当な期間をおいて」とあるのは、「速やかに」と読み替えるほか、必要な技術的読替えは、政令で定める。

7　公安委員会は、仮の命令に係る第三条の規定に違反する行為がある場合において、意見の聴取の結果、当該仮の命令が不当でないと認めるときは、行政手続法第十三条第一項の規定及び前条第二項の規定にかかわらず、聴聞を行わないで禁止命令等をすることができる。
8　前項の規定により禁止命令等をしたときは、仮の命令は、その効力を失う。
9　公安委員会は、第七項に規定する場合を除き、意見の聴取を行った後直ちに、仮の命令の効力を失わせなければならない。
10　仮の命令を受けた者の所在が不明であるため第六項において準用する行政手続法第十五条第三項の規定により意見の聴取の通知を行った場合の当該仮の命令の効力は、第三項の規定にかかわらず、当該仮の命令に係る意見の聴取の期日までとする。
11　前各項に定めるもののほか、仮の命令及び意見の聴取の実施に関し必要な事項は、国家公安委員会規則で定める。

（警察本部長等の援助等）

第七条　警察本部長等は、ストーカー行為又は第三条の規定に違反する行為（以下「ストーカー行為等」という。）の相手方から当該ストーカー行為等に係る被害を自ら防止するための援助を受けたい旨の申出があり、その申出を相当と認めるときは、当該相手方に対し、当該ストーカー行為等に係る被害を自ら防止するための措置の教示その他国家公安委員会規則で定める必要な援助を行うものとする。
2　警察本部長等は、前項の援助を行うに当たっては、関係行政機関又は関係のある公私の団体と緊密な連携を図るよう努めなければならない。
3　警察本部長等は、第一項に定めるもののほか、ストーカー行為等に係る被害を防止するための措置を講ずるよう努めなければならない。
4　第一項及び第二項に定めるもののほか、第一項の申出の受理及び援助の実施に関し必要な事項は、国家公安委員会規則で定める。

（国、地方公共団体、関係事業者等の支援）

第八条　国及び地方公共団体は、ストーカー行為等の防止に関する啓発及び知識の普及、ストーカー行為等の相手方に対する支援並びにストーカー行為等の防止に関する活動等を行っている民間の自主的な組織活動の支援に努めなければならない。
2　ストーカー行為等に係る役務の提供を行った関係事業者は、当該ストーカー行為等の相手方からの求めに応じて、当該ストーカー行為等が行われることを防止するための措置を講ずること等に努めるものとする。
3　ストーカー行為等が行われている場合には、当該ストーカー行為等が行われている地域の住民は、当該ストーカー行為等の相手方に対する援助に努めるものとする。

（報告徴収等）

第九条　警察本部長等は、警告又は仮の命令をするために必要があると認めるときは、その必要な限度において、第四条第一項の申出に係る第三条の規定に違反する行為をしたと認められる者その他の関係者に対し、報告若しくは資料の提出を求め、又は警察職員に当該行為をしたと認められる者その他の関係者に質問させることができる。

2　公安委員会は、禁止命令等をするために必要があると認めるときは、その必要な限度において、警告若しくは仮の命令を受けた者その他の関係者に対し、報告若しくは資料の提出を求め、又は警察職員に警告若しくは仮の命令を受けた者その他の関係者に質問させることができる。

（禁止命令等を行う公安委員会等）

第十条　この法律における公安委員会は、禁止命令等並びに第五条第二項の聴聞及び意見の聴取に関しては、当該禁止命令等並びに同項の聴聞及び意見の聴取に係る事案に関する第四条第一項の申出をした者の住所地を管轄する公安委員会とする。

2　この法律における警察本部長等は、警告及び仮の命令に関しては、当該警告又は仮の命令に係る第四条第一項の申出をした者の住所地を管轄する警察本部長等とする。

3　公安委員会は、警告又は仮の命令があった場合において、当該警告又は仮の命令に係る第四条第一項の申出をした者がその住所を当該公安委員会の管轄区域内から他の公安委員会の管轄区域内に移転したときは、速やかに、当該警告又は仮の命令の内容及び日時その他当該警告又は仮の命令に関する事項で国家公安委員会規則で定めるものを当該他の公安委員会に通知しなければならない。ただし、当該警告又は仮の命令に係る事案に関する第五条第二項の聴聞又は意見の聴取を終了している場合は、この限りでない。

4　公安委員会は、前項本文に規定する場合において、同項ただし書の聴聞又は意見の聴取を終了しているときは、当該聴聞又は意見の聴取に係る禁止命令等をすることができるものとし、同項の他の公安委員会は、第一項の規定にかかわらず、当該聴聞又は意見の聴取に係る禁止命令等をすることができないものとする。

5　公安委員会は、前項に規定する場合において、第三項ただし書の聴聞に係る禁止命令等をしないときは、速やかに、同項に規定する事項を同項の他の公安委員会に通知しなければならない。

（方面公安委員会への権限の委任）
第十一条　この法律により道公安委員会の権限に属する事務は、政令で定めるところにより、方面公安委員会に委任することができる。

（方面本部長への権限の委任）
第十二条　この法律により道警察本部長の権限に属する事務は、政令で定めるところにより、方面本部長に行わせることができる。

（罰則）
第十三条　ストーカー行為をした者は、六月以下の懲役又は五十万円以下の罰金に処する。
2　前項の罪は、告訴がなければ公訴を提起することができない。
第十四条　禁止命令等（第五条第一項第一号に係るものに限る。以下同じ。）に違反してストーカー行為をした者は、一年以下の懲役又は百万円以下の罰金に処する。
2　前項に規定するもののほか、禁止命令等に違反してつきまとい等をすることにより、ストーカー行為をした者も、同項と同様とする。
第十五条　前条に規定するもののほか、禁止命令等に違反した者は、五十万円以下の罰金に処する。

（適用上の注意）
第十六条　この法律の適用に当たっては、国民の権利を不当に侵害しないように留意し、その本来の目的を逸脱して他の目的のためにこれを濫用するようなことがあってはならない。

附　則

（施行期日）
1　この法律は、公布の日から起算して六月を経過した日から施行する。

（条例との関係）
2　地方公共団体の条例の規定で、この法律で規制する行為を処罰する旨を定めているものの当該行為に係る部分については、この法律の施行と同時に、その効力を失うものとする。
3　前項の規定により条例の規定がその効力を失う場合において、当該地方公共団体が条例で別段の定めをしないときは、その失効前にした違反行為の処罰については、その失効後も、なお従前の例による。

（検討）

4　ストーカー行為等についての規制、その相手方に対する援助等に関する制度については、この法律の施行後五年を目途として、この法律の施行の状況を勘案して検討が加えられ、その結果に基づいて必要な措置が講ぜられるべきものとする。

Walker, L. E. & Meloy, J. R. (1998) Stalking and domestic violence. In J. Reid Meloy (Ed.) *The Psychology of Stalking: Clinical and Forensic Perspectives* (pp. 139–61). San Diego: Academic Press.

Wallace, C., Mullen, P. E., Burgess, P., Palmer, S., Ruschena, D. & Browne, C. (1998) Serious criminal offending and mental disorder: a case linkage study. *British Journal of Psychiatry,* **172**, 477–84.

Walker, L. E. A. (1989) *Terrifying Love: Why Battered Women Kill and How Society Responds.* New York: Harper and Row.

Warchol, G. (1998) *Bureau of Justice Stats Special Report* (Workplace Violence, 1992–6).

Way, R. C. (1994) The criminalization of stalking: an exercise in media manipulation and political opportunism. *McGill Law Journal,* **39**, 379–400.

Wells, C. (1997) Stalking: the criminal law response. *Criminal Law Review,* 463–70.

Westrup, D. (1998) Applying functional analysis to stalking behavior. In J. Reid Meloy (Ed.) *The Psychology of Stalking: Clinical and Forensic Perspectives* (pp. 275–94). San Diego: Academic Press.

Westrup, D. & Fremouw, W.J. (1998) Stalking behavior: a literature review and suggested functional analytic assessment technology. *Aggression and Violent Behavior,* **3**, 255–74.

White, S.G. & Cawood, J.S. (1998) Threat management of stalking cases. In J. Reid Meloy (Ed.) *The Psychology of Stalking: Clinical and Forensic Perspectives* (pp. 296–315). San Diego: Academic Press.

White, G.E. & Mullen, P.E. (1989) *Jealousy: Theory Research and Clinical Strategies.* New York: Guilford Press.

Wiener, D. (1995) Stalking: criminal responsibility and the infliction of harm. *Law Institute Journal,* January, 30–3.

Wilcox, B. (1982) Psychological rape. *Glamour,* pp. 232–3 and 291–6.

Wilson, G.D. & Cox, D.N. (1983) Personality of paedophile club members. *Personality and Individual Differences,* **4**, 323–9.

Wright, J.A., Burgess, A.G., Burgess, A.W., Laszlo, A.T., McCrary, G.O. & Douglas, J.E. (1996) A typology of interpersonal stalking. *Journal of Interpersonal Violence,* **11**, 487–502.

Writer, L. & Blackman, J. (1993) Fanatic obsession. *Who Weekly,* May, 42–3.

Zona, M.A., Sharma, K.K. & Lane, J. (1993) A comparative study of erotomanic and obsessional subjects in a forensic sample. *Journal of Forensic Sciences,* **38**, 894–903.

Zona, M.A., Lane, J. & Moore, M. (1996) The psychology and behaviour of stalkers. Unpublished paper presented at the American Academy of Forensic Sciences Annual Meeting, Nashville, TN.

Zona, M.A., Palarea, R.E. & Lane, J. (1998) Psychiatric diagnosis and the offender–victim typology of stalking. In J. Reid Meloy (Ed.) *The Psychology of Stalking: Clinical and Forensic Perspectives* (pp. 70–84). San Diego: Academic Press.

Soyka, M. (1999) Substance abuse, psychiatric disorder and disturbed behaviour. *British Journal of Psychiatry*, in press.

Sparr, L. & Pankratz, L. D. (1983) Factitious posttraumatic stress disorder. *American Journal of Psychiatry*, **140**, 1016–9.

Steadman, H. J., McGreevy, M. A., Morrissey, J. P., Callahan, L. A., Robbins, P. C. & Cirincione, C. (1993) *Before and After Hinckley: Evaluating Insanity Defence Reform*. New York: Guilford Press.

Steadman, H. J., Mulvey, E. P., Monahan J., Clark Robbins, P., Appelbaum, P. S., Grisso, T., Roth, L. H. & Silver, E. (1998) Violence by people discharged from acute psychiatric inpatient facilities and by others in the same neighborhoods. *Archives of General Psychiatry*, **55**, 393–401.

Stein, M. B. (1986) Two cases of 'pure' or 'primary' erotomania successfully treated with pimozide. *Canadian Journal of Psychiatry*, **31**, 289–90.

Stone, A. A. (1984) *Law, Psychiatry and Morality*. Washington, DC: American Psychiatric Press.

Strikis, S. A. (1993) Stopping stalking. *Georgetown Law Journal*, **81**, 2771–813.

Tallenbach, H. (1974) On the nature of jealousy. *Journal of Phenomenological Psychology*, **4**, 461–8.

Taylor, P .J. (1985) Motives for offending among violent and psychotic men. *British Journal of Psychiatry*, **147**, 491–8.

Taylor, P. J., Mahendra, B. & Gunn, J. (1983) Erotomania in males. *Psychological Medicine*, 13, 645–50.

Thomas, K. R. (1993) How to stop the stalker: state antistalking laws. *Criminal Law Bulletin*, **29**, 124–36.

Tjaden, P. & Thoennes, N. (1998) *Stalking in America: Findings from the National Violence against Women Survey*. Washington, DC: National Institute of Justice and Centers for Disease Control and Prevention.

Turl, P. (1994) 'Stalking' is a public problem. *New Law Journal*, **144**, 632–3.

Ungvari, G. S. & Mullen, P. E. (1997) Reactive psychoses. In D. Bhugra & A. Munro (Eds.) *Troublesome Disguises: Underdiagnosed Psychiatric Syndromes* (pp. 52–90). Oxford: Blackwell Science.

Updike, J. (1997) *Forward to The Seducer's Diary*. Princeton, NJ: Princeton University Press.

Urbach, J. R., Khalily, C. & Mitchell, P. P. (1992) Erotomania in an adolescent: clinical and theoretical considerations. *Journal of Adolescence*, **15**, 231–40.

US Congress (1992) Senate Committee on the Judiciary: Antistalking Legislation, Hearing 29 September 1992 on S.2922, A Bill to Assist the States in the Enactment of Legislation to Address the Criminal Act of Stalking Other Persons. 102nd Congress, 2nd Session.

van der Kolk, B. A., Dreyfuss, D., Michaels, M., Shera, D., Berkowitz, R., Fisler, R., et al. (1994) Fluoxetine in posttraumatic stress disorder. *Journal of Clinical Psychiatry*, **55**, 517–22.

van der Kolk, B. A., McFarlane, A. C. & van der Hart, O. (1996) A general approach to treatment of posttraumatic stress disorder. In B. A. van der Kolk, A. C McFarlane & L. Weisaeth (Eds.) *Traumatic Stress: The Effects of Overwhelming Experience on Mind, Body and Society* (pp. 417–40). New York: Guilford Press.

Walker, J. M. (1993) Anti-stalking legislation: does it protect the victim without violating the rights of the accused? *Denver University Law Review*, **71**, 273–302.

Schwartz-Watts, D. & Morgan, D. W. (1998). Violent versus nonviolent stalkers. *Journal of the American Academy of Psychiatry and Law,* **26**, 241–5.

Schwartz-Watts, D., Morgan, D. W. & Barnes, C. J. (1997) Stalkers: the South Carolina experience. *Journal of the American Academy of Psychiatry and Law,* **25**, 541–5.

Scott, D. (1995) The social construction of child sexual abuse: debates about definitions and the politics of prevalence. *Psychiatry, Psychology and Law,* **2**, 117–26.

Scott, P. D. (1977) Assessing dangerousness in criminals. *British Journal of Psychiatry,* 131, 127–42.

Scruton, R. (1986) *Sexual Desire: A Philosophical Investigation.* London: Weidenfeld & Dicolson.

Seeman, M. V. (1978) Delusional loving. *Archives of General Psychiatry,* **35**, 1265–7.

Segal, J. H. (1989) Erotomania revisited: from Kraepelin to DSM-III-R. *American Journal of Psychiatry,* **146**, 1261–6.

Segal, J. H. (1990) Erotomania, obsessive love not uncommon but difficult to treat. *The Psychiatric Times: Medicine and Behavior,* **7**, 22–4.

Shalev, A., Bonne, O. & Eth, S. (1996) Treatment of posttraumatic stress disorder: a review. *Psychosomatic Medicine,* **58**, 165–82.

Shepherd, M. (1961) Morbid jealousy: some clinical and social aspects of a psychiatric symptom. *Journal of Mental Science,* **107**, 687–704.

Shrapnel, R. H. (1997) *Personal Protection at Home and Abroad.* Singapore: Times Books International.

Signer, S. F. (1989) Homo-erotomania. *British Journal of Psychiatry,* **154**, 729.

Signer, S. F. & Cummings, J. L. (1987) De Clérambault's syndrome in organic affective disorder. *British Journal of Psychiatry,* **151**, 404–7.

Signer, S. F. & Isbister, S. R. (1987) Capgras syndrome, de Clérambault's syndrome, and *folie à deux. British Journal of Psychiatry,* **151**, 402–4.

Signer, M. & Signer, S. F. (1992) Erotomania in the personals column. *Canadian Journal of Psychiatry,* **37**, 224.

Silva, J. A., Ferrari, M. M., Leong, G. B. & Penny, G. (1998) The dangerousness of persons with delusional jealousy. *Journal of the American Academy of Psychiatry and the Law,* **26**, 607–23.

Silverman, N. (1998) Terror of the stalker. *Good Medicine, August,* 36–39.

Simon, R. I. (1996) Workplace violence. In Simon, R. I. (Ed.) *Good Men do What Bad Men Dream* (pp. 237–77). Washington, DC: American Psychiatric Press.

Singer, I. (1966) *The Nature of Love.* Volume 1, *Plato to Luther.* New York: Random House.

Singer, I. (1987) *The Nature of Love.* Volume 2, *Courtly and Romantic.* Chicago: University of Chicago Press.

Smith, S.L. (1995) Developments in United States criminal law. *Criminal Law Journal,* **19**, 90–1.

Snowden, P. (1997) Practical aspects of clinical risk assessment and management. *British Journal of Psychiatry* (Suppl.) **32**, 32–4.

Sohn, E. F. (1994) Antistalking statutes: Do they actually protect victims? *Criminal Law Bulletin,* **30**, 203–41.

Solomon, R. C. (1976) *The Passions.* New York: Doubleday.

Solomon, R. C. (1980) Emotions and choice. In A.O. Rorty (Ed.) *Explaining Emotions* (pp. 251–81). Berkeley, CA: University of California Press.

Peterson, G.A. & Davis, D.L. (1985) A case of homosexual erotomania. *Journal of Clinical Psychiatry,* **46**, 448–9.

Phillips, S. P. & Schneider, M. S. (1993) Sexual harassment of female doctors by patients. *New England Journal of Medicine,* **329**, 1936–9.

Poe, E. A. (1967) The man of the crowd. In D. Galloway (Ed.) *Selected Writing.* Harmondsworth, Middx: Penguin Books. (Originally published 1840.)

Prins, H. (1997) Dangerous obsessions – some aspects of jealousy and erotomania. *Psychiatric Care,* **4**, 108–13.

Proust, M. (1980) *Remembrance of Things Past* (F. Scott-Moncrieff & T. Kilmartin, transl.). New York: Random House. (Originally published in French 1913–22).

Quayle, S. (1994) Harassed by a rash of male patients. *Australian Doctor, May,* 28.

Quinsey, V. L., Harris, G. T., Rice, M. E. & Cormier, C. A. (1998) *Violent Offenders: Appraising and Managing Risk.* Washington, D.C.: American Psychological Association.

Raschka, L. B. (1979) The incubus syndrome: a variant of erotomania. *Canadian Journal of Psychiatry,* **24**, 549–53.

Raskin, D. E. & Sullivan, K. E. (1974) Erotomania. *American Journal of Psychiatry,* **131**, 1033–5.

Ray, I. (1839) *Medical Jurisprudence of Insanity.* Boston: Little & Brown.

Reis, A. & Roth, J.A. (1993) *Understanding and Preventing Violence.* Washington, DC: National Academy Press.

Resnick, R. (1992) California takes lead: States enact 'stalking' laws. *National Law Journal,* **4**(36), 3.

Retterstøl, N. & Opjordsmoen, S. (1991) Erotomania – erotic self-reference psychosis in old maids: a long-term follow-up. *Psychopathology,* **24**, 388–97.

Ritchie, J. (1995) *Woman's Day,* February, pp. 66–72.

Romans, J., Hays, J. & White, T. (1996) Stalking and related behaviors experienced by counseling center staff members from current or former clients. *Professional Psychology: Research and Practice,* **27**, 595–9.

Rudden, M., Sweeney, J. & Frances, A. (1983) A comparison of delusional disorders in women and men. *American Journal of Psychiatry,* **140**, 1575–8.

Rudden, M., Sweeney, J. & Frances, A. (1990) Diagnosis and clinical course of erotomanic and other delusional patients. *American Journal of Psychiatry,* **147**, 625–8.

Sandberg, D. A., McNiel, D. E. & Binder, R. L. (1998) Characteristics of psychiatric inpatients who stalk, threaten, or harass hospital staff after discharge. *American Journal of Psychiatry,* **155**, 1102–5.

Saunders, R. (1998) The legal perspective on stalking. In J. Reid Meloy (Ed.) *The Psychology of Stalking: Clinical and Forensic Perspectives* (pp. 28–49). San Diego: Academic Press.

Savage, G. H. (1892) Jealousy. In H. D. Tuke (Ed.) *Dictionary of Psychological Medicine* (pp. 720–23). London: Churchill.

Schaum, M. & Parrish, K. (1995) *Stalked: Breaking the Silence on the Crime of Stalking in America.* New York: Pocket Books.

Scheler, M. (1954) *The Nature of Sympathy* (P. Heath, Transl.). London: Routledge & Kegan Paul. (Original work published in German in 1912).

Scheler, M. (1961) *Ressentiment* (W. W. Holdheim, Transl.). Free Press: New York. (Original work published in 1910.)

Mowat, R. R. (1966) *Morbid Jealousy and Murder.* London: Tavistock.

Mullen, P. E. (1990) A phenomenology of jealousy. *Australian and New Zealand Journal of Psychiatry,* **24**, 17–28.

Mullen, P. E. (1991). Jealousy: the pathology of passion. *British Journal of Psychiatry,* **158**, 593–601.

Mullen, P. E. (1997) Disorders of passion. In D. Bhugra & A. Munro (Eds.) *Troublesome Disguises: Underdiagnosed Psychiatric Syndromes* (pp. 127–167). Oxford: Blackwell Science.

Mullen, P. E. (1999) Dangerousness, risk and the prediction of probability. In M. G. Gelder, J. J. López-ibor & N. C Andreasen (Eds.) *Oxford Textbook of Psychiatry.* Oxford: Oxford University Press, in press.

Mullen, P. E. & Maack, L. H. (1985) Jealousy, pathological jealousy and aggression. In D. P. Farrington & J. Gunn (Eds.) *Aggression and Dangerousness* (pp. 103–26). New York: Wiley.

Mullen, P. E. & Pathé, M. (1994a) The pathological extensions of love. *British Journal of Psychiatry,* **165**, 614–23.

Mullen, P. E. & Pathé, M. (1994b). Stalking and the pathologies of love. *Australian and New Zealand Journal of Psychiatry,* **28**, 469–77.

Mullen, P. E., Pathé, M., Purcell, R. & Stuart, G. W. (1999) A study of stalkers. *American Journal of Psychiatry,* **156**, 1244–9.

Munro, A., O'Brien, J.V. & Ross, D. (1985) Two cases of 'pure' or 'primary' erotomania successfully treated with pimozide. *Canadian Journal of Psychiatry,* **30**, 619–21.

National Institute of Justice (1996) *Domestic Violence, Stalking, and Antistalking Legislation. Annual Report to Congress.* Washington, DC: US Department of Justice.

National Institute of Justice (1997) *The Crime of Stalking: How Big is the Problem?* Washington, DC: U S Department of Justice.

National Victim Center. (1998) Safety Strategies for Stalking Victims. (See: http//: www.nvc.org).

Office of Justice Programs (1997) *Domestic Violence and Stalking: The Second Annual Report to Congress under the Violence Against Women Act.* Washington, DC: US Department of Justice.

Orion, D. (1997) *I Know You Really Love Me: A Psychiatrist's Journal of Erotomania, Stalking, and Obsessive Love.* New York: Macmillan.

Panton, J. H. (1978). Personality differences appearing between rapists of adults, rapists of children, and non-violent sexual molesters of children. *Research Communications in Psychology, Psychiatry and Behavior,* **3**, 385–93.

Pappas, C. (1997) To surf and protect. (email: cbpappas@hiwaay.net).

Parton, N. (1979) The natural history of child abuse: a study in social problem definition. *British Journal of Social Work,* **9**, 431–51.

Pathé, M. & Mullen, P. E. (1997) The impact of stalkers on their victims. *British Journal of Psychiatry,* **170**, 12–17.

Pathé, M., Mullen, P. E. & Purcell, R. (1999) Stalking: false claims of victimization. *British Journal of Psychiatry,* **174**, 170–2.

Perez, C. (1993) Stalking: when does obsession become a crime? *American Journal of Criminal Law,* **20**, 263–80.

Peters D. S., Wyatt, G. E., & Finkelhor, D. (1986) Prevalence. In D. Finkelhor (Ed.) *A Source Book on Child Sexual Abuse* (pp. 15–59). Beverley Hills, CA: Sage.

McMahon, M. & Davids, C. (1993) Anti-stalking legislation: a new strategy in the fight against domestic violence? *Socio-legal Bulletin*, **10**, 4–7.

Malinquist, C. P. (1996) *Homicide: A Psychiatric Perspective*. Washington, DC: American Academic Press.

Marino, T. W. (1995) Looking over your shoulder: public has misconceptions on whom stalkers are. *Counseling Today, October*, 1–21.

Martin, J., Anderson, J., Romans, S., Mullen P. & O'Shea, M. (1993) Asking about child sexual abuse: methodological implications of a two stage survey. *Child Abuse and Neglect*, **17**, 383–92.

Meloy, J. R. (1989) Unrequited love and the wish to kill: diagnosis and treatment of borderline erotomania. *Bulletin of the Menninger Clinic*, **53**, 477–92.

Meloy, J. R. (1992) *Violent Attachments*. North Vale, NJ: Aronson.

Meloy, J. R. (1996) Stalking (obsessional following): a review of some preliminary studies. *Aggression and Violent Behavior*, **1**, 147–62.

Meloy, J. R. (1997) The clinical risk management of stalking: 'Someone is watching over me. . .'. *American Journal of Psychotherapy*, **51**, 174–84.

Meloy, J. R. (1998a) A clinical investigation of the obsessional follower: 'she loves me, she loves me not. . .'. In L. Schlesinger (Ed.), *Explorations in Criminal Psychopathology*, (pp. 9–32). Springfield, IL: Charles C. Thomas Press.

Meloy, J. R. (1998b) The psychology of stalking. In J. Reid Meloy (Ed.) *The Psychology of Stalking: Clinical and Forensic Perspectives* (pp. 2–23). San Diego: Academic Press.

Meloy, J. R. (1999) Stalking: an old behavior, a new crime. *Psychiatric Clinics of North America*, **22**, 85–99.

Meloy, J. R. & Gothard, S. (1995) A demographic and clinical comparison of obsessional followers and offenders with mental disorders. *American Journal of Psychiatry*, **152**, 258–63.

Meloy, J. R., Cowett, P., Parker, S., Hofland, B. & Friedland, A. (1997) Do restraining orders restrain? *Proceedings of the American Academy of Forensic Sciences*, **3**, 173.

Menzies, R. P. D., Fedoroff, J. P., Green, C. M. & Isaacson, K. (1995) Prediction of dangerous behaviour in male erotomania. *British Journal of Psychiatry*, **166**, 529–36.

Michael, A., Zolese, G. & Dinan, T. G. (1996) Bisexual erotomania with polycystic ovary disease. *Psychopathology*, **29**, 181–3.

Mohandie, K., Hatcher, C. & Raymond, D. (1998) False victimization syndromes in stalking. In J. Reid Meloy (Ed.) *The Psychology of Stalking: Clinical and Forensic Perspectives* (pp. 226–56). San Diego: Academic Press.

Monahan, J. (1981) *The Clinical Prediction of Violent Behaviour*. Washington, DC: US Government Printing Office.

Monahan, J., Steadman, H. J., Appelbaum, P. S., Robbins, P. C., Mulvey, E. P., Silver, E., Roth, L. H. & Grisso, T. (1999) Developing a clinically useful actuarial tool for assessing violence risk. *British Journal of Psychiatry* (Suppl.), in press.

Money, J. (1988) *Gay, Straight, and In-Between: The Sexology of Erotic Orientation*. Oxford: Oxford University Press.

Montesino, B. (1993) 'I'll be watching you': strengthening the effectiveness and enforceability of state anti-stalking statutes. *Loyola Entertainment Law Journal*, **13**, 545–86.

Kurt, J.L. (1995) Stalking as a variant of domestic violence. *Bulletin of the American Academy of Psychiatry and Law,* **23**, 219–30.

Lagache, D. (1947) *La Jalousie Amoureuse.* Paris: Université de France.

Lardner, G. (1995) *The Stalking of Kristin: A Father Investigates the Murder of his Daughter.* New York: Onyx.

Leong, G.B. (1994) De Clérambault syndrome (erotomania) in the criminal justice system: Another look at this recurring problem. *Journal of Forensic Sciences,* **39**, 378–85.

Lewis, C. T. & Short, C. (1879) *A Latin Dictionary.* London: Oxford University Press.

Lindsay, W.R., Olley, S., Jack, C., Morrison, F. & Smith, A.H.W. (1998) The treatment of two stalkers with intellectual disabilities using a cognitive approach. *Journal of Applied Research in Intellectual Disabilities,* **11**, 333–44.

Link, B. & Stueve, A. (1994) Psychotic symptoms and the violent/illegal behavior of mental patients compared to community controls. In J. Monahan & H. Steadman (Eds.) *Violence and Mental Disorder* (pp. 137–59). Chicago: University of Chicago Press.

Lion, J.R. & Herschler, J.A. (1998) The stalking of clinicians by their patients. In J. Reid Meloy (Ed.), *The Psychology of Stalking: Clinical and Forensic Perspectives* (pp. 163–73). San Diego: Academic Press.

Lloyd-Goldstein, R. (1998) De Clérambault on-line: a survey of erotomania and stalking from the Old World to the World Wide Web. In J. Reid Meloy (Ed.) *The Psychology of Stalking: Clinical and Forensic Perspectives* (pp. 193–212). San Diego: Academic Press.

Long, B. L. (1994) Psychiatric diagnoses in sexual harassment cases. *Bulletin of the American Academy of Psychiatry and Law,* **22**, 195–203.

Lopez, G., Piffaut, G. & Seguin, A. (1992) Psychological treatment of victims of rape. *Psychological Medicine,* **24**, 286–8.

Lovett Doust, J. W. & Christie, H. (1978). The pathology of love: some clinical variants of De Clérambault's syndrome. *Social Science and Medicine,* **12**, 99–106.

Low, P. W., Jeffries, J. C. & Bonnie, R. J. (1986) *The Trial of John W. Hinckley, Jr.: A Case Study in the Insanity Defence.* New York: Foundation Press.

Lowney, K. S. & Best, J. (1995) Stalking strangers and lovers: changing media typifications of a new crime problem. In J. Best (Ed.) *Images of Issues: Typifying Contemporary Social Problems* (pp. 33–57). New York: Aldine De Gruyter.

MacCulloch, M. J., Snowden, P. R., Wood, P. J. W. & Mills, H. E. (1983) Sadistic fantasy, sadistic behaviour and offending. *British Journal of Psychiatry,* **143**, 20–9.

Macpherson, J. (1889) *An Introduction to the Study of Insanity.* London: Macmillan.

McAnaney, K. G., Curliss, L. A. & Abeyla-Price, C. E. (1993) From imprudence to crime: anti-stalking laws. *Notre Dame Law Review,* **68**, 819–909.

McCann, I. L., Sakheim, D. K. & Abrahamson, D. J. (1998) Trauma and victimization: a model of psychological adaptation. *Counseling Psychologist,* 16, 531–94.

McCann, J. T. (1995) Obsessive attachment and the victimization of children: can anti-stalking legislation provide protection? *Law and Psychology Review,* **19**, 93–112.

McConaghy, N. (1993) *Sexual Behavior: Problems and Management.* New York: Plenum Press.

McEwan, I. (1997) *Enduring Love.* London: Jonathan Cape.

& H. J. Steadman (Eds.) *Violence and Mental Disorder* (pp. 81–98). Chicago: University of Chicago Press.

Hayes, M. & O'Shea, B. (1985) Erotomania in Schneider-positive schizophrenia. *British Journal of Psychiatry,* **146**, 661–3.

Hazelwood, R. R., Dietz, P. E. & Burgess, A. W. (1989) *Autoerotic Fatalities.* Boston, MA: Lexington Books.

Holahan, C. J. & Moos, R. H. (1991) Life stressors, personal and social resources, and depression: a 4-year structural model. *Journal of Abnormal Psychology,* **100**, 31–8.

Hollender, M. H. & Callahan, A. S. (1975) Erotomania or De Clérambault syndrome. *Archives of General Psychiatry,* **32**, 1574–6.

Home Office. (1996) *Stalking – The Solutions: A Consultation Paper.* London: Lord Chancellor's Department.

Hueter, J. A. (1997) Lifesaving legislation: but will the Washington stalking law survive constitutional scrutiny? *Washington Law Review,* 72, 213–40.

Hunter, R. & McAlpine, I. (1963) *Three Hundred Years of Psychiatry, 1535–1860* (pp. 196–7). Oxford: Oxford University Press.

Janofsky, J.S. (1994) The Munchausen syndrome in civil forensic psychiatry. *Bulletin of the American Academy of Psychiatry and Law,* **22**, 489–97.

Jason, L.A., Reichler, A., Easton, J., Neal, A. & Wilson, M. (1984) Female harassment after ending a relationship: A preliminary study. *Alternative Lifestyles,* **6**, 259–69.

Jaspers, K. (1963) *General Psychopathology* (7th Edition) (J. Hoenig & M.W. Hamilton, Transl.). Manchester: Manchester University Press.

Jones, C. (1996) Criminal harassment (or stalking). (See: www.chass.utoronto.ca:8080/~cjones/pub/stalking)

Kanin, E.J. (1994) False rape allegations. *Archives of Sexual Behaviors,* **23**, 81–92.

Kessler, R.C., Sonnega, A., Bromet, E., Hughes, M. & Nelson, C.B. (1995) Posttraumatic stress disorder in the national comorbidity survey. *Archives of General Psychiatry,* **52**, 1048–60.

Kienlen, K.K., Birmingham, D.L., Solberg, K.B., O'Regan, J.T. & Meloy, J.R. (1997) A comparative study of psychotic and nonpsychotic stalking. *Journal of the American Academy of Psychiatry and Law,* **25**, 317–34.

Kierkegaard, S. (1987) *Either/Or* (H.V. Hong & E.H. Hong, Transl.). Princeton, NJ: Princeton University Press. (Original work published in Danish in 1843.)

Kierkegaard, S. (1996) *Papers and Journals: A Selection* (A. Hannay, Transl.). Harmondsworth, Middx: Penguin Books.

Kraepelin, E. (1921) *Manic Depression Insanity and Paranoia* (M. Barclay, Transl.). Edinburgh: ES Livingston. (Original work published in German in 1913).

Krafft-Ebing, R. (1886) *The Psychopathia Sexualis.* London: Panther.

Krafft-Ebing, R. & Chaddock, C. (1904) *Text Book of Insanity.* Philadelphia: F.A. Davies. (Original work published 1879.)

Kretschmer. E. (1918) *Der Sensitive Beziehungswahn.* Berlin: Springer-Verlag. [Selection translated as 'The sensitive delusion of reference'. In M. Shepherd & S.R. Hirsch (Eds.) (1974) *Themes and Variations in European Psychiatry* (pp. 153–195)]. Bristol: John Wright & Sons.

survivors with benzodiazepines: a prospective study. *Journal of Clinical Psychiatry,* **57**, 390–4.

Giannini, A. J., Slaby, A. E. & Robb, T. O. (1991) De Clérambault's syndrome in sexually experienced women. *Journal of Clinical Psychiatry,* **52**, 84–6.

Gillett, T., Eminson, S. R. & Hassanyeh, F. (1990) Primary and secondary erotomania: clinical characteristics and follow up. *Acta Psychiatrica Scandinavica,* **82**, 65–9.

Gilligan, M. J. (1992) Stalking the stalker: developing new laws to thwart those who terrorize others. *Georgia Law Review,* 27, 285–342.

Goldstein, R. L. (1978) De Clérambault in court: a forensic romance? *Bulletin of the American Academy of Psychiatry and Law,* **6**, 36–40.

Goldstein, R. L. (1987) More forensic romances: De Clérambault's syndrome in men. *Bulletin of the American Academy of Psychiatry and Law,* **15**, 267–74.

Goode, M. (1995) Stalking: crime of the nineties? *Criminal Law Journal,* **19**, 21–31.

Gross, L. (1994) *To Have or to Harm: True Stories of Stalkers and their Victims.* New York: Warner Books.

Gupta, S., Popli, A., Bathurst, E., Hennig, L., Droney, T. & Keller, P. (1998) Efficacy of cyproheptadine for nightmares associated with posttraumatic stress disorder. *Comprehensive Psychiatry,* **39**, 160–4.

Gutheil, T. G. (1992) Approaches to forensic assessment of false claims of sexual misconduct by therapists. *Bulletin of the American Academy of Psychiatry and Law,* **20**, 289–96.

Guy, R. A. (1993) The nature and constitutionality of stalking laws. *Vanderbilt Law Review,* **46**, 991–1027.

Hacking, I. (1995) *Rewriting the Soul: Multiple Personality and the Sciences of Memory.* Princeton, NJ: Princeton University Press.

Hafner, H. & Böker, W. (1982) *Crimes of Violence by Mentally Abnormal Offenders* (H. Marshall Transl.). Cambridge: Cambridge University Press.

Hall, D. M. (1998) The victims of stalking. In J. Reid Meloy (Ed.) *The Psychology of Stalking: Clinical and Forensic Perspectives* (pp. 113–37). San Diego: Academic Press.

Hall, R. L. (1989) Self-efficacy ratings. In D.R. Laws (Ed.) *Relapse Prevention with Sex Offenders* (pp. 137–46). New York: Guilford Press.

Hare, R. D., Harpar, T. J., Hakstian, A. R., Forth, A. E, Hart, S. D. & Newman, J. (1990) The revised psychopathy checklist: reliability and factor structure. Psychological assessment. *A Journal of Consulting and Clinical Psychology,* **2**, 338–41.

Harlow, H. F. (1974) *Learning to Love.* New York: Aronson.

Harmon, R. B., Rosner, R. & Owens, H. (1995). Obsessional harassment and erotomania in a criminal court population. *Journal of Forensic Sciences,* **40**, 188–96.

Harmon, R. B., Rosner, R. & Owens, H. (1998) Sex and violence in a forensic population of obsessional harassers. *Psychology, Public Policy, and Law,* **4**, 236–49.

Harris, G. & Rice, M. (1997) Risk appraisal and management of violent behavior. *Psychiatric Services,* **48**, 1168 – 76.

Hart, B. (1921) *The Psychology of Insanity.* Cambridge: Cambridge University Press.

Hart, S. D., Hare, R. D. & Forth, A. E. (1994) Psychopathy as a risk marker for violence: development and variation of a screening version of the revised psychopathy check list. In J. Monahan

Enoch, M. D. & Trethowan, W. H. (1979) *Uncommon Psychiatric Syndromes.* Bristol: John Wright & Sons.

Eronen, M., Tiihonen, J. & Hakola, P. (1997) Psychiatric disorders and violent behavior. *International Journal of Psychiatric Clinical Practice,* **1**, 179–88.

Esquirol, J. E. D. (1965) *Mental Maladies: A Treatise on Insanity.* (R. de Saussure, Transl.). New York: Hafner. (Original work published in in French 1845.)

Evans, D. L., Jeckel, L. L. & Slott, N. E. (1982) Erotomania: a variant of pathological mourning. *Bulletin of the Menninger Clinic,* **46**, 507–20.

Faulkner, R. P. & Hsiao, D. H. (1994) And where you go I'll follow: the constitutionality of anti-stalking laws and proposed model legislation. *Harvard Journal on Legislation,* **31**, 1–62.

Feldman, M. D. & Ford, C. V. (1994) *Patient or Pretender: Inside the Strange World of Factitious Disorders.* New York: John Wiley & Sons.

Feldman-Schorrig, S. (1995) Need for expansion of forensic psychiatrists' role in sexual harassment cases. *Bulletin of the American Academy of Psychiatry and Law,* **23**, 513–22.

Feldman-Schorrig, S. (1996) Factitious sexual harassment. *Bulletin of the American Academy of Psychiatry and Law,* **24**, 387–92.

Fergusson, D. M. & Mullen, P.E. (1999) A historical perspective. In D. M. Fergusson, P. E. Mullen (Eds.). *Childhood Sexual Abuse: An Evidence Based Perspective* (pp. 13–33). Thousand Oaks, CA: Sage Publications.

Finkelhor, D. (1984) *Child Sexual Abuse: New Theory and Research.* New York: Free Press.

Fisher, M. (1990) *Personal Love.* London: Duckworth.

Foa, E. & Meadows, E. (1997) Psychosocial treatments for posttraumatic stress disorder: a critical review. *Annual Review of Psychology,* **48**, 449–80.

Follingstad, D. R., Rutledge, L .L., Bery, B. J., Hause, S. E. & Polek, D. S. (1990) The role of emotional abuse in physically abusive relationships. *Journal of Family Violence,* **5**, 107–20.

Freckelton, I. (1997) Psychological damages and their aftermath. *Psychiatry, Psychology and Law,* **4**, 107–8.

Fremouw, W. J., Westrup, D. & Pennypacker, J. (1997) Stalking on campus: the prevalence and strategies for coping with stalking. *Journal of Forensic Sciences,* **42**, 666–9.

Freund, K. (1990) Courtship disorder. In W. L. Marshall., D. R. Laws & H. E. Barbaree (Eds.) *Handbook of Sexual Assault* (pp. 195–207). New York: Plenum Press.

Freund, K. & Blanchard, R. (1986) The concept of courtship disorder. *Journal of Sex and Marital Therapy,* **12**, 79–92.

Friedman, M. J. (1998) Current and future drug treatment for posttraumatic stress disorder patients. *Psychiatric Annals,* **28**, 461–8.

Friedman, M. J., Charney, D. S. & Southwick, S. M. (1993) Pharmacotherapy for recently evacuated military casualties. *Military Medicine,* **158**, 493–7.

Frijda, N. H. (1986) *The Emotions.* Cambridge: Cambridge University Press.

Fritz, J. P. (1995) A proposal for mental health provisions in state anti-stalking laws. *Journal of Psychiatry and Law,* **23**, 295–318.

Gaddall, Y. Y. (1989) De Clérambault's syndrome (erotomania) in organic delusional syndrome. *British Journal of Psychiatry,* **154**, 714–6.

Gelpin, E., Bonne, O., Peri, T., Brandes, D. & Shalev, A. Y. (1996) Treatment of recent trauma

Cate, F. H. (1996) Cybersex: regulating sexually explicit expression on the Internet. *Behavioral Sciences and the Law,* **14,** 145–66.

Cockram, J., Jackson, R. & Underwood, R. (1992) Perceptions of the judiciary and intellectual disability. *Australian and New Zealand Journal of Developmental Disabilities,* **18,** 189–200.

Coleman, F. L. (1997) Stalking behavior and the cycle of domestic violence. *Journal of Interpersonal Violence,* 12, 420–32.

Cooper, S. (1998) Helen Razor: On the razor's edge . . . *Forte Magazine,* 1 October, 21.

Creamer, M. & McFarlane, A. (1999) Post-traumatic stress disorder. *Australian Prescriber,* **22,** 32–6.

Davidson, L. M. & Baum, A. (1986) Chronic stress and posttraumatic stress disorders. *Journal of Consulting and Clinical Psychology,* **54,** 303–8.

de Becker, G. (1997) *The Gift of Fear: Survival Signals that Protect us from Violence.* London: Bloomsbury.

de Clérambault, G. (1942) Les psychoses passionelles. In *Oeuvres Psychiatriques* (pp. 315–22). Paris: Presses Universitaires de France. (Original work published in French in 1921).

de Rougemont, D. (1950) *Passion and Society* (M. Belgian, Transl.). London: Faber & Faber. (Original work published in French)

Department of Justice. (1997) *Stats Flash: Stalking.* Victoria: Criminal Justice Statistics and Research Unit.

Department of Justice. (1998) *Stats Flash: Stalking Statistics.* Victoria: Criminal Justice Statistics and Research Unit.

Dietz, P. E., Matthews, D. B., Martell, D. A., Stewart, T. M., Hrouda, D. R. & Warren, J. (1991a) Threatening and otherwise inappropriate letters to members of the United States Congress. *Journal of Forensic Sciences,* **36,** 1445–68.

Dietz, P. E., Matthews, D. B., Van Duyne, C., Martell, D. A., Parry, C. D. H., Stewart, T., Warren, J. & Crowder, J. D. (1991b) Threatening and otherwise inappropriate letters to Hollywood celebrities. *Journal of Forensic Sciences,* **36,** 185–209.

Dill, D. L., Chu, J. A., Grob, M. C. & Eisen S. V. (1991) The reliability of abuse history reports: a comparison of two inquiry formats. *Comprehensive Psychiatry,* **32,** 166–9.

Drevets, W. C. & Rubin, E. H. (1987) Erotomania and senile dementia of Alzheimer type. *British Journal of Psychiatry,* **151,** 400–2.

Dunlop, J. L. (1988) Does erotomania exist between women? *British Journal of Psychiatry,* **153,** 830–3.

Eisendrath, S. J. (1996) When Munchausen becomes malingering: factitious disorders that penetrate the legal system. *Bulletin of the American Academy of Psychiatry and Law,* **24,** 471–81.

Eliot, T. S. (1930) *Dante in Selected Essays.* New York: Harcourt.

Ellis, P. & Mellsop, G. (1985) De Clérambault's syndrome – A nosological entity? *British Journal of Psychiatry,* **146,** 90–5.

Emerson, R. M., Ferris, K. O. & Gardner, C. B. (1998) On being stalked. *Social Problems,* **45,** 289–314.

Eminson, S., Gillett, T. & Hassanyeh, F. (1988) Homosexual erotomania. *British Journal of Psychiatry,* **154,** 128–9.

Barton, G. (1995) Taking a byte out of crime: E-mail harassment and the inefficiency of existing law. *Washington Law Review*, **70**, 465–90.

Baruk, H. (1974) Delusions of passion. In M. Shepherd & S.R. Hirsch (Eds.) *Themes and Variations in European Psychiatry* (pp. 375–84). Bristol: John Wright & Sons.

Bastie, Y. (1973) Paranoia passionelle. *Annales Medico-Psychologiques*, **131**, 639–49.

Baum, A., Gatchel, R. J. & Schaeffer, M. A. (1983) Emotional, behavioural, and physiological effects of chronic stress at Three Mile Island. *Journal of Consulting and Clinical Psychology*, **51**, 565–72.

Baum, A., Cohen, L. & Hall, M. (1993) Control and intrusive memories as possible determinants of chronic stress. *Psychosomatic Medicine*, **55**, 274–86.

Baumeister, R. F. & Wotman, S. R. (1992) *Breaking Hearts: The Two Sides of Unrequited Loves.* New York: Guilford Press.

Benjamin, W. (1968) *Charles Baudelaine* (A. Zohn, Tranls.). London: Verso.

Biles, D. (1982) *The Size of the Crime Problem in Australia* (2nd edition). Canberra: Australian Institute of Criminology.

Bisson, J. & Shepherd, J. P. (1995) Psychological reactions of victims of violent crime. *British Journal of Psychiatry*, **167**, 718–20.

Bleuler, E. (1950) *Dementia Praecox or the Group of Schizophrenias* (J. Zinkin, Transl.). New York: International Universities Press. (Original work published in German in 1911).

Boast, N. & Coid, J. (1994) Homosexual erotomania and HIV infection. *British Journal of Psychiatry*, **164**, 842–6.

Boss, M. B. (1949) *Meaning and Content of Sexual Perversions.* New York: Grune & Stratton.

Bowlby, J. (1969) *Attachment.* New York: Basic Books.

Boychuk, M. K. (1994) Are stalking laws unconstitutionally vague or overbroad? *Northwestern University Law Review*, **88**, 769–802.

Brady, K. T., Sonne, S. C. & Roberts, J. M. (1995) Sertraline treatment of comorbid posttraumatic stress disorder and alcohol dependence. *Journal of Clinical Psychiatry*, **56**, 502–5.

Brenner, M. (1991) Erotomania. *Vanity Fair*, September, 86–149.

Breslau, N., Davis, G. C., Andreski, P., & Peterson, E. (1991) Traumatic events and posttraumatic stress disorder in an urban population of young adults. *Archives of General Psychiatry*, **48**, 216–22.

Breslau, N., Kessler, R. C., Chilcoat, H. D., Schultz, L. R., Davis, G. C. & Andreski, P. (1998) Trauma and posttraumatic stress disorder in the community: the 1996 Detroit area survey of trauma. *Archives of General Psychiatry*, **55**, 626–32.

Bureau of Justice Assistance (1996) *Regional Seminar Series on Developing and Implementing Antistalking Codes.* Washington, DC: US Department of Justice.

Burgess, A. W., Baker, T., Greening, D., Hartman, C., Burgess, A., Douglas, J. E. & Halloran, R. (1997) Stalking behaviors within domestic violence. *Journal of Family Violence*, **12**, 389–403.

Burke, J. (1976) *Osborn's Concise Law Dictionary*, 6th edition. London: Sweet & Maxwell.

Burton, R. (1621*)* *The Anatomy of Melancholy.* Numerous reprints and editions.

Buss, D. M. (1994) *The Evolution of Desire: Strategies of Human Mating.* New York: Basic Books.

Caplan, L. (1987) *The Insanity Defence and the Trial of John W. Hinckley, Jr.* New York: Dell.

判例と引用文献

判　　例

Commonwealth v. Kwiatkowski (1964) 637 Supreme Judicial Court of Massachusetts.
Connally v. General Constr. Co. (1926) 269 U.S.385, 3.
Dennis v. Lane (1704) 87 English Reports (Queens Bench), 887–8.
Long v. The State of Texas (1996) 931 S.W.2nd, 285.
Oregon v. Norris-Romine/Finley (1995) 134 Court of Appeals of Oregon.
People v. Heilman (1994) 25 Cal.App.4th 391.
Regina v. Dunn (1840) 113 English Reports (Queens Bench), 934–49.
Starr v. Eccles (1995) 136 Court of Appeals of Oregon.
State v. Bryan (1996) 73, 9. Kansas Superior Court.

引 用 文 献

Abel, G. G., Becker, J. V., Cunningham-Rathner, J., Mittelman, M. & Rouleau, J.-L. (1988) Multiple paraphilic diagnoses among sex offenders. *Bulletin of the American Academy of Psychiatry and Law,* **16**, 153–68.

Abrams, K. M. & Robinson, G. E. (1998) Stalking. Part II. Victims' problems with the legal system and therapeutic considerations. *Canadian Journal of Psychiatry,* **43**, 477–81.

Alcott, L. M. (1997) *A Long Fatal Love Chase.* New York: Dell Publishing.

Allen, M. J. (1996) Look who's stalking: seeking a solution to the problem of stalking. *Web Journal of Current Legal Issues,* **4**, 1–18. (See: www.webjcli.ncl.ac.uk)

American Psychiatric Association (1980) *Diagnostic and Statistical Manual of Mental Disorders,* 3rd edition. Washington, DC: APA.

American Psychiatric Association (1987) *Diagnostic and Statistical Manual of Mental Disorders,* 3rd edition – Revised. Washington, DC: APA.

American Psychiatric Association. (1994) *Diagnostic and Statistical Manual of Mental Disorders,* 4th edition. Washington, DC: APA.

Anderson, S. C. (1993) Anti-stalking laws: will they curb the erotomanic's obsessive pursuit? *Law and Psychology Review,* **17**, 171–85.

Anon. (1997). Stalking law. *Legal Matters.* (www.oag.state.tx.us)

Australian Bureau of Statistics (1996) *Women's Safety, Australia, 1996.* Canberra: Commonwealth of Australia.

マ　行

タ　行

サ　行

事項索引

モニカ・セレス（Seles, Monica）　60

ラ　行

リチャード・ダン（Dunn, Richard）　295-296
リナイ・グッデール（Goodall, Renee）　288

レベッカ・シェーファー（Schaeffer, Rebecca）　25
　殺人事件　16, 19, 208, 244, 256, 299
ローラ・ブラック（Black, Laura）　52-53
ロナルド・レーガン（Reagan, Ronald）　20, 164, 256
ロバート・デューイ・ホスキンス（Hoskins, Robert Dewey）　211
ロバート・バルド（Bardo, Robert）　16, 61, 62, 208
ロバート・ファーレイ（Farley, Robert）　52-53

人名索引

ア　行

アンジェラ・クーツ(Coutts, Angela)　295-296

イアン・マキューイアン(McEwan, Ian)　190
イヴォンヌ・フォン・ヒューゼン=カントリーマン博士(von Heussen-Countryman, Evonne)　288

ウィリアム・ミラー(Miller, William)　154-155

オリヴィア・ニュートン=ジョン(Newton-John, Olivia)　60

カ　行

ギュンター・パルケ(Parche, Günter)　60

クリスティン・ラードナー(Lardner, Kristin)　25

サ　行

サンドラ・ポラード(Polard, Sandra)　298

ジェーン・マカリスター(McAllister, Jane)　298
シャロン・グレス(Gless, Sharon)　189
ジュディス・ダーラム(Durham, Judith)　189
シュテフィ・グラフ(Graf, Steffi)　60
ジョイ・シルヴァーマン(Silverman, Joy)　25
ジョディ・フォスター(Foster, Jodie)　20, 69, 164
ジョナサン・ノーマン(Norman, Jonathan)　112-113, 189
ジョン・F・ケネディ(Kennedy, John F.)　18
ジョン・ヒンクリー・ジュニア(Hinckley, John, Jr)　20, 69, 81, 164, 256
ジョン・レノン(Lennon, John)　18, 81, 189

スティーブン・キング(King, Stephen)　189, 271-272
スティーブン・スピルバーグ(Spielberg, Steven)　112, 189

セーレン・キルケゴール(Kierkegaard, Søren)　12-15

ソル・ウォッチラー(Wachtler, Sol)　25

タ　行

ダンテ・アリギエーリ(Dante Alighieri)　12

デイヴィッド・レターマン(Letterman, David)　60

ドリーン・オライオン(Orion, Doreen)　190, 274-275

ハ　行

パーク・ディーツ博士(Dietz, Dr Park)　28

フェアリー・アロウ(Arrow, Fairlie)　224

ヘレン・レザー(Razer, Helen)　62-63

マ　行

マーク・チャップマン(Chapman, Mark)　81, 189
マドンナ(Madonna)　211-212, 217
マドンナ・チッコーネ(Ciccone, Madonna)　211-212, 217

著者略歴

ポール・ミューレン (Paul E. Mullen)

オーストラリア、モナシュ大学法精神医学教授。ヴィクトリア法精神医学研究所メディカル・ディレクター。

ミシェル・パテ (Michele Pathé)

モナシュ大学名誉上席講師。ヴィクトリア法精神医学研究所（ブランズウィック）法精神医学相談員。

ローズマリー・パーセル (Rosemary Purcell)

モナシュ大学心理医学部研究員。

訳者略歴

詫摩　武俊（たくま　たけとし）（監訳）

1951年　東京大学文学部心理学科卒業

現　在　東京国際大学大学院臨床心理学研究科教授

　　　　東京都立大学名誉教授　文学博士

主要著書

『性格心理学への招待』（共著）（サイエンス社）

『好きと嫌いの心理学』（講談社現代新書）

『ふたごの研究』（ブレーン出版）他多数

安岡　真（やすおか　まこと）（訳）

1980年　法政大学社会学部卒業

1983年　トルーマン州立大学大学院修士課程修了

現　在　東京国際大学人間社会学部専任講師

主要訳書

『アメリカを見ろ！』（白水社）

『無限都市ニューヨーク伝』（文藝春秋）

『アメリカよ！』（分担訳）（弘文堂）他多数

ストーカーの心理
——治療と問題の解決に向けて——

2003年8月25日 © 初版発行

著者 ミューレン, P. E.
パテ, M.
パーセル, R.
監訳者 詫摩武俊
訳者 安岡 真

発行者 森平勇三
印刷者 篠倉正信
製本者 金野 明

発行所 **株式会社 サイエンス社**

〒151-0051 東京都渋谷区千駄ヶ谷1丁目3番25号
〔営業〕 ☎(03)5474-8500(代) 振替 00170-7-2387
〔編集〕 ☎(03)5474-8700(代)
FAX ☎(03)5474-8900

印刷 株式会社ディグ 製本 積信堂

ISBN4-7819-1045-9

PRINTED IN JAPAN

サイエンス社のホームページのご案内
http://www.saiensu.co.jp
ご意見・ご要望は
jinbun@saiensu.co.jp まで.